Kohlhammer

Dieter Thomaschewski (Hrsg.)

Erfolgreiches Unternehmertum

Bedeutung – Wesen – Erfolgsfaktoren

Verlag W. Kohlhammer

Dieses Werk einschließlich aller seiner Teile ist urheberrechtlich geschützt. Jede Verwendung außerhalb der engen Grenzen des Urheberrechts ist ohne Zustimmung des Verlags unzulässig und strafbar. Das gilt insbesondere für Vervielfältigungen, Übersetzungen, Mikroverfilmungen und für die Einspeicherung und Verarbeitung in elektronischen Systemen.

1. Auflage 2026
Alle Rechte vorbehalten
© W. Kohlhammer GmbH, Stuttgart
Gesamtherstellung: W. Kohlhammer GmbH, Heßbrühlstraße 69, 70565 Stuttgart
produktsicherheit@kohlhammer.de

Print:
ISBN 978-3-17-046046-1

E-Book-Formate:
pdf: ISBN 978-3-17-046047-8
epub: ISBN 978-3-17-046048-5

Für den Inhalt abgedruckter oder verlinkter Websites ist ausschließlich der jeweilige Betreiber verantwortlich. Die W. Kohlhammer GmbH hat keinen Einfluss auf die verknüpften Seiten und übernimmt hierfür keinerlei Haftung.

Inhalt

1	**Einleitung – Zielsetzung, Vorgehen, Inhalt**		**13**
1.1	Unternehmertum – grundlegendes Verständnis		13
	Dieter Thomaschewski		
	1.1.1	Die Bedeutung der Unternehmen für die deutsche Gesellschaft	14
	1.1.2	Wahrnehmung und Wertschätzung des Unternehmertums	15
	1.1.3	Inhalt und Wesen des Unternehmertums	17
	1.1.4	Persönlichkeitsmerkmale und Einstellungen von Unternehmerinnen und Unternehmern	18
	1.1.5	Fachliche Kompetenzen und Fähigkeiten	19
	1.1.6	Rahmenbedingungen für ein starkes Unternehmertum	19
	1.1.7	Zusammenfassung	20
	1.1.8	Literatur	21
2	**Wahrnehmung und Wertschätzung des Unternehmers/ der Unternehmerin in Deutschland**		**22**
2.1	Wahrnehmung und Wertschätzung im Spannungsfeld zwischen Vertrauen und Vorbehalten – empirische Studien		22
	Timm Gieger/ Dieter Thomaschewski		
	2.1.1	Reputation ist mehr als ein Image	22
	2.1.2	Vertrauen im Wandel: Unternehmen unter neuen Erwartungen	24
	2.1.3	Wirtschaftsmotor, Innovationsquelle und Verantwortungsträger	28
	2.1.4	Was muss von öffentlicher bzw. Unternehmerseite getan werden, um das Image zu verbessern	33
	2.1.5	Literatur	35
2.2	Wahrnehmung/ Erwartungen zum Unternehmertum und Wissen über die Wirtschaft – Stimmungsbild Deutschland anhand einer aktuellen Umfrage		36
	Timm Gieger/ Dieter Thomaschewski (IMI)		
	2.2.1	Stimmungsbild	36

		2.2.2 Methodik und Stichprobe	37
		2.2.3 Wissen über Unternehmen	39
		2.2.4 Einstellung	47
		2.2.5 Fazit	48
		2.2.6 Literatur	50
3	**Unternehmen und Gesellschaft**		51
	3.1	Der Mörder war immer der Gärtner: Unternehmen als Quellen des Wohlstandes – einige populäre Irrtümer	51
		Hanno Beck	
		3.1.1 Fünf Irrtümer über Unternehmen und Unternehmer	52
		3.1.2 Ein etwas anderer Blick auf Unternehmen und Unternehmer	54
		3.1.3 Statt Irrtümern: Eine Zusammenfassung. Die volkswirtschaftliche Rolle von Unternehmen	55
		3.1.4 Literatur	56
	3.2	Rolle und Bedeutung von Unternehmen bei der Gestaltung und Entwicklung unserer Gesellschaft	57
		Dieter Thomaschewski	
		3.2.1 Gründe für das gesellschaftliche Engagement	57
		3.2.2 Einflussfaktoren für die gesellschaftlichen Aktivitäten	59
		3.2.3 Inhalte der gesellschaftlichen Rolle der Unternehmen	60
		3.2.4 Innovation und Fortschritt – Zukunftsverantwortung	63
		3.2.5 Wohlergehen der Gemeinschaft – gesellschaftliche Verantwortung	64
		3.2.6 Gemeinwesen – Strukturverantwortung	65
		3.2.7 Die Bedeutung der Aktionsfelder	65
		3.2.8 Einstellung zu Stakeholder	66
		3.2.9 Fazit und Ausblick	66
		3.2.10 Literatur	67
	3.3	Gründungsbereitschaft junger Menschen in Deutschland	67
		Tobias Bürger/ Ivo Andrade	
		3.3.1 Youth Entrepreneurship in Deutschland	69
		3.3.2 Zielgruppenspezifische Unterstützungs- und Fördermaßnahmen anbieten	71
		3.3.3 Gründungsfördernde Kompetenzen stärken, eine gründungsfreundliche Kultur schaffen und gründungsfördernde Strukturen etablieren	73
		3.3.4 Warum wir junge Menschen stärker bei einer Unternehmensgründung unterstützen sollten	74
		3.3.5 Literatur	75
	3.4	Globale Verantwortung – Wert und Werte des Unternehmertums	77
		Kai Thürbach	

		3.4.1	Herausforderungen und unternehmerische Verantwortung in einer globalisierten Welt..........	77
		3.4.2	Werte der Familienunternehmer und Soziale Marktwirtschaft: Wie Wirtschaft und Gesellschaft gemeinsam die großen Herausforderungen unserer Zeit meistern können.............................	78
		3.4.3	Werte weitergeben: Die Rolle der Hochschulen und betriebswirtschaftliche Management-Ausbildung in einer komplexen, globalisierten Welt	81
		3.4.4	Literatur	83
4	**Das Unternehmertum – die Unternehmerin – der Unternehmer..**			**84**
	4.1	Grundsätze und Prinzipien erfolgreichen Managements ..... *Bodo Wiegand*		84
		4.1.1	Werte ohne Verschwendung schaffen	84
		4.1.2	Transparenz schaffen.............................	87
		4.1.3	Offenheit gegenüber Veränderung	90
		4.1.4	Respektvoll handeln.............................	91
		4.1.5	Prinzipien	91
		4.1.6	Organisationsprinzipien	93
		4.1.7	Fertigungsprinzipien	95
		4.1.8	Führungsprinzipien	97
		4.1.9	Marketingprinzipien	101
		4.1.10	Fazit	102
	4.2	Schlüsseleigenschaften zum erfolgreichen Unternehmertum *Steffen Philipp*		103
		4.2.1	Einleitung	103
		4.2.2	Was bedeutet »Erfolg« im Unternehmertum?	104
		4.2.3	Zentrale Eigenschaften erfolgreicher Unternehmerinnen und Unternehmer	105
		4.2.4	Der Wille, etwas zu bewegen – Unternehmertum als innere Haltung.................................	107
		4.2.5	Unternehmer sein heißt: Verantwortung für Gesellschaft übernehmen	111
		4.2.6	Unternehmertum neu denken – Ein Ausblick.........	113
		4.2.7	Literatur	115
	4.3	Erfolgsfaktoren für die Ausrichtung des Unternehmens – Treiber der langfristigen Unternehmensentwicklung........ *Jens Nagel*		115
		4.3.1	Strategisches Wachstum im Spannungsfeld von Stabilität und Wandel............................	116
		4.3.2	Führung als gestaltende Kraft in dynamischen Umfeldern.....................................	116

		4.3.3	Intrapreneurship als integraler Bestandteil strategischer Entwicklung	117
		4.3.4	Organisationales Lernen und kulturelle Voraussetzungen.................................	117
		4.3.5	Systemische Innovationsarchitektur auch im Mittelstand realisierbar...........................	118
		4.3.6	Fazit: Unternehmerische Zukunft entsteht im System.	118
	4.4	Entscheidende Faktoren für den Erfolg von Unternehmen ...		119
		Georg Kraus		
		4.4.1	Strategischer Mut: Entscheidungen unter Unsicherheit	119
		4.4.2	Kreative Strategiearbeit: Alternative Denkmodelle zulassen...	121
		4.4.3	Beharrlichkeit und Ausdauer-Strategische Zielverfolgung mit Disziplin	123
		4.4.4	Der Glücksfaktor: Wenn Vorbereitung auf Gelegenheit trifft	124
		4.4.5	Die Triade der strategischen Führung	126
	4.5	Der Unternehmerkompass – Herausforderungen bei der strategischen Entwicklung und der operativen Steuerung ...		127
		Gori von Hirschhausen		
		4.5.1	Einleitung	127
		4.5.2	Es braucht das Mikroskop für Transparenz ebenso wie das Teleskop für den Blick nach Vorne...............	128
		4.5.3	Unternehmer-Kompass als wesentliches Steuerungsinstrument im Strategiekreislauf.........	129
		4.5.4	Mehr Wirtschaftlicher Erfolg durch die Kombination von Guts und Gigabytes	131
		4.5.5	Künstliche Intelligenz hebt Controlling und strategische Planung auf ein ungeahntes Niveau	135
		4.5.6	Das Controlling muss ein umfassendes effektives Performance Management leisten...................	135
		4.5.7	Performance Dialog für stärkere Geschäftsentwicklung und neue wertschaffende Initiativen	136
		4.5.8	Der Unternehmer-Kompass: Wichtige Ergänzung von Intuition und klassischer Ratio	137
5	**Gelebtes Unternehmertum: Sichtweisen und Erfahrungen – Eigenschaften, Kompetenzen, Wertschätzung**			**138**
	5.1	Eigenschaften von Unternehmerinnen und Unternehmern – eine wissenschaftliche Kurzbetrachtung...................		138
		Dieter Thomaschewski		
		5.1.1	Überblick zur Vorgehensweise......................	138
		5.1.2	Erkenntnisse der Wissenschaft	139

		5.1.3	Literatur	141
	5.2	Interviews		141
		5.2.1	Inhabergeführte Unternehmen	141
		5.2.2	Familiengeführte Unternehmen	146
		5.2.3	Angestellte Unternehmer-Vorstandsmitglieder	149
6	**Die weichen Faktoren des erfolgreichen Unternehmertums**			**155**
	6.1	Persönlichkeit und unternehmerisches Handeln – erfolgskritische Persönlichkeitsmerkmale *Miriam Flach/ Peter Mudra*		155
		6.1.1	Vorbemerkungen	155
		6.1.2	Prägungen des Menschen – Anatomie von Persönlichkeit und Charakter	156
		6.1.3	Grunddimensionen der Persönlichkeit (Big-Five-Modell, DISC-Modell)	158
		6.1.4	Potenzielle Erfolgsfaktoren für unternehmerisches Handeln	160
		6.1.5	Eigenschaftsportfolio für erfolgreiches Unternehmertum	163
		6.1.6	Persönlichkeit und Befähigungen – Säulen der Individualität	165
		6.1.7	Literatur	166
	6.2	Managementkompetenz und Führungsverhalten *Peter Mudra*		167
		6.2.1	Vorbemerkungen	167
		6.2.2	Kompetenzen: mehr als ein pädagogisches Paradigma	168
		6.2.3	Kompetenzen für erfolgreiches Unternehmertum	169
		6.2.4	Anforderungen an »Bewältigungsbefähigungen« für eine Welt im dynamischen Wandel	172
		6.2.5	Erfolgswirksame Kompetenzen	174
		6.2.6	Von der Transaktion zu Transformation: Führung als Erfolgsbaustein	175
		6.2.7	Über den Tellerrand: eine integrative Modellperspektive	177
		6.2.8	Literatur	178
	6.3	Leitbild des Unternehmertums – die Verantwortung im unternehmerischen Denken und Handeln *Kerstin Fehre*		179
		6.3.1	Rolle der Verantwortung — wertorientierte Unternehmensführung	179
		6.3.2	Verantwortung und Stakeholder	181
		6.3.3	Funktion des Leitbildes in der Unternehmensführung	182
		6.3.4	Strategische Verankerung der Verantwortung	182

	6.3.5	Familienunternehmen und Verantwortung	184
	6.3.6	Rolle des Denkens strategischer Entscheidungsträger für verantwortungsvolles Handeln	185
	6.3.7	Institutionalisierung der Verantwortung als Leitbild des Denkend und Handelns	186
	6.3.8	Fazit und Ausblick	188
	6.3.9	Literatur	188

7 Wille und Einstellung – »harte« Faktoren erfolgreichen Unternehmertums ... 190

7.1 Being the best – harte Arbeit zur operativen Exzellenz zahlt sich aus ... 190
Alexander Tarlatt/ Juan Rigall
    7.1.1 Anforderungen an die operative Exzellenz ... 190
    7.1.2 Was macht operative Exzellenz aus und wie erreicht man die Gruppe der Besten? ... 191
    7.1.3 Operative Exzellenz systematisch im Unternehmen verankern ... 192
    7.1.4 Operative Exzellenz wird wesentlich durch Führung beeinflusst ... 197
    7.1.5 Fazit und Ausblick ... 197
    7.1.6 Literatur ... 198

7.2 Konsequente Ausrichtung des Unternehmens auf die Markt- und Kundenbedürfnisse ... 199
Christine Kübler/ Dieter Thomaschewski
    7.2.1 Grundlagen der Marktorientierung ... 199
    7.2.2 Strategische und operative Ausprägung der Markt- und Kundenorientierung ... 207
    7.2.3 Innovationen als Teiber der Kundenbindung ... 210
    7.2.4 Unternehmenskultur als unerlässliche Grundlage ... 210
    7.2.5 Literatur ... 211

7.3 Wandlungswille und Wandlungsfähigkeit – den stetigen Wandel als Chance begreifen ... 212
Wilhelm Goschy
    7.3.1 Einleitung: Unternehmen im Spannungsfeld von Stabilität und Veränderung ... 212
    7.3.2 Change vs. KVP – zwei unterschiedliche, sich ergänzende Logiken des Wandels ... 213
    7.3.3 Wann wird radikaler Wandel notwendig? – Auslöser und Impulse für Change ... 215
    7.3.4 Gestaltung des Wandels – Change braucht Struktur, Führung und professionelle Begleitung ... 216
    7.3.5 Fazit ... 221

	7.4	Governance, Risiko und Compliance – ein neuer Blick auf Best Practice	222
		Sebastian Schneider/ Andreas Raggl	
		7.4.1 Governance.......................................	222
		7.4.2 Risikomanagement	224
		7.4.3 Compliance	226
		7.4.4 GRC – bereichsübergreifend	228
	7.5	Form the best Team – Mitarbeitergewinnung und -bindung in bewegten Zeiten	231
		Silke Eilers/ Jutta Rump	
		7.5.1 Einführung	231
		7.5.2 Retention Management – So lassen sich Beschäftigte an ihren Arbeitgeber binden.........................	232
		7.5.3 Skilling-Strategien – Wie es gelingen kann, Beschäftigte im Wandel zu unterstützen und optimal einzusetzen.......................................	233
		7.5.4 Umsetzung der Skilling-Strategien im Unternehmen .	236
		7.5.5 Fazit: Den Herausforderungen proaktiv beggenen	237
		7.5.6 Literatur	238
8	**Zum guten Ende**		**239**
	8.1	Erfolgsfaktoren – Wege und Trends auf einen Blick	239
		Oliver Smith	
		8.1.1 Einleitung	239
		8.1.2 Herausforderungen................................	240
		8.1.3 Die Lösung: Gestalten statt getrieben werden	243
		8.1.4 Drei Erfolgsfaktoren für unternehmerische, marktorientierte Gestaltungskraft...................	244
		8.1.5 Vom Prinzip zur Praxis: Gestaltung beginnt mit Klarheit	248
		8.1.6 Ausblick: Gestaltungskraft wieder freisetzen.........	250
		8.1.7 Literatur	251
	8.2	Erfolgreiches Unternehmertum – Anregungen auch für die Politik!?...	251
		Dieter Thomaschewski	
9	**Autorinnen und Autoren**...................................		**254**

1 Einleitung – Zielsetzung, Vorgehen, Inhalt

1.1 Unternehmertum – grundlegendes Verständnis

Dieter Thomaschewski

Nicht nur in den letzten Jahrzehnten hat sich das Unternehmertum, haben sich Unternehmerinnen und Unternehmer weltweit als ein entscheidender Motor für Wachstum, Wohlstand und für Fortschritt etabliert. Innovatoren und Gründer wie Werner von Siemens, Friedrich Engelhorn, Friedrich Krupp in der Vergangenheit oder Reinhold Würth, Dietmar Hopp mit Hasso Plattner und Klaus Tschira, Dirk Rossmann heutzutage sind zu Symbolen unternehmerischen Erfolges geworden. In einer Zeit, in der sich Märkte rasant verändern und neue Technologien die Art und Weise, wie Geschäfte getätigt werden, revolutionieren, sind Unternehmerinnen und Unternehmer von großer Bedeutung. Sie sind handelnde Personen, die neue Ideen entwickeln, damit Gewohntes verändern, mit aller Macht Veränderungen voranbringen.

Unternehmertum ist jedoch weit mehr als nur die Gründung: Es umfasst einen dynamischen Prozess der Wertschöpfung, der die handelnden Personen ständig vor neue Herausforderungen stellt. Unternehmerinnen und Unternehmer müssen mit großem persönlichem Engagement die Wettbewerbsfähigkeit des Unternehmens sichern, übernehmen mit einem großen Maß an Kreativität die Verantwortung für die Mitarbeiterinnen und Mitarbeiter und sind sehr häufig gesellschaftlich sehr engagiert. Während die ökonomische Bedeutung von Unternehmen und ihr wirtschaftlicher Erfolg in den meisten Ländern der Welt überwiegend positiv gesehen werden, haftet dem Begriff Unternehmertum in Deutschland in weiten Teilen der Gesellschaft auch ein Negativimage an.

Dieses Buch bietet einen umfassenden Einblick in die Bedeutung und das Wesen des Unternehmertums sowie die Fähigkeiten der Unternehmerinnen und Unternehmer. Die Beiträge sollen das Unternehmertum aus unterschiedlichen Perspektiven beleuchten und Erkenntnisse über das vielschichtige Thema liefern. Dabei richten der Herausgeber und die beteiligten Koautorinnen und -autoren sowohl an die breite Öffentlichkeit als auch an die Fachöffentlichkeit in Politik, Wissenschaft und Forschung sowie insbesondere an Gründerinnen und Gründer, die mehr und fundierter über die Rolle des Unternehmers informiert werden wollen.

1.1.1 Die Bedeutung der Unternehmen für die deutsche Gesellschaft

In Deutschland waren 2022 rund 3,1 Millionen Unternehmen steuerpflichtig gemeldet und diese beschäftigten 38,4 Millionen Erwerbstätige.[1] Die Anzahl der beim Deutschen Patentamt angemeldeten Patente inländischer Unternehmen lag 2023 bei 38.500.[2] Die verschiedenen Zweige der direkten (Körperschaftssteuer, Gewerbesteuer) ind indirekten (Lohn- und Einkommenssteuer) Abgaben tragen insgesamt etwa 45 % zum Steueraufkommen bei.[3] Diese wenigen Zahlen vermitteln bereits einen ersten Eindruck der gesellschaftlichen Bedeutung und wirtschaftlichen Beiträge des Unternehmertums. Die Rolle der Unternehmen bei gesellschaftlicher Gestaltung ist kurz anzusprechen.

1.1.1.1 Wirtschaftliche Stabilität und Wachstum

Unternehmen sind die treibende Kraft hinter dem wirtschaftlichen Wachstum unseres Landes. Sie schaffen Arbeitsplätze, fördern Innovationen und tragen zur Steigerung des Bruttoinlandsproduktes (BIP) bei. Durch die Schaffung von Arbeitsplätzen ermöglichen Unternehmen den Menschen, ein Einkommen zu erzielen, das wiederum den Lebensstandard erhöht und die Kaufkraft der Bevölkerung stärkt. Diese wirtschaftliche Aktivität führt zu einer stabilen und prosperierenden Gesellschaft.

1.1.1.2 Innovation und technische Entwicklung

Unternehmen sind die betriebliche Quelle für Innovationen, die unser tägliches Leben verbessern. Im Rahmen von Forschung und Entwicklung bringen sie neue Produkte und Dienstleistungen auf den Markt, die nicht nur den Verbrauchern zugutekommen, sondern auch gesellschaftliche Herausforderungen adressieren. Beispielsweise haben Unternehmen in den Bereichen Gesundheit, Technologie und Umwelt entscheidende Fortschritte erzielt, die das Leben der Menschen nachhaltig verändern.

---

1 Aktuelle Daten zur Erwerbstätigkeit, online unter: https://www.destatis.de/DE/Themen/Arbeit/Arbeitsmarkt/Erwerbstaetigkeit/_inhalt.html (Abruf 12.08.2025).
2 Deutsches Marken- und Patentamt: Aktuelle Statistiken, online unter: https://www.dpma.de/dpma/veroeffentlichungen/statistiken/patente/ (Abruf 12.08.2025).
3 Aktuelle Informationen zur Abgabenquote, online unter: https://www.sozialpolitik-aktuell.de/files/sozialpolitik-aktuell/_Politikfelder/Finanzierung/Datensammlung/PDF-Dateien/abbII12.pdf (Abruf 12.08.2025).

1.1.1.3 Bildung und Qualifizierung

Unternehmen tragen zur Bildung und Qualifizierung der Arbeitskräfte bei. Durch Ausbildungsprogramme, Praktika und Weiterbildungsangebote fördern sie die Entwicklung von Fähigkeiten und Kompetenzen, die für die moderne Arbeitswelt unerlässlich sind. Dies kommt nicht nur den einzelnen Mitarbeiterinnen und Mitarbeitern zugute, sondern stärkt auch die Wettbewerbsfähigkeit der gesamten Gesellschaft.

1.1.1.4 Soziale Verantwortung und Nachhaltigkeit

In den letzten Jahren hat das Bewusstsein für soziale Verantwortung in der Unternehmenswelt zugenommen. Viele Unternehmen engagieren sich aktiv in sozialen Projekten, unterstützen gemeinnützige Organisationen oder setzen sich für eine nachhaltige Wirtschaftsweise ein. Diese Verantwortung geht über die bloße Gewinnmaximierung hinaus und zeigt, dass Unternehmen auch einen positiven Einfluss auf die Gesellschaft ausüben können. Initiativen zur Reduzierung des ökologischen Fußabdrucks oder zur Förderung von Vielfalt und Inklusion sind Beispiele für solche Bemühungen.

1.1.1.5 Gemeinschaft und soziale Integration

Unternehmen sind oft stark in das regionale, sozioökonomisches Umfeld eingebunden. Sie unterstützen lokale Veranstaltungen, fördern den Sport oder engagieren sich in kulturellen Projekten. Diese Aktivitäten tragen zur sozialen Integration und zum Gemeinschaftsgefühl bei, was für das soziale Gefüge einer Gesellschaft von großer Bedeutung ist.

Die gesellschaftliche Rolle bzw. Bedeutung von Unternehmen ist vielschichtig und reicht weit über die rein betriebswirtschaftliche Aspekte hinaus. In einer sich ständig verändernden Welt ist es entscheidend, dass die Unternehmen einerseits ihre Rolle aktiv und verantwortungsvoll wahrnehmen und andererseits, dass positive Standort-/ Rahmenbedingungen für das unternehmerische Handeln geschaffen werden, damit dieser wichtige gesellschaftliche Beitrag der Unternehmen nachhaltig gesichert werden kann.

1.1.2 Wahrnehmung und Wertschätzung des Unternehmertums

Laut jüngster Forsa-Umfrage liegen die deutschen Unternehmen 2024 bei der Frage, zu wem haben die Deutschen großes Vertrauen, bei einem Wert von 32 % der Befragten, im Vergleich dazu kommen Mediziner und Polizei auf 81 %. Seit 2007 ist das Vertrauen in die Unternehmen damit um rund 20 % gesunken.[4]

Bei der Interpretation dieser Werte sollte man sich bewusst sein, dass die Komplexität unternehmerischen Handelns und der zugehörigen Wertschöpfungsprozesse für viele Befragte schwer zu durchschauen ist und diese Tatsache zu einer ambivalenten Einschätzung in der öffentlichen Wahrnehmung führt. Das Vertrauen der Öffentlichkeit ist eng mit der Transparenz und Integrität der unternehmerischen Handlungen verbunden. Diese ambivalente Stellung ist von verschiedenen Faktoren abhängig. Das positive Bild des Unternehmertums wird in der Regel mit den nachfolgend aufgelisteten Aspekten verbunden:

- Innovationsmotoren: Sie sind Triebfedern des technischen Fortschritts und damit unser Leben erleichtern und unsere Gesellschaft verbessern[5]
- Job-Schöpfer: Sie schaffen Arbeitsplätzen und sichern den Lebensunterhalt der Menschen und damit Wohlstand und Wohlfahrt der Gesellschaft.
- Risikobereitschaft: Sie setzen Kapital ein, um Produkt- und Dienstleistungsideen zu verwirklichen und damit neue Wege beschreiten.
- Vorbildfunktion: Sie stehen dafür, dass man mit Fleiß, Durchhaltevermögen und Kreativität nachhaltigen Erfolg haben kann.

Das negative Bild des Unternehmertums, das für die vermeintlichen Schattenseiten steht wird dagegen geprägt von:

- Profitgier: Die Maximierung der betrieblichen Profite (Gewinne) steht über gesellschaftlichen, sozialen und ökologischen Aspekten
- Ausbeutung: Um maximale Gewinne erzielen zu können, werden niedrige Löhne bezahlt, die Arbeitsbedingungen nicht verbessert und Steuergeschenke aller Art in Anspruch genommen[6]
- Machtmissbrauch: Durch Marktmacht wird eine dominante Stellung erreicht, die Verbraucher und Konkurrenten benachteiligt, zudem werden eigene Interessen in den Vordergrund gestellt
- Umweltbelastung: Ohne Rücksicht auf die Nachhaltigkeit des eigenen Tuns wird der Schutz der Umwelt dem ökonomischen Erfolg untergeordnet

---

4 Dazu DBB Bürgerbefragung Öffentlicher Dienst, Kap. 5: Das Ansehen einzelner Berufsgruppen, online unter: https://www.dbb.de/fileadmin/user_upload/globale_elemente/pdfs/2024/240626_130624_Buergerbefragung_Oeffentlicher_Dienst_2024.pdf (Abfrage 12.08.25).

5 Dazu J. A. Schumpeter: Theorie der wirtschaftlichen Entwicklung, 4. Auflage, Berlin 1934, online unter: https://www.mises.at/static/literatur/Buch/schumpeter-theorie-der-wirtschaftlichen-entwicklung-eine-untersuchung-ueber-unternehmergewinn-kapital-kredit-zins-und-den-konjunkturzyklus.pdf (Abruf 12.08.2025).

6 Dazu Arbeiterausbeutung/ Zwangsarbeit, online unter: https://www.ilo.org/de/arbeitsausbeutung-zwangsarbeit (Abruf 12.08.2025).

Vor diesem Hintergrund stehen die Unternehmen heute vor den Herausforderung, eine Balance zwischen Profit und Verantwortung (Purpose) zu finden. Sie müssen anstreben, wirtschaftliche Verantwortung mit sozialen und ökologischen Aspekten zu verbinden. Unternehmen müssen darüber hinaus sicherstellen, dass sie transparent agieren und offen über Geschäftspraktiken kommunizieren. Letztlich müssen die Unternehmen den Dialog mit der Gesellschaft suchen und auf die Bedürfnisse und Erwartungen der sozialen Gemeinschaft eingehen.

1.1.3 Inhalt und Wesen des Unternehmertums

Unternehmertum umfasst eine Vielzahl von Aktivitäten, die vom Erkennen einer Geschäftsidee über die Planung und Gründung eines Unternehmens bis hin zu dessen Wachstum und der Entwicklung reichen. Unternehmer zeichnen sich durch die Fähigkeit aus, wirtschaftlichen Chancen zu erkennen, Risiken einzugehen und nachhaltige Lösungen für bestehende Herausforderungen zu entwickeln. Im Kern geht es darum, unternehmerisches Handeln, Werte für Kunden, Mitarbeiter und Gesellschaft und für alle Stakeholder des Unternehmens zu generieren. Dazu sind eine ausgeprägte Leistungsmotivation und die Bereitschaft, kalkulierte Risiken einzugehen, unabdingbar.

Das Wesen des Unternehmers ist geprägt von einer aktiven Geisteshaltung mit der Bereitschaft, nach Verbesserungen und Neuerungen zu suchen. Dazu sind bestehende Strukturen und Prozesse kontinuierlich, dynamisch zu gestalten und zu verbessern. Unternehmerinnen und Unternehmer müssen in der Lage sein, auch unter Unsicherheit schnell und effektiv Entscheidungen zu treffen. Sie tragen Verantwortung für die damit von ihnen bewirkten Veränderungen. Darin kommt auch die Faszination dieser Tätigkeit zum Ausdruck, denn Unternehmerinnen und Unternehmer beeindrucken durch ihre Persönlichkeit und die von ihnen gelebten Werte.

Um erfolgreich sein zu können, müssen Unternehmerinnen und Unternehmer auch eine starke Führungskompetenz aufweisen. Sie müssen nämlich in der Lage sein, ihre Mitarbeiter zu motivieren, sie vielleicht sogar zu inspirieren, um gemeinsam die angestrebten betrieblichen Ziele zu erreichen.

Dabei ist letztlich die Bedeutung von Netzwerken und Kooperationen für erfolgreiches Unternehmertum nicht zu unterschätzen: Man muss sich mit anderen Akteuren austauschen, deren Wissen unvoreingenommen reflektieren und eventuell auch übernehmen, um von diesen neuen Perspektiven profitieren zu können. Auch lassen sich durch Kooperationen Werte für das eigene Unternehmen generieren.

1.1.4 Persönlichkeitsmerkmale und Einstellungen von Unternehmerinnen und Unternehmern

Unternehmerpersönlichkeiten zeichnen sich durch besondere Eigenschaften aus, die es ihnen ermöglichen, kreative Ideen zu entwickeln und damit neue wirtschaftliche Wege zu beschreiten. Die klassische Definition stammt von Howard H. Stevenson und lautet: »Entreperneuship is the pursuit of opportunity without regard to resources currently controlled«. Dies umfasst

- das Entdecken von Chancen durch das Generieren, Bewerten und Umsetzen von Geschäftsideen
- die Definition, Erkundung, Erschließung und Nutzung der dazu benötigten Ressourcen
- die Einschätzung und Übernahme der damit verbundenen Risiken des unternehmerischen Handelns

Zu diesen unternehmerischen Fähigkeiten zählt es auch, das daraus entstandene Geschäftsmodell und die institutionelle Hülle, das Unternehmen, permanent auf externe und interne Veränderungen einzustellen. Damit ist die notwendige Bereitschaft zu lernen verbunden, um mit neuen Erkenntnissen das Unternehmen zu stärken. Durch realistische Selbsteinschätzung werden die Grenzen des Handelns und der daraus resultierende Unterstützungsbedarf (in personeller, finanzieller, technologischer und kompetenzieller Hinsicht) erkennbar.

Wichtige Eigenschaften, die mit diesen Überlegungen verbunden sind, bilden ein starker Wille zum Erfolg, aber auch Resilienz bzw. Widerstandsfähigkeit, um Rückschläge zu verkraften und wirtschaftliche Durststrecken durchzustehen. In der Literatur werden zusätzlich weitere spezifische Persönlichkeitsmerkmale und Einstellungen aufgeführt[7]:

- Leistungsmotivation mit dem Wunsch, eigene Fähigkeiten unter Beweis zu stellen.
- Disziplin und Ehrgeiz
- Verantwortungsbewusstsein, um die Konsequenzen des eigenen Tuns oder Unterlassens für das soziale Umfeld zu tragen
- Eigeninitiative und Unabhängigkeitsstreben, um mit Ausdauer und Entschlossenheit, mit Leidenschaft, mit Entscheidungsfreudigkeit als richtig erkannte Handlungsstrategien zu verwirklichen
- Emotionale Stabilität und Ambiguitätstoleranz sind die Voraussetzungen, um Misserfolge zu verkraften, mit Unsicherheiten umzugehen und auch in kritischen Situationen souverän zu agieren

---

7 So etwa bei M. Fritsch: Entrepreneurship. Theorie, Empirie, Politik, Heidelberg 2015, S. 43 ff.

- Kommunikationsfähigkeit und Einfühlungsvermögen definieren die Kompetenz, die eigenen Vorstellungen klar zum Ausdruck zu bringen und die gesetzten Ziele (auch in der Zusammenarbeit mit anderen) zu erreichen

1.1.5 Fachliche Kompetenzen und Fähigkeiten

Neben der persönlichen Kompetenz sind ohne Wenn und Aber die fachlichen Kompetenzen unabdingbare Voraussetzung für den Unternehmenserfolg. Zahlreiche Lehrbücher beschäftigen sich intensiv mit den Grundlagen der Unternehmensführung und dem hierfür notwendigen Fachwissen dazu. Um sowohl strategisch als auch operativ souverän handeln zu können, sind generell

- gute betriebswirtschaftliche Kenntnisse mit Wissen über Führung, Marketing, Finanzierung, Controlling und Personalführung
- detaillierte Kenntnisse über den jeweiligen Markt und die Wettbewerbssituation
- rechtliche Kenntnisse
- technologisches Verständnis

erforderlich. In der heutigen dynamischen Geschäftswelt sind darüber hinaus einige spezielle Fähigkeiten gefragt um Unternehmen zum Erfolg zu führen, so etwa

- digitale Kompetenz
- interkulturelle Kompetenz
- Handlungskompetenz im Bereich ökonomischer, ökologischer und sozialer Nachhaltigkeit
- kommunikative Kompetenzen und Netzwerkfähigkeit

Es zeigt sich, dass nur die wenigsten Personen über alle diese Kompetenzen verfügen. Unternehmertum ist deshalb heutzutage häufig keine »Ein-Personen-Veranstaltung«, sondern wird in der Regel von einem Team geprägt, das sich in den verschiedenen fachlichen Kompetenzen ergänzt und damit unternehmerisch gemeinsam gestaltet.

1.1.6 Rahmenbedingungen für ein starkes Unternehmertum

Wenn auch nicht direkt im Fokus dieses Buches, so doch allgegenwärtig bei den handelnden Unternehmerinnen und Unternehmern bzw. Gründerinnen und Gründern sind die Rahmenbedingungen. Für erfolgreiches Unternehmertum müssen folgende Rahmenbedingungen stimmig sein:

- Verlässliche längerfristige Perspektiven und Strategien in der Politik
- Vereinfachung bzw. Verkürzung der Genehmigungs- und Verwaltungsverfahren (auch durch digitale Infrastruktur)
- Reduktion der Kostenbelastung durch staatliche Regulierung
- Pragmatismus und nicht Ideologie als Grundlage des politischen Handelns im internationalen Umfeld
- Bei der Ausgestaltung des Steuer- und Abgabensystems sollte im angebotspolitischen Sinn die Erwirtschaftung vor der Verteilung stehen
- Hilfreich wäre ein gesellschaftlicher Dialog über Wirtschaft und Unternehmen mit dem Ziel, ein Bewusstsein dafür zu schaffen, dass das Unternehmertum die Quellen des Wohlstandes für unsere Gesellschaft darstellt

1.1.7 Zusammenfassung

Das Unternehmertum in Deutschland bezeichnet eine vielschichtige und anspruchsvolle Tätigkeit, die nicht nur aus ökonomischer Perspektive sowohl Chancen als auch Risiken birgt. Die öffentliche Wahrnehmung ist geprägt von einer Mischung aus Anerkennung für wirtschaftliche Leistungen und Innovationskraft einerseits und Skepsis gegenüber zu großer Machtkonzentration und geringer soziale Verantwortung andererseits.

Um ein ausgewogenes Bild des Unternehmertums in der Öffentlichkeit zu fördern, ist wichtig, sowohl die positiven Beiträge als auch die Herausforderungen und Verantwortlichkeiten transparent zu kommunizieren. Eine differenzierte Berichterstattung und verstärkte Aufklärung können dazu beitragen, wenig hilfreiche Stereotype abzubauen und ein realistischeres Verständnis des Unternehmertums in der Gesellschaft zu etablieren.

Die Förderung und Unterstützung des Unternehmertums sollte daher eine zentrale Aufgabe von Politik, Wirtschaft und Gesellschaft sein. Durch die Schaffung günstigerer Rahmenbedingungen, die Förderung von Unternehmergeist und die Anerkennung unternehmerischer Leistungen kann Deutschland seine Position als Innovationsstandort weiter stärken und den Herausforderungen der Zukunft erfolgreich begegnen.

Ein wesentlicher Punkt zum Abschluss: Unternehmertum basiert auf dem Terminus »unternehmen«, nicht »unterlassen«! Der Leistungsbegriff, das Wollen ist herausragendes Element des Unternehmertums, Leidenschaft für den Beruf des Unternehmers unerlässlich. Bequemlichkeit und Komfortzonen passen dagegen nicht zum unternehmerischen Handeln. Zukunftige Entwicklungen vorauszudenken und verantwortungsvoll zu gestalten ist vor diesem Hintergrund eine unternehmerische Grundeinstellung, die darauf abzielt, zum Vorteil aller an der besseren Welt von morgen mitzuwirken.

1.1.8 Literatur

Deutscher Beamtenbund/ Forsa Gesellschaft für Sozialforschung und statistische Analysen mbH (Hrsg.): DBB Bürgerbefragung Öffentlicher Dienst, Einschätzungen, Erfahrungen und Erwartungen der Bürger 2024, Berlin, online unter: https://www.dbb.de/fileadmin/user_upload/globale_elemente/pdfs/2024/240626_130624_Buergerbefragung_Oeffentlicher_Dienst_2024.pdf (Abfrage 12.08.25).

Fritsch, M.: Entrepreneurship. Theorie, Empirie, Politik, Heidelberg 2015.

Schumpeter, J. A.: Theorie der wirtschaftlichen Entwicklung, 4. Auflage, Berlin 1934.

2 Wahrnehmung und Wertschätzung des Unternehmers/ der Unternehmerin in Deutschland

2.1 Wahrnehmung und Wertschätzung im Spannungsfeld zwischen Vertrauen und Vorbehalten – empirische Studien

Timm Gieger/ Dieter Thomaschewski

Unternehmerinnen und Unternehmer gelten als Rückgrat unserer Wirtschaft. Doch wie werden sie in der Gesellschaft tatsächlich wahrgenommen? Eine Reihe aktueller Studien zeigt: Zwischen Bewunderung für Innovation und Skepsis gegenüber Macht und Profitdenken besteht ein spannungsreiches Verhältnis.

2.1.1 Reputation ist mehr als ein Image

Valentin Schackmann betont in seiner Monographie, wie entscheidend Vertrauen für unternehmerischen Erfolg ist. Die Reputation eines Unternehmens entsteht nicht von selbst – sie muss durch Integrität, Transparenz und gesellschaftlichen Mehrwert aktiv aufgebaut und gepflegt werden. Besonders in Krisenzeiten zeigt sich, ob dieses Vertrauen trägt. Laut Schackmann entwickelt sich gesellschaftliche Wertschätzung für Unternehmerinnen und Unternehmer häufig erst im Rückblick – wenn ihr Wirken als nachhaltig wahrgenommen wird. Gleichzeitig warnt er: Die mediale Darstellung beeinflusst das Unternehmerbild erheblich – zwischen heroischer Gründungsgeschichte und Vorwurf des Eigennutzes ist alles möglich (vgl. Schackmann 2024, S. 145–173).

Stadler betrachtet Unternehmertum stärker aus der Innenperspektive. Hier stehen persönliche Motivation, Kreativität und der Wunsch nach Selbstverwirklichung im Vordergrund. Ihre Darstellung wirkt idealistischer und weniger auf öffentliche Erwartungen bezogen. Im Vergleich zeigt sich ein Wandel: Während früher die Leidenschaft zählte, steht heute strategisches Handeln im öffentlichen Raum im Fokus (vgl. Stadler 2009, S. 84–113).

Auch Aksin-Sivrikaya, Hildebrandt und Schwalbach stellen klar: Reputation ist längst zu einem zentralen Erfolgsfaktor geworden. Weiche Kriterien wie Unternehmenskultur oder Innovationskraft gewinnen an Gewicht – und Reputationsverluste können in kurzer Zeit enormen Schaden anrichten (vgl. Aksin-Sivrikaya et. al. 2023, S. 4 ff.).

Kulturelle Hürden: Warum Gründen in Deutschland schwerfällt

Bittorf zeigt, dass in Deutschland lange ein eher reserviertes Verhältnis zum Unternehmertum herrscht. Selbstständigkeit wurde oft als riskant wahrgenommen – nicht nur wegen wirtschaftlicher Unsicherheiten, sondern auch wegen kultureller Vorbehalte. Zwar gab es seit den 1990er-Jahren politische Förderprogramme, doch der Wandel verläuft langsam. Noch immer gilt: Im internationalen Vergleich wird Unternehmertum hierzulande deutlich zurückhaltender gelebt (vgl. Bittorf 2013, S. 1 ff.).

Ein Grund dafür: Die Angst vor dem Scheitern. Kuckertz, Berger und Prochotta weisen darauf hin, dass in Deutschland gescheiterte Unternehmerinnen und Unternehmer häufig stigmatisiert werden – ganz anders als in den USA, wo Misserfolge als wertvolle Lernerfahrung gelten. Diese kulturelle Haltung bremst Innovationsfreude und Gründungsbereitschaft (vgl. Kuckertz et. al. 2020, S. 1866 ff.).

Vertrauen entsteht nicht zufällig

Die Studien zeigen, wie stark sich das Bild von Unternehmerinnen und Unternehmer verändert hat. Persönliche Motivation und Innovationsgeist bleiben wichtige Elemente, doch gesellschaftliche Akzeptanz hängt zunehmend von Reputation, Verantwortung und öffentlicher Kommunikation ab. Unternehmen stehen heute unter Beobachtung – und müssen mehr denn je zeigen, dass sie nicht nur wirtschaftlich, sondern auch gesellschaftlich sinnvoll handeln.

Was denken die Menschen? – Ein Blick auf aktuelle Umfragestudien

Wie werden Unternehmen und ihre Führungspersönlichkeiten heute tatsächlich wahrgenommen? Um diese Frage zu beantworten, lohnt sich ein Blick auf aktuelle Umfragen. Sie zeigen: Vertrauen ist da – aber nicht uneingeschränkt. Vor allem kleinere und mittelständische Unternehmen schneiden besser ab als große Konzerne.

Kleine Firmen punkten, große kämpfen mit ihrem Image

Die Bertelsmann Stiftung hat herausgefunden: Familienunternehmen und mittelständische Betriebe genießen in Deutschland hohes Vertrauen. Sie gelten als bodenständig, verantwortungsvoll und nahe an den Menschen. Dagegen werden große Konzerne deutlich kritischer gesehen – insbesondere, wenn es um gesellschaftliches Engagement geht. Die Erwartungen an Unternehmen sind klar: Sie sollen mehr tun, als nur Gewinne erwirtschaften. Rund drei Viertel der Befragten fordern, dass der Staat verantwortungsvolles Unternehmertum gezielt unterstützt. Bürokratie und Überregulierung sehen viele dabei als größte Hürde (vgl. Bertelsmann-Stiftung 2016, S. 11. ff.).

Zwischen Tradition und Zukunft: Familienunternehmen im Wandel

Eine Studie von PwC zeigt, dass Familienunternehmen in Sachen Stabilität und Verantwortung zwar geschätzt werden, bei jungen Menschen aber an Attraktivität verlieren (vgl. PwC 2021). Während ältere Generationen Werte wie Beständigkeit und Nachhaltigkeit hochhalten, verbinden Jüngere Familienunternehmen häufiger mit Stillstand und Innovationsmangel – obwohl viele längst moderne Strukturen aufgebaut haben. Die Lücke zwischen öffentlicher Wahrnehmung und realer Entwicklung ist groß.

2.1.2 Vertrauen im Wandel: Unternehmen unter neuen Erwartungen

Das Edelman Trust Barometer aus den Jahren 2023 und 2024 bietet einen globalen Überblick über das Vertrauen der Bevölkerung in zentrale gesellschaftliche Institutionen – darunter Regierungen, Medien, NGO und Unternehmen (vgl. Edelman 2023 und 2024). Die Ergebnisse sind deutlich: Unternehmen werden inzwischen als vertrauenswürdiger eingeschätzt als staatliche Institutionen. Besonders auffällig ist dabei der Befund, dass Regierungen vielerorts nicht nur als ineffizient, sondern zunehmend auch als ethisch fragwürdig wahrgenommen werden. Unternehmen hingegen gelten als kompetent und entscheidungsstark – doch gerade diese positive Einschätzung geht mit einer wachsenden Erwartungshaltung einher.

Denn mit dem wachsenden Vertrauen steigt auch der gesellschaftliche Druck: Die Menschen fordern heute mehr als wirtschaftlichen Erfolg. Sie erwarten von Unternehmen, dass sie sich aktiv mit gesellschaftlichen Herausforderungen auseinandersetzen – etwa mit dem Klimawandel, sozialer Gerechtigkeit oder fairen Arbeitsbedingungen. Der Edelman-Bericht von 2024 macht deutlich, dass Unternehmen heute nicht mehr als reine Wirtschaftseinheiten betrachtet werden, sondern als gesellschaftliche Akteure mit Verantwortung. In Deutschland verstärkt sich diese Entwicklung zusätzlich durch ein besonders ausgeprägtes Misstrauen gegenüber politischen Entscheidungsträgern und klassischen Medien.

Diese Verschiebung bestätigt auch das aktuelle Forsa-Vertrauensranking. Es zeigt: Während Politikerinnen und Politiker, Behörden und Medien deutlich an Vertrauen eingebüßt haben, genießen klassische Professionen wie Ärztinnen und Ärzte, die Polizei oder Universitäten weiterhin hohes Ansehen (▶ Dar. 1). Ganz am Ende des Rankings finden sich soziale Medien und Werbeagenturen – Berufsgruppen, denen viele Menschen gezielte Manipulation oder Interessengebundenheit unterstellen. Die Bevölkerung begegnet Informationsquellen mit wachsender Skepsis, insbesondere wenn wirtschaftliche oder politische Interessen im Spiel sind (vgl. forsa, 2024).

2.1 Wahrnehmung und Wertschätzung

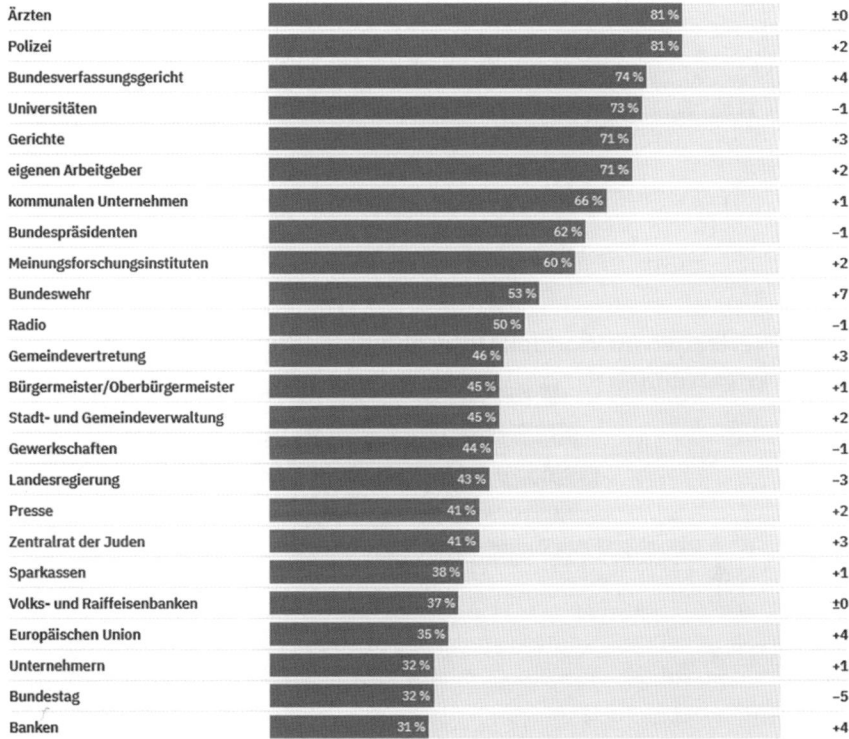

Dar. 1: Ausschnitt Forsa Vertrauensranking – Wie hat sich das Vertrauen der deutschen Bürger zu den einzelnen Institutionen im Vergleich zum Jahresende 2023/2020 geändert? (forsa 2024)

Unternehmen bewegen sich damit in einem zunehmend sensiblen Umfeld. Zwar werden sie als Träger von Innovation, Wachstum und Wohlstand grundsätzlich anerkannt – doch das persönliche Ansehen von Unternehmerinnen und Unternehmer bleibt ambivalent. Wie bereits in Kapitel 1 herausgearbeitet wurde, spielen sie eine zentrale Rolle für technologischen Fortschritt, gesellschaftliche Entwicklung und wirtschaftliche Stabilität. Gleichzeitig sind sie aber auch Projektionsfläche für gesellschaftliche Sorgen: Wo Macht konzentriert ist, wo wirtschaftliche Entscheidungen soziale Auswirkungen haben, da wächst auch die öffentliche Kritik.

Ein Blick auf die Entwicklungen zwischen 2007 und 2023 verdeutlicht diese Ambivalenz besonders eindrücklich: Während viele Berufsgruppen im öffentlichen Dienst – etwa Feuerwehrleute, Pflegekräfte oder Müllwerker – erheblich an Ansehen gewonnen haben, hat das Vertrauen in wirtschaftsnahe Berufsgruppen deutlich abgenommen. Besonders stark betroffen: Unternehmerinnen und Unternehmer. Ihr gesellschaftliches Ansehen ist innerhalb von 15 Jahren um rund 20 Prozentpunkte gefallen

2 Wahrnehmung und Wertschätzung des Unternehmers

– ein Rückgang, der unter allen untersuchten Berufsgruppen am deutlichsten ausfällt (▶ Dar. 2).

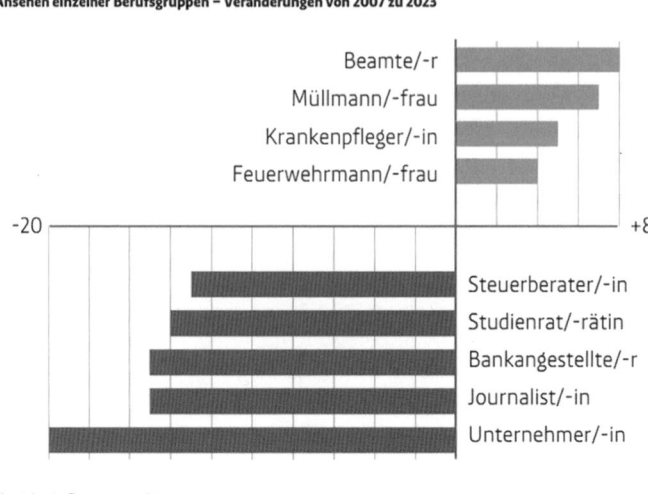

Dar. 2: Bürgerbefragung öffentlicher Dienst 2024 (forsa 2025).

Diese Entwicklung überrascht vor allem deshalb, weil Unternehmerinnen und Unternehmer objektiv gesehen zentrale Leistungen für die Gesellschaft erbringen. Sie schaffen Arbeitsplätze, sichern Steueraufkommen und investieren in die Zukunft. Dennoch prägen Vorwürfe wie Machtmissbrauch, Intransparenz, kurzfristiges Gewinnstreben oder mangelndes ökologisches Verantwortungsbewusstsein das öffentliche Bild. Positive unternehmerische Beispiele werden zwar wahrgenommen – doch sie gehen im öffentlichen Diskurs oft unter.

Die Umfragen zeigen klar: Vertrauen ist heute weniger eine Frage der Faktenlage, sondern stark geprägt durch öffentliche Diskussionen, mediale Darstellungen und emotionale Resonanz. Unternehmerinnen und Unternehmer stehen unter erhöhter Beobachtung. Von ihnen wird nicht nur wirtschaftliches Geschick erwartet, sondern auch eine klare Haltung zu gesellschaftlichen Werten. Die langfristige Akzeptanz unternehmerischen Handelns hängt daher entscheidend davon ab, ob es Unternehmen gelingt, glaubwürdig und transparent zu kommunizieren – und ihre gesellschaftliche Verantwortung nicht nur zu betonen, sondern auch nachweislich zu leben.

Vertrauen ist ein entscheidender Erfolgsfaktor – besonders in Krisenzeiten. Das zeigt eine Studie, die vom Institut der deutschen Wirtschaft (IW) durchgeführt wurde. Unternehmen, die auf eine werteorientierte Kultur setzen, transparent kommunizieren und langfristige Beziehungen zu ihren Anspruchsgruppen pflegen, werden als verlässlicher wahrgenommen und überstehen schwierige Phasen – wie die Corona-Pandemie – deutlich besser. Solche Unternehmen gelten zudem als innovationsfreudiger und widerstandsfähiger (vgl. Enste, Kürten et. al. 2020).

Auch die Rochus Mummert Studie kommt zu einem ähnlichen Ergebnis: Ethisches Handeln und eine gelebte Kultur der Wertschätzung machen Unternehmen erfolgreicher. Doch es klafft eine Lücke zwischen Einsicht und Umsetzung – während fast alle befragten Aufsichtsräte den positiven Effekt einer starken Unternehmenskultur anerkennen, beschäftigen sich nur wenige regelmäßig damit (vgl. Rochus Mummert 2018).

Ein weiteres Schlaglicht wirft die Studie von Schmidt und Weßner, durchgeführt von der Quirin Privatbank. Sie zeigt: Für viele Gründerinnen und Gründer steht Selbstverwirklichung im Mittelpunkt – doch finanzielle Unsicherheit und Angst vor dem Scheitern schrecken ab. Besonders die Generation Z zeigt zwar Interesse am Unternehmertum, ist jedoch skeptisch gegenüber den Risiken. Auffällig ist auch: Unternehmerinnen und Unternehmer in Deutschland dienen selten als Vorbilder. Stattdessen prägen internationale Persönlichkeiten wie Elon Musk oder Jeff Bezos das öffentliche Bild (vgl. Schmidt, Weßner 2021).

Dass es für Gründerinnen und Gründer in Deutschland zusätzlich strukturelle Hürden gibt, belegt eine Untersuchung am Alexander von Humboldt Institut. Trotz innovativer Ansätze mangelt es oft an radikalen Ideen – viele setzen auf Sicherheit statt auf disruptiven Wandel. Start-ups in Berlin profitieren zwar von einem wachsenden Netzwerk, kämpfen aber weiterhin mit bürokratischen Barrieren, begrenztem Zugang zu Kapital und Markteintrittshürden (vgl. Richter, Jackson et. al. 2017).

Die Studien machen deutlich, dass sich die gesellschaftliche Rolle von Unternehmen im Wandel befindet. Sie gelten zunehmend als gesellschaftliche Akteure – mit wachsenden Erwartungen an Ethik, Verantwortung und Transparenz. Familienunternehmen genießen weiterhin Vertrauen, verlieren jedoch bei jüngeren Generationen an Anziehungskraft. Gleichzeitig bleibt die größte Hürde für unternehmerische Initiative die Angst vor dem Scheitern – getragen von einer Kultur, die Risiken eher meidet als belohnt.

Gründe für die positive und negative Wahrnehmung

Das gesellschaftliche Bild von Unternehmerinnen und Unternehmer ist von Ambivalenz geprägt. Auf der einen Seite stehen sie für wirtschaftliche Dynamik, Innovationskraft und die Schaffung von Arbeitsplätzen. Auf der anderen Seite geraten sie zunehmend in die Kritik – etwa wegen unklarer Strukturen, ethischer Bedenken oder einer Unternehmenskultur, die als abgehoben oder gewinnfixiert wahrgenommen wird (▶ Dar. 3).

Dar. 3: Gründe für die positive und negative Wahrnehmung von Unternehmertum.

Positiv (+)	Negativ (–)
Beitrag zur Wirtschaft	Mangelnde Anerkennung / Stigmatisierung
Innovation & Fortschritt	Unternehmenskultur
Wirtschaftliche Stabilität & Arbeitsplätze	Ungleichheit & persönliche Bereicherung
Qualifikation & Erfahrung	Bürokratie & Überregulierung
Vorbildfunktion	Mangelnde Transparenz
Gesellschaftliches Engagement	Ethik & Moral
Risikobereitschaft	Skandale & Fehlverhalten
Soziale Verantwortung	Macht & Einfluss

2.1.3 Wirtschaftsmotor, Innovationsquelle und Verantwortungsträger

Unbestritten ist der ökonomische Beitrag unternehmerischer Tätigkeit: Unternehmen sichern Beschäftigung, zahlen Steuern und leisten einen essenziellen Beitrag zur wirtschaftlichen Stabilität. Gerade der Mittelstand, vielfach familiengeführt, gilt als krisenresistent und gesellschaftlich verwurzelt. Solche Unternehmen zeichnen sich oft durch ein hohes Maß an sozialer Verantwortung aus – etwa in Form von mitarbeiterorientierter Führung, langfristigem Denken und lokalem Engagement.

Darüber hinaus sind viele Unternehmerinnen und Unternehmer Wegbereiter für technologische und gesellschaftliche Innovationen. In urbanen Start-up-Zentren wie Berlin entstehen neue Lösungen für drängende Herausforderungen – nicht selten unter schwierigen Rahmenbedingungen. Diese Innovationskraft wirkt sich nicht nur wirtschaftlich, sondern auch gesellschaftlich aus: Neue Technologien, nachhaltige Geschäftsmodelle und soziale Start-ups prägen zunehmend die Debatte um Fortschritt und Wandel.

Viele Unternehmerinnen und Unternehmer bringen nicht nur betriebswirtschaftliches Know-how mit, sondern auch Mut zur Entscheidung, Risikobereitschaft und unternehmerische Vision. Gerade junge Menschen sehen im Unternehmertum mehr als nur die Aussicht auf Gewinn: Selbstverwirklichung, Werteorientierung und gesellschaftlicher Impact spielen eine wachsende Rolle. Wer wirtschaftlichen Erfolg mit Gemeinwohlorientierung verbindet, kann so zur glaubwürdigen Identifikationsfigur werden – als Vorbild in einer zunehmend komplexen Welt.

Dabei nimmt auch das gesellschaftliche Engagement einen immer wichtigeren Platz ein: Von Sponsoring lokaler Initiativen bis hin zur aktiven Rolle in Nachhaltigkeit und Bildung – Unternehmen, die Verantwortung nicht nur fordern, sondern im Tagesgeschäft praktizieren (»leben«), genießen ein hohes Maß an Vertrauen.

Kritik zwischen Stigmatisierung und Systemversagen

Trotz dieser positiven Facetten bleibt die unternehmerische Realität vielfach herausfordernd – und gesellschaftlich umstritten. In Deutschland haftet gescheiterten Unternehmerinnen und Unternehmer oft der Makel des Versagens an. Anders als in vielen angelsächsischen Ländern gilt Scheitern hierzulande weniger als Lernerfahrung denn als Stigma. Das hemmt Innovationslust und unternehmerische Initiative.

Hinzu kommen strukturelle Barrieren: Überbordende Bürokratie, komplexe Regulierungen und eine vielfach unternehmerfeindliche Verwaltungspraxis machen es gerade kleinen und mittleren Betrieben schwer, ihre Potenziale zu entfalten. Der Staat wird dabei nicht selten eher als Hindernis denn als Partner wahrgenommen.

Besonders Großunternehmen stehen zudem im Fokus öffentlicher Kritik. Ihnen wird oft mangelnde Transparenz und eine Fokussierung auf persönliche Bereicherung vorgeworfen – etwa, wenn Managergehälter und Dividenden im Kontrast zu Sparmaßnahmen und Arbeitsplatzabbau stehen. Skandale, ethisch fragwürdiges Verhalten oder der Eindruck unverhältnismäßiger Einflussnahme auf Politik und Gesellschaft verstärken das Misstrauen gegenüber unternehmerischer Macht.

Auch die Unternehmenskultur gerät in die Kritik: Wenn Leistungsdruck, Hierarchiedenken und einseitige Gewinnorientierung dominieren, leidet nicht nur das Betriebsklima – sondern auch das öffentliche Ansehen.

Zwischen Vertrauen und Vorbehalten

Unternehmerinnen und Unternehmer stehen damit im Spannungsfeld zwischen gesellschaftlicher Wertschätzung und kritischer Erwartungshaltung. Vertrauen entsteht dort, wo unternehmerisches Handeln transparent, wertebasiert und nachhaltig erfolgt. Es sind nicht allein wirtschaftliche Kennzahlen, die zählen – sondern die glaubwürdige Verbindung von Erfolg mit Verantwortung. Unternehmen, die diese Balance beherrschen, prägen nicht nur Märkte, sondern auch den gesellschaftlichen Wandel.

Verantwortungsvolle Unternehmen und deren Eigenschaften

In einer zunehmend komplexen Welt erwartet die Gesellschaft mehr von Unternehmen als bloße wirtschaftliche Leistung. Verantwortung, Nachhaltigkeit und ethisches Handeln sind heute zentrale Maßstäbe für unternehmerischen Erfolg – zumindest aus Sicht der Bevölkerung.

Vertrauensvorschuss für Familienunternehmen und Mittelstand

Laut einer Studie der Bertelsmann Stiftung genießen Familienunternehmen und kleine bis mittlere Betriebe den größten Vertrauensvorschuss. Rund 70 % der Befragten

2 Wahrnehmung und Wertschätzung des Unternehmers

verbinden sie mit verantwortungsvollem Unternehmertum (▶ Dar. 4). Börsennotierte Konzerne schneiden deutlich schlechter ab – sie gelten eher als profitorientiert und gesellschaftlich distanziert.

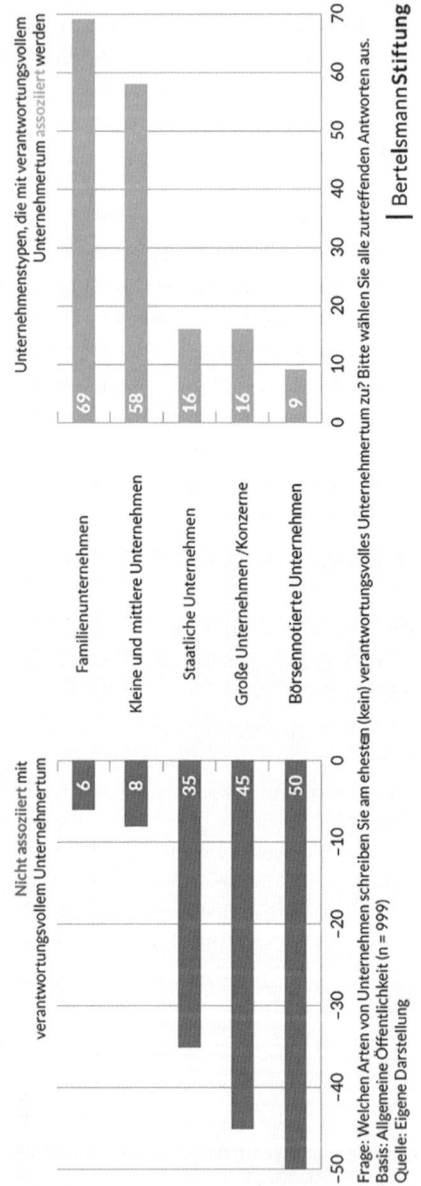

Dar. 4: Zugeschriebene Verantwortungsübernahme nach Unternehmenstyp (Bertelsmann Stiftung 2016, S. 15).

2.1 Wahrnehmung und Wertschätzung

Werte statt Gewinnmaximierung

Welche Eigenschaften machen ein Unternehmen aus Sicht der Bevölkerung wirklich verantwortlich? Ganz oben stehen Gemeinwohlorientierung, sichere Arbeitsplätze, Umweltbewusstsein und soziales Engagement (▶ Dar. 5). Ethisch geführte Unternehmen sollen sich fair gegenüber Mitarbeitenden, Kundinnen und Kunden sowie der Region verhalten. Reine Gewinninteressen oder riskante Strategien spielen im öffentlichen Verständnis eine untergeordnete Rolle.

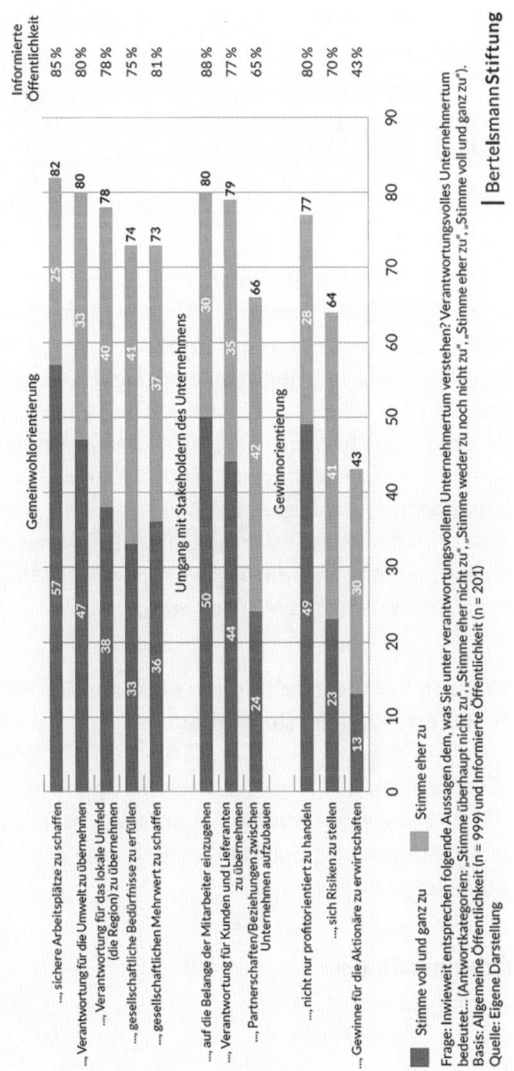

Dar. 5: Punkte für verantwortungsvolles Unternehmertum (Bertelsmann-Stiftung 2016, S. 14)

Zwischen Image und Realität

Familienunternehmen gelten als langfristig denkend, krisenfest und nachhaltig (vgl. PwC 2021). Sie übernehmen Verantwortung für ihre Mitarbeitenden und agieren häufig regional verwurzelt. Doch gerade bei jüngeren Menschen verblasst dieses positive Bild – ihnen erscheinen viele dieser Betriebe als wenig innovativ oder veraltet. Hier klaffen Selbstbild und öffentliche Wahrnehmung oft auseinander.

Das Edelman Trust Barometer bestätigt diese Dynamik: Unternehmen gelten mittlerweile als kompetenter und verlässlicher als Regierungen – vor allem, wenn sie aktiv gesellschaftliche Verantwortung übernehmen (vgl. Edelman 2024). Doch das Vertrauen ist nicht gleich verteilt. Mittelständler schneiden deutlich besser ab als große Konzerne, denen häufig kurzfristiges Profitdenken unterstellt wird.

Vertrauen muss verdient werden

Verantwortungsbewusstes Handeln ist kein Imagebonus, sondern eine wirtschaftliche Ressource. Studien wie die des Instituts der deutschen Wirtschaft (vgl. Enste, Kürten et. al. 2020) und Rochus Mummert (vgl. Rochus Mummert 2018) zeigen: Unternehmen mit transparenter Kommunikation, ethischen Grundsätzen und einer wertebasierten Kultur sind erfolgreicher und krisenfester.

Interessant ist auch: Staatliche Unternehmen genießen trotz ihres Gemeinwohlauftrags kaum Vertrauen. Sie gelten als bürokratisch und ineffizient – während Familienbetriebe als engagiert, greifbar und glaubwürdig wahrgenommen werden.

Verantwortung ist heute ein Wettbewerbsfaktor. Unternehmen, die nachhaltig wirtschaften, fair handeln und transparent kommunizieren, profitieren nicht nur von gesellschaftlicher Anerkennung – sie sind langfristig auch wirtschaftlich erfolgreicher. Die öffentliche Meinung ist eindeutig: Vertrauen entsteht dort, wo nicht nur geredet, sondern auch entsprechend gehandelt wird.

Kenntnisse und Wissen über Notwendigkeit einer fundierten Marktwirtschaft und erfolgreiche Unternehmen

Die gesellschaftliche Wahrnehmung von Unternehmertum wird nicht nur durch Medien oder persönliche Erfahrungen geprägt, sondern auch durch das wirtschaftliche Grundverständnis der Bevölkerung. Zahlreiche Studien zeigen jedoch: Gerade hier bestehen erhebliche Wissenslücken.

Unterschätzte Inflation, überschätzte Armut

Repräsentative Umfragen vom Institut der deutschen Wirtschaft (vgl. iwd 2021) und der Wochenzeitung DIE ZEIT (vgl. Jugend und Finanzen 2018), offenbaren, dass viele Menschen wirtschaftliche Kennzahlen stark verzerren. Die Inflationsrate wird häufig über-, der DAX dagegen zu niedrig und auch die Arbeitslosenquote wird oft falsch eingeschätzt. Diese Fehleinschätzungen deuten darauf hin, dass grundlegende wirtschaftliche Zusammenhänge nicht verankert sind – was wiederum zu Fehlurteilen über wirtschaftspolitische Entscheidungen oder die unternehmerische Realität führen kann.

2.1.3.10 Jugendliche ohne wirtschaftliches Rüstzeug

Die Jugendstudie des Bankenverbands (vgl. Bankenverband 2021) zeigt, dass auch in der schulischen Bildung große Defizite bestehen. Zwei Drittel der befragten Jugendlichen gaben an, kaum oder gar nichts über Wirtschaft in der Schule gelernt zu haben. Nur ein Bruchteil konnte die aktuelle Inflationsrate korrekt benennen oder wusste, dass die Europäische Zentralbank für Preisstabilität verantwortlich ist. Dennoch wünschen sich über 75 % mehr wirtschaftliche Bildung im Unterricht – ein deutliches Signal an die Bildungspolitik.

2.1.3.11 Verzerrtes Bild von Unternehmertum

Die mangelnde ökonomische Bildung hat auch Folgen für das Unternehmerbild in der Gesellschaft. Unternehmerinnen und Unternehmer werden entweder romantisiert – als charismatische Visionäre – oder kritisch betrachtet, ohne die realen Herausforderungen zu kennen. Themen wie Bürokratie, Investitionsrisiken oder Haftungsverantwortung bleiben oft unsichtbar.

Zwar kennen viele das Prinzip von Angebot und Nachfrage, doch ein tieferes Verständnis für die Dynamik unternehmerischer Entscheidungen – etwa bei Gründungen, Innovation oder Finanzierung – fehlt häufig. Gerade in einer Zeit, in der Unternehmen gesellschaftlich stärker in die Pflicht genommen werden, ist dieses Bildungsdefizit ein ernstzunehmendes Problem.

Ein realistisches Bild von Unternehmertum entsteht nur, wenn Menschen die wirtschaftlichen Rahmenbedingungen verstehen. Ohne solides Grundlagenwissen lassen sich unternehmerische Risiken, Entscheidungen und Verantwortung kaum richtig einordnen. Bildung ist deshalb nicht nur ein Mittel zur Meinungsbildung – sie ist eine Voraussetzung für gesellschaftliche Fairness im Urteil über Unternehmerinnen und Unternehmer.

2.1.4 Was muss von öffentlicher bzw. Unternehmerseite getan werden, um das Image zu verbessern

Trotz ihrer großen wirtschaftlichen Bedeutung haftet dem Unternehmertum in Deutschland ein ambivalentes Image an. Auf der einen Seite gelten Unternehmerinnen und Unternehmer als Treiber von Innovation und Beschäftigung. Auf der anderen Seite bestehen Zweifel an ihren Motiven, ihrer Verantwortung und ihrer gesellschaftlichen Rolle. Um dieses Spannungsfeld aufzulösen, braucht es gemeinsame Anstrengungen – von Politik, Bildungseinrichtungen, aber vor allem von den Unternehmen selbst.

Unternehmen als Bildungsakteure – Wirtschaft verständlich machen

Die vielfach belegten Wissenslücken über wirtschaftliche Zusammenhänge sind ein zentrales Problem für das öffentliche Verständnis von Unternehmertum. Zwar ist es Aufgabe des Bildungssystems, hier die nötigen Grundlagen zu legen – doch Unternehmen können selbst aktiv zur ökonomischen Aufklärung beitragen. Schulpartnerschaften, Bildungsinitiativen, transparente Kommunikation über wirtschaftliche Entscheidungen und Einblicke in den Unternehmensalltag können helfen, Vorurteile abzubauen und ein realistischeres Unternehmerbild zu vermitteln.

Haltung zeigen – durch gelebte Werte statt Marketing

Die Studien zeigen klar: Unternehmen, die werteorientiert handeln und Verantwortung übernehmen, genießen deutlich mehr Vertrauen – gerade in Krisenzeiten. Doch dieses Vertrauen muss täglich neu verdient werden. Wer soziale Verantwortung, Nachhaltigkeit oder Diversität nur im Werbeprospekt betont, verliert an Glaubwürdigkeit. Entscheidend ist, dass Unternehmen ihre Haltung konsequent leben – im Umgang mit Mitarbeitenden, in der Lieferkette, im Umweltschutz und in der Kommunikation nach außen.

Insbesondere größere Unternehmen und Konzerne stehen hier besonders im Fokus. Sie haben nicht nur die Ressourcen, sondern auch die Reichweite, um gesellschaftliche Wirkung zu entfalten. Wer sich dieser Verantwortung bewusst stellt und sie sichtbar macht, kann nicht nur sein Image verbessern, sondern auch zur Stärkung des gesellschaftlichen Vertrauens in die Wirtschaft beitragen.

Mut zur Transparenz – gerade bei schwierigen Themen

Vertrauen entsteht dort, wo Unternehmen auch dann offen kommunizieren, wenn es unbequem wird. Ob in der Krise, bei Umstrukturierungen oder öffentlichen Debatten – glaubwürdige Kommunikation ist keine Frage perfekter PR, sondern von Authentizität. Familienunternehmen gelten genau deshalb oft als besonders vertrauenswürdig: Sie sind nahbar, verbindlich und vermeiden leere Versprechen.

Konzerne und Start-ups können sich daran orientieren – durch transparente Geschäftsberichte, soziale Engagements oder einen direkten Dialog mit der Öffentlichkeit. Wer den gesellschaftlichen Dialog ernst nimmt, zeigt nicht nur Verantwortung, sondern gestaltet aktiv sein öffentliches Bild mit.

Gesellschaftliches Engagement nicht als Kür, sondern als Kern verstehen

Unternehmen sind heute mehr als nur wirtschaftliche Akteure – sie sind Teil des gesellschaftlichen Gefüges. Das Edelman Trust Barometer zeigt: Die Bevölkerung erwartet, dass Unternehmen Verantwortung übernehmen, wo Politik und Verwaltung zunehmend Vertrauen verlieren. Dieser Erwartung sollten sich Unternehmen nicht entziehen, sondern sie als Chance begreifen.

Ob Klimaschutz, Bildungsgerechtigkeit oder regionale Förderung – wer über wirtschaftliche Ziele hinaus denkt und handelt, gewinnt nicht nur gesellschaftliche Anerkennung, sondern auch Loyalität von Kundinnen, Kunden und Mitarbeitenden. Das bedeutet: Engagement darf nicht von Marketingstrategien getrieben sein, sondern sollte ein integraler Bestandteil der Unternehmensidentität werden.

Das Ansehen von Unternehmerinnen und Unternehmer ist kein Zufallsprodukt – es ist das Ergebnis von Bildung, Kommunikation und gelebter Verantwortung. Unternehmen, die langfristig Vertrauen gewinnen wollen, müssen bereit sein, sich aktiv und glaubwürdig in die Gesellschaft einzubringen. Der Wandel des Unternehmerbildes beginnt nicht in der Öffentlichkeit – er beginnt im Unternehmen selbst.

2.1.5 Literatur

Aksin-Sivrikaya, S., Hildebrandt, L., Schwalbach, J.: Eine explorative Studie zur Unternehmens-Reputation, 2023, doi: https://doi.org/10.1007/978-3-658-39035-8_1, Abruf am 12.05.2025

Bankenverband: Jugendstudie 2021 – Wirtschaftsverständnis und Finanzkultur bei Jugendlichen und jungen Erwachsenen, 2021, URL: https://bankenverband.de/sites/default/files/medien/1/dokumente/jugendstudie-2021.pdf, Abruf am 12.05.2025

Bertelsmann Stiftung: Trau, schau, wem! Unternehmen in Deutschland, 2016, URL: https://www.bertelsmann-stiftung.de/fileadmin/files/BSt/Publikationen/GrauePublikationen/Studie__BS_Trau__schau__wem._Unternehmen_in_Deutschland_2016.pdf, Abruf am 12.05.2025

Bittorf, M.: Germany's entrepreneurial culture – strengths and weaknesses, in: Focus on Economics No. 39, 2013

Edelman Trust Barometer 2023 – Trust at Work in Germany, 2023, URL: https://www.edelman.de/sites/g/files/aatuss401/files/2023-12/2023%20Edelman%20Trust%20Barometer%20Special%20Report%20Trust%20at%20Work_Germany%20Report.pdf, Abruf am 12.05.2025

Edelman Trust Barometer 2024 – Germany Report, 2024, URL: https://www.edelman.de/sites/g/files/aatuss401/files/2024-01/2024%20Edelman%20Trust%20Barometer_Germany%20Report_0.pdf, Abruf am 12.05.2025

Enste, D., Kürten, L., Schwarz, I.: IW-Report 45/2020 – Vertrauen in Unternehmen, 2020, URL: https://www.iwkoeln.de/fileadmin/user_upload/Studien/Report/PDF/2020/IW-Report_Vertrauen_in_Unternehmen.pdf, Abruf am 12.05.2025

Forsa 2024: Institutionen-Vertrauensranking 2024

Forsa 2025: dbb Bürgerbefragung Öffentlicher Dienst – Einschätzungen, Erfahrungen und Erwartungen der Bürger, 2024, URL: https://www.dbb.de/fileadmin/user_upload/globale_elemente/pdfs/2024/240626_130624_Buergerbefragung_Oeffentlicher_Dienst_2024.pdf, Abruf am 12.05.2025

Iwd: Deutschlands Bevölkerung verschätzt sich erheblich, 2019, URL: https://www.iwd.de/artikel/deutschlands-bevoelkerung-verschaetzt-sich-erheblich-511159/#:~:text=Bei%20 vielen%20wirtschaftspolitischen%20Themen%20neigen,besteht%2C%20und%20w-%C3%A4hlen%20eher%20populistisch, Abruf am 12.05.2025

Jugend und Finanzen: Zeit-Studie – Defizite im Wirtschaftswissen der Bundebürger, 2018, URL: https://www.jugend-und-finanzen.de/alle/aktuelles/zeit-studie-defizite-im-wirtschaftswissen-der-bundesbuerger#:~:text=42%20Prozent%20von%20ihnen%20richtig,dem%20Leiter%20der%20Studie%20und, Abruf am 12.05.2025

Kuckertz, A., Berger, E., Prochotta, A.: Misperception of entrepreneurship and its consequences for the perception of entrepreneurial failure. The German case, in: International Journal of Entrepreneurship Behavior & Research (Vol. 26 No.8), 2020, S. 1865–1885

ntv: Forsa Vertrauensranking – Ärzte und Polizei genießen das größte Vertrauen, 2024, URL: https://www.n-tv.de/politik/Arzte-und-Polizei-geniessen-das-groesste-Vertrauen-article24636553.html, Abruf am 12.05.2025

PwC: PwC-Studie zum Image deutscher Familienunternehmen 2021 – Die Wirtschaftskraft von Familienunternehmen wird vielfach unterschätzt, 2021, URL: https://www.pwc.de/de/mittelstand/umfrage-2021-das-image-der-deutschen-familienunternehmen.html, Abruf am 12.05.2025

Richter, N., Jackson, P., Schildhauer, T., Volquartz, L., Neumann, K.: Entrepreneurship in Deutschland, 2017, URL: https://www.hiig.de/wp-content/uploads/2017/08/Entrepreneurship_Deutschland_print.pdf, Abruf am 12.05.2025

Rochus Mummert: Aufsichtsrat-Studie – Nach innen und außen ethisch und wertschätzend handelnde Unternehmen sind wirtschaftlich erfolgreicher, 2018, URL: https://www.rochusmummert.com/wp-content/uploads/2020/06/180323_PI1_Rochus_Mummert_AR_Studie_FINAL.pdf, Abruf am 12.05.2025

Schackmann, V., Ziegler, W (Hrsg.): Praxisorientiertes Managementwissen – Die Existenz von Unternehmen in schwierigen Zeiten sichern, Berlin 2024, S. 145–173

Schmidt, K. M., Weßner, K.: Vorbild oder Feindbild? Das denken die Deutschen über Unternehmer(tum), 2021, URL: https://ms.quirinprivatbank.de/system/images/4581/original/2022_01_25_Studie_Unternehmertum_in_Deutschland_2021.pdf, Abruf am 12.05.2025

Stadler, C., Lingenfelder, M. (Hrsg.): Freude am Unternehmertum in kleinen und mittleren Unternehmen – Ergebnisse einer Quer- und Längsschnittanalyse, Marburg 2009, S.84–113

2.2 Wahrnehmung/ Erwartungen zum Unternehmertum und Wissen über die Wirtschaft – Stimmungsbild Deutschland anhand einer aktuellen Umfrage

Timm Gieger/ Dieter Thomaschewski (IMI)

2.2.1 Stimmungsbild

Unternehmertum ist mehr als nur die Gründung eines Unternehmens – es ist ein wirtschaftliches und kulturelles Phänomen, das von der Gesellschaft ständig neu bewertet wird. Wie wird Unternehmertum in Deutschland derzeit wahrgenommen? Welche Erwartungen verbindet die Bevölkerung mit Unternehmerinnen und Unternehmern? Und wie fügt sich diese Wahrnehmung in das aktuelle wirtschaftliche Klima des Landes ein?

Um Antworten auf diese Fragen zu finden, wurde vom Institut für Management und Innovation der Hochschule Ludwigshafen ein Stimmungsbild eingeholt, eine Momentaufnahme der Meinungen, Eindrücke und Erwartungen innerhalb der Bevölkerung. Ein Stimmungsbild ist dabei kein präziser Messwert wie eine Bilanzzahl, sondern ein Spiegel der kollektiven Einschätzungen zu einem bestimmten Zeitpunkt. Es erfasst, wie Menschen »gefühlsmäßig« auf ein Thema blicken, welche Hoffnungen, Sorgen oder auch Vorurteile sie haben. In diesem Kapitel werden die Ergebnisse dieser eigens durchgeführten Befragung vorgestellt, die zeigt, wie das Unternehmertum in der öffentlichen Wahrnehmung verankert ist und wie diese Sichtweise vom aktuellen wirtschaftlichen Stimmungsbarometer Deutschlands geprägt wird.

2.2.2 Methodik und Stichprobe

Um das aktuelle Meinungs- und Erwartungsklima rund um das Unternehmertum in Deutschland einzufangen, wurde eine digitale, nicht repräsentative Panelbefragung durchgeführt. Das Ziel war nicht, statistisch exakte Aussagen für die gesamte Bevölkerung zu treffen, sondern ein aussagekräftiges Stimmungsbild zu zeichnen, eine Momentaufnahme der vorherrschenden Einstellungen, Einschätzungen und Emotionen.

Die Fragen umfassten drei zentrale Bereiche: Wirtschaftswissen, bewertende Einschätzungen sowie moralische Dimensionen des Unternehmertums. So konnten sowohl faktisches Wissen als auch subjektive Haltungen erfasst werden. Insgesamt nahmen 800 Personen an der anonymen Befragung teil. Um die Ergebnisse einordnen zu können, wurden zusätzlich vier soziodemografische Merkmale erhoben: Alter, Geschlecht, Bildungsstand und Beschäftigungsverhältnis.

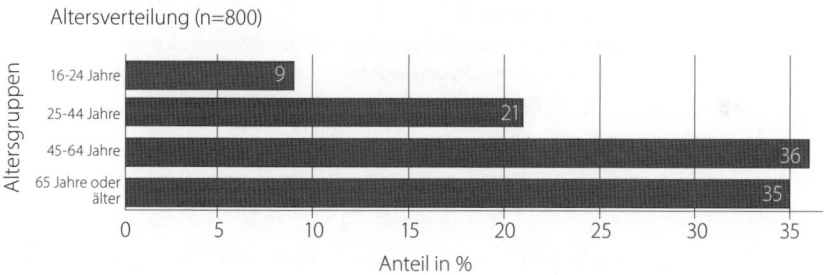

Dar. 6: Altersverteilung der Teilnehmerinnen und Teilnehmer

Die Altersverteilung der Stichprobe (▶ Dar. 6) weist eine breite Streuung auf. Auffällig ist jedoch, dass über 70 % der Teilnehmenden 45 Jahre oder älter sind. Dieses Ergebnis lässt sich zum einen auf die demografische Struktur des Landes zurückführen und zum anderen auf die spezifische Ausgestaltung der Datenerhebung, die überwiegend ältere Personen zur Teilnahme veranlasste. Mögliche Ursachen hierfür könnten unter anderem die Auswahl des Panelanbieters, das eingesetzte Verteilungsmedium oder der Kanal, über den die Umfrage verbreitet wurde, sein.

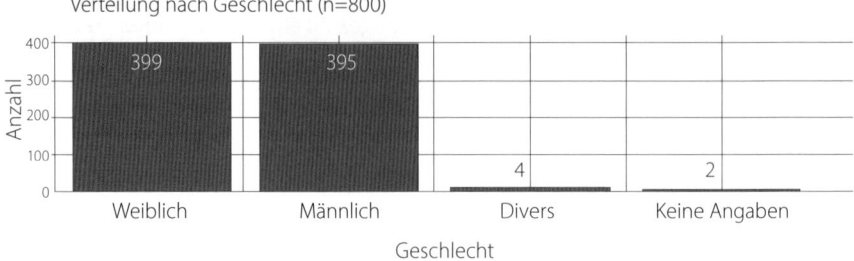

Dar. 7: Verteilung der Teilnehmerinnen und Teilnehmer nach Geschlecht

Das Geschlechterverhältnis war weitgehend ausgewogen zwischen männlich und weiblich, während unter 1 % der Befragten die Option »divers« oder »keine Angabe« wählten (► Dar. 7).

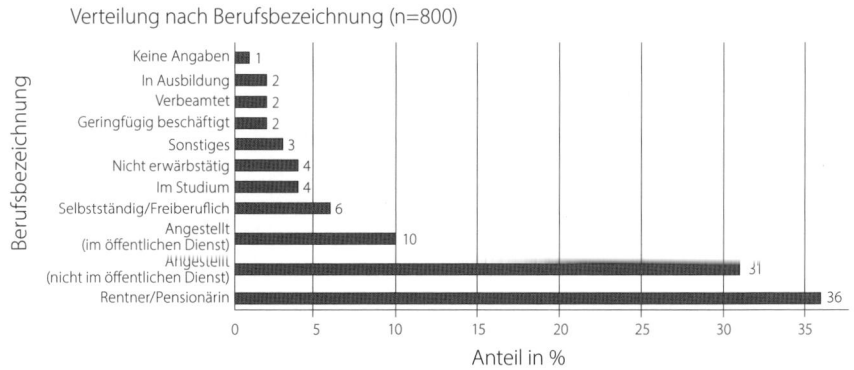

Dar. 8: Verteilung der Teilnehmerinnen und Teilnehmer nach Berufsbezeichnung

Beim Beschäftigungsverhältnis (► Dar. 8) dominierte die Gruppe der Angestellten (ca. 41 %), gefolgt von Rentnerinnen und Rentnern (36 %). Diese Verteilung spiegelt also durchaus die Altersstruktur der Befragten aus Darstellung 7 wider. Folglich ist der Großteil der Befragten entweder in einem festen Beschäftigungsverhältnis oder bereits im Ruhestand.

2.2 Wahrnehmung/ Erwartungen zum Unternehmertum

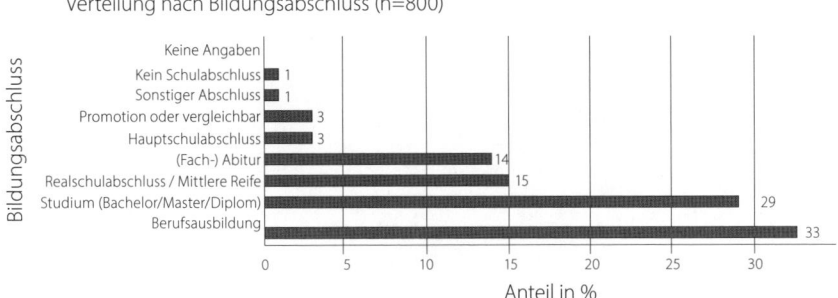

Dar. 9: Verteilung der Teilnehmerinnen und Teilnehmer nach Bildungsabschluss

Hinsichtlich des Bildungsabschlusses (▶ Dar. 9) verfügten 33 % über eine abgeschlossene Berufsausbildung, 29 % über ein Studium. Die restliche Gruppe verteilte sich auf andere Bildungswege, vom Schulabschluss bis zu anderen Weiterbildungen wie beispielsweise einer Promotion.

2.2.3 Wissen über Unternehmen

Allgemein kann Wissen als »*Verständnis oder Informationen über ein Thema, die man durch Erfahrung oder Studium erlangt*« beschrieben werden (vgl. Dictionary Cambridge, 2025; eigene Übersetzung). Besonders oft sind es aber doch eher die vermeintlichen Erfahrungen und nicht ein tatsächliches Studium, welche aus dem Umfeld oder verschiedensten Quellen zusammengesetzt sind und das Bild eines Themas prägen. Die aktuelle Umfrage umfasst genau sieben Fragen zu allgemeinem Wirtschaftswissen und hat das Ziel einen kurzen Einblick in das eigentliche Hintergrundwissen der Bevölkerung zu geben, mit dem genau dann Unternehmer bewertet und verglichen werden, geprägt durch Informationen und Erfahrungen der knapp 800 Probandinnen und Probanden.

Frage 1: Welche Unternehmensrenditen halten Sie für gerecht?
Die erste Frage beschäftigte sich mit einer vermeintlich moralischen Frage, jedoch war der Hintergrund der Frage, ob denn ein Bewusstsein über aktuell gültige Renditen besteht.

2 Wahrnehmung und Wertschätzung des Unternehmers

Welche Unternehmensrenditen halten Sie für gerecht?

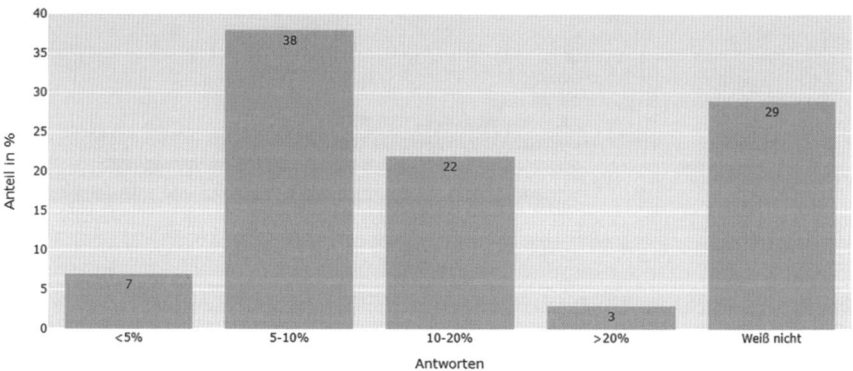

Dar. 10: Antwortverteilung zu gerechten Unternehmensrenditen

Wie in Darstellung 10 zu erkennen ist, sind mit knapp 38 % die meisten Stimmen bei 5 bis 10 % Unternehmensrenditen als gerechten Wert angesiedelt. Vergleicht man dies mit dem allgemeinen Durchschnitt von Renditen im Jahre 2023, bei der die Umsatzrendite bei knapp 7 % lag (vgl. Statista, 2023), liegt der Großteil der Befragten schon sehr gut mit deren Einschätzung. Auffällig jedoch sind die großen Anteile, welche sich unsicher sind, welche Renditen überhaupt gerecht sind und ebenfalls der Anteil, welcher sogar 10 bis 20 % als gerechte Unternehmensrenditen wahrnimmt.

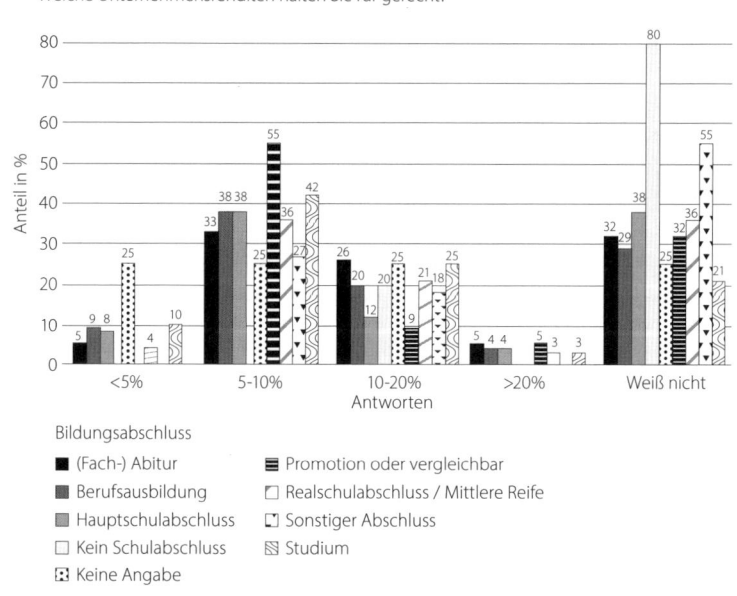

Dar. 11: Antwortverteilung zu gerechten Unternehmensrenditen gruppiert nach Bildungsabschluss

2.2 Wahrnehmung/ Erwartungen zum Unternehmertum

Betrachtet man zudem die Verteilung der Antworten gruppiert nach Bildungsabschluss an (▶ Dar. 11) lässt sich erkennen, dass innerhalb der Kategorie »Kein Schulabschluss« knapp 80 % nicht wussten wie diese einzuschätzen sind oder diese mit 10 bis 20 % stark überschätzten. Hingegen sind der Großteil der zugehörigen mit Studium oder Promotion sich sicher, dass 5 bis 10 % ein gerechter Wert für Unternehmensrenditen sind.

Frage 2: Kann ein Unternehmen, das Gewinne macht, Konkurs anmelden?
Allgemein gefasst klingt diese Frage erst einmal widersprüchlich, wenn man bisher keine Berührungspunkte mit Selbstständigkeit oder Unternehmertum hatte. Wie kann man Gewinn machen, das heißt mehr als die reinen Kosten erwirtschaften und trotzdem Konkurs gehen?

Dieses Faktum liegt in der Tatsache, dass Gewinn nicht den eigentlichen Zahlungsströmen gleichzusetzen ist. Beispielsweise können Unternehmen, welche viel auf Kredit verkauft haben das Problem bekommen, dass die nötigen Geldmittel erst zu einem späteren Zeitpunkt verfügbar sind und in der Zwischenzeit liquide Mittel fehlen, um Rechnungen oder fällige Zinszahlungen zu begleichen. Ein weiterer Punkt können hohe Investitionen (z. B. teure Fertigungsmaschinen) sein, welche zwar langfristig Gewinn bringen, aber kurzfristig viel Kapital binden, wodurch ebenfalls ein Liquiditätsengpass entstehen kann. Letztlich ist auch die Finanzierungsart eine Herausforderung: Dominieren Fremdkapitalgeber mit relativ hohen Zinsbelastungen, können möglicherweise die Gewinne nicht ausreichen, um die Kapitalkosten zu finanzieren.

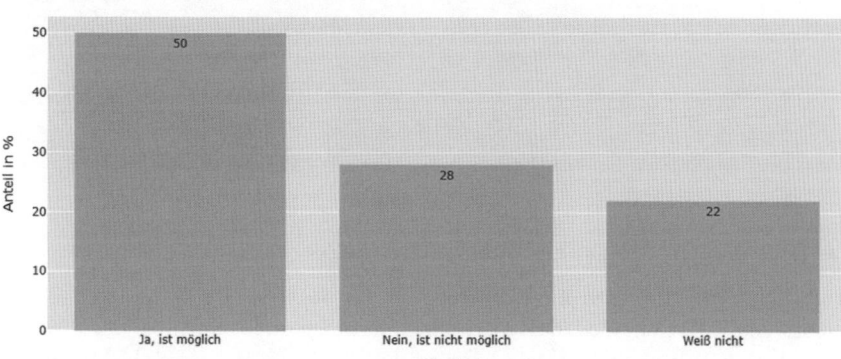

Dar. 12: Antwortverteilung zu Konkurs trotz Gewinn

Wirft man einen Blick auf die Antwortverteilung (▶ Dar. 12) der Teilnehmerinnen und Teilnehmer lässt sich schnell sehen, dass der Großteil (ca. 50 %) auf jeden Fall weiß, dass ein Konkurs trotz Gewinn möglich ist. Trotzdem scheint genau der gleiche

Prozentsatz sich entweder nicht sicher zu sein ob dies möglich ist oder mit knapp 28 % ein falsches Verständnis von Gewinn und Zahlungsströmen zu haben.

Frage 3: In Bezug auf die wirtschaftliche Wettbewerbsfähigkeit, auf welchem Platz befindet sich Ihrer Meinung nach Deutschland?
Die wirtschaftliche Wettbewerbsfähigkeit ist ein wichtiger Faktor, ob es für Unternehmen lukrativ ist sich in einem Land niederzulassen und sich auszubreiten, bzw. ob ein Unternehmen im internationalen Wettbewerb bestehen kann. Dementsprechend interessant sind beispielsweise Studien zum Ländervergleich der Wettbewerbsfähigkeit wie beispielsweise von Prof. Dr. Friedrich Heinemann vom Leibnitz-Zentrum für Europäische Wirtschaftsforschung (ZEW) Mannheim oder dem IMD World Competitiveness Ranking, welche zeigen wie sich die Länder im Vergleich darstellen. Aus der Studie von Heinemann (vgl. Zeit, 2023) lässt sich ein Abstieg von Platz 14 auf Platz 18 von insgesamt 21 Ländern seit 2020 bis 2023 erkennen. Will man einen umfassenden Vergleich von 67 Ländern, kann man sich das IMD World Competitiveness Ranking anschauen, bei dem Deutschland im aktuellen Bericht von 2024 auf Platz 24 befindet (vgl. IMD, 2024). Interessant ist jedoch anzumerken, dass Deutschland im Vergleich zu 2014 innerhalb von 10 Jahren von Platz 6 deutlich auf Platz 24 abgestiegen ist.

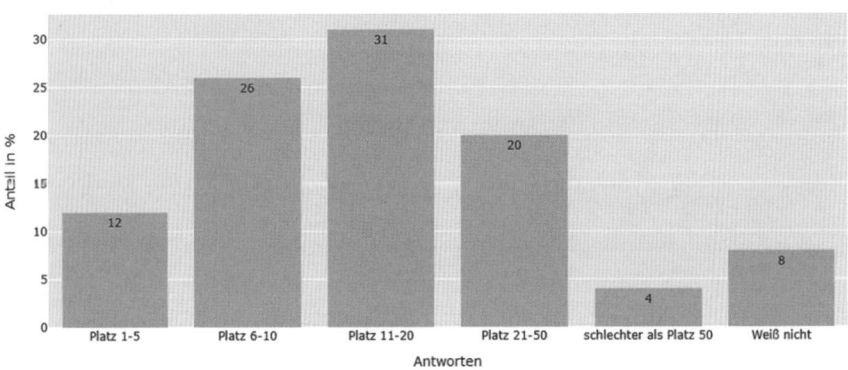

Dar. 13: Antwortverteilung zur Einschätzung der wirtschaftlichen Wettbewerbsfähigkeit

In Darstellung 13 sieht man, dass die Teilnehmerinnen und Teilnehmer der Umfrage Deutschlands Wettbewerbsfähigkeit für stärker einschätzen als die objektiven Kriterien des ZWE bzw. des IMD World Competitiveness Ranking tatsächlich aufzeigen. Deutschland hatte über die letzten Jahre deutlich an Standortattraktivität verloren.

Frage 4: Sind Märkte mit Angebot und Nachfrage manipulierbar?
Besonders bekannt ist in der Wirtschaft das Prinzip von Angebot und Nachfrage sowie die damit verbundene Annahme, dass sich Märkte, die diesem Prinzip folgen, weit-

2.2 Wahrnehmung/ Erwartungen zum Unternehmertum

gehend selbst regulieren. In der Realität ist es jedoch so, dass diese Selbstregulierung nicht immer reibungslos funktioniert. Deutlich wird dies vor allem in Situationen wie Oligopolen, bei Verfälschung des Angebots oder durch künstliche Verknappung von Gütern, bei denen Marktmechanismen gezielt beeinflusst oder außer Kraft gesetzt werden. Jedoch ist sich die Bevölkerung über diese gezielte Beeinflussung bewusst?

Laut den Umfragewerten der Teilnehmerinnen und Teilnehmer ist dies sogar sehr klar! Ganze 88 % sind sich dessen bewusst, dass auch Märkte mit Angebot und Nachfrage manipulierbar sind (▶ Dar. 14). Welche Manipulationen von den Teilnehmerinnen und Teilnehmer genau gemeint sind ist zwar nicht bekannt, trotzdem ist dies wahrscheinlich einer der Gründe warum Unternehmerinnen und Unternehmer heutzutage immer noch mit Misstrauen konfrontiert sind (▶ Kap. 2.2.1).

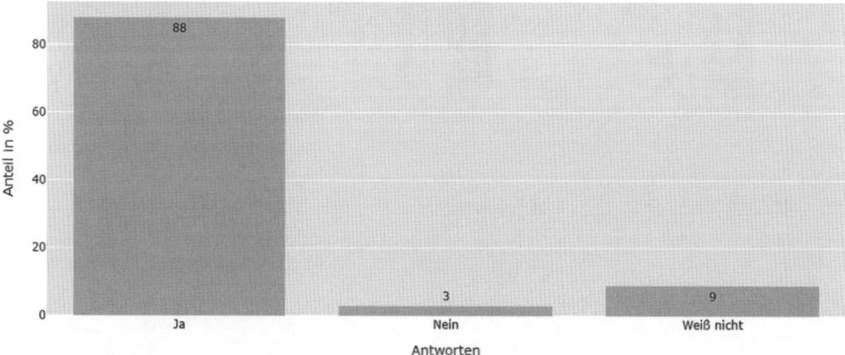

Dar. 14: Antwortverteilung zur Einschätzung der Manipulierbarkeit von Märkten mit Angebot und Nachfrage

Frage 5: Wie beurteilen Sie diesen Satz: Das Bruttosozialprodukt ist die Summe aller Sozialausgaben?
Eine wichtige volkswirtschaftliche Kennzahl ist das Bruttosozialprodukt. Genau berechnet sich die Kennzahl aus dem Wert aller Waren und Dienstleistungen, die von dessen Einwohnern über einen definierten Zeitraum produziert werden (vgl. finanzgrundlagen.de, 2023). So kann diese Kennzahl als ein Teil für die Bemessungsgrundlage einer funktionierenden Wirtschaft herangezogen werden und hat nichts mit der Summe aller Sozialausgaben zu tun, auch wenn der Name es eventuell vermuten lässt. Um dies richtig zu beantworten, muss man natürlich auch wissen, wie sich die Kennzahl richtig zusammensetzt. In Darstellung 15 wird deutlich, dass dies auch für den Großteil der Befragten zutrifft, jedoch sieht man, dass vorwiegend Teilnehmerinnen und Teilnehmer mit normalen (Haupt-/ Realschule/ Gymnasium) oder ohne Schulabschlüsse die Aussage als zutreffend empfanden oder nicht sicher sind und Teilnehmerinnen und Teilnehmer mit Studium, Promotion oder Berufsausbildung mit einem Anteil von mindestens 70 % oder höher die Aussage als »nicht zutreffend« richtig

2 Wahrnehmung und Wertschätzung des Unternehmers

beantworteten. Hier ist u.a. ein möglicher Hinweis, dass wirtschaftliche Grundlagen in der allgemeinen Schulbildung deutlich stärker ausgeprägt sein sollten.

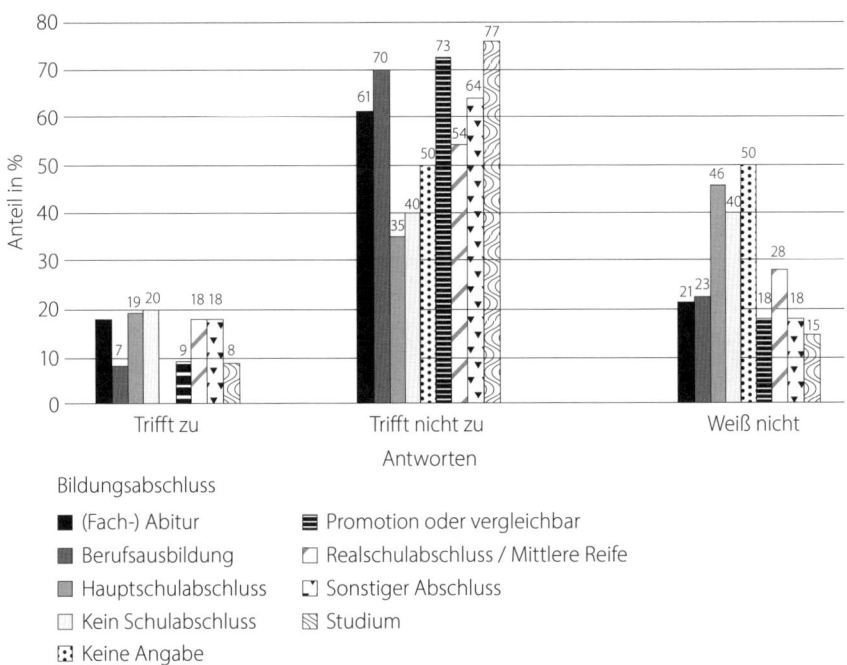

Dar. 15: Antwortverteilung zur Einschätzung des Bruttosozialprodukts gruppiert nach Bildungsabschluss

Frage 6: Streben Unternehmen zu sehr und rücksichtslos nach Gewinn?
In dieser aktuellen Umfrage wurde ebenfalls die Frage nach Gewinnstreben vom Unternehmen thematisiert. Die Ergebnisse zeigen ein deutlich kritisches Bild: 74 % der Befragten stimmten zu, 16 % verneinten, dass Unternehmen zu sehr und rücksichtslos nach Gewinn streben, 10 % waren unentschlossen (▶Dar. 16). Dieses Meinungsbild verdeutlicht, dass ein großer Teil der Gesellschaft Unternehmen mit Skepsis begegnet. Zwar nehmen Unternehmen in einer Marktwirtschaft eine zentrale Rolle ein – sie schaffen Arbeitsplätze, treiben Innovation voran und leisten einen Beitrag zur wirtschaftlichen Entwicklung –, doch entsteht Misstrauen, wenn der Eindruck entsteht, dass Gewinnmaximierung um jeden Preis über soziale Verantwortung, Nachhaltigkeit oder das Wohl der Allgemeinheit gestellt wird. Dieses Spannungsfeld zwischen wirtschaftlichem Erfolg und gesellschaftlicher Verantwortung prägt u.a. maßgeblich das öffentliche Bild von Unternehmen (▶ Kap. 2.2.1).

2.2 Wahrnehmung/ Erwartungen zum Unternehmertum

Streben Unternehmen zu sehr und rücksichtslos nach Gewinn?

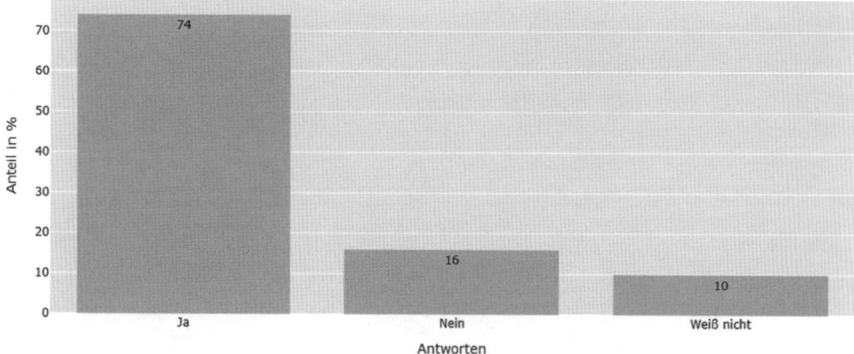

Dar. 16: Antwortverteilung zur Einschätzung nach Gewinnstreben durch Unternehmen

Frage 7: Lesen Sie den Wirtschaftsteil von Tageszeitungen (Online oder gedruckte Ausgabe)?

Über welche Kanäle informiert sich die Bevölkerung noch über wirtschaftliche Themen oder hält sich über wirtschaftliche Daten und Fakten auf dem Laufenden? Ein klassisches Informationsmedium ist immer noch Tageszeitungen, jedoch verliert dieses Medium immer weiter an Verbreitung.

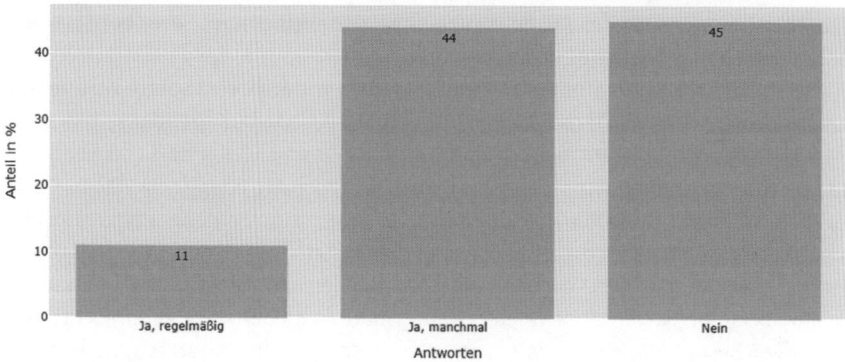

Dar. 17: Antwortverteilung über das Lesen des Wirtschaftsteils von Tageszeitungen

In der aktuellen Umfrage gaben 11 % der Befragten an, den Wirtschaftsteil von Tageszeitungen immer noch regelmäßig zu lesen, 44 % tun es manchmal und 45 % gaben an, nie den Wirtschaftsteil zu lesen (▶ Dar. 17).

2 Wahrnehmung und Wertschätzung des Unternehmers

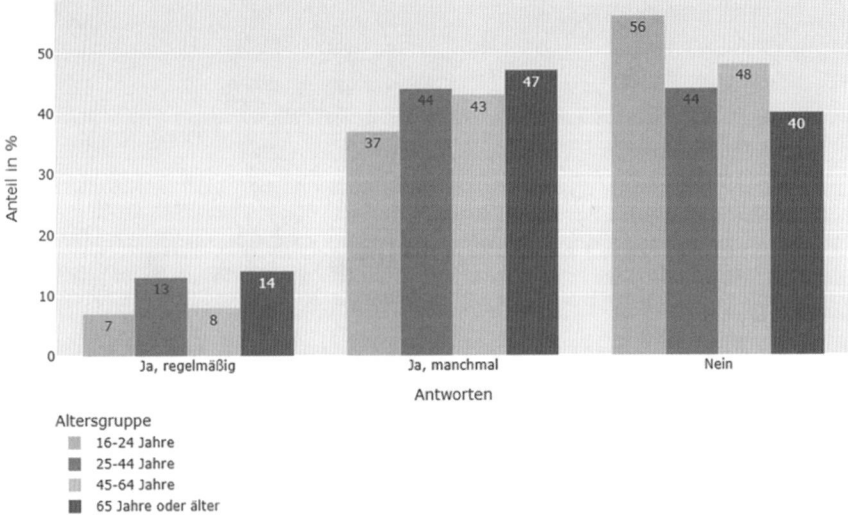

Dar. 18: Antwortverteilung über das Lesen des Wirtschaftsteils von Tageszeitungen gruppiert nach Altersgruppen

Betrachtet man die Ergebnisse nach Altersgruppen (▶ Dar. 18), zeigt sich ein deutlicher Unterschied im Leseverhalten: In der Altersgruppe 16 bis 24 Jahre antworteten 56 % mit »Nein« und lediglich 7 % mit »Ja, regelmäßig«. In der Altersgruppe 65 Jahre und älter hingegen lag der Anteil regelmäßiger Leserinnen und Leser bei 14 %, was fast doppelt so hoch ist wie bei den Jüngeren.

Diese Unterschiede könnten sich unter anderem durch veränderte Mediennutzungsgewohnheiten erklären lassen. Jüngere Generationen greifen seltener auf klassische Tageszeitungen zurück, sondern informieren sich verstärkt über digitale Kanäle wie Nachrichten-Apps, Podcasts, YouTube-Formate oder Social-Media-Plattformen. Während diese Kanäle eine schnelle und oft kostenlose Informationsbeschaffung ermöglichen, besteht gleichzeitig das Risiko, dass wirtschaftliche Themen verkürzt, aus dem Kontext gerissen oder sogar fehlerhaft dargestellt werden. Gerade auf Social Media verbreiten sich Fehlinformationen oder stark vereinfachte Darstellungen besonders schnell, da Algorithmen oft auf Reichweite statt auf inhaltliche Qualität optimieren. Dies kann dazu führen, dass komplexe wirtschaftliche Zusammenhänge verzerrt wahrgenommen werden oder sich falsche Narrative verfestigen. Eine kritische Auseinandersetzung mit Quellen sowie das Bewusstsein für mögliche Verzerrungen sind daher entscheidend, um fundierte Kenntnisse zu Wirtschaftsthemen zu erlangen.

2.2.4 Einstellung

Neben allgemeinen Fragen zu Wirtschaftswissen wurde ebenfalls die Einstellung zu verschiedenen Fragestellungen in Bezug auf Unternehmertum, Wertung von Unternehmertum und Ethik und Moral gestellt. »Einstellung« wird in der Psychologie als »...seelische Haltung gegenüber einer Person, einer Idee oder Sache, verbunden mit einer Wertung oder einer Erwartung« (Dorsch, 2025) definiert. Dementsprechend kann das Stimmungsbild über die folgenden Fragen einen möglichen Aufschluss geben welche Wertung oder Erwartung mit dem Bild des Unternehmers verbunden wird.

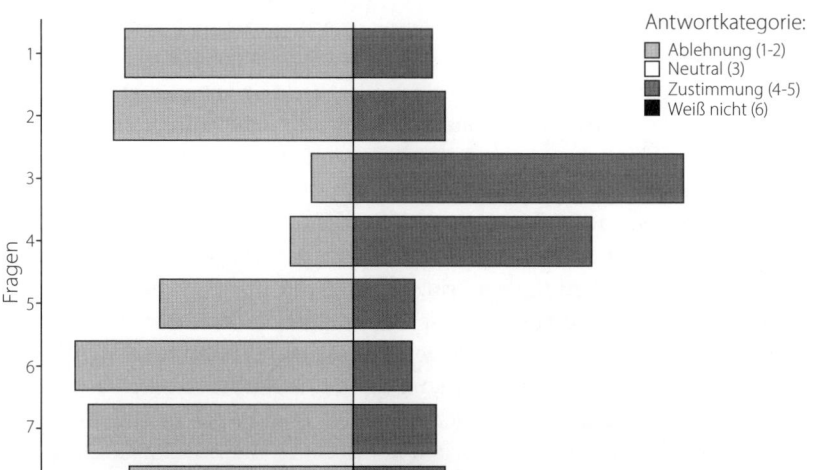

Dar. 19: Likert-Plot über die Verteilung der Abneigung (rot) oder Zustimmung (grün) zu Fragen des Unternehmertums

1. Unternehmerinnen und Unternehmer benötigen keine besondere Kompetenz, sie müssen nur ein Gefühl für den Markt haben
2. Eine Deckelung für das Einkommen von Sportlerinnen und Sportler halte ich nicht für erforderlich
3. Die Gehälter von Spitzenmanagerinnen und -manager sind zu hoch. Die Deckelung des Einkommens von Managerinnen und Managern ist erforderlich
4. Unternehmerinnen und Unternehmer stecken Gewinne zu sehr in die eigene Tasche, statt sie zu investieren
5. Unternehmen engagieren sich für das Gemeinwohl in der Gesellschaft
6. Dass das Bruttoinlandsprodukt (BIP) in Deutschland in den letzten Jahren nicht steigt, ist nicht schlimm. Wir haben schon ein hohes Maß an Wohlstand

7. Wenn energieintensive Unternehmen schließen, gehen zwar Arbeitsplätze verloren, aber die Reduktion des weltweiten Co2 Ausstoß hat Priorität
8. Wenn Löhne und Gehälter steigen, ist Inflation nicht schlimm

Die Befragten (▶ Dar. 19) lehnen mehrheitlich die Vorstellung ab, dass unternehmerischer Erfolg allein auf Intuition beruht. Offenbar ist das Bewusstsein groß, dass Unternehmen heute weit mehr als ein gutes Bauchgefühl benötigen. Ebenso skeptisch stehen die Teilnehmenden den extrem hohen Gehältern im Spitzensport gegenüber. Zwar lässt sich sportlicher Erfolg klar messen, doch scheinen viele den enormen Einkommensunterschieden kritisch gegenüberzustehen. Noch deutlicher wird diese Haltung jedoch, wenn es um Spitzenmanager geht: Hier gibt es 23 % mehr Zustimmung zu einer Deckelung, was nahelegt, dass Managergehälter als weniger durch individuelle Leistung und mehr durch interne Strukturen und Machtpositionen begründet gesehen werden. Auch bei der Frage nach der Gewinnverwendung in Unternehmen überwiegt die kritische Sichtweise. Viele sind überzeugt, dass Gewinne zu oft in privaten Taschen landen, anstatt in beispielsweise Forschung, Entwicklung oder den Ausbau der Belegschaft investiert zu werden. Dieses Misstrauen gegenüber der unternehmerischen Verantwortung wird durch die geringe Zustimmung zur Aussage, Unternehmen engagierten sich stark für das Gemeinwohl, noch unterstrichen – offenbar glaubt ein Großteil der Befragten nicht, dass wirtschaftlicher Erfolg automatisch gesellschaftlichen Nutzen bringt. Die Skepsis setzt sich beim Thema Wirtschaftswachstum fort. Die Aussage, dass eine Stagnation des Bruttoinlandsprodukts unproblematisch sei, erhält nur geringe Zustimmung. Dies deutet darauf hin, dass viele Befragte wirtschaftlichen Wohlstand eng mit wirtschaftlichem Wachstum verknüpfen und eine ausbleibende Steigerung des BIP eher als potenzielles Risiko wahrnehmen. Auch der Zielkonflikt zwischen Klimaschutz und Arbeitsplätzen wird klar benannt: Die Mehrheit gibt hier den Arbeitsplätzen den Vorrang und lehnt es ab, dass Schließungen energieintensiver Betriebe zugunsten einer globalen CO_2-Reduktion in Kauf genommen werden sollten. Schließlich wird auch die Idee, steigende Löhne würden eine mögliche Inflation weniger problematisch machen, von den meisten zurückgewiesen – offenbar besteht die Sorge, dass höhere Gehälter zwar kurzfristig Kaufkraft bringen, langfristig aber zu Preissteigerungen führen, die diesen Effekt wieder zunichtemachen.

2.2.5 Fazit

Abgleich mit vorliegenden Studien
Das Stimmungsbild, das durch die aktuelle Befragung entstanden ist, vereint Einschätzungen zu Wirtschaftswissen, moralischen Bewertungen sowie Haltungen zum Unternehmertum. Dabei fällt auf, dass viele der befragten Bürgerinnen und Bürger eine klare Vorstellung davon haben, was sie für eine faire Umsatzrendite halten: Häufig werden Werte zwischen 5 und 10 %, teils auch 10 bis 20 % genannt. Ein direkter Vergleich zu aktuellen repräsentativen Studien mit exakten Prozentzahlen fehlt

zwar, jedoch deutet sich an, dass höhere Renditen durchaus akzeptiert würden – vorausgesetzt, dass diese mit einer spürbaren Steigerung der Lebensqualität einhergehen. In einer Untersuchung der Bertelsmann-Stiftung aus dem Jahr 2010 gaben allerdings nur 36 % der Befragten an, Wirtschaftswachstum mit höherer Lebensqualität zu verbinden (vgl. Bertelsmann-Stiftung, 2010). Die Verantwortung, diesen Zusammenhang zu schaffen, liegt also zu einem wesentlichen Teil bei den Unternehmen selbst. Eine bemerkenswerte Verschiebung zeigt sich auch beim Blick auf die Wachstumsfrage: Während 2010 noch 80 % der Befragten der Bertelsmann-Stiftung gezielt gegen Wirtschaftswachstum votierten, sehen heute rund 56 % eine Stagnation des Bruttoinlandsprodukts als problematisch an (vgl. Bertelsmann-Stiftung, 2010). Das deutet auf ein verändertes Verständnis der Rolle von Wachstum in der Volkswirtschaft hin – möglicherweise auch getrieben durch aktuelle wirtschaftliche Unsicherheiten. Beim Thema Wirtschaftswissen ergibt sich ein gemischtes Bild: Allgemein ist ein solides Grundverständnis in der Bevölkerung vorhanden, doch im Bereich schulischer Bildung klaffen deutliche Lücken. Dies bestätigen auch Erhebungen des Bankenverbands, der 2024 feststellte, dass ein großer Teil der Befragten nur unzureichende Kenntnisse in grundlegenden Wirtschaftsfragen hat (vgl. Bankenverband, 2024). Gleichwohl sprechen sich 69 % der Befragten für die Einführung eines eigenständigen Schulfachs aus, das Wirtschafts- und Finanzthemen vermittelt – ein Hinweis darauf, dass das Bildungssystem als Schlüssel zur fundierten Auseinandersetzung mit Unternehmertum wahrgenommen wird. Deutlich positioniert zeigen sich die Befragten bei der Frage nach einer Deckelung von Manager- und Spitzensportlergehältern. Während bereits 2009 rund 88,6 % eine Begrenzung von Managergehältern befürworteten (vgl. Welt, 2009), liegt der heutige Zustimmungswert bei etwa 71 %. Auch die Deckelung von Spitzensportlergehältern findet Zustimmung, wenn auch auf niedrigerem Niveau (2009: ca. 18 %, 2025: ca. 23 %). Der Unterschied zwischen den beiden Berufsgruppen legt nahe, dass in der öffentlichen Wahrnehmung von Unternehmertum und wirtschaftlicher Verantwortung unterschiedliche Maßstäbe angelegt werden. In Bezug auf die internationale Wettbewerbsfähigkeit Deutschlands zeigt das aktuelle Stimmungsbild, dass die Mehrheit der Befragten den Standort zwar subjektiv noch zu positiv einordnen, dass nach EY-Studie aus dem Jahr 2025, 56 % der Arbeitnehmer von einer sinkenden Wettbewerbsfähigkeit ausgehen. Als zentrale Standortschwächen werden Bürokratie, hohe Energiekosten und Fachkräftemangel benannt (vgl. Welt, 2025).

Abschließende Betrachtung zum Unternehmertum
Die Ergebnisse verdeutlichen: Unternehmertum in Deutschland steht im Spannungsfeld zwischen wirtschaftlicher Effizienz, gesellschaftlicher Verantwortung und öffentlicher Erwartungshaltung. Bürgerinnen und Bürger akzeptieren unternehmerischen Erfolg, solange er erkennbar zu ihrem eigenen Wohl beiträgt – sei es durch gesteigerte Lebensqualität, faire Löhne oder Innovationen. Gleichzeitig fordern sie mehr ökonomische Bildung, um Unternehmensentscheidungen besser einschätzen zu können. Wettbewerbsfähigkeit wird nicht nur als ökonomische Kennzahl verstanden, sondern als Gesamtpaket aus wirtschaftlicher Stärke, sozialer Fairness und nach-

haltiger Entwicklung. Wer Unternehmertum langfristig legitimieren will, muss diese Dimensionen in Einklang bringen.

2.2.6 Literatur

Bankenverband: Repräsentative Daten zum Finanzwissen der deutschen, 2024, URL: https://bankenverband.de/finanzbildung/repraesentative-daten-zum-finanzwissen-der-deutschen

Bertelsmann-Stiftung: Umfrage – Bürger wollen kein Wachstum um jeden Preis, 2010, URL: https://www.bertelsmann-stiftung.de/de/presse/pressemitteilungen/pressemitteilung/pid/umfrage-buerger-wollen-kein-wachstum-um-jeden-preis

Dictionary Cambridge: Knowledge, 2025, URL: https://dictionary.cambridge.org/us/dictionary/english/knowledge

Dorsch: Lexikon der Psychologie, 2025, URL: https://dorsch.hogrefe.com/stichwort/einstellung

IMD: World Competitiveness Ranking, 2024, URL: https://www.imd.org/entity-profile/germany-wcr/

Statista: Durchschnittliche Umsatzrenditen von mittelständischen Unternehmen in Deutschland nach Branchen im Jahr 2023, 2023, URL: https://de.statista.com/statistik/daten/studie/261430/umfrage/umsatzrenditen-im-deutschen-mittelstand-nach-branchen/

Welt. 2009: Mehrheit der Deutschen will Managern ans Gehalt, 2009, URL: https://www.welt.de/wirtschaft/article3501222/Umfrage-Mehrheit-der-Deutschen-will-Managern-ans-Gehalt.html

Welt, 2025: Mehrheit der Beschäftigten sieht Wirtschaftsstandort Deutschland kritisch, 2025, URL: https://www.welt.de/wirtschaft/article255981104/Studie-Mehrheit-der-Beschaeftigten-sieht-Wirtschaftsstandort-Deutschland-kritisch.html

Zeit: Standort Deutschland verliert laut Studie an Wettbewerbsfähigkeit, 2023, URL: https://www.zeit.de/wirtschaft/2023-01/stiftung-familienunternehmen-studie-wettbewerbsfaehigkeit-unternehmen-deutschland-verluste

3 Unternehmen und Gesellschaft

3.1 Der Mörder war immer der Gärtner: Unternehmen als Quellen des Wohlstandes – einige populäre Irrtümer

Hanno Beck

Der Mörder, so wissen wir, ist immer der Gärtner. Richtig? Falsch. Geht es nach dem Verbrechens-Goldstandard des deutschen Fernsehens, dem Tatort, so ist der Mörder bei 1023 Tatort-Folgen in den meisten Fällen – nämlich in 109 Folgen – ein Unternehmer oder Manager. Das sind mehr als Berufskriminelle (100 Morde), Auftragskiller (25 Morde), Banker (8 Morde) oder eben Gärtner – hier gab es von 1970 bis 2018 nur ein Opfer, das durch die Hand des Gärtners starb (Statista 2018). Der Mörder ist – zumindest im Tatort – meistens der Unternehmer, was ein wenig schmeichelhaftes Bild auf diese Berufsgruppe wirft. Wer nach weiteren Belegen dafür sucht, dass Unternehmen und Unternehmer in Deutschland ein schlechtes Image haben, muss dafür nicht den »Tatort« schauen: In der Literatur tobt seit langem eine Debatte über kapitalismus- und unternehmerfeindliche Schulbücher, in denen eher dem Staat als Unternehmen die Rolle zugeschrieben wird, Wohlstand zu generieren. So kommt eine Studie der Friedrich-Naumann-Stiftung zu dem Urteil, dass wirtschaftliche Themen, Soziale Marktwirtschaft und Unternehmertum in Schulbüchern oft durch eine »...ideologisch aufgeladene, marktskeptische Brille...« betrachtet werden (Goldschmidt, Kron, Rehm 2024). Natürlich ist die Darstellung der Wirtschaft und Unternehmer in deutschen Schulbüchern umstritten – das Leibnitz-Institut spricht davon, dass den deutschen Schulbüchern eine »...grundsätzlich ablehnende Haltung gegenüber Unternehmertum und Marktwirtschaft...nicht attestiert...« werden kann, räumt aber ein, dass in deutschen Schulbüchern die Rolle des Staats in der Wirtschaft besonders hervorgehoben werde (o.V., o.D.).

Ob mit oder ohne Gärtner – das Image von Unternehmen und Unternehmern in Deutschland ist schlecht. Man mag das auf eine generell eher marktfeindliche Philosophie der Deutschen zurückführen, allerdings muss man einräumen, dass die Unternehmen auch ihren Teil zu diesem Image beigetragen haben: Cum-Ex-Skandale, Steuereskapaden, Unternehmensskandale à la Volkswagen, Selbstbedienungsmentalität von Vorständen bei Gehaltsfragen – genügend Gründe, um im Tatort den Unternehmer dem Gärtner vorzuziehen. So plausibel das klingt, so falsch ist es auch: Diese Skandale färben zu Unrecht auf all die Unternehmen ab, die sich korrekt verhalten, nie negativ auffallen, ihre Steuern zahlen, Arbeitsplätze und Werte schaffen. Die menschliche Psyche ist leider darauf getrimmt, nur die negativen Dinge wahrzunehmen und alle Repräsentanten einer Instanz in Kollektivhaftung für einzelne Verfehlungen zu nehmen – wenn einzelne Unternehmen Skandale fabrizieren, dann muss das doch wohl für alle gelten, oder? Sippenhaft für mehr als 3,5 Millionen Unternehmen in Deutschland. Das schlechte Image von Unternehmen rührt aber auch von einigen Missverständnissen darüber, was Unternehmen sind und welche Bedeutung Gewinne haben – hier macht sich ein Mangel an ökonomischer Bildung in breiten Teilen der Gesellschaft bemerkbar. Fünf Irrtümer über Unternehmen und Gewinne gilt es zu bekämpfen.

3.1.1 Fünf Irrtümer über Unternehmen und Unternehmer

Irrtum Nummer eins: Gewinne sind böse. In der Öffentlichkeit werden Unternehmen oft für hohe Gewinne und Gewinnsucht angeprangert, für Entlassungen, nur weil man höhere Gewinne anstrebt – man hat den Eindruck, als wären gute Unternehmen solche, die auf Gewinne verzichten. Vergegenwärtig man sich, was ein Unternehmen überhaupt ist, so kommt man zu einem anderen Urteil. Man kann sich ein Unternehmen vorstellen wie eine schwarze Box, in die man vorne etwas hineingibt (Arbeit, Kapital, Gebäude) und die hinten etwas auswirft (das fertige Produkt), das mehr wert ist als das, was man vorne hineingegeben hat. Und die Differenz zwischen dem Wert der Produktionsfaktoren und dem Wert der fertigen Produktion nennt man Gewinn. Damit ist klar, was ein Gewinn ist: Er zeigt an, dass und wie viel Wert ein Unternehmen geschaffen hat, welchen Beitrag es also zum Wohlstand des Landes geschaffen hat. Ein Unternehmen, das keine Gewinne macht, sondern Verluste, zeigt an, dass es etwas herstellt, was weniger wert ist als das, was man zur Herstellung verwendet hat, dass es also Werte vernichtet. Nicht Gewinne sind also böse, sondern Verluste, sie weisen auf Verschwendung, eine unproduktive Verwendung knapper Ressourcen hin. Dieser Gedanke führt auch gleich hin zu Irrtum Nummer zwei.

Irrtum Nummer zwei: Hohe Gewinne sind böse. Nun gesteht die Öffentlichkeit Unternehmen durchaus zu, Gewinne zu machen, doch zu hoch sollten sie nicht sein – der Verweis auf Milliardengewinne wird in der Regel mit erhobenem Zeigefinger und moralischer Begleitmusik präsentiert. Zunächst einmal ist der Verweis auf Milliardengewinne in dieser einfachen Form Unfug – entscheidend ist nicht die absolute Gewinnsumme, sondern die Gewinne in Relation zum eingesetzten Kapital oder zu den Umsätzen. Ein Gewinn von einer Milliarde ist sensationell, wenn er mit einem Kapitaleinsatz von zehn Euro erwirtschaftet wird, aber weniger beeindruckend, wenn dazu 20 Milliarden nötig waren. Aber nicht nur das: Mit Blick auf die Idee, dass Gewinne zeigen, welchen Beitrag ein Unternehmen zum Wohlstand eines Landes leistet, sind hohe Gewinne gut, denn sie zeigen an, dass ein hoher Beitrag zum Wohlstand geleistet wird. Zudem ziehen diese hohen Gewinne sofort Unternehmen an, die für mehr Wettbewerb und Konkurrenz sorgen, was dazu führt, dass die Knappheit an dem betreffenden Gut sinkt – und damit auch dessen Preis und die Gewinne der anderen Unternehmen. Bei funktionierendem Wettbewerb werden hohe Gewinne rasch vom Wettbewerb aufgefressen – zum Wohle der Konsumenten.

Irrtum Nummer drei: Unverdiente Einkommen. In der Vorstellung der meisten Menschen ist nur menschliche Arbeit »echte« Arbeit und verdient ein Einkommen – Kapitaleinkommen werden hingegen gerne als »unverdientes« Einkommen gesehen, schließlich tue ja niemand etwas dabei. In versteckter Form äußert sich das in Fällen, in denen Unternehmen trotz Lohnzurückhaltung oder gar Entlassungen Dividenden an ihre Eigentümer ausschütten – und dafür heftig kritisiert werden. Im gleichen Atemzug aber schauen Kapitalismuskritiker, die solche Bedenken äußern, nach dem besten Investment, dem höchsten Zins, der besten Anlagegelegenheit und beschweren sich, wenn die Bank zu geringe Zinsen zahlt. Die Überlassung von Kapital ist eine Dienstleistung, der Kapitalgeber verzichtet auf die temporäre Nutzung seines Kapitals, geht das Risiko von Verlust und Inflation ein – und dafür will und muss er bezahlt werden. Gewinne, Dividenden und Zinszahlungen sind aus ökonomischer Sicht nichts anderes als die Bezahlung eines Produktionsfaktors, genau wie Löhne und Gehälter, und die Lieferanten dieses Produktionsfaktors wollen genau wie die Arbeitnehmer auch in schlechten Zeiten bezahlt werden. Tut man das nicht, steht man ohne Kapitalausstattung da. Die Idee, dass ein Unternehmen in einer Krise keine Miete zahlen sollte, ist abwegig, aber im selben Atemzug ist man der Auffassung, dass im Falle dieser Krise der Produktionsfaktor Kapital ohne Entlohnung nach Hause geschickt werden kann.

Irrtum Nummer vier: Unternehmen sind groß. Ein ebenfalls weit verbreiteter Irrglaube besteht über die Topographie der deutschen Unternehmenslandschaft – die meisten Deutschen denken beim Begriff »Unternehmen« an große Konzerne, Dax-Unternehmen und Konglomerate. Daraus entsteht das Bild, dass Deutschland von Großkonzernen beherrscht wird, die der Politik diktieren, was zu tun ist. Das statistische Bild hingegen sieht völlig anders aus: Etwa 21.000 Großunternehmen (Unternehmen mit mehr als 249 Beschäftigten oder mehr als 50 Millionen Euro Umsatz) standen in der Bundesrepublik 2022 rund 3,1 Millionen Klein- und mittelständischen Unternehmen gegenüber, darunter 2,6 Millionen Kleinstunternehmen (bis 9 Beschäftigte und bis 2 Millionen Euro Umsatz) – ein Land der Großkonzerne sieht anders aus (Statista 2025). Das zeigt sich auch in der Beschäftigung: Großunternehmen beschäftigen 44 Prozent der Arbeitnehmer in Deutschland, aber 56 Prozent der Deutschen arbeiten in Klein- und mittelständischen Unternehmen (Statista 2024). Der Grund für diesen falschen Eindruck ist unsere Wahrnehmung: Über große Unternehmen wird ständig berichtet, wir nehmen sie wahr – den Bäcker um die Ecke, den Handwerker oder Gastronomen nehmen wir nicht als Unternehmen wahr. Das führt uns zu Irrtum Nummer fünf: Wie viel kann man denn mit einem solchen Kleinunternehmen verdienen?

Irrtum Nummer fünf: Unternehmer sind alle reich. Der Unternehmer im Tatort lebt zumeist in einer luxuriösen Villa, fährt ein teures Auto, das scheint ja auch angesichts der Milliardengewinne (siehe Irrtum Nummer zwei) logisch. Die bundesrepublikanische Realität ist dagegen etwas anders: Die Umsatzrendite des deutschen Mittelstands lag 2022 bei 7 Prozent; am höchsten war sie noch mit 11,2 Prozent bei wissensintensiven Dienstleistungen (Statista 2024). Das hört sich nicht nach Reichtümern an. Dabei hilft schon ein kurzer Gedanke, um diesen Irrtum zu entsorgen: Wenn es so einfach und lukrativ ist, Unternehmer zu sein, warum sind es dann nicht mehr? Vielleicht liegt es am Risiko? Unternehmensgründungen können rasch scheitern: Mehr als 35 Prozent aller Unternehmen, die 2024 insolvent wurden, waren jünger als sieben Jahre, mehr als die Hälfte aller Insolvenzen 2024 waren Unternehmen, die jünger als zehn Jahre waren (Statista 2024). Unternehmertum bedeutet permanenten Existenzkampf, ständige Aufmerksamkeit, hohe Existenzrisiken, keine gesetzliche Rente, kein Kündigungsschutz. Kein Wunder, dass die meisten Deutschen eine Festanstellung vorziehen. Lässt sich aber jemand auf ein solches Abenteuer ein, so muss es auch auf lange Sicht und im Durchschnitt angemessen entlohnt werden, sonst wird es auf lange Sicht kein Unternehmertum geben.

3.1.2 Ein etwas anderer Blick auf Unternehmen und Unternehmer

Mit Blick auf diese fünf Irrtümer lässt sich ein neuer, etwas anderer Blick auf die Rolle von Unternehmen und Unternehmern werfen – mit Aussagen über die Rolle von Unternehmen, die Rolle von Gewinnen und die Rolle des Staates in einer Marktwirtschaft.

Die Rolle von Unternehmen. Unternehmen sind die Keimzelle des Wohlstands. In ihnen werden Güter und Dienstleistungen produziert, und ohne Güter und Dienstleistungen kein Wohlstand. Die Vorstellung, dass jeder Bürger seine eigenen Güter für seinen eigenen Bedarf herstellt, ist abwegig. Eine arbeitsteilige Volkswirtschaft aber erfordert die Existenz von Unternehmen und Unternehmern und ermöglicht erst Arbeitsteilung und Spezialisierung – die Wurzel und der Ursprung allen Wohlstands. Aber mehr noch: Ohne Unternehmen gäbe es keine Arbeitsplätze, es sind Unternehmer, die diese Arbeitsteilung organisieren, es sind Unternehmer, die Arbeitsplätze schaffen. Und es sind zumeist Unternehmen, die Grundlagenforschung in neue Produkte umsetzen, die Innovationen vorantreiben und möglich machen – alles Leistungen, die zumindest im Tatort wenig honoriert werden.

Die Rolle von Gewinnen. Gewinne spielen in einer arbeitsteiligen Gesellschaft eine wichtige Rolle: Sie sorgen dafür, dass die Unternehmen ihre Mühen, Anstrengungen und Produktionsfaktoren in die bestmögliche Verwendungsrichtung lenken, nämlich die Produkte, die sich die Konsumenten am meisten wünschen. Denn genau das ist es, was Gewinne signalisieren: Sie zeigen die Dringlichkeit der Bedürfnisse der Konsumenten an. Dieser Gedanke bedeutet aber auch, dass man als einzelner Bürger die Wünsche seiner Mitbürger akzeptieren muss – wenn viele Menschen bereit sind, Geld für ein Produkt zu zahlen, werden Unternehmen dieses Produkt herstellen, unabhängig davon, ob man persönlich dieses Produkt für überflüssig, albern oder unnötig hält. Marktwirtschaft bedeutet Demokratie der Wünsche, wenn jemand bereit ist, für – in den Augen anderer Menschen – unsinnige Produkte Geld auszugeben, so muss man das akzeptieren, jeder Mensch hat andere Vorstellungen davon, was ein sinnvolles Produkt ist. Gewinne zeigen schlichtweg an, wo Werte zu schaffen sind – und wenn Unternehmen Gewinne erwirtschaften, so tun sie genau das. Zudem kompensieren Gewinne für die Mühen, das Risiko, die Unsicherheit des Unternehmertums und schaffen Anreize, Werte zu schaffen. Und sie schaffen Anreize für Innovationen, sie sorgen dafür, dass Unternehmer sich Gedanken darüber machen, wie sie das Leben ihrer Kunden verbessern können. Nicht zuletzt kann man auch davon ausgehen, dass – bei aller Berichterstattung über Steuerflucht und Steuertricks – Gewinne am Ende des Tages zu großen Teilen versteuert werden, nämlich dann, wenn die individuelle Einkommensteuer das Einkommen des Unternehmers erfasst. Auch Steuerfluchtgelder werden besteuert, jedenfalls dann, wenn sie im Inland konsumiert werden. Wie schwierig Steuerhinterziehung in einem Industriestaat wie der Bundesrepublik ist, weiß jeder, der einmal in die Fänge der Steuerfahndung geraten ist.

Die Rolle des Staates. Doch Marktwirtschaft, Wettbewerb und freies Unternehmertum sind keine Selbstläufer, sie benötigen den Staat als Schiedsrichter und Aufpasser. Die Irrtümer Nummer zwei und Nummer vier weisen auf eine wichtige Rolle des Staates hin: Er muss dafür sorgen, dass hohe Gewinne und große Unternehmen das Resultat unternehmerischer Leistung sind und nicht das Ergebnis wettbewerbsschädlicher Praktiken. Kartellbildung, Behinderungs- und Verdrängungspraktiken, der Aufkauf von Konkurrenten – Wettbewerbspolitik ist eine der wichtigsten Aufgaben des Staates und sie sorgt dafür, dass unternehmerischer Erfolg das Resultat von Leistung und nicht unfairer Praktiken ist. In diesem Fall werden die meisten hohen Gewinne rasch auf den Boden der Wettbewerbstatsachen zurückgeholt, so dass man sich darum keine Sorgen mehr machen muss. Eine aktive Rolle spielt der Staat auch bei der Bekämpfung von Marktversagen – beispielsweise Umweltschutz, Sozialpolitik oder öffentliche Güter wie Infrastruktur – letzteres scheint aber in den vergangenen Jahren etwas in Vergessenheit geraten zu sein. Angesichts der Probleme, die Deutschland mittlerweile mit seinen Brücken, Schulen und Straßen hat, deutet das auf eine gewisse Pflichtvergessenheit der Politiker hin. Merkwürdigerweise fehlt diese Berufsgruppe in der »Tatort«-Mörderstatistik. Ob hier Nachholbedarf besteht?

3.1.3 Statt Irrtümern: Eine Zusammenfassung. Die volkswirtschaftliche Rolle von Unternehmen

1. Unternehmen schaffen Wohlstand
   Unternehmen produzieren Waren und Dienstleistungen, die wir konsumieren und die unseren Lebensstandard erhöhen. Ohne Unternehmen gäbe es keine Arbeitsteilung, ohne Arbeitsteilung keinen Wohlstand. Niemand will seine Brötchen selbst backen, sein Auto selbst bauen und sein Benzin selbst herstellen. Fast alles, was Sie jeden Tag in die Hand nehmen, ist in einem Unternehmen oder mit Hilfe eines Unternehmens entstanden.
2. Unternehmer tragen zur Finanzierung der Staatsausgaben bei
   Unternehmen tragen sowohl direkt wie auch indirekt in erheblichem Maße zur Staatsfinanzierung bei. Direkt werden Körperschaftsteuer und Gewerbesteuer entrichtet. Lohnsteuer der Beschäftigten oder Einkommensteuer der Eigentümer

sind als indirekte Folge des Unternehmertums wesentliche Teile des gesamten Steueraufkommens des Staates.
3. Unternehmen sind effizient
Unternehmen können aufgrund von Größenvorteilen, Arbeitsteilung und Spezialisierungsvorteilen innerhalb der gleichen Zeit eine größere Menge an Gütern herstellen als Einzelpersonen – das macht sie effizient.
4. Unternehmen schaffen Arbeitsplätze
Für die Herstellung von Waren und Dienstleistungen benötigen Unternehmen Arbeitskräfte, die sie bezahlen. Und es ist diese Arbeit, die auch bei den Beschäftigten Wohlstand schafft.
5. Unternehmen schaffen Werte
Unternehmen kombinieren Produktionsfaktoren (vor allem Arbeit und Kapital), um etwas Neues herzustellen. Das Ergebnis dieses Produktionsprozesses ist ein Produkt oder eine Dienstleistung, die in dieser Form mehr wert sind als die Summe ihrer Einzelteile. Dadurch wird Wohlstand gemehrt. Die Differenz zwischen der Summe der Produktionskosten und dem Wert des Endproduktes ist der Gewinn des Unternehmens.
6. Unternehmen müssen Gewinne machen
Aus Punkt 3 folgt, dass Unternehmen Gewinne machen müssen – ein Produkt, das weniger wert ist als die Summe seiner Einzelteile, bedeutet nicht nur einen Verlust, sondern auch Verschwendung von Produktionsfaktoren. Verluste sind gleichbedeutend mit Wertvernichtung – man nimmt etwas, was 100 Euro wert ist und macht daraus etwas, was nur 80 Euro wert ist. Niemand kann das als sinnvoll erachten.
7. Unternehmen sollten hohe Gewinne machen
Aus Punkt 4 erfolgt, dass Unternehmen umso mehr Wohlstand schaffen, wenn sie hohe Gewinne machen. Je größer die Differenz zwischen Herstellungskosten und Verkaufspreis, umso größer der Wert, den ein Unternehmen geschaffen hat. Solche hohen Gewinne locken dann weitere Anbieter an, die dafür sorgen, dass diese Gewinne durch Konkurrenz mit der Zeit abgeschmolzen werden. Allerdings muss dabei sichergestellt sein, dass die hohen Gewinne nicht auf Wettbewerbsbeschränkungen beruhen und dass die Konkurrenz die Möglichkeit hat, auf dem betreffenden Markt anzubieten. Hier ist der Staat gefragt: Er muss mit Hilfe der Wettbewerbspolitik dafür sorgen, dass Gewinne durch Leistung, nicht durch mangelnden Wettbewerb entstehen.

3.1.4 Literatur

Goldschmidt, Nils; Kron, Romina; Rehm, Marco (2024). Marktwirtschaft Und Unternehmertum In Schulbüchern. Eine Analyse der ökonomischen Inhalte in deutschen Schulbüchern. Friedrich-Naumann-Stiftung für die Freiheit und Universität Siegen, Zentrum für ökonomische Bildung in Siegen (ZÖBIS).

o.V. (o.D.). Unternehmertum und Wirtschaft in europäischen Schulbüchern. Leibnitz-Institut für Bildungsmedien. URL https://www.gei.de/forschung/projekte/unternehmertum-und-wirtschaft-in-europaeischen-schulbuechern

Statista (2018), Ranking der Mörder in den Tatort-Krimis nach Berufsgruppen in den Jahren 1970 bis 2018. URL https://de.statista.com/statistik/daten/studie/715288/umfrage/moerder-in-den-tatort-krimis-nach-berufsgruppen/ (Abruf 06.01.2025).

Statista (2024). Unternehmenslandschaft in Deutschland. Report.

Statista (2025). Anzahl der Unternehmen in Deutschland nach Unternehmensgröße im Jahr 2022. URL https://de.statista.com/statistik/daten/studie/731859/umfrage/unternehmen-in-deutschland-nach-unternehmensgroesse/

3.2 Rolle und Bedeutung von Unternehmen bei der Gestaltung und Entwicklung unserer Gesellschaft

Dieter Thomaschewski

In der modernen Gesellschaft nehmen Unternehmen eine zentrale Rolle ein, die weit über ihre rein wirtschaftliche Funktion hinausgeht. Sie sind nicht nur Produzenten von Gütern und Dienstleistungen, sondern auch wichtige Akteure in der Gestaltung und Entwicklung unseres sozialen Gefüges (vgl. Freeman 1984). So fungieren sie als Arbeitgeber, als Innovationsmotoren, als zentrale Akteure in der Wertschöpfungskette, verändern Märkte und schaffen Chancen für andere, sind gefordert beim schonenden Umgang mit natürlichen Ressourcen, achten auf faire und ethische Geschäftspraktiken, um nur einige Beispiele zu nennen.

Diese gesellschaftliche Verantwortung der Unternehmen wird in der heutigen Zeit intensiver denn je diskutiert. Unternehmen sind sich bewusst, dass diese Verantwortung durchaus im wohlverstandenen Eigeninteresse liegt, da dieses unternehmerische Handeln u. a. von der Akzeptanz des gesellschaftlichen Umfeldes abhängig ist.

Die folgenden Kapitel beleuchten die Gründe für das gesellschaftliche Engagement von Unternehmen, analysieren Einflussfaktoren auf deren Aktivitäten und betrachten konkrete Inhalte des Unternehmertums, die für die Gesellschaft relevant sind. Abschließend werden die Bedeutung dieser Aktionsfelder, sowie die Einstellung zu verschiedenen Stakeholder erörtert und ein Fazit gezogen.

3.2.1 Gründe für das gesellschaftliche Engagement

Zunächst und vordergründig – ganz trivial – ist es wichtig zu erkennen, dass Unternehmen nicht isoliert von der Gesellschaft existieren, sondern integraler Bestandteil derselben sind. Vordergründig ist bewusst, dass ohne wettbewerbsfähige und erfolgreiche Unternehmen kein gesellschaftlicher Wohlstand möglich ist. Es ist aber auch uneingeschränkt klar, dass die Unternehmen Einfluss auf verschiedene Organisationen, auf verschiedene Bereiche des sozialen Lebens im weitesten Sinne haben. Dieses gesellschaftliche Engagement ist national wie international unter dem Begriff der

Corporate Social Responsibility (CSR) zusammengefasst. Unternehmen können und sollten mit ihren Kompetenzen und Ressourcen einen Beitrag dazu leisten, wesentliche gesellschaftliche Anliegen aufzugreifen, zu fördern und mit den wesentlichen Anspruchsgruppen zu verwirklichen. Dabei lassen sich normative, strategische, wirtschaftliche und soziale Gründe unterscheiden:

Normativ-ethische Gründe

Viele Eigentümer und Führungskräfte vertreten die Ansicht, haben die Einsicht, dass Unternehmen nicht nur den Stakeholdern verpflichtet sind, sondern zu einer Verantwortung gegenüber dem Gemeinwesen verpflichtet sind: Es gibt kein Stakeholder Value ohne Shareholder Value. Diese Perspektive gründet in den moralischen Überzeugungen, sozialen Normen und einem erweiterten Verständnis von Gerechtigkeit. So kann das Streben nach fairen Arbeitsbedingungen, ökologischer Nachhaltigkeit und einer langfristigen gesellschaftlichen Wertschöpfung zu einem nachhaltigen Engagement führen.

Strategische Gründe

Gesellschaftliches Engagement kann als strategische Option verstanden werden. Unternehmen können über Kooperationen, Netzwerke im Rahmen der CSR-Aktivitäten, Zugänge zu neuen Märkten oder Ressourcen schaffen. Ein positives gesellschaftliches Image kann die Arbeitgeberattraktivität erhöhen und die Mitarbeiterbindung verstärken. Viele Arbeitnehmerinnen und Arbeitnehmer möchten für ein Unternehmen tätig sein, das Werte vertritt, die mit ihren eigenen Überzeugungen übereinstimmen. Ein aktives gesellschaftliches Engagement kann das Image eines Unternehmens erheblich verbessern. Unternehmen, die sich für soziale, ökologische und kulturelle Projekte einsetzen, werden oft als verantwortungsbewusst und nachhaltig wahrgenommen. Dies kann das Vertrauen der Kunden stärken und die Markenloyalität erhöhen. In einer Zeit, in der Verbraucher zunehmend Wert auf ethische Geschäftspraktiken legen, kann ein positives Image entscheidend für den Markterfolg sein.

Wirtschaftliche Gründe

Unternehmen agieren in einem Marktumfeld, das sie zur Sicherung der Wettbewerbsfähigkeit fortlaufend beobachten und gestalten. Gesellschaftliches Engagement (CSR) kann direkt oder indirekt zur Umsatzsteigerung oder Kostensenkung beitragen. Beispielsweise fördert ein gutes Image, eine verantwortungsvolle Positionierung bei Kunden die Absatzchancen, bei Investoren die Bereitschaft, Finanzmittel zur Verfügung zu stellen. Unternehmen, die sich aktiv mit sozialen, ökologischen Herausforderungen auseinandersetzen, sind zudem besser in der Lage, potentielle Risiken zu identifizieren und zu minimieren, negative Auswirkungen im Sinne eines aktiven Riskmanagements zu vermeiden.

Engagement in den angesprochenen Bereichen kann nachgewiesener Maßen, die Innovationskraft eines Unternehmens steigern und über die Value Propostion und über die neu definierte Unique Selling Proposition, die Ertragschancen verbessern und damit zur wirtschaftlichen Stärke des Unternehmens beitragen.

Soziale Gründe

Indem Unternehmen durch ihr gesellschaftliches Engagement wie Gerechtigkeit, Bildung, Förderung von Diversity und Umweltschutz zur nachhaltigen Entwicklung beitragen, leisten sie einen wertvollen Beitrag zur Verbesserung des sozialen Lebens der Gesellschaft. Dies ist nicht nur ethisch geboten, sondern sichert u. a. auch die langfristige Stabilität und Prosperität der Gesellschaft.

3.2.2 Einflussfaktoren für die gesellschaftlichen Aktivitäten

Unternehmen handeln aus vielfältigen externen wie internen Gründen im gesellschaftlichen Interesse. Sie agieren nicht im luftleeren Raum, sondern sind vielfältigen Einflüssen ausgesetzt, die ihre Entscheidungen bezüglich gesellschaftlicher Engagements maßgeblich formen (vgl. Freeman 1984):

1. Rechtlicher und politischer Rahmen
   Gesetzliche Bestimmungen, staatliche Förderprogramme oder politische Leitlinien können Unternehmen im ihrem Handeln lenken. So verpflichten bestimmte Gesetze zur Einhaltung von Umweltstandards oder zur Umsetzung von Diversity-Richtlinen, was die Gestaltung unternehmerischer CSR-Strategie prägt.
2. Ökonomische Rahmenbedingungen
   Konjunkturelle Schwankungen, Marktwettbewerb und globale Wertschöpfungsketten beeinflussen den Handlungsspielraum von Unternehmen. In wirtschaftlich angespannten Zeiten wird CSR-Engagement oft zurückgefahren, wohingegen in ökonomischen Wachstumsphasen größere Investitionen in gesellschaftliche Projekte möglich sind.
3. Gesellschaftliche Erwartungen und Druck der Stakeholder
   Zivilgesellschaftliche Organisationen, NGO und die Öffentlichkeit fordern zunehmend Transparenz und ethisch begründetes Handeln. Unternehmen, die diesen Erwartungen nicht entsprechen, müssen mit Reputationsverlusten und potenziellen Absatzrückgängen rechnen. Dies erzeugt einen Druck, sich verantwortungsbewusst zu verhalten und aktiv zu kommunizieren.
4. Technologischer Fortschritt
   Neue Technologien eröffnen Chancen, Produkte und Prozesse ressourcenschonender zu gestalten oder gänzlich neue Dienstleistungen zu entwickeln. Gerade in Zeiten der Digitalisierung sehen sich Unternehmen zudem gefordert, ihre Daten- und

Informationsflüsse transparent und sicher zu managen, um das Vertrauen von Kunden und der Öffentlichkeit zu erhalten.
5. Kulturelle und soziale Normen
Lokale Gepflogenheiten, religiöse Einstellungen und historisch gewachsenen Strukturen beeinflussen das Verständnis von Verantwortung und sozialer Gerechtigkeit. Gesellschaftliches Engagement muss daher stets kontextsensibel erfolgen, um in verschiedenen Regionen und Kulturen erfolgreich zu sein.

Aber ein wesentlicher Einflussfaktor ist zusammenfassend der wohl bedeutendste: die Unternehmenskultur. Die Werte und Überzeugungen, die innerhalb eines Unternehmens herrschen, spielen eine entscheidende Rolle. Die gesellschaftliche Verantwortung kommt primär aus dem Unternehmen selbst. Dies gilt unabhängig von der Größe des Unternehmens. Die Verantwortung für die Gestaltung und Entwicklung unserer Gesellschaft ist nicht gedrucktes Papier in Unternehmensleitlinien, sondern ein gelebtes Wollen und Wirken.

3.2.3 Inhalte der gesellschaftlichen Rolle der Unternehmen

Unternehmen sind keine reinen Gewinnmaximierer. Die weit überwiegende Mehrheit der Unternehmen befürwortet seit längerem die Einbeziehung einer Vielfalt von gesellschaftlichen Belangen in ihre Geschäftstätigkeit (vgl. Bertelsmann Stiftung 2005). Die eher generische Formulierung »gesellschaftliche Verantwortung von Unternehmen« oder »Corporate Social Responsibility« zeigt sich darin, wie mit einzelnen, konkreten Aktivitäten sich das Unternehmen für die Gestaltung seines gesellschaftlichen Umfeldes einbringt. Es gibt aufgrund der großen Heterogenität der Unternehmen (Größe, Branche, Ressourcen etc.) kein allgemein gültiges CSR-Management. Es lassen sich aber in Erweiterung des traditionellen Schemas aus Ökonomie, Ökologie, Soziales, sechs Handlungsfelder definieren, die den Orientierungsrahmen für die wertebasierte Unternehmensführung bilden (vgl. IHK Südlicher Oberrhein).

3.2 Rolle und Bedeutung von Unternehmen

Ökonomie – Wirtschaftliche Verantwortung

Langfristige Sicherung der eigenen Wirtschaftlichkeit mit Erklärung des verantwortungsvollen „Wie"

Gemeinwesen – Strukturverantwortung

Durch Investitionen in strukturelle Projekte die Entwicklung ganzer Regionen vorantreiben

Ressource Mensch – Soziale Verantwortung

Förderung des „Wohlergehens" der Mitarbeiter/-innen Verantwortung für die Ressource Mensch

Wohlergehen der Gesellschaft – Gesellschaftliche Verantwortung

Mit Stiftungsförderung den Zusammenhalt der Gesellschaft vorantreiben

Zukunftsverantwortung – Innovation und Fortschritt

Mit Forschung und Entwicklung über neue Technologien, Produkten und Dienstleitsungen das Leben der Menschen erleichtern und verbessern

Ökologie – Umweltverantwortung

Sorgfältiger Umgang mit Ressourcen und Reduktion der negativen Umweltauswirkungen entlang der gesamten Wertschöpfungskette

Dar. 20: Handlungsfelder des CSR-Management

Gesellschaftliche Verantwortung von Unternehmen ist eine moderne Form der sozialen Marktwirtschaft. Die Unternehmen engagieren sich über die gesetzlichen Verpflichtungen hinaus freiwillig und eigenverantwortlich. Für die Handlungsfelder gibt es zahlreiche Ansatzpunkte für Maßnahmen. Diese, eingebettet in das betriebliche Planungssystem, tragen zum Wohlergehen der Gesellschaft, wie auch der Unternehmen, bei. Die Vielfalt kann in diesem Beitrag schwerlich abgebildet werden, doch können und sollen Beispiele diese Ansatzpunkte verdeutlichen.

Ökonomie – wirtschaftliche Verantwortung

Die langfristige Sicherung des Unternehmens ist eine Quelle des Wohlstandes auch für die Gesellschaft. In einer globalisierten Welt mit hartem Wettbewerb verantwortungsvoll zu wirtschaften ist herausfordernd, eröffnet aber gleichzeitig auch neue Möglichkeiten.

- Die »Gestaltung des Sortiments«, der einzelnen Produkte und Dienstleistungen, zeigt durch die Auswahl der eingesetzten Materialien, die Möglichkeiten der Wiederverwertung (Recycling), der Optimierung der Produktionsverfahren einerseits dem Konsumenten wie umweltbewusst das Unternehmen agiert, andererseits können durch innovative Produkte Wettbewerbsvorteile geschaffen werden.
- Die Unternehmen sind über die jeweiligen Produktionsprozessen eng verbunden mit Lieferanten und Zulieferern. Die »Sicherung der Lieferketten« durch eine verantwortungsvolle Gestaltung dieser Beziehungen – beispielsweise durch faire Einkaufspreise, Berücksichtigung sozialer und ökologischer Faktoren bei der Beschaffung, der Bekämpfung der Korruption – trägt zu nachhaltigen Entwicklung bei.
- Zwar sind Unternehmen in einer globalen Welt in den seltensten Fällen nur regional ausgerichtet, doch ist die »lokale Wirtschaftsentwicklung« auch ein Kernanliegen der Unternehmen. Die Förderung dieses lokalen Umfeldes schafft und sichert Arbeitsplätze, trägt zur Infrastrukturentwicklung bei.

Ökologie – Umweltverantwortung

Durch das systematische Umweltmanagement ist es möglich, den Einsatz von Energie und Ressourcen sowie negative Umwelteinwirkungen entlang der gesamten Wertschöpfungskette zu reduzieren. Ökologisches Verhalten wird von Verbrauchern und der breiten Öffentlichkeit eingefordert. Dabei spielt nicht nur die umweltorientierte Produktion eine wesentliche Rolle, sondern mehr und mehr haben auch Nutzungs- und Entsorgungsphasen in der Gesellschaft einen hohen Stellenwert

- Das Konzept der Nachhaltigkeit und der Corporate Social Responsibility umfasst die Verantwortung für den ökologischen Fußabdruck. Unternehmen, die ihre Emission verringern, Energie effizienter nutzen, auf nachhaltigen Rohstoffe und Materialien setzen, tragen aktiv zum Umweltschutz bei
- Durch Überlegungen wie Kreislaufwirtschaft, Recycling, Lebenszyklusverlängerung, allgemein mit dem schonenden Umgang mit Ressourcen, tragen Unternehmen dazu bei, dass der Rohstoffverbrauch gesenkt und Abfälle reduziert werden. Solche Maßnahmen senken nicht nur die Kosten, sondern stärken auch die gesellschaftliche Akzeptanz
- Die Betrachtung und Bewertung des Produktes von der Wiege bis zur Bahre, der gesamten Wertschöpfungskette, zeigt Möglichkeiten auf, wie das Zusammenwirken der vor- und nachgelagerten Stufen nicht nur die Produktivitäten/Wirt-

schaftlichkeiten steigert, sondern gleichzeitig auch erhebliche Potenziale zur Reduzierung von Umweltbelastungen (z. B. durch Vermeidung von Doppelarbeiten) ausgeschöpft werden

Ressource Mensch – soziale Verantwortung

In Zeiten des demographischen Wandels und des immer stärker werdenden Wettbewerbs um Fachkräfte, sind Mitarbeiterinnen und Mitarbeiter eines Unternehmens dessen wichtigste Ressource. Unternehmen tragen eine große Verantwortung für diese ihre Mitarbeiterinnen und Mitarbeiter und haben vielfältige Möglichkeiten, deren Wohlergehen zu fördern. Durch eine adäquate Unternehmenspolitik mit den Schwerpunkten wie z. B. Gestaltung des Arbeitsumfeldes, Entwicklung von Kompetenzen und Fähigkeiten der Mitarbeiterinnen und Mitarbeiter, der Verbesserung der Arbeitsbedingungen, tragen Unternehmen nicht nur zur persönlichen Entwicklung und der Lebensqualität bei, sondern stärken auch den Arbeitsmarkt und letztlich auch die gesamte Volkswirtschaft.

- Durch die Schaffung und den Erhalt von *Arbeitsplätzen* beeinflussen Unternehmen den lokalen Arbeitsmarkt. Dies hat nicht nur wirtschaftliche, sondern auch soziale Bedeutung etwa durch die Integration sozial benachteiligter Personengruppen.
- Mit flexiblen Arbeitszeitmodellen, Maßnahmen zur Vereinbarkeit von Beruf und Familie sowie Gesundheitsförderung im Betrieb geht das Unternehmen auf die *Bedürfnisse der Mitarbeiterinnen und Mitarbeiter* ein, erhöht die Mitarbeiterzufriedenheit und stärkt die Bindung an das Unternehmen: die Arbeitgeberattraktivität steigt.
- Faire Löhne, Arbeitssicherheit, Chancengleichheit sind zentrale Faktoren, sind *Arbeitsbedingungen und Arbeitsgrundlagen*, die im Rahmen eine verantwortungsvollen Personalmanagements ebenso zu beachten sind, wie auch Investitionen in die Qualifizierung von Mitarbeiterinnen und Mitarbeiter durch Aus- und Weiterbildung (Sicherung der Employability).

3.2.4 Innovation und Fortschritt – Zukunftsverantwortung

Unternehmen sind wesentliche Treiber des wirtschaftlichen und gesellschaftlichen Fortschritts. Durch Forschung und Entwicklung schaffen sie neue Produkte und Dienstleistungen, die unser Leben verbessern und dadurch gesellschaftlichen Herausforderungen begegnen können. Durch technologisches Engagement, durch Innovationen können

- neue Arbeitsplätze und Wirtschaftszweige geschaffen,
- Lösungen für globale Probleme, wie z. B. zu Ressourcenknappheit oder zum Klimawandel, entwickelt,
- Effizienz und Nachhaltigkeit von Produktionsprozessen verbessert werden.

Durch Innovationsaktivitäten in verschiedenen Bereichen nehmen Unternehmen eine zentrale Rolle bei der Gestaltung einer nachhaltigen und gerechten Gesellschaft ein:

- Unternehmen analysieren Kundenbedürfnisse/Marktanforderungen und generieren durch die Entwicklung passgenauer Lösungen *Wertschöpfung für den Kunden.* Diese Wertschöpfung kann sowohl den Lebensstandard erhöhen, als auch gesellschaftliche Herausforderungen bewältigen (z. B. E-Health, digitale Bildungstools, erneuerbare Energien).
- Kooperationen der Unternehmen mit Universitäten und Forschungszentren, die *Zusammenarbeit mit Forschungsinstituten*, stärken den Wissens- und Technologietransfer und damit die Innovationskraft der Regionen.
- Fortschritt ist u. a. geprägt durch die Nutzung neuester Technologien Unternehmen tragen dazu bei, dass mit dieser Nutzung auch die Verbreitung von Technologien, das Leben der Bevölkerung verbessert wird. Am Beispiel von Digitalisierung und KI wird deutlich, dass Prozesse für uns alle beschleunigt werden, die Qualität der Kommunikation verbessert wird, die Kosten der Zusammenarbeit reduziert werden.

3.2.5 Wohlergehen der Gemeinschaft – gesellschaftliche Verantwortung

Ein Unternehmen ist immer Teil einer Gesellschaft. Unternehmen fördern durch Projekte das soziale Zusammenleben. In einem gut nachbarschaftlichen Verhältnis im regionalen, aber auch überregionalen Raum werden soziale Interessensgebiete entwickelt, vorangebracht und ein Mehrwert für die Gesellschaft geschaffen.

- Bildungsförderung in strukturschwachen Gebieten, Unterstützung von karitativen Einrichtungen, wohltätige Spenden und Unterstützung gemeinnütziger Organisationen, sind Beispiele *sozialer Projekte.*
- Durch die finanzielle Unterstützung von Museen, Theatern, Konzerten, Kunstausstellungen, durch *kulturelle Förderung* der Unternehmen wird das Gemeinschaftsleben bereichert.
- Die Förderung lokaler, regionaler Sportvereine durch *Sport Sponsoring* verbinden Unternehmen mit dem Gedanken, zur Gesundheit und Gemeinschaftspflege beizutragen.

Diese Aktivitäten beinhalten aber auch ein Corporate Volonteering. Unternehmen ermutigen Mitarbeiter, sich ehrenamtlich zu engagieren, stellen Mitarbeiter/-innen ganz oder teilweise frei für Mentoring Aktivitäten, für Teamprojekte der Gemeinschaft, aber auch und nicht zuletzt für ein politisches Mitwirken.

3.2.6 Gemeinwesen – Strukturverantwortung

Unternehmen sind mit ihren jeweiligen Standorten eingebunden in die Struktur der Regionen. Sie beeinflussen mit ihren Investitionsentscheidungen den auf- Auf und Ausbau von Infrastrukturprojekten und können so mit gezielten Investitionen einen positiven Einfluss auf das Gemeinwesen ausüben:

- Bauprojekte, Logistikknoten, digitale Netze als *Infrastrukturmaßnahmen* schaffen die Grundlage für Wirtschaftswachstum und gesellschaftliche Teilhabe. Die regionale Bevölkerung profitiert durch bessere und schnellere Versorgung und natürlich auch durch die Schaffung von Arbeitsplätzen.
- Insbesondere große Industrie- und Technologieunternehmen gestalten in der *Energieversorgung* aktiv den Energiemarkt mit. Sie investieren in erneuerbare Energien, beteiligen sich an Energieeffizienzprojekten, forcieren so auch eine regionale Energiewende.
- Der Einsatz für Umwelt- und Katastrophenschutz wird häufig als selbstverständliches Eigeninteresse der Unternehmen angesehen. Dabei wird häufig übersehen, dass die Unternehmen diese organisatorischen Einheiten nicht nur innerhalb des Unternehmens nutzen (müssen), sondern bei externen Geschehnissen diese Strukturen auch der Bevölkerung, den Kommunen zur Verfügung stellen und so zur Vorsorge in erheblichem Umfang beitragen.

3.2.7 Die Bedeutung der Aktionsfelder

Diese Aktivitäten beeinflussen nicht nur die Wirtschaft, sondern betreffen soziale, ökologische, kulturelle Aspekte. Diese Aktionsfelder beschreiben Bereiche, in denen das Unternehmen tätig ist und definiert damit seine Chancen, Risiken und seinen Einfluss auf die Gesellschaft.

Dabei ist bewusst, dass die beschriebenen Aktionsfelder nicht isoliert neben einander stehen, sondern sich wechselseitig beeinflussen. So kann beispielsweise eine Investition in erneuerbare Energien (Umweltverantwortung) gleichzeitig zu einer Stärkung der regionalen Infrastruktur (Investitionen ins Gemeinwesen) führen. Ebenso gehen Innovationen häufig mit sozialer Verantwortung einher, wenn sie etwa neue Berufsbilder schaffen und entsprechende Fortbildungsmaßnahmen erfordern.

Unternehmen, die in mehreren Feldern aktiv sind und dabei strategisch konsistent vorgehen, können eine umfassende Corporate Citizenship aufbauen, welche die langfristige Profitabilität mit gesellschaftlicher Wertschöpfung verbindet. Diese Verzahnung kann in einen Shared-Value-Ansatz münden, bei dem betriebswirtschaftliche Ziele und gesellschaftliche Interessen parallel gefördert werden. Letztlich werden durch solches vernetztes Handeln Synergieeffekte freigesetzt, von denen sowohl das Unternehmen als auch die Gesellschaft profitieren.

Die Bedeutung der Aktionsfelder, die Auswahl aus den reichhaltigen Möglichkeiten, ist allerdings auch eng verbunden mit dem Einfluss der Stakeholder auf die wirtschaftliche Situation und Entwicklung auf das Image und die Reputation, auf die Auswirkungen auf den Arbeitsmarkt, um nur einige »Values« zu nennen. Eine Portfoliobetrachtung kann dabei die Auswahl der Aktionsfelder erleichtern.

Relevanz und Wirkung können dabei jeweils mit Nutzwertanalysen oder Scoring-Modellen, die verschiedene Einflussfaktoren einbauen, bestimmt werden. Das Portfolio der Aktionsfelder lässt sich so systematischer und qualifizierter bestimmen.

3.2.8 Einstellung zu Stakeholder

Ein Schlüsselfaktor für den gesellschaftlichen Erfolg von Unternehmen liegt in der Art und Weise, wie sie mit ihren Stakeholdern umgehen. Das Stakeholder-Konzept besagt, dass Unternehmen alle Anspruchsgruppen – nicht nur ihre Aktionäre – in die strategischen Entscheidungen einbeziehen sollten.

- Identifikation relevanter Stakeholder
  Neben Kunden, Lieferanten und Mitarbeitern/-innen zählen auch Staat, NGO, lokale Gemeinden, Umweltverbände und Medien zu den relevanten Gruppen.
- Dialog und Partizipation
  Eine offene Kommunikation und partizipative Entscheidungsprozesse schaffen Vertrauen und können Konflikte frühzeitig entschärfen. Dies ist insbesondere bei kontroversen Projekten (Z. B. Umwelteingriffen) essenziell.
- Transparenz und Rechenschaftspflicht
  Die Offenlegung von Zielen, Maßnahmen und Ergebnissen in Nachhaltigkeitsberichten oder über andere Kanäle fördert die Glaubwürdigkeit des Engagements.
- Integration in die Unternehmensstrategie
  Ein langfristig angelegtes Stakeholder-Management betrachtet CSR nicht als bloße PR-Maßnahme, sondern als integralen Bestandteil der Unternehmensphilosophie und Geschäftsmodellentwicklung.
- Langfristige Beziehungen
  Eine nachhaltige Beziehungspflege mit Stakeholdern stärkt das soziale Ökosystem eines Unternehmens. Dieses langfristige Beziehungswerk und seine dauerhafte Pflege ist entscheidend für die gesellschaftliche Akzeptanz und den Erfolg.

3.2.9 Fazit und Ausblick

Die Rolle von Unternehmen in der Gesellschaft hat sich in den letzten Jahren stark gewandelt. Von reinen Wirtschaftsakteuren haben sie sich zu multidimensionalen gesellschaftlichen Organisationen entwickelt, deren Handlungen weitreichende Auswirkungen auf verschiedene Bereiche des sozialen Lebens haben. Die Übernahmen gesellschaftlicher Verantwortung ist dabei nicht nur eine ethische Frage, sondern zunehmend auch ein Faktor für den langfristigen Unternehmenserfolg.

Die Herausforderungen für die Zukunft werden darin bestehen, die Balance zwischen wirtschaftlichem Erfolg und gesellschaftlicher Verantwortung noch stärker in Einklang zu bringen. Unternehmen, die es schaffen, ihre Rolle als Corporate Citizens aktiv und positiv zu gestalten, werden nicht nur zur Lösung drängender gesellschaftlicher Probleme beitragen, sondern auch ihre eigene Wettbewerbsposition stärken.

Letztlich liegt es im wohlverstandenen Eigeninteresse der Unternehmen, sich an der nachhaltigen Gestaltung der gesellschaftlichen Entwicklung zu beteiligen. Nur in einem stabilen und prosperierenden gesellschaftlichen Umfeld können Unternehmen langfristig erfolgreich sein. Die Rolle und Bedeutung von Unternehmen bei der Gestaltung und Entwicklung der Gesellschaft wird daher in Zukunft weiter an Bedeutung gewinnen und erfordert einen kontinuierlichen Dialog zwischen Wirtschaft, Politik und Zivilgesellschaft.

Dieser Dialog wird dadurch nachhaltig unterstützt, wenn die interne wie auch externe Kommunikation über das gesellschaftliche Engagement des Unternehmens kontinuierlich erfolgt, dem Leitspruch folgend: »Tue Gutes und sprich darüber«.

3.2.10 Literatur

Freeman, R. Edward: Strategic Management – A Stakeholder Approach, Boston u. a. 1984.

Bertelsmann Stiftung: Die gesellschaftliche Verantwortung von Unternehmen. Dokumentation der Ergebnisse einer Unternehmensbefragung der Bertelsmann Stiftung. Gütersloh: Bertelsmann Stiftung, 2005.

IHK Südlicher Oberrhein: Corporate Social Responsibility, online: https://www.ihk.de/freiburg/standortpolitik/wirtschaftspolitik/unternehmerische-verantwortung-csr (Abruf 22.10.2025).

3.3 Gründungsbereitschaft junger Menschen in Deutschland

Tobias Bürger/ Ivo Andrade

Rund 40 Prozent der jungen Menschen zwischen 14 und 25 Jahren können sich vorstellen, vor ihrem 30. Lebensjahr ein Unternehmen zu gründen, doch nur wenige tun es. Neugründungen sind in Deutschland in den vergangenen Jahren gesunken und erst im Jahr 2024 erstmalig wieder gestiegen. Eine angemessene Unterstützung junger gründungsinteressierter Menschen könnte langfristig die Innovationsfähigkeit des Standorts Deutschlands stärken. Neben individuellen Barrieren wie Unsicherheit, zu wenig Zutrauen in die eigenen Fähigkeiten, Stress und fehlendem Wissen beeinflussen Merkmale wie Geschlecht, Migrationshintergrund, Alter oder Wohnort die Gründungsbereitschaft. Deshalb sollten gründungsrelevante Kompetenzen gestärkt sowie für junge Menschen eine gründungsfreundliche Kultur geschaffen und gründungsfördernde Strukturen etabliert werden.

Unternehmen sind wesentliche Treiber von Innovationen und stärken die Transformationsfähigkeit der Wirtschaft, indem sie Ideen, Produkte und Dienstleistungen bereitstellen, die sich an neuen technologischen Entwicklungen, Nachfrage und (inter-)nationalen politischen, ökonomischen und gesellschaftlichen Rahmenbedingungen orientieren. Zur Lösung globaler Herausforderungen wie etwa dem Klimawandel und der damit einhergehenden notwendige Transformation großer Teile der Wirtschaft können innovative Unternehmerinnen und Unternehmer maßgeblich beitragen.

In Deutschland werden allerdings immer seltener Unternehmen gegründet, was die Perspektive auf eine langfristige Innovationsfähigkeit der deutschen Wirtschaft auf ein wackeliges Fundament stellt. Das ist kein kurzfristiger Trend, sondern eine Entwicklung, die sich bereits über die letzten beiden Jahrzehnte hin abzeichnete. Wurden zwischen 1995 und 2004 im jährlichen Durchschnitt noch etwa 240.000 Unternehmen neu gegründet, waren es in den folgenden Jahren lediglich rund 165.000 Neugründungen. Zuletzt gab es in der Corona-Pandemie einen weiteren Einbruch auf etwa 140.000 Neugründungen im Jahr 2022. Erst 2023 stieg die Anzahl der Gründungen nach dem Mannheimer Unternehmenspanel (MUP) gegenüber 2022 um 0,3 % wieder leicht an (vgl. Gottschalk & Hottenrott 2024; KfW Gründungsmonitor 2024).

Folgt man dem Global Entrepreneurship Monitor, dann liegt die Gründungsquote in Deutschland, die Total early-stage Entrepreneurial Activity (TEA)[8], im internationalen Vergleich mit 7,7 % im unteren Drittel – für Deutschland stellt sie allerdings den zweithöchsten Wert seit Beginn der Erhebung im Jahr 1999 dar (vgl. Global Entrepreneurship Monitor 2024).[9] Demnach gründen mit 13,3 % 25- bis 34-Jährigen in Deutschland am häufigsten, 18- bis 24-Jährige mit 11 % bereits am zweithäufigsten. Trotz einer Verdreifachung der Quote bei der jungen Zielgruppe in den Jahren von 2017 bis 2023, ist die Gründungsquote im Vergleich mit Ländern wie den Niederlanden oder den USA – in denen etwa 25 % dieser Altersgruppe gründen – in Deutschland weniger als halb so hoch.

Dabei können sich gerade jüngere Menschen vorstellen bis zu ihrem 30. Lebensjahr ein Unternehmen zu gründen (vgl. Bertelsmann Stiftung 2024). Seine eigene Chefin bzw. sein eigener Chef zu sein, das ist für viele junge Menschen auf der ganzen Welt die Hauptmotivation für eine Unternehmensgründung (vgl. OECD/European Commission 2023). Insbesondere die langfristige Unterstützung und Förderung von sog. Youth Entrepreneurship könnte eine neue und dringend benötigte Generation von Gründerinnen und Gründer hervorbringen, welche die neuen Herausforderungen ihrer Zeit mit unternehmerischem Denken und Handeln angehen wollen (vgl. Alam 2019; Bertelsmann Stiftung 2009; United Nations 2020). Doch bedarf es eines

---

8   Damit ist die Quote derjenigen gemeint, die derzeit Planen ein Unternehmen zu gründen oder innerhalb der letzten 3,5 Jahre ein Unternehmen gegründet haben.
9   Unterschiedliche Aussagen bei den hier herangezogenen Studien ergeben sich aus unterschiedlichen Definitionen und Datengrundlagen. Während das Mannheimer Unternehmenspanel (MUP) auf Unternehmensinformationen der Kreditauskunftei Creditreform basiert und auf die Gründungsintensität abstellt, basieren die Angaben des Global Entrepreneurship Monitor auf einer repräsentative Bevölkerungsbefragung mit dem Ziel die Gründungsaktivität international vergleichend zu erheben.

Blicks auf die Frage, was genau junge Gründungsinteressierte als Unterstützung oder Anreiz benötigen, um letztlich auch unternehmerisch tätig zu werden (vgl. OECD 2020). Dies liegt auch darin begründet, dass sie grundlegend andere Bedarfe als ältere Gründerinnen und Gründer aufweisen, weshalb zielgruppenspezifische Ansätze für den langfristigen Erfolg jeglicher Unterstützungsmaßnahmen zur Förderung von Youth Entrepreneurship entscheidend sind (vgl. Kim et al. 2020).

Doch nicht nur mit Blick auf eine Steigerung der Neugründungen durch junge Menschen, sondern auch auf die Herausforderungen beim Thema Unternehmensnachfolge, spielt die Förderung von Youth Entrepreneurship eine wichtige Rolle. Laut DIHK-Report zur Unternehmensnachfolge (2024) zeigt sich, dass es bereits im Jahr 2023 eine große Diskrepanz zwischen dem Bedarf von und dem Angebot an Unternehmensnachfolgerinnen und -nachfolgern gab: So haben sich 8.276 Unternehmerinnen und Unternehmer durch IHK zur Unternehmensnachfolge beraten lassen, während sich lediglich 2.760 Unternehmensinteressierte bei den IHK meldeten. Auf eine übergabeinteressierte Person kamen somit dreimal mehr übergabewillige Unternehmen. Die Problemlage zeigt sich darüber hinaus auch darin, dass im selben Zeitraum gut ein Drittel der Befragten Unternehmerinnen und Unternehmer wegen des scheiternden Generationswechsels in Betracht zog, das eigene Unternehmen zu schließen. Die Förderung von Youth Entrepreneurship bietet auch bezüglich dieser Problemlage erhebliches Potenzial, da dem Interesse unternehmerisch tätig zu sein, nicht durch eine Neugründung nachgegangen werden muss, sondern es auch im Rahmen einer Unternehmensnachfolge oder als Intrapreneur:in realisiert werden kann.

3.3.1 Youth Entrepreneurship in Deutschland

Junge Menschen haben als Gründerinnen und Gründer nicht nur weniger Angst vor dem Scheitern. Sie setzen auch im Hinblick auf die von ihnen entwickelten Produkte und Dienstleistungen stärker auf Technologie- und Weltoffenheit (vgl. Global Entrepreneurship Monitor 2024). 80 % der 18- bis 24-Jährigen bewerten die Aussage, dass in Deutschland die Gründung eines Unternehmens von den meisten Menschen als attraktive berufliche Perspektive angesehen wird, positiv. Mit 17 % ist der Anteil junger Gründerinnen und Gründer mit migrantischem Hintergrund in Deutschland höher als bei jungen Menschen ohne diesen Hintergrund (vgl. Bertelsmann Stiftung 2024). Wer männlich ist kann sich die Unternehmensgründung eher vorstellen (14 %) als weibliche junge Menschen (9 %). Auch die geographische Lage macht einen Unterschied. Während sich in einer Großstadt mit über 500.000 Einwohnerinnen und Einwohnern rund die Hälfte der jungen Menschen vorstellen kann bis zum Alter von 30 Jahren ein Unternehmen zu gründen, sind es in einem kleineren Ort (unter 5.000 Einwohnerinnen und Einwohner) nur 39 %.

Zwar können sich rund 40 % der 14- bis 25-Jährigen vorstellen, vor ihrem 30. Lebensjahr ein Unternehmen zu gründen, doch die wenigsten tun es. Die Aussagen Gründungsinteressierter junger Menschen zeigen jedoch eindrücklich, welche Unterstützungs- und Fördermaßnahmen nötig sind, damit die spezifischen Potenziale der jungen Generation Wirkung entfalten können (▶ Dar. 21).

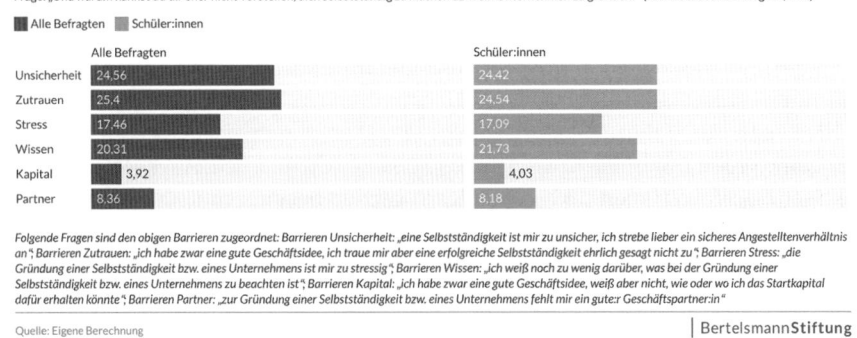

Dar. 21: Gründungsbarrieren junger Menschen in Deutschland

Beispielsweise zweifeln junge Menschen häufig daran, ob sie eine Unternehmensgründung bewältigen können, weil sie der Ansicht sind, dass ihnen die notwendige Berufserfahrung fehlt. Fragt man diejenigen jungen Menschen, die sich nicht vorstellen zu gründen, danach, was sie davon abhält, dann führt dies etwa ein Viertel auf fehlendes Zutrauen in die eigenen Fähigkeiten und eine damit verbundene Unsicherheit oder fehlende Erfahrung zurück. Außerdem halten sie ihr Wissen über Gründungen und den Unternehmensalltag für unzureichend. Jedem Fünften fehlt nach eigener Aussage das Wissen (24,56 %). Zudem assoziieren sie eine Unternehmensgründung mit hohem Stress (17,46 %). Fehlendes Kapital wird von den wenigsten als ein Hinderungsgrund gesehen und ist auch statistisch nicht signifikant (3,92 %).

Letztlich bindet ein aktuell starker Arbeitsmarkt Fachkräfte und reduziert dadurch die Notwendigkeit für junge Menschen, sich selbstständig zu machen. Zudem liegt die Jugenderwerbslosenquote in Deutschland 2023 bei 6,9 % – der EU-Durchschnitt liegt bei 16,6 % (vgl. Statistisches Bundesamt 2025). Eine zielgruppenspezifische Förderung Gründungsinteressierter junger Menschen, ausgerichtet an den skizzierten Barrieren, wäre demnach zielführend (vgl. Schüler et al. 2023). Die Förderung von Youth Entrepreneurship sollte sich dabei an den konkreten Bedarfen der Alterszielgruppen orientieren (vgl. Sternberg & Breitenbach 2023).

3.3.2 Zielgruppenspezifische Unterstützungs- und Fördermaßnahmen anbieten

Das ausgeprägte Interesse junger Menschen ein Unternehmen zu gründen, gleichzeitig aber existierende Barrieren verdeutlichen, deuten darauf hin, dass Unterstützungsmaßnahmen zur Förderung junger Gründerinnen und Gründer sinnvoll sein können (vgl. Andrade & Bürger 2025). Neben der zielgruppenspezifischen Förderung stellt sich insbesondere vor dem Hintergrund der Kosteneffizienz die Frage, welche Unterstützungsangebote hierfür geeignet sind. Einen ersten Ansatzpunkt auf diese Frage zeigt ein Blick auf die Effektivität existierender Unterstützungsangebote.

Im Rahmen des *Young Founders Monitors* wurden unterschiedliche in Deutschland existierende Unterstützungsangebote betrachtet und darauf untersucht, wie stark sie sich auf die »wahrgenommene Attraktivität ein Unternehmen zu gründen« auswirken (► Dar. 22) (vgl. Andrade et al. 2024).

Dar. 22: Fördermaßnahmen

Mentoringprogramme	Start-up-Gründerinnen und -Gründer erhalten Zugang zu sehr erfahrenen Gründerinnen und Gründer und Spezialisten aus ihrem Technologiefeld bzw. ihrer Branche. Diese sollen mit Ratschlägen und ihrer Erfahrung Sparringspartner für unternehmerische Aktivitäten sein.
Vernetzungsmöglichkeiten	Gründerinnen und Gründer können sich untereinander, aber auch mit potenziellen Kunden, Investoren und Unterstützern austauschen und sich kennenlernen.
Start-up-Grundsicherung	Alle Gründungsinteressierten können eine unbürokratische „Start-up-Grundsicherung" (Höhe äquivalent zur allgemeinen Grundsicherung) bis zu 1 Jahr für die erste Unternehmensgründung beantragen. Sie erhalten grundlegende Sozialleistungen in dieser Zeit und einen Kündigungsschutz, falls sie aktuell in einer Festanstellung sind.
Zugang zu Wagniskapital	Durch verschiedene Plattformen, Unterstützungsprogramme und Austauschformate soll der Zugang zu Wagniskapital für Gründerinnen und Gründer deutlich vereinfacht werden.
(Weiter-)Bildungsangebote zu Start-up Gründungen	Flächendeckende Bildungsformate für Gründungsinteressierte/ Gründerinnen und Gründer z. B. zu Themen wie Business Development, Ideation, Nutzung von KI zur Verbesserung der Produktivität und Mitarbeitendenführung

Dar. 22: Fördermaßnahmen

Spezifische Unterstützungsprogramme für junge Menschen	Spezifische Unterstützungsprogramme für junge Menschen wie beispielsweise Gründungsstipendien für Studierende/ Auszubildende/ Young Professionals.
Spezifische Unterstützungsprogramme für soziale Start-ups	Spezifische Unterstützungsprogramme wie beispielsweise Gründungsstipendien für soziale Start-ups.

Mittels einer Conjoint-Analyse konnten 4.752 Entscheidungen von 297 jungen Menschen im Alter von 18 bis 25 Jahren hinsichtlich der Unterstützungsangebote ausgewertet werden. Es zeigt sich, dass alle untersuchten Unterstützungsangebote die Gründung eines Unternehmens steigern – allerdings sind die Effektstärken unterschiedlich ausgeprägt. Finanzielle Unterstützungsangebote, wie beispielsweise eine Start-up-Grundsicherung und der verbesserte Zugang zu Wagniskapital zeigen einen besonders positiven Einfluss. Mentoringprogramme, Vernetzungsmöglichkeiten, (Weiter-)Bildungsangebote, spezielle Unterstützungsprogramme für junge Menschen sowie spezifische Unterstützungsprogramme für soziale Start-ups wirken sich zwar ebenfalls positiv aus, jedoch weniger stark als andere Angebote. Werden bei den jungen Menschen Unterschiede in Alter, Geschlecht, Gründungserfahrung und Selbstwirksamkeit (d. h. das Vertrauen junger Menschen in ihre eigenen Fähigkeiten) berücksichtigt zeigt sich, dass die Effektstärken differenzierter zu betrachten sind.

Die Wirksamkeit der Unterstützungsangebote fällt zudem je nach Alter, Geschlecht, Gründungserfahrung und Selbstwirksamkeit unterschiedlich aus. Für Menschen, die bereits Gründungserfahrungen gesammelt haben, sind Unterstützungsmaßnahmen weniger entscheidend als für Neugründende. Mit zunehmendem Alter gewinnen die Start-up-Grundsicherung und Programme für soziale Start-ups an Bedeutung. Für Gründerinnen und Gründer mit Migrationshintergrund spielen Vernetzungsmöglichkeiten und der Zugang zu Wagniskapital eine besonders wichtige Rolle.

Auch das Vertrauen in die eigene unternehmerische Selbstwirksamkeit beeinflusst die Priorisierung der Unterstützungsangebote: Junge Menschen, die sich eine hohe Selbstwirksamkeit attestieren, legen insgesamt weniger Wert auf Unterstützungsmaßnahmen. Frauen hingegen bewerten die Start-up-Grundsicherung, spezielle Programme für junge Menschen und Bildungsangebote deutlich positiver als Männer (▶ Dar. 23).

3.3 Gründungsbereitschaft junger Menschen in Deutschland

Dar. 23: Interaktionseffekte nach soziodemografischen Merkmalen

Es bleibt somit festzuhalten, dass sich Unterstützungsangebote grundsätzlich positiv auf junge Menschen auswirken – dies gilt insbesondere für finanzielle Angebote. Die Effektstärke verändert sich allerdings je nach soziodemografischem Hintergrund. Unterstützungsangebote sollten ausgehend aus diesen Erkenntnissen deshalb zielgruppenspezifisch ausgestaltet werden und entsprechend der Effektivität priorisiert werden.

3.3.3 Gründungsfördernde Kompetenzen stärken, eine gründungsfreundliche Kultur schaffen und gründungsfördernde Strukturen etablieren

Damit diese zielgruppenspezifischen Unterstützungs- und Fördermaßnahmen mittel- bis langfristig positive Effekte hervorbringen, muss Entrepreneurship in Deutschland allerdings holistisch betrachtet werden. Denn obwohl viele jungen Menschen sich eine Gründung vorstellen können, tun es nur die wenigsten. Ein Grund dafür ist, dass die Effektivität der Maßnahmen nicht nur von konkreten Unterstützungsmaßnahmen abhängig ist, sondern von einem Entrepreneurship-Ökosystem, das in der Lage ist, zielgruppenspezifisch gründungsrelevante Kompetenzen zu vermitteln, eine gründungsfreundliche Kultur zu schaffen und gründungsfördernde Strukturen zu etablieren.

Aufbau gründungsfördernder Kompetenzen

Es sollte deshalb das Ziel sein, zukunftsorientiertes unternehmerisches Denken und Handeln bei jungen Menschen zu fördern und die Stressresistenz gründungsinteressierter junger Menschen zu stärken. Dies kann durch eine Stärkung praxisorientierter Angebote wie Workshops oder etwa die breitere Etablierung von Schülerfirmen geschehen, die Raum zum Experimentieren und Lernen bieten. Stressreduzierende

Unterstützungsangebote und die Förderung von Problemlösungskompetenzen sollten jungen Menschen zur Verfügung stehen, um ihnen den Weg in die Selbstständigkeit zu erleichtern.

Eine gründungsfreundliche Kultur schaffen

Eine gründungsfreundliche Kultur erfordert Netzwerke für verschiedene Zielgruppen wie jungen Frauen und jungen Menschen mit Migrationsgeschichte. Diese Netzwerke gewährleisten Unterstützung und stärken das Vertrauen und den Austausch von Erfahrungen auf Augenhöhe. Ein weiterer wichtiger Aspekt ist die Sichtbarkeit verschiedener Gründerinnen und Gründer, um etablierte stereotype Gründerbilder aufzubrechen. Ein positives Unternehmerbild, das ökologische und soziale Werte umfasst, ist ebenfalls entscheidend. Schließlich ist eine offene Fehlerkultur wichtig, da die Angst vor dem Scheitern junge Menschen von der Gründung abhält. Fehler sollten enttabuisiert werden, beispielsweise durch Fuckup-Nights, wo gescheiterte Unternehmerinnen und Unternehmer ihre Erfahrungen teilen.

Gründungsfördernde Strukturen etablieren

Damit Gründungen nicht nur im Kopf, sondern auch auf dem Papier stattfinden können, muss insbesondere für junge Gründerinnen und Gründer bürokratische Hürden, wie etwa eine Vereinfachung der Unternehmensanmeldung und eine Beschleunigung von Gründungsprozessen, vorangetrieben werden (vgl. KfW Research 2023). Prozesse sollten stark digitalisiert werden, die Transparenz bei Förderprogrammen erhöht und die Kommunikation mit den für eine Gründung erforderlichen Stellen verbessert werden. Dabei ist es essenziell, dass junge Gründerinnen und Gründer auf relevante Informationen zugreifen können, die zielgruppenadäquat aufbereitet und über Social Media-Kanäle erreichbar sind. Gründungsstipendien, günstige Kredite und zielgruppenspezifische Förderprogramme wie EXIST-Gründungsstipendien oder Gründerfonds sollten ausgeweitet und besser auf junge Gründerinnen und Gründer abgestimmt werden.

3.3.4 Warum wir junge Menschen stärker bei einer Unternehmensgründung unterstützen sollten

Der Aufbau von Kompetenzen und gründungsfördernder Strukturen zielt darauf ab, die Chancen junger Menschen an wirtschaftlicher Teilhabe zu erhöhen. Und dazu ist eine frühe Förderung von Kompetenzen nötig, denn auch das Interesse ein Unternehmen zu gründen sinkt bei jungen Menschen mit jedem Lebensjahr (vgl. Bertelsmann Stiftung 2024). Umso wichtiger ist es, jungen Menschen früh die Möglichkeit zu geben, unternehmerisches Denken und Handeln für sich zu entdecken und auszuprobieren (vgl. Birk et al. 2023). Viele der dafür relevanten sog. Entrepreneurial-Mindset-Kompetenzen, wie etwa Flexibilität und Adaption, Kommunikation und Kollaboration, zukunftsorientiertes Handeln oder etwa Risikofreude und der Umgang mit Unsicherheiten sind Kompetenzen, die jungen Menschen nicht nur als potentiellen zukünftigen Gründerinnen und Gründer, sondern auch in vielen anderen Lebenslagen nützlich sind.

Es ist auch wichtig sich bewusst zu werden, dass ältere Gründerinnen und Gründer Herausforderungen zu meistern haben, die sich zwar von denen junger unterscheiden. Dennoch profitieren auch ältere Gründerinnen und Gründer von einer frühen Förderung unternehmerischer Kompetenzen. Der frühe Aufbau von Kompetenzen bei jungen Menschen unterstützt langfristig eine große Bandbreite an Gründungsinteressierten.

Youth Entrepreneurship leistet einen wichtigen Beitrag zu einer in der Transformation begriffenen Wirtschaft. Vor dem Hintergrund des globalen Wettbewerbs und einer in vielen Ländern Europas, besonders aber in Deutschland schwächelnden Wirtschaft leistet Youth Entrepreneurship auch einen langfristigen Beitrag zum Erhalt der wirtschaftlichen Wettbewerbsfähigkeit (vgl. Nindl & Hill-Dixon 2017).

Nicht zuletzt bedingen die aktuellen geo- und wirtschaftspolitischen Entwicklungen eine wirtschaftspolitische Ausrichtung, die strukturelle Herausforderungen adressiert, wie etwa die Bürokratiekosten für Unternehmen, eine zu geringe Produktivität oder lange aufgeschobene Investitionen in die Infrastruktur, um letztendlich die Standortattraktivität, Investitionsbereitschaft und Wettbewerbsfähigkeit zu stärken. Eine klimaneutrale, ressourcenschonende und resiliente Wirtschaft, die wettbewerbsfähig ist und soziale Teilhabe ermöglicht, ist entlang der aktuellen Herausforderungen auf Innovation und ein starkes Unternehmertum angewiesen (vgl. Bertelsmann Stiftung 2025). Die »Next Generation« der jungen Unternehmerinnen und Unternehmer steht in den Startlöchern und ist ein wichtiger Partner des zukunftsfähigen Wirtschaftsstandorts Deutschlands.

3.3.5 Literatur

Alam, A.: Youth entrepreneurship: concepts and evidence, Office of Global Insight and Policy [Online], 2019, URL: https://www.unicef.org/media/72406/file/Youth-entrepreneurship-concepts-and-evidence-issue-brief-2019.pdf, Abruf am 10.4.2025

Andrade, I., Bürger, T.: Welche Unterstützung junge Menschen bei Unternehmensgründungen wichtig finden, in: Wirtschaftsdienst 105, 2025, S. 138–142

Andrade, I., Bürger, T., Schüler, J., Baum, M., Gorynia, N., Baharian, A., Täube, F.: Young Founders Monitor, Gütersloh 2024

Bertelsmann Stiftung: Unternehmergeist fördern! Youth Entrepreneurship Policy im internationalen Vergleich, Gütersloh 2009

Bertelsmann Stiftung: Gründungsbereitschaft junger Menschen in Deutschland, Gütersloh 2009

Bertelsmann Stiftung: Zukunftsagenda Deutschland: Für eine wettbewerbsfähige und nachhaltige Soziale Marktwirtschaft, Gütersloh 2025

Birk, F., Markscheffel, F., Zivanovic, S.: Der Zukunft gewachsen – Innovationsformate für die Kompetenzen von morgen, Gütersloh 2023

Deutsche Industrie- und Handelskammer (DIHK): DIHK-Report zur Unternehmensnachfolge 2024: Zahlen und Einschätzungen zum Generationswechsel in deutschen Unternehmen [Online], 2024, URL: https://www.dihk.de/resource/blob/118956/41074001e96a0f3c7d0c83c6c820bebc/dihk-report-unternehmensnachfolge-2024-data.pdf, Abruf am 10.4.2025

Global Entrepreneurship Monitor: Unternehmensgründungen im weltweiten Vergleich – Länderbericht Deutschland 2023/2024 [Online], 2024, URL: https://www.rkw-kompetenzzentrum.de/publikationen/studie/global-entrepreneurship-monitor-2023-2024/, Abruf am 10.4.2025

Gottschalk, S., Hottenrott, H.: Das Gründungsgeschehen in Deutschland, in: Wirtschaftsdienst 104, 2024, S. 64–66

KfW Gründungsmonitor: Der Gründungstätigkeit fehlen die makroökonomischen Impulse – Selbstständige werden als Multiplikatoren wichtiger [Online], 2024, URL: https://www.kfw.de/PDF/Download-Center/Konzernthemen/Research/PDF-Dokumente-Gr%C3%BCndungsmonitor/KfW-Gr%C3%BCndungsmonitor-2024.pdf, Abruf am 10.4.2025

KfW Research: Dreiklang des Bürokratieabbaus: einfacher, schneller, digitaler, 2023, URL: https://www.kfw.de/PDF/Download-Center/Konzernthemen/Research/PDF-Dokumente-Fokus-Volkswirtschaft/Fokus-2023/Fokus-Nr.-422-Maerz-2023-Buerokratie.pdf, Abruf am 10.4.2025

Kim, G., Kim, D., Lee, W. J., Joung, S.: The Effect of Youth Entrepreneurship Education Programs: Two Large-Scale Experimental Studies, in: SAGE Open 10, 2020, S. 1–21

Nindl, S., Hill-Dixon, A.; Taking the future into their own hands: Youth work and entrepreneurial learning, Luxemburg 2017

OECD: Policy Brief on Recent Developments in Youth Entrepreneurship [Online], 2020, URL: https://www.oecd.org/content/dam/oecd/en/publications/reports/2020/03/policy-brief-on-recent-developments-in-youth-entrepreneurship_bf53d760/5f5c9b4e-en.pdf, Abruf am 10.4.2025

OECD/European Commission: The Missing Entrepreneurs 2023: Policies for Inclusive Entrepreneurship and Self-Employment, Paris 2023

Schüler, J., Konari, N. E., Jakob, E., Baum, M., Wolinda, M.: Youth (Impact) Entrepreneurship in Deutschland: Was junge Menschen an einer Gründung hindert und was sie fördern würde, Gütersloh 2023

Statistisches Bundesamt: Jugend in Zahlen [Online], 2025, URL: https://www.destatis.de/DE/Im-Fokus/Jahr-der-Jugend/_inhalt.html, Abruf am 10.4.2025

Sternberg, R., Breitenbach, D.: Youth Entrepreneurship in Germany: Empirical Evidence on the How, the Why, the How Many, the Who and the When«, in: Economies 11, 2023, S. 161

United Nations: Youth social entrepreneurship and the 2030 agenda [Online], 2020, URL: https://www.un.org/development/desa/youth/wp-content/uploads/sites/21/2020/07/2020-World-Youth-Report-Exec-Summary-FINAL.pdf, Abruf am 10.4.2025

3.4 Globale Verantwortung – Wert und Werte des Unternehmertums

Kai Thürbach

3.4.1 Herausforderungen und unternehmerische Verantwortung in einer globalisierten Welt

Auch wenn der Wert des Unternehmertums immer wieder kontrovers diskutiert wird, haben sich Unternehmertum, Marktwirtschaft und Wettbewerb als globales Erfolgsmodell etabliert. Dabei sollte unbestritten sein, dass Unternehmertum und Marktwirtschaft nicht nur theoretisch Innovation, gesellschaftlichen Fortschritt und Wohlstand produzieren, sondern diesen in den letzten Jahrzehnten auch breit in der Welt verteilt haben. Dazu kennen wir bislang auch kein besseres System.

Über weltweite Wertschöpfungsketten sind Unternehmen und Konsumenten eng mit wirtschaftlichen, sozialen und ökologischen Situationen in Ländern überall auf der Welt verbunden. Häufig werden aber auch Vorwürfe erhoben, Unternehmen würden sich zu wenig für Ökologie, Menschenrechte, soziale Sicherheit und gegen andere Missstände einsetzen. Im Sammelband »Globale Verantwortung – Wert und Werte in Marktwirtschaft und Unternehmen« zeigen die Herausgeber eine Vielfalt von Themen und Perspektiven zu globaler Verantwortung von Unternehmertum und geben unterschiedlichen relevanten Akteuren Gelegenheit, ihre Standpunkte darzulegen (Thürbach/Völker 2023).[10] In diesem Beitrag möchte Autor einzelne dort dargestellte Positionen und zusammenfassende Erkenntnisse für den Zweck dieses Buchbeitrages komprimiert und überblicksartig darstellen.

Dabei wird deutlich, dass es eine Vielzahl von aktuellen und zukünftigen Herausforderungen gibt, denen Unternehmen und Unternehmer in einer globalisierten Welt begegnen müssen. Dies gilt generell für eine, durch Wertepluralismus gekennzeichnete, komplexe, globalisierte Welt, in der Unternehmen und Unternehmer agieren. Und dies gilt im Besonderen vor dem Hintergrund der aktuellen globalen Dynamiken, verbunden auch mit unterschiedlichen Krisen, die neue, besondere Herausforderungen für Wirtschaft und Gesellschaft schaffen.

Angesichts dieser Tatsachen scheinen manche Gewissheiten verloren zu gehen und es stellt sich die Frage, auf welcher Wertebasis unternehmerisches Handeln in Zukunft basieren kann. Nun kann diese Frage nicht generell beantwortet werden. »Soziale Marktwirtschaft und das Familienunternehmertum sind beides deutsche

---

10 Der hier vorliegende Text basiert daher auf den im Buch »Globale Verantwortung – Wert und Werte in Marktwirtschaft und Unternehmen« gemeinsam von Rainer Völker und dem Autor dargelegten Überlegungen sowie von zwei weiteren Texten aus dem Buch, die der Autor zusammen mit Gerd Maas und Christian Rennert verfasst hat. Quellenangaben zu den Texten befinden sich in der Bibliografie am Ende des Beitrags.

Besonderheiten. Sie haben entscheidend zum Aufstieg Deutschlands zu einer führenden Wirtschaftsnation beigetragen. Dabei haben sie sich über die Jahrzehnte als flexibel und stabil genug gezeigt, um wechselnde Herausforderungen zu meistern. Zu den heutigen Herausforderungen zählen der demographische Wandel, geopolitische Risiken, die Globalisierung und Digitalisierung, die Nachhaltigkeitsfrage oder der Vertrauensverlust in die politischen Institutionen westlicher Demokratien.« (Die Familienunternehmer 2019, S. 8.) In diesem Beitrag möchte der Autor am Beispiel der »Werte der Familienunternehmer« zeigen, dass auch vor dem Hintergrund der aktuell und zukünftig zu meisternden Herausforderungen die Soziale Marktwirtschaft eine gute Grundlage sein kann, um auch weiterhin wertebasiert, global verantwortlich und dabei erfolgreich wirtschaften zu können.

3.4.2 Werte der Familienunternehmer und Soziale Marktwirtschaft: Wie Wirtschaft und Gesellschaft gemeinsam die großen Herausforderungen unserer Zeit meistern können

Wert und Werte des Unternehmertums zusammen zu denken und zu leben und dadurch Verantwortung für Wirtschaft und Gesellschaft zu übernehmen, ist seit langem Grundmaxime insbesondere vieler Familienunternehmerinnen und -unternehmer.

Der Verband Die Familienunternehmer leistet mit seinem Grundsatzpapier unter dem Titel »Die Werte der Familienunternehmer – Verantwortungsvolles Wirtschaften: Wie Wirtschaft und Gesellschaft gemeinsam die großen Herausforderungen unserer Zeit meistern« einen Beitrag zu dieser Wertedebatte.

Dem Grundsatzpapier vorangegangen ist eine intensive Debatte im Verband. Das Papier knüpft an die bestehenden Werte der Sozialen Marktwirtschaft an und interpretiert sie vor dem Hintergrund der aktuellen globalen Herausforderungen neu. Es möchte die Grundlage für eine gemeinsame Wertebasis des Verbandes schaffen und Unternehmerinnen und Unternehmer dazu anregen, ihre eigenen Vorstellungen zu globaler Verantwortung reflektieren. Die Kernpunkte des Wertepapiers lesen sich wie folgt (Die Familienunternehmer 2019, S. 4):

- »Wirtschaft und Gesellschaft stehen vor großen Herausforderungen wie den Folgen der Globalisierung, Digitalisierung, Vertrauensverlust in politische Institutionen und Nachhaltigkeit unseres Handelns.
- Die Werte der Familienunternehmer Freiheit, Verantwortung, Eigentum und Wettbewerb sind das Fundament der Sozialen Marktwirtschaft. Indem Familienunternehmer diese Werte jeden Tag persönlich umsetzen und sich als Verband dafür einsetzen, diese Werte im Ordnungsrahmen zu verankern, leben sie die Soziale Marktwirtschaft.
- Eine auf den Werten der Familienunternehmer basierende Soziale Marktwirtschaft bietet als umfassende, menschenwürdige und ethisch fundierte Gesellschafts- und Wirtschaftsordnung die richtigen Antworten auf die großen Herausforderungen unserer Zeit.«

Wirtschaft und Gesellschaft seien keine Gegensätze, sondern zwei Seiten einer Medaille und unmittelbar aufeinander bezogen. Deswegen sei die Idee der Sozialen Marktwirtschaft nicht nur eine Wirtschaftsordnung, sondern eine Gesellschaftsordnung. Die Werte der Sozialen Marktwirtschaft seien allgemeine Werte. Wirtschaft und Gesellschaft folgten den gleichen Spielregeln – den rechtlichen genauso wie den ungeschriebenen ethischen Konventionen. Familienunternehmer fühlten sich in ihrem Tun privat wie geschäftlich in den meisten Fällen selbstverständlich einer ganzen Palette von Werten verpflichtet.

Während wenige Unternehmen mit Skandalen oder Exzessen negative Schlagzeilen machten, seien für das Gros der Unternehmer Anstand, Fleiß, Verlässlichkeit, Rechtschaffenheit, Demut, Ehrlichkeit und im Großen darüber individuelle Freiheit und Verantwortung, Subsidiarität und Solidarität, Privateigentum und fairer Wettbewerb leitende Werte. Genauso wie Loyalität zu einem demokratischen Rechtsstaat. Unternehmertum stehe damit nur selten im Rampenlicht, aber Millionen Mitarbeiter und Mitbürger allerorts wüssten ganz genau, wer in ihrer Region die Verantwortung für das Gemeinwohl übernehme.

Unternehmer seien zudem auf eine funktionierende Gesellschaft und das Vertrauen der Bürger angewiesen, genauso wie die Gesellschaft auf eine starke Wirtschaft angewiesen sei. Ohne Menschen, die als Unternehmer Risiken eingingen und Verantwortung übernehmen, gebe es keinen Wohlstand, keinen Fortschritt und keinen Spielraum für Umverteilung. Aber auch kein Unternehmer könne ohne entsprechendes Umfeld, ohne entsprechende gute Rahmenbedingungen, erfolgreich sein. (vgl. Maas/Thürbach 2023, S. 216f.)

Die ordoliberalen Vordenker und ihre politischen Umsetzer wollten mit der Sozialen Marktwirtschaft Ziele erreichen, die auch vor dem Hintergrund heutiger Herausforderungen unverändert wichtig sind: Bestmögliche Versorgung mit Gütern, Beschränkung privater und staatlicher Macht und Schaffung gesellschaftlichen Zusammenhalts und Ausgleichs. Freiheit und Eigenverantwortung sind dabei die Kernwerte. »Ich will mich aus eigener Kraft bewähren, ich will das Risiko des Lebens tragen, will für mein Schicksal selbst verantwortlich sein. Sorge Du, Staat, dafür, dass ich dazu in der Lage bin.« (vgl. Erhard 1964)

Bei Zielen und Instrumenten der Sozialen Marktwirtschaft unterscheiden die Familienunternehmer in ihrem Grundsatzpapier zwischen einer Regel- und einer Handlungsebene. Dabei besteht die Regelebene im Ordnungsrahmen des Staates, der den Menschen individuelle Freiheit auf der Handlungsebene ermöglicht. Die Menschen gestalten den Ordnungsrahmen mit ihren politischen Vorstellungen, müssen ihn aber auch durch ihr Handeln im Täglichen ausfüllen. Damit baut die Soziale Marktwirtschaft auch auf dem moralischen Fundament und den Werten ihrer Unternehmer auf (vgl. Maas/Thürbach 2023, S. 224f.).

Werte sind Einstellungen und Normen, die langfristig konstant als wertvoll eingeschätzt werden. Für die Familienunternehmer sind dies insbesondere Freiheit und Verantwortung, Eigentum und Wettbewerb, Solidarität, Pluralismus und Rechtsstaatlichkeit. Es sind die Werte der Sozialen Marktwirtschaft. »Familienunternehmerische Entscheidungen beruhen auf einer soliden ethischen Basis: Für sie gilt auf der Handlungsebene das moralische Prinzip des kategorischen Imperativs – handle stets nach der Maxime, die auch ein allgemeingültiges Gesetz sein könnte. Zudem gelten für jeden Einzelnen die Regeln des *ehrbaren Kaufmanns* und die folgenden Werte« (Die Familienunternehmer 2019, S. 20f.):

- »Verlässlichkeit
  Zu seinem Wort stehen. Sich beim Wort nehmen lassen.
- Solidarität
  Die aktive Einsicht, dass Füreinander-Einstehen ein Teil der Überlebenskraft eines Gemeinwesens ist. Allein dadurch kann man sich sogar ein Stück weit vom Schicksal frei machen.
- Fleiß
  Nichts entsteht von selbst. Zukunft muss man schaffen – mit Tatendrang und Tatkraft.
- Gemeinschaftssinn
  Familie, Gemeinde, Region, Staat, Menschheit sind Ursprung und Schutzraum unseres Daseins. Auch wenn sie unterschiedliche Bindekraft entfalten, müssen wir alles erhalten, auch um kommenden Generationen Leben zu ermöglichen.
- Ehrlichkeit
  Wahrheit kann relativ sein. Wahrhaftigkeit ist daher nicht absolut beurteilbar, sondern das Resultat einer inneren Auseinandersetzung mit den eigenen Werten. Ehrlichkeit heißt, diese Auseinandersetzung beständig zu führen.
- Demut
  Selbstverständnis als Teil von Natur und Kultur. Einer allein ist nie das Maß aller Dinge. Toleranz und Offenheit sind daher kluge Einstellungen genauso wie Skepsis – auch der eigenen Tugendhaftigkeit gegenüber.
- Rechtschaffenheit
  Die Rechtsstaatlichkeit ist ein überragendes Gut der Demokratie. Wer das eine geringschätzt, zerstört das andere.
- Anstand
  Rücksicht auf seine Umwelt zu nehmen – auch wenn keiner hinschaut.
- Bei genauem Hinsehen zeigt sich (…), dass all die beschriebenen Werte letztlich mit drei grundlegenden Werten zusammenhängen, die für die Familienunternehmer sowohl auf der Handlungs- als auch auf der Regelebene gelten: Eigentum, Verantwortung und Freiheit. (…) Nur in ihrer Kombination können diese Werte ihre ganze Kraft entfalten.«

Die Soziale Marktwirtschaft als Rahmenordnung und die ihr zugrundeliegenden Werte als Basis einer gelingenden Gesellschaftsordnung, auch zum gesellschaftlichen Zusammenhalt, sollten wieder stärker ins öffentliche Bewusstsein rücken und die gesellschaftliche Debatte prägen. Das sehen im Übrigen nicht nur die Familienunternehmer so. Schließlich steht im Zentrum der Sozialen Marktwirtschaft »der Gedanke, dass die Wirtschaft für den Menschen da ist und nicht umgekehrt« (Goldschmidt/Kolev 2023, S. 69). »Dennoch bestimmen Gegensätze die öffentliche Wahrnehmung:

Unternehmen gegen Bürger, Arbeitnehmer gegen Arbeitgeber, Gesellschaft gegen Wirtschaft. Viele Journalisten und auch einige Politiker reden Gegensätze herbei, die bei genauem Hinsehen gar nicht bestehen. Zumindest nicht in Deutschland. Zumindest nicht in Familienunternehmen. Zumindest nicht in der Sozialen Marktwirtschaft.« (Die Familienunternehmer 2019, S. 6.)

Wir sehen leider, dass die Kritik an Marktwirtschaft, sogar in offenen Gesellschaften, zunimmt. Möglicherweise, weil vielen ein Grundverständnis von Unternehmertum und von der Funktionsweise der Sozialen Marktwirtschaft fehlt. Daher widmen wir uns im letzten Abschnitt dieses Beitrags auch der Frage, wie wir dieses Verständnis auch zukünftigen Generationen vermitteln können. Aber im aktuellen gesellschaftlichen Diskurs wird auch zu wenig darüber gesprochen, was Unternehmen und Unternehmer wertebasiert für die Gesellschaft und im Sinne globaler Verantwortungsübernahme leisten. Es wäre wünschenswert, wenn diese Themen in der gesellschaftlichen Debatte mehr Raum greifen würden.

3.4.3 Werte weitergeben: Die Rolle der Hochschulen und betriebswirtschaftliche Management-Ausbildung in einer komplexen, globalisierten Welt

Wie kann ein Grundverständnis von Unternehmertum und von der Funktionsweise der Sozialen Marktwirtschaft auch zukünftigen Generation vermittelt werden? Dabei spielt die Management- und auch die Entrepreneurship-Ausbildung an Hochschulen eine wichtige Rolle (vgl. u. a. Thürbach 2020). Diese kann nicht nur den Management- und Unternehmer-Nachwuchs auf die Herausforderungen von Führung und Unternehmertum in einer komplexen, globalen Welt, die unter marktwirtschaftlichen Wettbewerbsbedingungen funktioniert, vorbereiten und dabei auch die ethische Dimension in den Blick nehmen. Sie kann auch im wissenschaftlichen Diskurs ihren Beitrag leisten und damit in andere Disziplinen und gesellschaftliche Debatten hineinwirken.

Die Hauptaufgabe von Hochschulen ist es hierbei, sich differenziert mit der Marktwirtschaft und Unternehmertum und mit den damit verbundenen ethischen Problemstellungen und Wertefragen zu beschäftigen. Hierbei sollten die Hochschulen die Funktionsweise von Marktwirtschaft und Unternehmertum und ihre wirtschaftlichen und gesellschaftlichen Implikationen analysieren und erörtern. Sie sollten aber auch moralische Urteilskompetenz mit Blick auf die Marktwirtschaft und Unternehmertum stärken bzw. erst bei den Studierenden schaffen.

Beides steht in einer langen Tradition in Forschung und Lehre. Überlegungen dazu beginnen bei Adam Smith, der als Begründer marktwirtschaftlicher Gedanken eigentlich Moralphilosoph war. Ludwig Erhard und die Wegbereiter der Sozialen Marktwirtschaft hoben hervor, dass das Wirtschaften im Dienst der Gesellschaft steht. An der Entwicklung der Management-Ausbildung in Deutschland (Konzept des »Ehrbaren Kaufmanns«) und an US-amerikanischen Business Schools wird deutlich, dass diese Themen zwar von Anfang an in der Disziplin eine Rolle gespielt haben, allerdings häufig nicht im Vordergrund standen. Grundlegende aktuelle Diskussionen zur Management-Ausbildung finden sich exemplarisch dort und auch in der deutschsprachigen Literatur. Die Diskussion zur Weiterentwicklung von Curricula mit Blick auf Marktwirtschaft, Unternehmertum und moralische Urteilskompetenz ist seither im Gange.

Die Funktionsweise von Marktwirtschaft in einer komplexen, globalisierten Welt sollte allerdings erst durchdacht und verstanden werden, bevor moralische Urteile und konkrete Handlungsempfehlungen formuliert werden können. Sich in diesem Sinne kompetent, umsichtig und abgewogen mit marktwirtschaftlichen, unternehmerischen und moralischen Themen zu beschäftigen, sollte ein wichtiges, gesellschaftlich besonders relevantes Lernziel in der betriebswirtschaftlichen Ausbildung sein. Zwar setzen sich immer mehr Hochschulen mit diesen Themen bereits auseinander, oft fehlt es aber noch an einer ganzheitlichen Betrachtung in den einschlägigen Curricula. Eine mögliche Herangehensweise könnte eine integrierte Betrachtung wirtschaftsethischer Fragestellungen im Kerncurriculum von wirtschaftswissenschaftlichen Studiengängen sein, für das sich Rennert und Thürbach in ihrem Beitrag »»Führung und Ethik« als Pflichtfach in der Managementausbildung« aussprechen (Rennert/Thürbach 2023).

Das Thema Führung und Unternehmertum sollte mit der Kompetenz zur moralischen Analyse und Bewertung dieses wirtschaftlichen Handelns verbunden werden und damit wirtschaftliche und gesellschaftliche Folgen von Führungshandeln kritisch erörtert werden. So könnten der Management-Nachwuchs bzw. zukünftige Führungskräfte und Unternehmer auf entsprechende Herausforderungen in ihrem beruflichem Umfeld angemessen reagieren. Dabei käme es nicht so sehr auf die spezifischen Inhalte der behandelten Theorien und Modelle an – konkrete handlungsleitende Ziele oder »Missionen« sollten in einer freien, offenen und diversen Gesellschaft ohnehin nicht zu detailliert vorgegeben werden. Es käme vielmehr auf die Ermunterung der Studierenden an, sich verantwortlich und kritisch-konstruktiv mit diesen Themen auseinander zu setzen. Wenn sie die Bereitschaft, betriebswirtschaftliche, unternehmerische und gesellschaftliche Problemstellungen ganzheitlich, wertebasiert und ergebnisoffen zu durchdenken aus dem Studium mit in ihre späteren Führungsfunktionen nehmen würden, hätte die Management-Ausbildung, ein wichtiges Ziel erreicht (vgl. Rennert/Thürbach 2023, S. 192f.).

Management-Nachwuchs, Unternehmer, Wissenschaft und andere gesellschaftliche Gruppen sind gleichermaßen gefordert, sich des Themas anzunehmen und einen konstruktiven Diskurs zu führen. Damit würde sich dieses wichtige Thema auch im allgemeinen gesellschaftlichen Diskurs stärker widerspiegeln und könnte eine fruchtbare Debatte zu globaler Verantwortung und Wert und Werten des Unternehmertums beflügeln.

3.4.4 Literatur

Die Familienunternehmer e.V., Kommission Wirtschaftsethik (Hrsg.), Golbeck, Christoph; Günnel,Simone; Hesse, Nils; Hoeppner, Sven; Maas, Gerd; Thürbach, Kai; Uplegger, Kay: Verantwortungsvolles Wirtschaften – Die Werte der Familienunternehmer: Wie Wirtschaft und Gesellschaft gemeinsam die großen Herausforderungen unserer Zeit meistern. Berlin 2019

Erhard, Ludwig: Wohlstand für alle, Düsseldorf 1964

Goldschmidt, Nils, Kolev, Stefan: 75 Jahre Soziale Marktwirtschaft in 7.5 Kapiteln, Freiburg i. Br. 2023

Maas, Gerd, Thürbach, Kai: Die Werte der Familienunternehmer – Wie Wirtschaft und Gesellschaft gemeinsam die großen Herausforderungen unserer Zeit meistern, in: Thürbach, Kai, Völker, Rainer (Hrsg.), Globale Verantwortung – Wert und Werte in Marktwirtschaft und Unternehmen, Stuttgart 2023, S. 215–227

Rennert, Christian, Thürbach, Kai: »Führung und Ethik« als Pflichtfach in der Managementausbildung, in: Thürbach, Kai, Völker, Rainer (Hrsg.), Globale Verantwortung – Wert und Werte in Marktwirtschaft und Unternehmen, Stuttgart 2023, S. 185–194

Thürbach, Kai: Die Rolle von Hochschulen und Entrepreneurship Education bei der Entwicklung regionaler Entrepreneurship Cluster, in: Hölzle, K., Tiberius, V., Surrey, H. (Hrsg.): Perspektiven des Entrepreneurships – Unternehmerische Konzepte zwischen Theorie und Praxis, Stuttgart 2020, S. 507–516

Thürbach, Kai, Völker, Rainer (Hrsg.): Globale Verantwortung – Wert und Werte in Marktwirtschaft und Unternehmen, Stuttgart 2023

4 Das Unternehmertum – die Unternehmerin – der Unternehmer

4.1 Grundsätze und Prinzipien erfolgreichen Managements

Bodo Wiegand

4.1.1 Werte ohne Verschwendung schaffen

Der Grundsatz *Werte ohne Verschwendung schaffen* gibt eine Anleitung, wie rational, effizient und mit geringsten Opportunitätskosten gehandelt werden kann. Gleichzeitig werden die marktwirtschaftlichen Prinzipien berücksichtigt.

Schauen wir uns diesen Grundsatz etwas genauer an. Mit dem Begriff *Werte* sind die Werte aus Sicht des Kunden gemeint. Denn nur für einen Wert aus seiner subjektiven Perspektive ist er zu zahlen bereit. Diese konsequente Ausrichtung auf den Wunsch des Kunden garantiert, dass wirklich nur das produziert wird, was der Kunde auch tatsächlich möchte – und nicht das, was jemand glaubt, was der Kunde haben will. Die Läger in unseren Unternehmen sind voll von Produkten, die nicht auf den Kundenwunsch ausgerichtet sind, sondern produziert wurden, weil man dachte, der Kunde könnte sie benötigen.

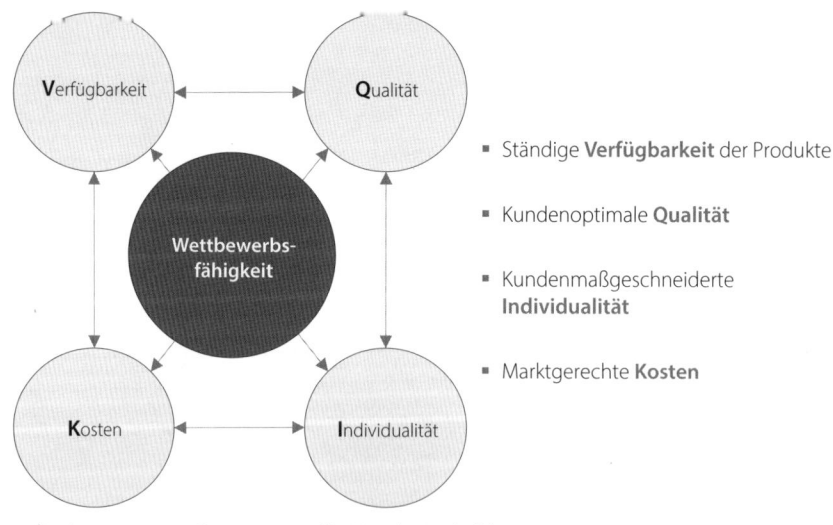

Dar. 24: Die 4 Wettbewerbsfaktoren des Business on Demand

Doch fast 90 Prozent der deutschen Unternehmen werden der Komplexität des vorhanden Käufermarktes nicht Herr oder verzetteln sich in immer komplizierteren, variantenreicheren Produktionsabläufen. Diese sind zwar kundenorientiert, treiben jedoch die Kosten in die Höhe und werden damit einem der vier im Käufermarkt gültigen Wettbewerbsfaktoren des *Business on Demand* nicht mehr gerecht, nämlich dem Preis für ein aus Kundensicht zu teuer produziertes Produkt. In einem Käufermarkt gelten die vier Wettbewerbsfaktoren des *Business on Demand* (▶ Dar. 24).

Das heißt, er Kunde möchte sein individuelles Produkt schnellstmöglich, in höchster Qualität und zu einem angemessenen Preis kaufen. Nur wer sein Produktionssystem an diesen vier Wettbewerbsfaktoren ausrichtet, hat im Käufermarkt eine Chance, langfristig zu bestehen. Allein der Wettbewerbsfaktor Verfügbarkeit hat Amazon zum Weltmarktführer gemacht. Denn Verfügbarkeit von Produkten für den Kunden zu schaffen, bildet das Erfolgskonzept und das ewige Mantra von Amazon.

Die hohe Kunst jedoch, alle vier Wettbewerbsfaktoren gleichzeitig zu optimieren, gelingt nur, wenn der zweite Teil des ersten Grundsatzes – *Werte ohne Verschwendung schaffen* – ernst genommen und mit aller Konsequenz angewendet wird. Das bedeutet nichts anderes, als konsequent zu hinterfragen: Was dient denn aus Kundensicht der Wertschöpfung? Welche Prozesse sind aus Kundensicht wertschöpfend?

Hat man diese Prozesse identifiziert, folgt unmittelbar die nächste Frage: Was muss man tun, damit diese wertschöpfenden Prozesse ohne Verschwendung ablaufen? Welche Arten der Verschwendung es gibt, zeigt Darstellung 25.

Dar. 25: Die 12 Arten der Verschwendung

Produktion	Administration
1. Überproduktion	1. Blindleistung
2. Hohe Lagerbestände	2. Hohe Arbeitsrückstände/ Vorräte
3. Unnötige Transport	3. Unnötige Informationsflüsse
4. Wartezeiten/ Liegezeiten	4. Wartezeiten/ Liegezeiten
5. Nicht sachgerechter Technologieeinsatz/ Arbeitsprozess	5. Nicht sachgerechter Technologieeinsatz/ Arbeitsprozess
6. Unnötige Bewegungen	6. Unnötige Bewegungen
7. Ausschuss und Reparatur	7. Qualitätsprobleme und Rückfragen
8. Nicht genutzte Fähigkeiten von Mitarbeitern	
9. Immer komplexer werdende Systeme	
10. Verschwendung von Energie, Wasser, Luft	
11. Verschwendung der Zeit des Kunden	
12. Verlust eines Kunden	

Wie Sie erkennen können, beschränken sich die Verschwendungsarten nicht auf Produktionsprozesse. Sie schließen ebenso die indirekten und administrativen Prozesse ein und gehen sogar darüber hinaus: etwa die Verschwendung von Energien und Rohstoffen sowie die Verschwendung von menschlichen Ressourcen.

Hiermit bezieht der erste Grundsatz *Werte ohne Verschwendung schaffen* sowohl produzierende Unternehmen als auch Dienstleistungs-, Serviceunternehmen, Anlagen- und Maschinenbau sowie Banken, Behörden, Landwirtschaft, Forstwirtschaft, Energieversorger, die Pharma- und die chemische Industrie u. a. mit ein. Alle Unternehmen – gleich welcher Branche – haben einen wie auch immer gearteten Wertschöpfungsprozess, der von jeglicher Form der Verschwendung freigehalten werden muss.

Daraus folgt, dass wir servicebasierte, indirekte, administrative oder produzierende Herstellungsprozesse so organisieren müssen, dass ein mehr oder weniger fließender Prozess entsteht, in dem das Produkt in möglichst kurzer Zeit hergestellt werden kann.

Das heißt: Der Patient wird möglichst schnell behandelt, der Reisepass ausgestellt, die Reparatur erledigt, die Medikamente produziert, die Ware ausgeliefert und das Produkt fertiggestellt. Deshalb ist die Durchlaufzeit eine der wichtigsten Kennzahlen. Sie misst die Zeitspanne vom Eingang des Kundenwunsches bis zur Auslieferung an den Kunden. Die durchschnittliche Durchlaufzeit produzierender Unternehmen in Deutschland liegt bei 2 bis 3 Wochen – im Lean-Unternehmen hingegen bei lediglich 2 bis 3 Tagen!

Denn wenn man in einem Käufermarkt kundenindividuelle Produkte herstellen möchte, kann man diese nicht ohne die Kenntnis des gewünschten Produktes auf Lager produzieren (Lagerhaltung = Verschwendung), sondern muss sie nach Auftragseingang speziell für den jeweiligen Kunden schnellstmöglich anfertigen. Man schafft Verfügbarkeit also dadurch, dass man nur das produziert, was der Kunde tatsächlich wünscht.

Damit werden alle A- und B-Produkte sofort lieferbar und stehen dem Kunden sofort zur Verfügung. Da er die C-Produkte nicht planbar und in kleiner Menge bestellt, muss er hierbei eine geringe Lieferzeit in Kauf nehmen. Die Grundlage hierfür bildet die ABC-/XYZ-Analyse über das ganze Produktprogramm. Diese abgeleiteten Produktionsstrategien lauten:

- Für alle AX-/BX-/AY-Produkte: Made to Delivery
- Für alle BY-/CX-/AZ-Produkte: Made to Stock
- Für alle BZ-/CY-/CZ-Produkte: Made to Customer

Durch diese Produktionsstrategien regeln sich alle A- und B-Produkte über selbststeuernde Regelkreise. Nur die C-Produkte müssen individuell nach dem Pull-Prinzip geplant und und in einen fließenden Prozess hergestellt werden.

Sicher werden einige einwenden, dass das bei großer Variantenvielfalt nicht leistbar sei. Doch auch hier bietet das Lean Management Antworten. Die Variantenvielfalt sollte am Ende des Produktionsprozesses entstehen und nicht am Anfang. Dies erreicht man durch die Entwicklung modularer Produkte mit standardisierten Schnittstellen. So können kundenindividuelle Produkte produziert werden, ohne aufwendige Einzelfertigungen mit langen Durchlaufzeiten zu benötigen.

Für die indirekten und die administrativen Bereiche gilt Ähnliches wie für die Produktionsprozesse. Auch hier ist es möglich *Werte ohne Verschwendung zu schaffen*, indem man Prozesse modularisiert und standardisiert.

Die Werkzeuge und Methoden sind in diesen Bereichen etwas komplexer, weil das *Produkt* der administrativen Prozesse die *Information* ist. Diese ist bekanntlich beliebig interpretierbar und nicht konkret wie z. B. ein Produkt aus Eisen oder Stahl.

Das größte Potenzial für substanzielle Verbesserungen bietet auch hier die Wertstromanalyse. Hiermit ist es möglich, die Prozesse, die durch das ganze Unternehmen fließen, wie z. B. der Auftragsabwicklungsprozess oder der Entwicklungsprozess zu optimieren und auf die aus Kundensicht wertschöpfenden Anteile zu reduzieren.

Mit den Methoden

- Tätigkeitsstrukturanalyse
- Informationsstrukturanalyse
- Besprechungsstrukturanalyse
- SITOC Methode

lassen sich – genauso wie in der Produktion – *wertschöpfende* Tätigkeiten von *nicht wertschöpfenden, aber notwendigen* Aktivitäten unterscheiden sowie die in den Prozessen behaftete Verschwendung erkennen und eliminieren.

Mit Hilfe des Abteilungscockpits – eine Kombination aus den Analysemethoden – kann man sogar ein gewisses *Röntgenbild* für die einzelnen Abteilungen erstellen. Das Abteilungscockpit zeigt auf, welche Verschwendung bzw. vorhandenen Potenziale in den Funktionen intern zu heben sind und an welchen Schnittstellen zu anderen Abteilungen welche Optimierungsansätze genutzt werden können.

Wenn man nicht aufhört, alles immer wieder infrage zu stellen und nicht aufhört, besser werden zu wollen, wird man den ersten Grundsatz *Werte ohne Verschwendung zu schaffen* als eine wertvolle Leitlinie für erfolgreiches Management betrachten und in die zukünftige Managementtätigkeit integrieren.

4.1.2 Transparenz schaffen

Der Grundsatz *Transparenz schaffen* klingt vielleicht für den einen oder anderen trivial und selbstverständlich, ist er jedoch ganz und gar nicht. Ohne Transparenz agiert man im Nebel oder sogar in völliger Dunkelheit und wird dadurch früher oder später sicher falsch oder unzureichend handeln.

Heute verdienen ganze Industriezweige daran, über den Kunden so viel Transparenz zu erlangen, dass sie sein Kaufverhalten im Voraus abschätzen können, um ihn gezielt mit passenden Produkten zu bewerben und zu umgarnen. Transparenz über den Kunden, den Markt, den Wettbewerb, die Märkte sowie über das Verhalten ganzer Gesellschaften hat heute einen eigenen Wert und wird entsprechend hoch vergütet.

Fragt man Manager, in welcher Entwicklungsstufe sich Ihr Unternehmen befindet, erhält man viele Antworten – doch schlussendlich wissen viele nicht, in welcher Entwicklungsstufe sich das Unternehmen wirklich befindet. Analysiert man erfolgreiche Unternehmen, lassen sich folgende Entwicklungsstufen herauskristallisieren (▶ Dar. 26).

System-Kaizen		Industrie 4.0
		Prozessorientierung
Fluss-Kaizen		Mindsetveränderung
		Wertstromorientierung
Punkt-Kaizen		Punkt-Kaizen
	Projektphase	

Dar. 26: Entwicklungsstatus einer Organisation

Das heißt: Als erfolgreicher Manager muss ich wissen, wo sich mein Unternehmen befindet, um gezielt die nächste Stufe zu erreichen und mein Unternehmen nachhaltig in eine erfolgreiche Zukunft zu führen.

Die Transparenzfalle

Auch in unseren Unternehmen geht es um exakte Zahlen, Daten und Fakten, um Transparenz eben. Zu wissen, welches Produkt ein positives Ergebnis liefert und welches nicht, welche Maßnahme erfolgreich war und welche nicht, stellt ein zentrales Element heutiger erfolgreicher Unternehmensführung dar.

Doch die Transparenz, die unsere aus dem vorherigen Jahrhundert stammende Standardkostenrechnung bietet – ein System, das in 99 % aller produzierenden Unternehmen weltweit eingesetzt wird – liefert leider häufig falsche Ergebnisse. Diese scheinbare Transparenz hat zu zahlreichen Fehlentscheidungen geführt, führt weiterhin dazu und ist vielen Unternehmen bereits zum Verhängnis geworden.

Warum ist das so?

Die Standardkostenrechnung wurde in den 1930er-Jahren entwickelt – zu Zeiten eines Verkäufermarktes. Damals galt die Devise: *Produziere so viel Du kannst, Bestände spielen keine Rolle, die Produkte werden ohnehin verkauft.* Heute leben wir aber in einem völlig transparenten Käufermarkt, in dem gilt: *Produziere nur, was der Kunde wirklich will, in kürzester Zeit, in höchster Qualität und zu angemessenen Kosten* – eben Business on Demand.

Damals lag der administrative Anteil der Kosten bei 10 bis 20 Prozent. Heute liegt dieser bei 60 bis 70 Prozent oder sogar darüber. Trotzdem wird dieser Anteil nach wie vor als Fixkostenblock betrachtet und gleichmäßig auf alle Produkte verteilt. Dadurch passiert Folgendes:

- Produkte, die wenig Ressourcen im indirekten und administrativen Bereich verbrauchen, werden belastet.
- Produkte, die viele Ressourcen verbrauchen, werden entlastet.

Das Ergebnis ist eindeutig: Produkte, die auf Basis ihres Ressourcenverbrauches hohe Rechnungsbeiträge liefern konnten, waren mit Kosten belastet, die diese eigentlich nicht tragen müssten. Deshalb werden sie ergebnismäßig schlechter dargestellt, als sie tatsächlich sind. Produkte mit hohem Ressourcenverbräuchen werden dagegen kostenmäßig entlastet und stehen besser da, als sie wirklich sollten. Diese rein kostenrechnerisch ermittelte, falsche Transparenz führt natürlich dazu, dass in unseren Unternehmen gravierende Fehlentscheidungen getroffen werden – oft ohne, dass die verantwortlichen Manager sich dessen bewusst sind. Durch eine einfache Ergänzung des veralteten Kostenrechnungssystems mit der Kostenrechnung 2.0 ließen sich die heute noch fixen indirekten und administrativen Kosten variabilisieren und den Produkten gemäß ihrem tatsächlichen Ressourcenverbrauch zuordnen. Nur so entsteht echte Transparenz – eine Transparenz, die ein erfolgreicher Manager dringend benötigt.

Transparenz der Führung

Ein weiterer wichtiger Aspekt der Transparenz betrifft die angestrebten Ziele sowie das Verhalten des Managers und seiner Führungskräfte.

Zum einen ist es wichtig, den Kollegen und Mitarbeitenden Ziele, die man erreichen will, zu geben und sie damit einzubeziehen. Zum anderen ist ein kalkulierbares Verhalten vorzuleben, so dass der jeweilige Mitarbeiter immer weiß, woran er ist und worauf er sich verlassen kann. Die Ziele, die man erreichen will, sollten für jeden Mitarbeiter transparent gemacht werden und es sollten Wege aufgezeigt werden, wie man diese Ziele erreichen kann. Die Ziele sollten mindestens einen 3-Jahreszeitraum abdecken und dann in Jahresscheiben heruntergebrochen werden.

Dabei ist es wichtig, die jeweiligen Jahresziele so weit zu operationalisieren (»herunterzubrechen«), dass auch operative Führungskräfte wie etwa ein Meister erreichbare Ziele vorgegeben bekommen. Denn mit einem Ziel EBIT > XX % kann dieser herzlich wenig anfangen. Viel mehr braucht er Vorgaben, die er in seinem direkten Funktionsbereich konkret erreichen kann: z. B. Ausstoßsteigerung um X % oder Qualität unter Y ppm. Auch wenn die Zeiten schnelllebig sind und sich vieles in kurzer

Zeit verändert, brauchen die Menschen einen Zielpunkt für ihre Ausrichtung und ihr Handeln.

Leider wird in unserer Gesellschaft *Führung* nicht gelernt. Jeder führt, wie er es für richtig hält und wie er denkt, dass geführt werden soll. Damit schaffen wir aber in unseren Unternehmen keine Klarheit über das gewünschte Führungsverhalten der Eigentümer oder des Vorstandes, sondern erlauben, dass die eine Führungskraft z. B. autoritär, die andere demokratisch oder die dritte partizipativ führt.

Wie sollen die jeweiligen Mitarbeiter damit klarkommen?

Vielleicht sind die inhabergeführten Unternehmen deshalb so erfolgreich, weil der Inhaber vorlebt, wie geführt werden soll und weil jeder Mitarbeiter sich darauf einstellen und verlassen kann. Das heißt, es ist durchaus ein notwendiger Erfolgsfaktor Transparenz darüber zu schaffen, wie geführt werden soll.

Um ein klares und transparentes Führungsverhalten zu gewährleisten, müssen Manager wissen, welches Verhalten gewünscht wird. Hier helfen klar definierte Führungsprinzipien, die von der Unternehmensleitung und den Inhabern vorgegeben und konsequent vorgelebt werden müssen. Nur so wird Führung glaubwürdig und kann von allen angenommen werden. Dafür müssen sich alle Führungskräfte über ihre jeweilige Rolle im Klaren sein. Das heißt z. B., wenn die Führungskraft durch den Betrieb geht und jemanden entdeckt, der keinen Helm trägt, obwohl Helmpflicht besteht, muss er als *Polizist* agieren und den Mitarbeiter verwarnen. Wenn es darum geht, schnell zu entscheiden, muss er in der Rolle des *Generals* auch wirklich entscheiden – geht es rechts oder links herum – und das nicht noch tagelang beratschlagen. Sollte er einen Mitarbeiter anleiten und fördern wollen, dann ist er in der Rolle des *Coaches* quasi auf einer Ebene mit ihm und agiert nicht in der Rolle des Vorgesetzten. Ein so vorgelebtes, transparentes Verhalten fördert Vertrauen bei den Mitarbeitern und erfährt hohe Akzeptanz.

Bei dem Grundsatz *Transparenz* geht es also nicht nur darum, Transparenz über Märkte und Wettbewerber sowie Zahlen, Daten und Fakten im eigenen Unternehmen zu gewinnen, sondern auch darum, Transparenz bei den zu erreichenden Zielen und dem gewollten Verhalten herzustellen.

4.1.3 Offenheit gegenüber Veränderung

Vielleicht wundern Sie sich über diesen Grundsatz für erfolgreiches Management. Doch *Offenheit gegenüber Veränderungen* ist ein wesentliches Element erfolgreichen Managements.

Denn Veränderungen von der Gesellschaft, von Märkten, von Technologien, von Trends, etc. können etablierte Erfolgsmodelle in kürzester Zeit über den Haufen werfen. Wie ließe es sich sonst erklären, dass ehemals florierende Unternehmen einfach untergehen und von der Bildfläche verschwinden. Diese haben offensichtlich z. B. den technologischen Wandel nicht mitbekommen oder Trends verpasst, übersehen.

Offenheit gegenüber neuen Technologien, Trends, Vorgehensweisen, Moden oder Ideen war anscheinend in diesen Unternehmen nicht vorhanden oder wurden irgendwie abgeblockt. Doch heute in einer sich rasant entwickelnden Welt, geprägt von Innovationen, Märkten, Entwicklungen und Herausforderungen, kann man nicht häufig genug über den Tellerrand hinausblicken und Neues suchen und immer wirklich alles in Frage stellen.

Eben offen gegenüber allem sein, was sich verändern könnte, Trends frühzeitig erkennen und Neues beobachten und mit in seine Überlegungen einbeziehen, um sich auf einer gesunden Basis weiterzuentwickeln und damit das eigene Fundament zu stärken und zukunftsfähig zu halten. Dies sind die Aufgaben erfolgreichen Managements.

4.1.4 Respektvoll handeln

Der vierte Grundsatz *respektvoll handeln* sollte eine Grundvoraussetzung für einen erfolgreichen Manager sein. Doch häufig wird dieser Aspekt völlig ignoriert und dem eigennützigen Erfolg geopfert. Für mich ist und bleibt es ein wichtiger Grundsatz, um langfristig erfolgreich zu sein. Sicher kann jeder wählen, ob er das auch so sieht.

Früher war ein Handschlag wie ein notarieller Vertrag und damit war eine gewisse Verlässlichkeit impliziert. Doch heute beherrschen Misstrauen und Eigennutz das tägliche Leben. Kurzfristig mögen solche Menschen Erfolg haben, doch wie viele sind bereits gescheitert, weil sie gnadenlos und respektlos gegenüber den Mitmenschen gehandelt haben. Damit bleibt ihnen die Achtung und die Bewunderung für ihre Leistung von der Gesellschaft meist langfristig verwehrt.

Die früher gelebte Wertegemeinschaft im Hinblick auf respektvolles Handeln, Verlässlichkeit, Ehrlichkeit und Gerechtigkeit mag heute vielleicht antiquiert wirken, doch kann es auch ein angestrebtes Ziel, ein persönlicher Grundsatz sein.

4.1.5 Prinzipien

Prinzipien sind fest umrissene Verhaltensregeln, nach denen gehandelt werden soll.

Wir haben in unserem Steuerrecht das Prinzip *Ausnahme* eingeführt. Das heißt: Wir lassen Ausnahmen zu – und wundern uns, dass wir das komplizierteste Steuerrecht der Welt haben. Denn es gibt ganze Heerscharen von Beratern, die diese Ausnahme von der Regel suchen und die Steuerbehörden vor immer neue Probleme stellen, um diese Schlupflöcher zu stopfen und nicht ein zweites *Cum-Ex-Modell* zuzulassen. Hierdurch werden neue Gesetze geschaffen, die im immer undurchdringlicher werdenden Steuerdschungel landen und letztlich wahrscheinlich auch wieder neue Schlupflöcher bieten.

In anderen Steuergesetzen heißt das Prinzip *Eigenverantwortung.* Das bedeutet: *wenn Du dein zu versteuerndes Einkommen nicht in voller Höhe angibst, bekommst Du harte Strafen.* Damit ist die Gesetzgebung schlicht und einfach – und besteht nur aus sehr wenigen Gesetzen.

Prinzipien bestimmen also unser Handeln und geben uns Leitlinien, wie wir handeln sollen. Unsere Unternehmen bestehen aus der Struktur, den Prozessen und dem Verhalten der Mitarbeiter. Die Eigentümer, der Markt, die Technologie und das Management bestimmen die Struktur eines Unternehmens. Die Prozesse, die in dem Unternehmen implementiert sind, regeln die Aufgabenverteilung, die Aufgabenerledigung und die dazu vorgesehenen Prozesse und Tätigkeiten. Das Verhalten der Mitarbeiter wiederum wird bestimmt durch die unterschiedlichen Organisations-, Fertigungs- und Führungsprinzipien. Genau hier jedoch versagen viele unserer Unternehmen.

Sie geben vielleicht noch ein gewisses Organisationsprinzip vor, das jedoch oft von Ausnahmen und Stabsfunktionen geprägt ist. Doch Fertigungsprinzipien, die eine klare Ausrichtung und Rahmenbedingungen vorgeben, sind kaum anzutreffen. Und – wie schon erwähnt – darf in vielen Unternehmen jeder führen wie er möchte und gerade gelaunt ist.

Doch die Aufgabe der verantwortlichen Entscheider ist es, diese Prinzipien vorzugeben und damit Leitlinien zu schaffen, wie organisiert, gefertigt und geführt werden soll. Nur dann sind Unternehmen konsistent in ihren Handlungen und werden langfristig erfolgreich.

Dar. 27: Die Prinzipien – eine Übersicht

Fertigungsprinzipien	Organisationsprinzipien	Führungsprinzipien
• Wertstromdesign	• Kundenorientierung intern/ extern	• Demokratur/Partizipation
• Fluss	• Prozessorientierung	• Führung mit konsequenter Entscheidung
• Pull	• Funktionsorientierung	• Partizipativ
• Standardisierung und Modularisierung	• Matrixorientierung	• Autorität
• Selbststeuernde Regelkreise	• Perfektion	• Laisse faire
• Stabile Prozesse	• Jeder Mitarbeiter jeden Tag 10 Minuten	• Keine Antworten geben – Fragen stellen
• Null Fehler	• Castle-Prinzip	• Verantwortung geben – Vertrauen
• Right First Time	• FrozenZone	• Keine Entscheidungen treffen – absichern
• Lean Maintenance	• Made to Delivery	• Wir
• OnePiece Flow	• Made to Stock	• One-man-show – ich
• Nivellierung	• Made to Customer	• Respektvoller Umgang
• Flexibilisierung	• Lean Management	• Proaktive Kommunikation
• Instandhaltungszeit Null		• Mit Fehlern leben
• Rüstzeit Null		• Stärken betonen
• Kürzeste Durchlaufzeit		• Das Ganze im Auge behalten
• Prozessorientierung		• Konzentration auf Weniges
• Just in Time		• Ergebnisorientierung
		• Kontinuierlicher Verbesserungsprozess

Die hier dargestellten Prinzipien (▶ Dar. 27) basieren auf Basis 30-jähriger Erfahrung als Führungskraft und Berater. Diese werden im Folgenden beschrieben, ebenso wie damit konkurrierende oder ergänzende Prinzipien, die im direkten Zusammenhang stehen. Jeder mag danach selbst entscheiden, ob er diesen Prinzipien folgen oder andere bevorzugen möchte. Vielleicht regt es aber auch zum Nachdenken an, warum gerade diese Prinzipien ausgewählt wurden.

4.1.6 Organisationsprinzipien

Externe und interne Kundenorientierung

Das Ausrichten des gesamten Unternehmens am Kunden bildet die Voraussetzung für nachhaltigen Unternehmenserfolg. Hat man die Wünsche der Kunden nicht in jedem Augenblick des Handelns im Blick, arbeitet, entwickelt und vertreibt man an den Kundenwünschen vorbei und wird keinen langfristigen Erfolg haben.

Hewlett-Packard hat sein gesamtes Produktionssystem konsequent nach den Kundenwünschen ausgerichtet und vollständig neu organisiert. Denn das Ergebnis der damaligen Kundenbefragung ergab, dass IT-Leiter nach der Entscheidung des Vorstandes ihren neuen SAP-Rechner innerhalb von zwei Tagen erhalten wollten. Dazu war es notwendig, die einzelnen Komponenten eines SAP-Rechners zu modularisieren und die Schnittstellen zu standardisieren sowie eine neue Produktionsstätte auf der grünen Wiese in der Nähe von Stuttgart zu errichten.

Dadurch, dass Hewlett-Packard in der Lage war, innerhalb eines Tages individuell ausgestattet Rechner zu fertigen – vorher dauerte dies 14 Tage – und innerhalb eines logistischen Tages an 80 % der europäischen Kunden auszuliefern, konnten sie die in Irland und Schottland ansässige Billiglohn-Konkurrenz zu großen Teilen aus dem Markt drängen.

Ein weiteres Beispiel bietet Benetton: Benetton gelang es durch die Entwicklung eines neuen Produktionsverfahrens zur Färbung der Wolle, auf Markttrends schnell und marktbeherrschend zu reagieren. Hatte sich am Saisonstart eine Farbe als Renner herausgestellt, konnte diese sofort in größeren Mengen produziert werden, um die Kundenbedürfnisse zu befriedigen – während die anderen Anbieter ein Jahr warten mussten, bis sie neue, beispielsweise orangene Wolle kaufen und dann Pullover herstellen konnten.

Aber auch die interne Kundenorientierung bildet einen wesentlichen Erfolgsfaktor. Zu wissen, was der andere Bereich, zu welcher Zeit und in welcher Form benötigt, heißt, Verschwendung, Rückfragen und Zeitverluste zu vermeiden. Ein geeignetes Mittel, diese Verschwendung zu erkennen, bietet das Abteilungscockpit, das Probleme an den Schnittstellen aufdeckt und sichtbar macht.

Prozessorientierung

Wir streben nach dem Ideal einer Industrie 4.0, in der alle unsere Prozesse digitalisiert, fast wie von selbst ablaufen und die Ressource Mensch so effizient wie irgend möglich eingesetzt werden kann. Doch 95 Prozent unserer heutigen Organisationen sind dafür falsch organisiert und können und dies daher nicht leisten.

In den 1980er- und 1990er-Jahren des vorherigen Jahrhunderts konnten wir in der Fertigung enorme Produktivitätssprünge erzielen, als Unternehmen sich von der Werkstatt- bzw. Funktionsorganisation verabschiedet, unterschiedliche Fertigungsverfahren aneinandergereiht und eine prozessorientierte Produktionsstruktur eingeführt haben. Diese produktgruppenorientierte Segmentorganisation führte zu erheblichen Kosteneinsparungen und zu stark verkürzten Durchlaufzeiten. Denn die einzelnen Fertigungsprozesse wurden hintereinandergeschaltet und aufeinander abgestimmt, sodass das Produkt in einem Fertigungsfluss produziert werden konnte. Hierdurch benötigte man kaum noch Transporte oder Einlagerungs- und Auslagerungstätigkeiten. Der Aufwand für die Fertigungssteuerung reduzierte sich erheblich und man benötigte weniger Führungspersonal.

Natürlich war die Einführung ein harter Kampf: Die Werkstattleiter (Funktionsbereichsleiter) verteidigten ihr *Königreich* mit rationalen und irrationalen Argumenten wie z. B. Verlust der fachlichen Kompetenz, etc., doch nach und nach setzen sich einzelne Manager durch und konnten schließlich die Früchte ihres Erfolges ernten, ohne dass sich die befürchteten Schreckensszenarien bewahrheitet hätten. Die prozessorientierte Fertigung hat sich in weiten Teilen der Industrie durchgesetzt, weil damit über 20 % der Kosten gesenkt und mindestens 50 % der Durchlaufzeit eingespart werden konnte.

Warum also wird das in unseren administrativen und indirekten Bereichen nicht ebenfalls konsequent umgesetzt? Will man auch dort alle Prozesse aufeinander abstimmen, bleibt nur die produktgruppenspezifische Prozessorganisation, da diese keine Funktionen und damit auch keine Schnittstellen kennt. Alles folgt dem Prozess.

Alle Versuche durch die Digitalisierung von Abläufen die einzelnen Funktionen zu optimieren, mögen innerhalb der Funktion ein Optimum erreichen, sie müssen aber nicht zu einem Gesamtoptimum führen.

Je nach den Marktbedürfnissen und der bestehenden Organisationsform kann eine prozessorientierte Organisation den gesamten Auftragsabwicklungsprozess vom Kunden zum Kunden abbilden oder auch eine unabhängige und eigenständige Prozessorganisation vom Vertrieb bis zur Abrechnung bedeuten. Damit trägt der Prozessmanager die gesamte Verantwortung für diese Produktgruppe. Dies ist die einzige Organisationsform, die in der Lage ist

- aus einem bereits sehr gut organisierten Unternehmen weitere Kosteneinsparungen von mehr als 20 Prozent zu generieren,
- die Wettbewerbsfaktoren des Business on Demand – Verfügbarkeit und Kosten – gleichzeitig zu optimieren und

- die Voraussetzungen zu schaffen, den Gedanken der Industrie 4.0 umzusetzen und Geltung zu verschaffen.

Im Buch *Der Weg aus der Digitalisierungsfalle* wird die Transformation von einer funktionsorientierten zu einer prozessorientierten Organisation ausführlich beschrieben.

Die funktionale Organisation

Was aber passiert in unseren funktionsorientierten Organisationen in den administrativen und indirekten Bereichen? Die Prozesse wie Auftragsabwicklung oder Entwicklung stören sich nicht an den Funktionen, sondern laufen durch diese hindurch. Dabei gibt es – wie bereits beschrieben – zahlreiche Schnittstellen, an denen die Prozesse aufgehalten werden und sich Verschwendung ansammelt. Funktionsorientierte Unternehmen leben mit Verschwendung an den Schnittstellen.

Doch darauf angesprochen verteidigen die Führungskräfte ihre *Königreiche* mit aller Macht und Verve – oft mit fast den gleichen Argumenten wie damals die erwähnten Werkstattleiter. Wenn nicht alle Funktionen wie in einem Orchester zusammenspielen, alles aufeinander abgestimmt ist und jeder weiß, welche Informationen er zur richtigen Zeit und in der richtigen Form weitergeben muss, entstehen – wie zuvor in der Fertigung – Verluste.

Matrix-Organisation

Die Matrix-Organisation in Unternehmen bildet eine Sonderform der funktionalen Organisation mit sich überlagernden Kompetenzen (Matrix). Man trifft diese häufig in großen Unternehmen an, die versuchen, ihre sich überlagernden Kompetenzen durch eine zweifache (Land und Funktion) oder sogar dreifache Matrix (Land, Funktion, Bereich) zu beherrschen – was jedoch in den meisten Fällen nicht gelingt.

In dieser Organisationsform wird der größte Motivationsfaktor des Menschen – die Verantwortung – mit Füßen getreten, außer Kraft gesetzt und ignoriert. Es hieß schon in früheren Jahren: *Gebe einem Sklaven zwei Herren und er ist ein freier Mann.* Objektiv betrachtet erhöht sich die Anzahl der Schnittstellen im Vergleich zu einer funktionalen Organisation bei einer Matrixorganisation um das Doppelte – mit doppelten Schwierigkeiten und Verlusten.

4.1.7 Fertigungsprinzipien

Die ausgewählten branchenübergreifenden Fertigungsprinzipien werden von allen erfolgreichen Unternehmen auf die eine oder andere Art gelebt und sind als ein fester Bestandteil in ihre Unternehmensphilosophie implementiert.

Die Wertstromorientierung

Die Ausrichtung aller Prozesse am Wertstrom bildet die Basis aller Fertigungsprozesse und sollte ein fester Bestandteil des täglichen Schaffens sein. Denn, wie schon bei den Grundsätzen besprochen, identifiziert man mit dem Wertstrom

- werterhöhende Tätigkeiten,
- nicht werterhöhende, aber notwendige Tätigkeiten sowie
- Verschwendung und auftretende Engpässe im Produktionssystem.

Hierdurch erhält man sozusagen eine Landkarte der betrachteten Prozesse und kann damit beginnen, diese neu zu strukturieren. Engpässe werden beseitigt, Verschwendung eliminiert. Notwendige aber nichtwerterhöhende Tätigkeiten werden reduziert und werterhöhende Abläufe optimiert.

Die Voraussetzung für einen erfolgreich umgesetzten Wertstrom bilden allerdings stabile Prozesse und selbststeuernde Regelkreise. Denn ohne stabile Prozesse sind die mengenbezogenen Schwankungen so hoch, dass selbststeuernde Regelkreise nicht beherrscht werden können.

Das Flussprinzip

Wenn man etwas fließen lässt und nicht zwischendurch anhält, ist dies die geeignete Fertigungsart, um schnelle Durchlaufzeiten zu erreichen, die eine hohe Verfügbarkeit schaffen und damit einen wichtigen Wettbewerbsfaktor des *Business on Demand* unterstützen.

Hierzu muss man jedoch

- die Komplexität in unseren Fertigungssystemen beseitigen,
- den Wertstrom optimieren und
- die Produkte, die gefertigt werden, standardisieren und modularisieren.

Nur so kann man den Wettbewerbsfaktor *Individualität* realisieren, ohne lange individualisierte und aufwendige Fertigungsschritte zu benötigen. Dabei gilt der Grundsatz: Die Individualität kundenspezifischer Wünsche sollte erst am Ende der Produktion eingebracht werden und nicht schon zu Beginn durch immer komplexere Produktionssysteme erzeugt werden. Die Standardisierung und Modularisierung der Produkte bildet somit einen weiteren Erfolgsfaktor und damit die Basis für fließende Fertigungssysteme. In der Zukunft werden Maschinenbauunternehmen nur noch dann wettbewerbsfähig bleiben, wenn sie die Komponenten ihrer Produkte modularisiert und standardisiert haben, um dann die kundenspezifische Auslegung ihrer Maschinen und Produkte schnellstmöglich durch Zusammenfügen der Module an den standardisierten Schnittstellen herstellen zu können.

Das Pull-Prinzip

Wir leben, wie schon ausgeführt, in vielen Branchen mit einem Käufermarkt. In diesem kann und darf man nicht mehr wie früher auf Lager produzieren, sondern sollte seine Fertigungssysteme darauf ausrichten, die Produkte nach dem Pull-Prinzip zu fertigen: Nur fertigen, was der Kunde beauftragt hat, schnell und mit kürzester Durchlaufzeit (vom Auftrag bis zur Auslieferung). Dies gilt sowohl für Einzelfertiger als auch für Klein-, Mittel- und Großserienhersteller. Die Basis hierbei ist die bereits vorgestellte Produktionsstrategie auf Basis der ABC-/XYZ-Analyse.

Right First Time

Dieses Prinzip sollte in der heutigen Zeit Selbstverständnis sein. Jede Art fehlerhafter Produktion, ob später nachgearbeitet oder entsorgt, bedeutet Verschwendung und verursacht Kosten. Stabile Prozesse auf prozessfähigen Maschinen und Abläufen sind die Voraussetzung, um mit niedrigen Parts-per-Million (ppm)-Zahlen produzieren zu können. Einige mögen jetzt einwenden: *In meiner Industrie geht das nicht.* Die Spitzenreiter in diesen Branchen beweisen: *Es geht!*

4.1.8 Führungsprinzipien

Die Führungsprinzipien sind wohl die meistunterschätzten Prinzipien für ein erfolgreiches Management.

Sie sind Manager in einem gewinnorientierten Unternehmen und lassen es zu, dass Ihre Führungskraft A anders führt als die Führungskräfte B oder C? Wie sollen sich Ihre Mitarbeiter dabei zurechtfinden, wenn der eine so und der andere so führt? Der eine spielt den Manager nach dem Motto: *Ich weiß alles besser, und du machst was ich sage,* der andere lässt nach dem Laissez-fair-Prinzip alles laufen *macht, was ihr wollt, es wird schon richtig sein,* und der dritte sagt: *Wir sind ein Team und entscheiden gemeinsam.* Keiner dieser drei Führungskräfte führt so, wie Sie es als Unternehmensleitung eigentlich erwarten würden.

Dies ist leider gelebte Praxis in fast allen Unternehmen. Außer vielleicht in inhabergeführten Unternehmen. Dort ist es egal, welcher Führungsstil bevorzugt wird, denn nur, wer sich unterordnet bleibt. Deshalb sind diese Unternehmen oft so erfolgreich. Jeder weiß, was er zu tun hat und welche Rolle er einzunehmen hat. Nur so entstehen ein Zusammengehörigkeitsgefühl und gemeinsames Handeln.

Es kommt also darauf an, einen gewünschten Führungsstil mit gleichen Führungsprinzipien im Unternehmen zu etablieren, um wirklich erfolgreich zu sein. Diese Prinzipien müssen natürlich mit der Unternehmensführung und den Inhabern abgestimmt werden. Des Weiteren bilden sie die Voraussetzung, eine Verantwortungsmatrix zu erstellen, die für jede Stelle die Aufgaben klar abgrenzt, die eigenverantwortlich zu erledigen sind und damit den Handlungsspielraum vorgibt, innerhalb dessen sich die Mitarbeiter bewegen und selbst entscheiden können. Weshalb ist dies so wichtig? Die Rolle der Führungskraft verändert sich

- vom Bestimmer zum moderierenden Befähiger,
- vom Manager zum Teamplayer, der führt,
- vom Antwortgeber zum Fragensteller.

Auch die Mitarbeiter haben sich verändert. Sie wollen

- aktiv beteiligt werden,
- mitreden und Teil des Ganzen sein,
- in interdisziplinären Teams arbeiten,
- selbstbestimmt mitgestalten und
- Spaß an der Arbeit haben.

Deshalb muss der heutige Manager am System arbeiten statt im System. Dabei sieht er sich mit folgenden Herausforderungen konfrontiert:

- Hierarchisch geführte Organisation in teamorientierte Selbststeuerung zu überführen.
- Verzicht darauf, immer selbst die Führung zu übernehmen und alle Defizite eigenhändig zu kompensieren.
- Aufgaben und Schwächen des Systems zu erkennen und systematisch zu verbessern (Rolle als Systemarchitekt).

Aus diesen Gründen müssen Rahmenbedingungen geschaffen werden, durch die Selbstverantwortung, Eigeninitiative und Selbststeuerung entstehen können:

- Lernen durch Handeln: Planung im Team, Einbau einer Lernschleife, Reflexion und Feedback
- Partnerschaftliches Lernmodell anstatt des klassisch hierarchischen Modells
- Die Verantwortung liegt beim Durchführenden

Denn lernende Organisationen entstehen nicht von selbst, sondern müssen immer wieder von der Führung angeregt, begleitet und organisiert werden. Welche Führungsprinzipien sind denn für einen erfolgreichen Manager wichtig?

Das Führungsprinzip Demokratur oder partizipative Führung mit konsequenten Entscheidungen

Dieses Führungsprinzip erfüllt alle Kriterien für ein erfolgreiches Management der Mitarbeitenden:

- Die Mitarbeitenden werden in die Entscheidungen eingebunden, können Ihre Argumente vortragen und mitdiskutieren.
- Sie sind damit ein Teil der Entscheidungsfindung.
- Letztendlich entscheidet jedoch der verantwortliche Manager begründet, ob es jetzt rechtsrum oder linksrum geht. Dies ist seine Aufgabe nach Abwägung aller diskutierten Punkte.

Nur so bleibt ein Unternehmen flexibel, kann sich der Dynamik der Märkte stellen und schnell reagieren.

Partizipative Führung

Dieses Führungsprinzip führt unweigerlich zu Kompromissen. Es wird das entschieden, womit alle hundertprozentig einverstanden sind. Dies fördert hohe Akzeptanz und Umsetzungsbereitschaft, braucht jedoch leider sehr lange und verringert die heute notwendige schnelle Reaktionsfähigkeit.

Autoritäre Führung

Ohne die Einbeziehung der Mitarbeiter sollten in der heutigen Zeit keine Entscheidungen mehr im stillen Kämmerlein getroffen werden. Die Akzeptanz und das Vertrauen der Mitarbeitenden werden so nicht gewonnen. Die Motivation, sich für das Unternehmen einzusetzen, zumindest nicht gesteigert. Natürlich kann es Situationen geben – z. B. kurz vor einer Insolvenz –, in denen schnelle Entscheidungen erforderlich sind und ohne Rücksicht auf Verluste durchgesetzt werden müssen. Doch langfristig wird autoritäre Führung nicht von Erfolg gekrönt sein. Sie erzieht kritiklose Befehlsempfänger, die keinen Beitrag zur positiven Entwicklung des Unternehmens leisten und lediglich stupide Aufgaben abarbeiten.

Laissez-faire-Führung

Die Laissez-faire-Führung ist im Grunde keine Führung. Aber sie ist verführerisch: Unsere Kultur hat das *Duzen* immer als Signal einer freundschaftlichen Zusammengehörigkeit verstanden. In den letzten Jahren hat sich dies über alle Hierarchieebenen hinweg etabliert. Führen heißt fordern und fördern.

Aber durch das verbreitete Duzen haben einige Führungskräfte vergessen, dass Fordern ein wesentlicher Bestandteil von Führung ist. Deshalb ist es für Paul einfacher geworden Peter zu sagen: »komm mach mal« und für Peter, bei Versäumnissen zu sagen »ich mach ja, aber ...«.

So schleicht sich in unseren Organisationen das Führungsprinzip Laissez-faire immer mehr ein und übernimmt zunehmend die Vorherrschaft. Dies mag zwar zu einem freundschaftlichen Umgang führen, aber nicht zu einer erfolgreichen Umsetzung von Aktivitäten und Maßnahmen, die notwendig sind, um ein Unternehmen erfolgreich zu machen.

Das Führungsprinzip: keine Antworten geben, Fragen stellen

Nun der geneigte Leser wird sich fragen: das habe ich ja noch nie gehört. Die Frage ist doch: Was wollen wir in unseren Unternehmen erreichen? Wollen wir die Intelligenz aller fördern und die Mitarbeitenden zu verantwortungsbewussten Kollegen formen oder sie weiterhin zu Menschen machen, die ihr Gehirn an der Pforte abgeben und darauf warten, dass man ihnen sagt, was sie tun sollen und wie dieses oder jenes Problem zu lösen ist?

Stellen Sie sich vor, Ihr Mitarbeitender kommt zu Ihnen und schildert Ihnen ein Problem. Was machen Sie dann? Okay – sie sind ein teamorientierter Manager, gehen vor Ort, schauen sich das Problem an und entscheiden dann: Mach es so und so, dann haben wir das Problem nicht mehr. Das heißt: Egal wie, der Mitarbeitende bekommt seine Lösung.

Wenn aber der Mitarbeitende weiß, dass er nur dann mit einem Problem zu Ihnen kommen kann, wenn er sich auch schon einmal Gedanken über eine Lösung gemacht hat, dann hat er bereits seine Lösungskompetenz aktiviert und selbstständig für das Unternehmen sowie eine mögliche Problemlösung nachgedacht.

Durch Ihre Fragestellung als Manager können Sie ihn dann in Ihren Lösungsraum führen und ihn anregen, über seine Argumente nachzudenken und eine neue, verbesserte Lösung zu erarbeiten. Mit diesem Führungsprinzip steigern Sie unaufhörlich die Problemlösungskompetenz Ihrer Mitarbeitenden und machen sie zu einem aktiven Teil des Unternehmens.

Das Führungsprinzip: Verantwortung geben – Vertrauen!

Wir haben bereits festgestellt, dass Verantwortung der höchste Motivationsfaktor des Menschen ist – nicht Geld, nicht schöne Worte, sondern Verantwortung. Natürlich können Sie keinem Menschen Verantwortung geben, der sie nicht will. Ebenso wenig jemandem, der damit nichts anfangen kann oder sie sogar missbraucht.

Dieses Führungsprinzip sollten Sie sich dann zunutze machen, wenn Sie diese Menschen angeleitet haben oder sicher sind, dass sie mit dieser Verantwortung in den vorgegebenen Leitplanken (Verantwortungsmatrix) umgehen können. Nur so werden Sie sich Freiräume schaffen und sich nicht nur um das Tagesgeschäft, sondern um die wirklich wichtigen Dinge kümmern können. Nur so werden Sie erfolgreich.

Das Ergebnis

Wenn Sie diese Führungsprinzipien unternehmensweit einsetzen, bleiben die Fragen, insbesondere: Was haben Ihre Führungskräfte davon? Meine Führungskräfte

- führen nach gemeinsam erarbeiteten Werten und Prinzipien das Unternehmen,
- haben ein gleiches Verständnis von Führung,
- verändern das Mindset und das Verhalten der Mitarbeiter durch ihre Vorbildfunktion,
- unterstützen die Ziele des Unternehmens, machen es erfolgreich,
- erhöhen die Dynamik und reduzieren die Komplexität,
- motivieren die Mitarbeitenden und setzen Entscheidungen zielorientiert um und
- lösen Probleme nachhaltig, sodass sie nicht mehr auftreten.

Was habe ich als Manager davon?

- Ich bin ein Vorbild für meine Mitarbeiter.
- Ich werde bei den Mitarbeitern geschätzt.
- Ich löse Probleme nachhaltig.
- Ich fordere und fördere meine Mitarbeiter.
- Ich trete sicher und überzeugend auf.
- Ich führe meine Mitarbeiter nach den Prinzipien des Lean Leaderships.
- Ich leite meine Mitarbeiter dazu an, Verschwendung bzw. Probleme zu erkennen.
- Ich bilde meine Mitarbeiter zu Problemlösern aus.

Das heißt: Nur wenn man Führungskräfte und Mitarbeitende einbezieht und ihnen die Gelegenheit gibt, sich zu eigenverantwortlich handelnden Kollegen zu entwickeln, kann man einen großen Mehrwert für das Unternehmen generieren und wird ein erfolgreicher Manager.

4.1.9 Marketingprinzipien

Es wird Ihnen sicher aufgefallen sein, dass hier keine Marketingprinzipien erwähnt werden. Leider finden sich in der aktuellen Literatur überwiegend ältere Prinzipien, die in der heutigen Zeit nicht mehr als allgemein gültig angesehen werden können. Die vormals geltenden und von allen anerkannten Prinzipien verlieren in Zeiten von Social Media, Fake News, Künstlicher Intelligenz an Bedeutung.

1. Gegenseitigkeit: Geben und Nehmen
2. Sympathie: Die Kraft der Anziehung
3. Soziale Bewährtheit: Wir sind Herdentiere
4. Autorität: Wir folgen Experten
5. Knappheit: Angst für den Verlust
6. Konsistenz: Den begonnenen Weg fortsetzen
7. Zusammengehörigkeit: Teil einer Gruppe von Gleichgesinnten

Ein wirklich anerkannter Marketingprofi sagte einmal zu mir: »Der frühere Satz *tue Gutes und sprich drüber* hat sich überholt – heute gilt nur noch: *Sprich drüber.*«

Jedes Unternehmen muss für seine Kunden, seinen Markt und seine Produkte ein ganz individuelles Vertriebs- und Marketingkonzept entwickeln und vor allem dann – und das ist das Wichtigste – auch konsequent umsetzen.

4.1.10 Fazit

Der Grundsatz *Werte ohne Verschwendung schaffen* bildet den zentralen Punkt in dem Bestreben des Managers, erfolgreich zu sein. Doch ohne Transparenz über die Zahlen und das Führungsverhalten seiner Führungskräfte wird er im Nebel stochern und kein Gemeinschaftsgefühl sowie kein Engagement für die gemeinsame Zielerreichung im gesamten Team erreichen. Offenheit gegenüber Veränderung und Respekt bilden die notwendige Voraussetzung, um langfristig erfolgreich zu werden und zu bleiben.

Fakt ist: Erfolgreiche Manager brauchen ihre Grundsätze, um ziel- und wertstromorientiert handeln zu können. Wenn wir nicht lernen, dass Führung nicht dem individuellen Verhalten der Führungskräfte überlassen werden darf, sondern es die Aufgabe des Top-Managements und der Inhaber ist, Prinzipien vorzugeben und durchzusetzen, werden wir keinen Erfolg haben.

Die nachfolgenden Generationen XYZ bis Alpha möchten ein selbstbestimmtes Leben führen und wollen Verantwortung übernehmen, nicht aber durch autoritäres Führen maßgeregelt werden.

Wir werden es nicht aufhalten können: Langfristig müssen wir prozessorientierte Organisationen aufbauen. Es spricht nichts dagegen, im Gegenteil: Prozessorientierung birgt riesige Potenziale und ist letztlich die Voraussetzung für eine durchgehende Digitalisierung unserer Prozesse, die den Kriterien der Industrie 4.0 gerecht werden können.

Auch an einer totalen Kundenorientierung der Unternehmen geht in einem Käufermarkt kein Weg vorbei. Sie bildet ein weiteres Prinzip, das der erfolgreiche Manager unbedingt beachten sollte.

Das Prinzip der Wertstromorientierung schließt nicht nur die Fertigungsprozesse, sondern auch die indirekten und administrativen Prozesse ein. Die Wertströme bilden Basis und Grundlage und sollten die Landkarte unseres Handelns sein.

Das Fluss- und Pull-Prinzip sowie die Standardisierung und Modularisierung unserer Produkte und Prozesse bilden das Fundament unseres Handelns. Doch ohne stabile Prozesse werden selbststeuernde Regelkreise nicht wirksam einzusetzen sein. Die vorgestellten Führungsprinzipien

- Demokratur,
- keine Antworten geben, Fragen stellen sowie
- Verantwortung geben – Vertrauen

mögen auf den ersten Blick neu und unangenehm erscheinen – und das sind sie auch. Sie erfordern die Vorbildfunktion der Führung. Ohne diese wird sich keines der Führungsprinzipien nachhaltig durchsetzen.

Ein erfolgreicher Manager zu werden bedingt, unerschütterliche Grundsätze zu haben, Prinzipien vorzugeben, diese selbst zu leben und glaubhaft zu vertreten, um die Rolle des Top-Managers, des Coaches für die Führungskräfte, des Generals, des Polizisten wahrzunehmen. Ohne Grundsätze und Prinzipien wird es nicht gelingen, ein erfolgreicher Manager zu werden.

4.2 Schlüsseleigenschaften zum erfolgreichen Unternehmertum

Steffen Philipp

4.2.1 Einleitung

Unternehmertum spielt in Wirtschaft und Gesellschaft eine zentrale Rolle. Unternehmerinnen und Unternehmer sind nicht nur Motoren wirtschaftlichen Wachstums – sie stehen für Innovation, schaffen und gestalten Arbeitsplätze, tragen Verantwortung und leisten durch ihr Handeln wesentliche Beiträge zum gesellschaftlichen Zusammenhalt. In einer zunehmend komplexen Welt, die von technologischem Wandel, globalen Verflechtungen und sich verändernden gesellschaftlichen Werten geprägt ist, rückt die Frage in den Vordergrund, welche Persönlichkeiten hinter unternehmerischem Erfolg stehen – und was sie ausmacht.

Längst ist das Bild des »Unternehmers« oder der »Unternehmerin« nicht mehr auf den klassischen Gründer oder die Eigentümerin eines Betriebs beschränkt. Unternehmerisches Denken und Handeln zeigt sich heute in ganz unterschiedlichen Kontexten – bei Start-up-Gründerinnen und -Gründern ebenso wie bei langjährig tätigen Geschäftsführerinnen und Geschäftsführern oder Nachfolgerinnen und Nachfolgern in Familienunternehmen. Was sie eint, ist nicht nur die Verantwortung für Mitarbeitende und wirtschaftliche Prozesse, sondern eine innere Haltung: der Wille, zu gestalten, Risiken einzugehen, Verantwortung zu übernehmen – damit zum positiven Unternehmerbild beizutragen und mehr zu bewegen als nur Bilanzzahlen.

Dieses Kapitel widmet sich daher nicht betriebswirtschaftlichen Kennzahlen, sondern den zentralen persönlichen Eigenschaften, Haltungen und Kompetenzen, die unternehmerischen Erfolg in all seinen Facetten möglich machen. Im Mittelpunkt steht die Frage: Welche Persönlichkeitsmerkmale tragen dazu bei, Unternehmen nicht nur erfolgreich, sondern verantwortungsvoll, innovativ und zukunftsfähig zu führen?

Ausgehend von einem erweiterten Erfolgsverständnis, das wirtschaftliche, gesellschaftliche und persönliche Dimensionen berücksichtigt, werden im Verlauf dieses Kapitels zentrale unternehmerische Eigenschaften beleuchtet – von Entscheidungsfreude und Durchhaltevermögen bis zu Selbstreflexion, Verantwortungsbewusstsein und der Fähigkeit, aus Überzeugung zu handeln. Das Ziel ist es, ein differenziertes

Bild unternehmerischer Persönlichkeit zu zeichnen – und einen Beitrag zur Frage zu leisten, wie Unternehmertum heute gedacht und gelebt werden kann.

4.2.2 Was bedeutet »Erfolg« im Unternehmertum?

Unternehmerischer Erfolg ist ein schillernder Begriff, was oft von der subjektiven Wahrnehmung derer abhängt, die den Erfolg eines Unternehmens oder einer Person bewerten möchten. Erfolg geht dabei oftmals weit über bloße Gewinnmaximierung hinaus und umfasst neben klassischen finanziellen Kennzahlen wie Umsatz, Gewinn oder Marktanteil auch qualitative Aspekte, die beispielsweise Nachhaltigkeit und die Außenwirkung eines Unternehmens beeinflussen. Die Definition von Erfolg hängt von der Perspektive ab – so haben unterschiedliche Stakeholder jeweils eigene Ansprüche und Bewertungskriterien.

Für den Eigentümer eines Unternehmens ist unternehmerischer Erfolg oft mit zwei zentralen Aspekten verknüpft. Natürlich spielt der ökonomische Erfolg eines Unternehmens für den oder die Eigentümer eine große Rolle, das Geschäft und die Investitionen sollen sich letztendlich lohnen. Andererseits wollen Eigentümer Erfolg in einer langfristigen Perspektive gesichert wissen und den Unternehmenswert steigern. Sie schauen also auf Nachhaltigkeit und auf eine langfristig profitable Geschäftsentwicklung. Vor allem Familienunternehmen, die seit mehreren Generationen bestehen, verfolgen das Ziel, das Unternehmen erfolgreich in die Hände der nächsten Generation zu übergeben.

So bewerten Unternehmer und Unternehmerinnen ihren Erfolg oft selbst am Grad der Selbstbestimmung, der Freiheit, den sie durch ihr Handeln erreichen und damit, wie stark sie ihrer Passion folgen können. Sie sehen das Unternehmertum gerne als Berufung und nicht als Beruf.

Die Gesellschaft bewertet den Erfolg eines Unternehmens, einer Unternehmerin oder eines Unternehmers oft in Verbindung mit dessen Image und Außenwirkung. Für sie zählt also soziales Engagement, ethisches Handeln und gesellschaftlicher Mehrwert. Konzepte wie Shared Value Creation beschreiben Praktiken, die die Wettbewerbsfähigkeit eines Unternehmens steigern, aber gleichzeitig die wirtschaftlichen und sozialen Rahmenbedingungen an den Orten fördern, in denen das Unternehmen tätig ist. Ziel ist also die Verbindung zwischen gesellschaftlichem und wirtschaftlichem Erfolg.

Kundinnen und Kunden bewerten den unternehmerischen Erfolg oft an der Qualität der Kundenbeziehung, der Reaktionsgeschwindigkeit auf Marktveränderungen und Trends im Sinne des Kunden sowie das Vertrauen in Qualität und den Service des Unternehmens.

Mitarbeitende haben größtes Interesse an langfristigen Beschäftigungsperspektiven, Stabilität, Motivation, Zufriedenheit, persönlicher Entwicklung und der Schaffung eines positiven Arbeitsumfelds.

Nachdem nun klar ist, dass unternehmerischer Erfolg mehr ist als das Erreichen finanzieller Ziele, stellt sich die Frage: Welche persönlichen Eigenschaften helfen

Unternehmerinnen und Unternehmern dabei, erfolgreich zu sein? Diese Frage wird in den folgenden Abschnitten beleuchtet.

4.2.3 Zentrale Eigenschaften erfolgreicher Unternehmerinnen und Unternehmer

Erfolgreiches Unternehmertum ist weit mehr als die Fähigkeit, ein Unternehmen zu gründen oder zu führen. Es ist ein komplexes Zusammenspiel aus persönlichen Eigenschaften, sozialen Kompetenzen, fachlichem Know-how und einer klaren Werteorientierung. In einer Welt, die von rasantem Wandel, steigender Komplexität und globalen Herausforderungen geprägt ist, reicht es nicht mehr aus, sich auf einzelne Fähigkeiten zu verlassen oder kurzfristige Trends zu verfolgen. Vielmehr erfordert nachhaltiger Unternehmenserfolg eine ganzheitliche Entwicklung, die sowohl die eigene Persönlichkeit als auch das Umfeld und die Gesellschaft einbezieht. Die folgenden fünf Kompetenzbereiche bilden nach meiner Erfahrung das Fundament für unternehmerisches Handeln, das nicht nur wirtschaftlich, sondern auch menschlich und gesellschaftlich überzeugt.

Persönliche Eigenschaften und Einstellungen

Die Persönlichkeit des Unternehmers bzw. der Unternehmerin ist ein zentraler Faktor eines jeden erfolgreichen Unternehmens. Besonders entscheidend sind dabei die Bereitschaft zum lebenslangen Lernen sowie eine ausgeprägte Offenheit gegenüber Neuem. Um Innovationspotenziale frühzeitig zu erkennen, ist es entscheidend, sich stetig weiterzuentwickeln, weiterzubilden und sich mit neuen Herausforderungen auseinanderzusetzen.

Wer Veränderung frühzeitig erkennt, kann die Reaktionen aktiv mitgestalten. Dazu sind Veränderungsbereitschaft und Durchhaltevermögen unerlässlich. Selbstdisziplin, ein ausgeprägtes Pflichtbewusstsein und eine positive Grundeinstellung (»think positive«) schaffen die Grundlage für langfristigen Erfolg. Freude an der eigenen Tätigkeit und die Fähigkeit, aus Rückschlägen zu lernen, fördern die persönliche Entwicklung und Widerstandskraft. Gleichzeitig gilt es, Überheblichkeit zu vermeiden und stattdessen mit Bescheidenheit und Selbstreflexion an der eigenen Entwicklung zu arbeiten. Wer Unternehmertum als Berufung versteht – und nicht nur als Beruf – legt den Grundstein für dauerhaften Erfolg und nachhaltige Wirkung.

Soziale Kompetenzen und Kommunikation

Unternehmerischer Erfolg steht und fällt auch mit der Qualität (Achtung: nicht Quantität!) der zwischenmenschlichen Beziehungen. Zuhören, verstehen und eine offene Kommunikation sind die Grundpfeiler, um Vertrauen im Team und bei Geschäftspartnern aufzubauen. Empathie ermöglicht es, Konflikte frühzeitig zu erkennen und konstruktiv zu lösen. Fairness, Kritikfähigkeit und die Bereitschaft, sowohl Lob zu geben als auch anzunehmen, fördern ein positives Betriebsklima und stärken die Motivation der Mitarbeitenden. Als Ansprechpartner für Mitarbeitende – auch bei privaten Anliegen – signalisiert der Unternehmer Wertschätzung und schafft Raum für eine konstruktive Zusammenarbeit. Die eigene Begeisterung und Motivation übertragen sich auf andere und wirken als Treiber für Teamgeist und Leistungsbereitschaft. Unternehmer sind Vorbilder: Ihr Verhalten prägt die Unternehmenskultur und gibt Orientierung, vor allem in unsicheren Zeiten.

Verantwortungsbewusstsein und Führung

Führung bedeutet weit mehr als das Delegieren von Aufgaben – es ist vielmehr das Übernehmen von Verantwortung für das eigene Handeln, für das Unternehmen und für die Gesellschaft. Ein verantwortungsbewusster Unternehmer stellt die Bedürfnisse seiner Mitarbeitenden in den Mittelpunkt, fördert deren Entwicklung und schafft ein Umfeld, in dem sich individuelle Potenziale entfalten können. Die Reihenfolge »erst die Mitarbeitenden, dann das Unternehmen« verdeutlicht das unternehmerische Verantwortungsbewusstsein. Unternehmerisches Handeln ist oft eng mit gesellschaftlichem Handeln verbunden: Engagement im sozialen oder kulturellen Bereich und die Übernahme gesellschaftlicher Aufgaben stärken das Vertrauen in das Unternehmen und den Unternehmer bzw. die Unternehmerin und fördern deren Akzeptanz. Einfluss wird dabei nicht als Selbstzweck, sondern zum Wohle anderer eingesetzt.

Entscheidungsfindung und Selbstreflexion

Die Fähigkeit, fundierte Entscheidungen zu treffen, ist eine der wichtigsten unternehmerischen Kompetenzen. Erfolgreiche Unternehmerinnen und Unternehmer analysieren Risiken und Chancen, wägen Fakten ab und beziehen dabei auch ihre Intention (»Bauchgefühl«) und ihre unternehmerische Erfahrung mit ein.

Selbstreflexion ist dabei unerlässlich, um das eigene Handeln kritisch zu hinterfragen, aus Fehlern zu lernen und sich kontinuierlich zu verbessern. Wer seine eigenen Grenzen kennt, kann gezielt Aufgaben delegieren und von den Stärken anderer profitieren. Klare Zielformulierungen und die Fähigkeit, Ergebnisse objektiv zu bewerten, schaffen Orientierung und ermöglichen es, das Unternehmen strategisch weiterzuentwickeln. Eine offene Fehlerkultur und die Bereitschaft, Feedback zu geben und anzunehmen, sind die Basis für Erfolg und kontinuierliches Wachstum.

Fachliches und außerberufliches Lernen

Neben persönlichen und sozialen Kompetenzen ist fundiertes fachliches Wissen unabdingbar. Unternehmerinnen und Unternehmer müssen sich kontinuierlich weiterbilden, neue Technologien und Methoden erkennen, bewerten und nutzen sowie relevante Markttrends und Veränderungen im Kundenverhalten im Blick behalten. Eine solide Allgemeinbildung ermöglicht es, komplexe Zusammenhänge zu verstehen und über den Tellerrand hinauszublicken. Außerberufliche Erfahrungen – etwa durch Reisen oder den Austausch mit anderen Branchen und Kulturen – fördern Kreativität und eröffnen neue Perspektiven. Wer bereit ist, fehlende Kompetenzen durch die Zusammenarbeit mit Experten auszugleichen, sichert die Entwicklungskraft und Wettbewerbsfähigkeit des Unternehmens. Unternehmerisches Lernen endet nie: Es ist die Grundlage für nachhaltigen Erfolg in einer sich ständig wandelnden Welt.

Zwischenfazit

Erfolgreiches Unternehmertum ist das Ergebnis eines ausgewogenen Zusammenspiels aus persönlicher Entwicklung, sozialer Kompetenz, verantwortungsvoller Führung, reflektierter Entscheidungsfindung und kontinuierlichem Lernen. Unternehmerinnen und Unternehmer, die diese fünf Kompetenzbereiche in ihrer täglichen Praxis leben, schaffen nicht nur wirtschaftlichen Mehrwert, sondern auch eine Unternehmenskultur, die von Vertrauen, Respekt und Motivation geprägt ist. Sie übernehmen Verantwortung für ihr Team und die Gesellschaft, agieren als Vorbilder und gestalten aktiv die Zukunft. In einer Zeit, in der Wandel zur Konstante geworden ist, sind es genau diese Qualitäten, die Unternehmen widerstandsfähig, anpassungsfähig und nachhaltig erfolgreich machen. Unternehmertum ist damit weit mehr als ein Beruf – es ist eine Haltung, die das Potenzial hat, Wirtschaft und Gesellschaft positiv zu verändern.

4.2.4 Der Wille, etwas zu bewegen – Unternehmertum als innere Haltung

Neben den oben genannten Faktoren ist es vor allem auch die innere Haltung, die unternehmerischen Erfolg ermöglicht. Besonders, der Wille, aktiv zu gestalten, Verantwortung zu übernehmen und etwas Bleibendes zu schaffen, prägt erfolgreiche Unternehmerinnen und Unternehmer.

Ich werde die nachfolgenden Konzepte anhand der fiktiven *Lichtblick GmbH*, einem mittelständischen Familienunternehmen für nachhaltige Gebäudetechnik (Smart Building Solutions) erläutern. Wir nehmen an, dass das Unternehmen in 2. Generation inhabergeführt ist und dass die Nachfolgeplanung eingeleitet wird. Besonderheiten sind bei der Lichtblick GmbH eine hohe Innovationsorientierung, regionale Verantwortung und der Status als Vorreiter bei sozial nachhaltiger Unternehmensführung.

Mehr als Kompetenz – Haltung als innerer Antrieb

Unternehmerisches Handeln beginnt nicht bei Wissen oder Qualifikation – es beginnt bei der Haltung. Zweifelsohne ist Kompetenz ein wichtiger Faktor, doch sie allein macht keine Unternehmerin, keinen Unternehmer aus. Was unternehmerisches Wirken wirklich prägt, was wirklich in den Köpfen der Kollegen, Mitarbeitenden und bei der Gesellschaft hängen bleibt, ist der innere Antrieb: der Wille, Verantwortung zu übernehmen, etwas zu gestalten, Bestehendes zu hinterfragen und Neues zu wagen.

Diese Haltung beeinflusst nicht nur große strategische Entscheidungen, sondern auch das tägliche Handeln – etwa in der Bereitschaft, Risiken einzugehen, Chancen zu erkennen und auch in schwierigen Zeiten nicht aufzugeben. Sie entsteht nicht durch kurzfristige Motivation, sondern ist oftmals tief in der Unternehmerin bzw. dem Unternehmer verankert und eng mit persönlichen Werten, Zielen und Überzeugungen verknüpft. Unternehmerinnen und Unternehmer handeln nicht nur weil sie es müssen, sondern weil sie es wollen.

Der Ökonom Peter Drucker brachte diesen Gedanken auf den Punkt: »Entrepreneurship is neither a science nor an art. It is a practice.« Er sieht Haltung ebenfalls als Kern der Praxis, die unternehmerischem Handeln Richtung und Tiefe gibt – sie macht aus einem Beruf eine Berufung.

> **Praxisbeispiel:**
>
> Die Geschäftsführerin der Lichtblick GmbH, Julia Neumann, übernahm das Unternehmen von ihrem Vater. Sie entschied sich bewusst dafür, nicht nur das Produktportfolio zu erhalten, sondern den Betrieb auf klimaneutrale Prozesse umzustellen – obwohl dies kurzfristig höhere Kosten bedeutete. Für sie war klar: Unternehmerisches Handeln muss auf Überzeugung basieren, nicht nur auf Rentabilität. Ihre innere Haltung und klare Werteorientierung trugen entscheidend zur erfolgreichen Transformation des Unternehmens bei.

Gestaltungswille als Antrieb unternehmerischen Handelns

Unternehmerisches Denken ist von Natur aus gestaltend. Primäres Ziel ist nicht, bestehendes zu verwalten, sondern Entwicklungen anzustoßen, Veränderungen zu ermöglichen und Zukunft aktiv zu formen. Dieser Gestaltungswille ist jedoch mehr als bloßer Ehrgeiz – er ist ein grundlegender Bestandteil unternehmerischer Haltung.

Wer unternehmerisch denkt und handelt, erkennt früher, wo neue Lösungen gebraucht werden und nimmt Herausforderungen als Impuls für Weiterentwicklungen. Die Unternehmerin bzw. der Unternehmer übernehmen Verantwortung über das eigene Tun hinaus – für Mitarbeitende, Kunden und die Gesellschaft. Dieser Gestaltungswille zeigt sich dadurch, Dinge nicht nur verbessern, sondern neu denken zu wollen. Er ist Treiber für Innovation, strategische Neuausrichtungen, nachhaltiges Wachstum und schlussendlich auch für unternehmerischen Erfolg.

Wir sprechen hier nicht von blindem Aktionismus. Gestaltungswille erfordert eine klare und strukturierte Herangehensweise – sowohl hinsichtlich der eigenen Vision, der zugrunde liegenden Werte als auch der Art und Weise, wie substanzielle Veränderungen erfolgreich umgesetzt werden können. Er ist daher der Motor unternehmerischer Wirksamkeit – und Voraussetzung dafür, dass aus Ideen konkrete Unternehmerische Realität wird.

> **Praxisbeispiel:**
>
> Als neue gesetzliche Vorgaben zur Energieeffizienz veröffentlicht wurden, nutzte die Lichtblick GmbH diese nicht als Anlass zur Minimalanpassung, sondern als Sprungbrett zur Entwicklung einer eigenen Smart-Home-Software. Die Initiative ging von der Geschäftsleitung aus, die frühzeitig erkannte, dass technologische Lösungen gebraucht würden – und intern ein kleines Innovationslabor aufbaute. Dieser Gestaltungswille führte zum Marktvorsprung in einem wachsenden Segment.

Eigenverantwortung und Selbstwirksamkeit

Die Bereitschaft, Verantwortung zu übernehmen – nicht nur für betriebliche Ergebnisse, sondern für Entscheidungen, deren Konsequenzen oft weit über das Unternehmen hinausragen können – ist ebenfalls von großer Bedeutung für unternehmerisches Handeln und Denken. Eigenverantwortung wird nicht von außen verlangt, sondern ist vor allem ein innerer Anspruch an sich selbst: Wer unternehmerisch denkt, fragt nicht danach, wer zuständig ist, sondern was möglich ist.

Diese Haltung ist eng verknüpft mit dem Konzept der Selbstwirksamkeit – dem Vertrauen in die eigene Fähigkeit, Herausforderungen zu bewältigen und Veränderung aktiv mitzugestalten. Unternehmerinnen und Unternehmer mit einer starken Selbstwirksamkeit scheuen sich nicht vor Unsicherheiten, sondern sehen in Krisen eher Handlungsräume, in denen sie Einfluss nehmen können und müssen. Diese innere Überzeugung ist gerade in dynamischen und komplexen Marktumfeldern eine entscheidende Ressource für unternehmerischen Erfolg.

Eigenverantwortung zeigt sich nicht zuletzt darin, Entscheidungen zu treffen, auch wenn noch nicht alle Fakten und Informationen vorliegen und bereit zu sein, die Folgen der Entscheidungen zu tragen. Dabei geht es um Mut zur Autonomie, zur Reflexion und zum Lernen – unternehmerisches Wachstum beginnt bei der eigenen inneren Haltung.

> **Praxisbeispiel:**
>
> Während der Corona-Pandemie entschied Julia Neumann, auf eigene Faust ein Homeoffice- und Gesundheitsschutzkonzept zu entwickeln, obwohl die behördlichen Vorgaben noch unklar waren. Sie wollte nicht auf staatliche Verordnungen warten, sondern Verantwortung übernehmen – für ihre Mitarbeitenden und den Fortbestand des Betriebs. Die Entscheidung stärkte nicht nur die Resilienz des Unternehmens, sondern auch das Vertrauen im Team.

Der dynastische Gedanke – Unternehmertum über Generationen

Der Wille, etwas zu bewegen, endet nicht mit dem Ausscheiden aus dem Unternehmen – er reicht darüber hinaus. Viele Unternehmerinnen und Unternehmer denken unternehmerisches Wirken nicht nur kurzfristig oder im Rahmen ihrer eigenen Lebensspanne, sondern entwickeln einen dynastischen Anspruch, der auf Bestand, Kontinuität und werteorientierte Unternehmensführung über Generationen hinaus abzielt. Der dynastische Gedanke steht exemplarisch für den langfristigen Gestaltungswillen, der Unternehmerpersönlichkeiten auszeichnet.

Insbesondere in Familienunternehmen ist der dynastische Gedanke eng mit der Unternehmensnachfolge verbunden. Es ist das Bestreben der Unternehmerin / des Unternehmers, das eigene Lebenswerk und die damit verbundenen Werte, Traditionen und die Unternehmenskultur an die nächste Generation weiterzugeben. So soll Kontinuität erreicht und langfristiger Erfolg für das Unternehmen gesichert werden.

Die Motive für eine Übergabe können vielfältig sein: persönliche Veränderungen, neue Lebensziele, gesundheitliche Gründe oder schlicht das Erreichen des Ruhestands. Im Laufe des Lebens ändern sich persönlichen Lebensziele. Es wächst der Wunsch nach mehr Freizeit, es kann gesundheitliche Gründe geben oder man möchte sich neuen Aufgaben widmen. Auch der Wunsch, das Unternehmen in jüngere, visionäre Hände zu übergeben, kann Teil des unternehmerischen Gestaltungswillens sein – nicht aus Schwäche, sondern aus Verantwortung.

Die Unternehmensnachfolge ist dabei für den übergebenden Unternehmer weit mehr als eine organisatorische Notwendigkeit. Sie ist ein hoch emotionaler Prozess, der unternehmerische Haltung auf die Probe stellt. Eine gelungene Nachfolgeplanung geht weit über rechtliche und organisatorische Aspekte hinaus; sie umfasst auch emotionale, psychologische und kulturelle Dimensionen, die den Unternehmer bzw. die Unternehmerin und damit das Unternehmen prägen. Die Unternehmerin bzw. der Unternehmer hat bei der Nachfrageregelung darauf zu achten, dass nicht nur die entsprechenden Qualifikationen für die vorgesehenen Aufgaben vorhanden sind, sondern dass auch die Werte und Unternehmenskultur bewahrt bleiben.

Gerade in inhabergeführten Unternehmen tritt die Frage der Nachfolge oft in eine existenzielle Dimension. Die Übergabe des Unternehmens ist nicht selten ein »emo-

4.2 Schlüsseleigenschaften zum erfolgreichen Unternehmertum

tionaler Kraftakt« – verbunden mit Ängsten vor Machtverlust, Identitätswandel oder dem Bedeutungsverlust im sozialen Umfeld. Kontrolle abzugeben bedeutet, sich aus der Rolle als alleinige Entscheidungsträgerin oder Entscheidungsträger zurückzuziehen. Schon während der beruflich aktiven Zeit ist die eigene Identität neu zu definieren. Häufig besteht auch Sorge, nach der Übergabe nicht mehr gebraucht zu werden. Diese Ängste führen dazu, dass die Nachfolgeplanung oft zu lange hinausgezögert wird, was das Risiko erhöht.

Ein strukturierter, werteorientierter Nachfolgeprozess, der alle relevanten Beteiligten einbezieht, kann hier gegensteuern und die besten Voraussetzungen für eine harmonische und nachhaltige Nachfolge schaffen. Eine frühzeitige und strukturierte Übergabe kann akutem Handlungsdruck vorbeugen, Klarheit schaffen und Konflikte verhindern. Sie gibt der nächsten Generation die Chance, sich in die Führungsrolle einzufinden und eigene Akzente zu setzen. Die Nachfolge sichert nicht nur die langfristige Stabilität des Unternehmens, sondern bewahrt die Unternehmenskultur sowie zentrale Werte und ermöglicht eine strukturelle und kulturelle Weiterentwicklung.

Insgesamt ergänzt der dynastische Gedanke das Spektrum unternehmerischer Eigenschaften um eine Dimension der langfristigen Sinnorientierung und zeigt, dass unternehmerischer Erfolg auch in der Fähigkeit bestehen kann, Beständigkeit mit Wandel zu verbinden. Dabei liegt der Fokus nicht nur auf Performance und Gewinn, sondern auch auf Menschen, Werten und Zeit.

> **Praxisbeispiel:**
>
> Julia Neumann bereitete über Jahre hinweg ihre Tochter auf eine mögliche Nachfolge vor – durch Auslandsaufenthalte, externe Ausbildungen, Anstellung in fremden Unternehmen, Mitarbeit in Gremien und Übernahme gesellschaftlicher Verantwortung z. B. in kulturellen oder sportlichen Einrichtungen sowie gezielter Projektverantwortung im Unternehmen. Dabei war es ihr wichtig, dass nicht nur Fachwissen weitergegeben wird, sondern auch die zentralen Werte und die besondere Unternehmenskultur der Lichtblick GmbH. Die Nachfolgeplanung wurde offen im Team kommuniziert, um Ängsten vorzubeugen und Vertrauen zu schaffen.

4.2.5 Unternehmer sein heißt: Verantwortung für Gesellschaft übernehmen

Unternehmerisches Handeln endet nicht am Firmentor – Unternehmerinnen und Unternehmer beeinflussen mit ihren Entscheidungen nicht nur ihr Unternehmen, sondern auch die Gesellschaft außerhalb. Wer unternehmerisch tätig ist, trägt Verantwortung – für Mitarbeitende, für Kundinnen und Kunden, für die Umwelt, für die Region und schließlich für zukünftige Generationen.

Die Verantwortung kann sich auf viele Arten zeigen: in fairen Arbeitsbedingungen, einem nachhaltigen Umgang mit Ressourcen, ethischer Unternehmensführung und einem werteorientierten Miteinander. Gerade in unserem Zeitalter, das von gesellschaftlichen Umbrüchen und ökologischen Herausforderungen geprägt ist, kommt Unternehmerinnen und Unternehmern eine besondere Rolle zu – sie werden neben ökonomischen Akteuren auch zu Impulsgebern für gesellschaftlichen Wandel und nehmen nicht selten die Rolle von Vorreitern in sozialen und ökologischen Projekten ein.

Die Verantwortung zu übernehmen, bedeutet dabei nicht, auf politische Rahmenbedingungen zu warten. Es bedeutet, selbst Initiative zu ergreifen und aktiv zu werden – Chancen zu erkennen, Haltung zu zeigen und auch unbequeme Entscheidungen mit Weitblick zu treffen. So wird Unternehmertum zum sozialen Handlungsraum.

> **Praxisbeispiel:**
>
> Die Lichtblick GmbH kooperiert mit einer lokalen Schule, um Jugendliche früh für Technikberufe und Nachhaltigkeitsthemen zu begeistern. Zusätzlich spendet sie jedes Jahr einen Teil des Gewinns an regionale Bildungs- und Umweltprojekte. Für Julia Neumann gehört es zum Selbstverständnis, gesellschaftlichen Mehrwert zu schaffen – nicht als Imagepflege, sondern als echter unternehmerischer Beitrag zum Gemeinwohl.

Resümee: Haltung als Fundament erfolgreichen Unternehmertums

Im vorangegangenen Abschnitt habe ich aufgezeigt, welche unternehmerischen Eigenschaften und Kompetenzen erfolgsrelevant sein können – von strategischem Denken über Entscheidungsfreude bis hin zur Risikobereitschaft. Es wurde jedoch deutlich, dass diese Fähigkeiten allein nicht ausreichen – was Unternehmerinnen und Unternehmer wirklich antreibt und auszeichnet ist eine innere Haltung, ein wertebasiertes Selbstverständnis, das ihr Handeln formt und trägt.

Die letzten Abschnitte haben verdeutlicht: Unternehmerisches Handeln beginnt im Inneren – mit einer klaren Haltung, die über reine Fachkompetenz hinausgeht. Es braucht einen Gestaltungswillen, der Veränderungen nicht nur toleriert, sondern aktiv vorantreibt. Zudem braucht es das Bewusstsein für Eigenverantwortung und Selbstwirksamkeit, um Herausforderungen selbstbestimmt anzugehen und Verantwortung nicht von sich zu weisen. Und es braucht die Bereitschaft, über das eigene Unternehmen hinaus gesellschaftliche Verantwortung zu übernehmen und unternehmerische Entscheidungen stets auch im sozialen und ökologischen Kontext zu reflektieren.

Gerade im dynastischen Kontext zeigt sich: Unternehmertum ist kein Beruf im klassischen Sinn – es ist eine Lebensaufgabe, geprägt von Haltung, Weitblick und der Verantwortung, etwas Bleibendes zu schaffen. Wer also langfristig unternehmerisch erfolgreich sein will, braucht nicht nur Know-how, sondern auch den inneren Antrieb, das eigene Handeln immer wieder zu hinterfragen – und den Mut, es im Sinne einer größeren Verantwortung zu gestalten.

4.2.6 Unternehmertum neu denken – Ein Ausblick

Unternehmertum steht ständig an Wendepunkten. So verändern sich die Rahmenbedingungen aktuell tiefgreifend: Die Nachkriegsordnung hat ausgedient – in einer globalisierten Welt reicht die Einflussnahme einiger weniger politischer Akteure aus, um die wirtschaftlichen Spielregeln für alle Marktteilnehmer zu verändern. Neue Technologien, gesellschaftlicher Wandel, veränderte Weltbilder, globale Märkte und digitale Transparenz schaffen eine Dynamik, die die traditionellen unternehmerischen Rollenbilder herausfordern. Unternehmerinnen und Unternehmer sehen sich heute mit einer Vielzahl neuer Anforderungen konfrontiert – fachlich, gesellschaftlich und persönlich. Da ist es zu verstehen, dass Unternehmer sich die Frage stellen, der Aufgabe und Verantwortung gerecht werden zu können. Überbordender Bürokratismus, zunehmende Regulatorik, komplexes Berichtswesen zur kritischen Auseinandersetzung lassen die Entscheidung für die Aufgabe und die Rolle als Unternehmerin/Unternehmer schwieriger werden.

Die Anforderungen, um als Unternehmerin und Unternehmer zu agieren, sind komplexer geworden. Es reicht nicht mehr aus, in einem Bereich exzellent zu sein. Vielmehr ist ein breites Verständnis für ökonomische, technologische, soziale und ökologische Zusammenhänge erforderlich. Unternehmerisches Denken verlangt die Fähigkeit, interdisziplinär zu arbeiten, Netzwerke zu nutzen und sich in komplexen, oft widersprüchlichen Systemen zu orientieren. Das Wissen der Welt steht heute jederzeit zur Verfügung – künstliche Intelligenz verändert die Arbeit und den Umgang mit Wissen fundamental. Die Herausforderung liegt darin, es zu bewerten, einzuordnen und verantwortungsvoll zur Anwendung zu bringen.

In dieser neuen Realität gewinnen vor allem Lernbereitschaft und Werteorientierung weiter an Bedeutung. Wer unternehmerisch führen will, muss nicht alles wissen – aber bereit sein, ständig dazuzulernen, Perspektiven zu wechseln und Verantwortung nicht nur für das Unternehmen, sondern auch für das größere Ganze zu übernehmen. Werteorientierung wird damit nicht zur moralischen Kür, sondern zur strategischen Notwendigkeit in einer Welt, die zunehmend von Misstrauen, Unglaubwürdigkeit und Sinnverlust geprägt ist.

Gleichzeitig entstehen neue Anforderungen an Unternehmerpersönlichkeiten: Die Fähigkeit, mit Unsicherheit umzugehen, wird zu einer zentralen unternehmerischen Kompetenz. Entscheidungen müssen zunehmend unter unvollständiger Information getroffen werden. Offenheit gegenüber Ungewissheiten, Akzeptanz widersprüchlicher Situationen und der Umgang mit Unklarheiten werden ebenso wichtig wie strategisches Denken. Systemisches Verständnis, digitale Urteilskraft und emotionale Stabilität sind keine Zusatzqualitäten, sondern Voraussetzung für zukunftsfähiges Handeln. Unternehmerische Führung bedeutet immer mehr, das Zusammenspiel von Technologie, Mensch, Markt und Umwelt zu erkennen – und dabei klare Werte als Kompass zu nutzen.

Die in diesem Beitrag herausgearbeiteten Eigenschaften – Gestaltungswille, Eigenverantwortung, Selbstwirksamkeit, Reflexionsfähigkeit und gesellschaftliches Verantwortungsbewusstsein – bleiben zentral. Doch sie müssen in einem veränderten Umfeld neu gelebt werden: vernetzter, offener, flexibler. Es geht nicht mehr nur darum, wirtschaftlich erfolgreich zu sein, sondern darum, sinnstiftend zu wirken und nachhaltige Beiträge zur Gesellschaft zu leisten.

Ein weiterer zentraler Aspekt ist der bevorstehende oder bereits laufende Generationenwechsels für viele Unternehmerinnen und Unternehmer und dessen Gestaltung. Die nächste Generation von Unternehmerinnen und Unternehmern steht bereit – sie bringt neue Perspektiven, ein anderes Werteverständnis und oftmals ein stärkeres Bewusstsein für Nachhaltigkeit und soziale Verantwortung mit. Die Herausforderung besteht darin, das bestehende Wissen mit neuen Denkansätzen zu verbinden und dabei die Unternehmenswerte nicht nur zu bewahren, sondern weiterzuentwickeln. Der dynastische Gedanke wird dabei nicht nur in Familienunternehmen relevant, sondern zunehmend auch in jungen Unternehmen: Gründerinnen und Gründer, die nicht auf den schnellen Exit, sondern auf langfristige Wirkung zielen, handeln anders – wer gestalten will, denkt in Generationen, nicht in Quartalen.

Damit Unternehmertum jedoch gelingen kann, braucht es nicht nur Persönlichkeiten mit Haltung, sondern auch politische und gesellschaftliche Rahmenbedingungen, die unternehmerisches Handeln ermöglichen und nicht behindern. In vielen Ländern – insbesondere innerhalb der EU – klagen Unternehmerinnen und Unternehmer über überbordende Bürokratie, unübersichtliche Regulierungen und hohe steuerliche Belastungen. Wenn unternehmerischer Mut und Wille im Regelwerk erstickt oder Innovationsfreude durch Komplexität ausgebremst wird, entsteht ein Klima der Unsicherheit und Passivität. Der Staat ist deshalb in der Verantwortung, Raum für unternehmerische Freiheit zu schaffen, Vertrauen in wirtschaftliche Eigenverantwortung zu zeigen und gezielt dort zu regulieren, wo es dem Gemeinwohl dient – nicht darüber hinaus.

Unternehmertum neu zu denken, bedeutet daher auch, die unternehmerische Rolle als gestaltende Kraft in einer komplexen Welt anzuerkennen: Rahmenbedingungen müssen so gestaltet sein, dass unternehmerisches Engagement möglich, attraktiv und wirksam ist – für alle Generationen. Es geht nicht nur um ökonomischen Erfolg, sondern darum, Verantwortung zu übernehmen – für Menschen, für Zukunftsfähigkeit und für den gesellschaftlichen Zusammenhalt. Unerlässlich dazu ist ein Miteinander von Staat, Gesellschaft und Wirtschaft auf Augenhöhe, getragen von gegenseitigem Vertrauen und einem gemeinsamen Ziel: Zukunft zu gestalten.

Unternehmerinnen und Unternehmer der Zukunft sind nicht nur Entscheider, sondern Sinngeber, Brückenbauer und Möglichmacher in einer Welt im Wandel.

4.2.7 Literatur

Braukmann, Ulrich/Teita Bijedic/Daniel Schneider (2008): Unternehmerische Persönlichkeit - eine theoretische Rekonstruktion und nominaldefinitorische Konturierung, Schumpeter Discussion Papers, University of Wuppertal, Schumpeter School of Business and Economics

Rau, Sabine B./John L. Ward (2017): Nicht in Jahren, sondern in Generationen, Egon Zehnder, [online] https://www.egonzehnder.com/de/branchen/beratung-von-familienunternehmen/insights/nicht-in-jahren-sondern-in-generationen [abgerufen am 04.05.2025]

Steuer, Juliane/Lange, Astrid (2010): "Erfolg" von Gründungen: Kriterien zur Beurteilung des unternehmerischen Erfolges, Working Paper, No. 8, Brandenburg University of Technology Cottbus, Chair of Organization, Human Resource & General Management, Cottbus

Henssen, Bart/Matti Koiranen (2021): CEOs' Joy of Working for the Family Firm: The Role of Psychological Ownership and Stewardship Behavior, in: Entrepreneurship Research Journal, Bd. 11, Nr. 3, S. 191-218, [online] doi:10.1515/erj-2019-0264

Porter, Michael E./Mark R. Kramer (2011): Creating shared value, in: Harvard Business Review, Nr. 17, [online] https://environz.wordpress.com/wp-content/uploads/2012/11/creating-shared-value-porter-and-kramer-harvard-business-review-article.pdf

Steuer, Juliane/Lange, Astrid (2010): "Erfolg" von Gründungen: Kriterien zur Beurteilung des unternehmerischen Erfolges, Working Paper, No. 8, Brandenburg University of Technology Cottbus, Chair of Organization, Human Resource & General Management, Cottbus

Wolter, Hans-Jürgen/Irakli Sauer (2014): Die volkswirtschaftliche Bedeutung der eigentümer- und familiengeführten Unternehmen, IfM-Materialien

4.3 Erfolgsfaktoren für die Ausrichtung des Unternehmens – Treiber der langfristigen Unternehmensentwicklung

Jens Nagel

Die nachhaltige Entwicklung kleiner und mittlerer Unternehmen ist ein komplexer und langfristiger Prozess, der weniger durch singuläre Entscheidungen als durch kontinuierliche strategische Arbeit und systemische Führung geprägt ist. Der Unterschied zwischen wachsenden und stagnierenden Unternehmen liegt selten in der Branchenspezifika oder Ressourcenverfügbarkeit allein, sondern vor allem in der Fähigkeit, knappe Mittel strategisch klug zu nutzen und organisationale Strukturen so auszurichten, dass sie Innovation ermöglichen, ohne das operative Geschäft zu überfordern.

4.3.1 Strategisches Wachstum im Spannungsfeld von Stabilität und Wandel

In erfolgreichen mittelständischen Unternehmen erfolgt Wachstum selten durch disruptive Sprünge, sondern schrittweise und aus dem laufenden Geschäft heraus. Es basiert auf einem tiefen Verständnis der eigenen Märkte, Kundengruppen und Prozesse und wird getragen von der Fähigkeit, Veränderung in laufende Routinen einzubetten. Im Zentrum steht dabei die Kunst, knappe Ressourcen – personell, zeitlich und finanziell – fokussiert auf wenige strategisch bedeutsame Projekte zu lenken. Diejenigen Unternehmen, die dies leisten, schaffen eine Dynamik, in der sich Investitionen selbst verstärken: Ein erfolgreiches Projekt entlastet Ressourcen, schafft neue Chancen und erhöht die Umsetzungsfähigkeit der Organisation. Im besten Fall entsteht ein selbsttragender Entwicklungsprozess, in dem das Unternehmen »vor die Welle« kommt – also in der Lage ist, Entwicklungen nicht nur zu antizipieren, sondern aktiv zu gestalten.

Entscheidend ist dabei, Strategie nicht als statisches Planungsinstrument, sondern als lernende Struktur zu verstehen, die sich entlang interner und externer Entwicklungen iterativ weiterentwickelt. Gerade im Mittelstand, wo strategische Prozesse oft informeller verlaufen, hängt der Erfolg maßgeblich von der Fähigkeit ab, operative Erkenntnisse systematisch in strategisches Lernen zu überführen. Unternehmen, die eine Brücke zwischen Tagesgeschäft und Zukunftsfähigkeit schlagen, indem sie beides bewusst miteinander verzahnen, sind in der Lage, ihre Entwicklungsfähigkeit dauerhaft zu sichern. Strategie und Innovation stehen somit nicht im Widerspruch – sie bedingen einander.

4.3.2 Führung als gestaltende Kraft in dynamischen Umfeldern

Zentrale Bedeutung kommt dabei der Unternehmerpersönlichkeit zu. Anders als in Konzernen sind insbesondere mittelständische Unternehmen stark geprägt durch individuelle Haltung, Werte und Entscheidungslogiken der Inhaberinnen und Inhaber. Erfolgreiche Unternehmer zeichnen sich durch Urteilsvermögen, Selbstführung und die Fähigkeit zur strategischen Selbstbeschränkung aus. Letzteres meint die bewusste Konzentration auf wenige, aber wirksame Entwicklungsimpulse – anstatt sich in einer Vielzahl unkoordinierter Aktivitäten zu verzetteln.

Selbstführung wird hierbei zu einer Schlüsselkompetenz. Nur wer eigene Zeit und Aufmerksamkeit aktiv steuern kann, gewinnt überhaupt die nötigen Freiräume für strategisches Denken. Hinzu kommt die Fähigkeit, konsequent zu priorisieren: Welche Themen sind wirklich entscheidend für die mittel- und langfristige Zukunft des Unternehmens? Welche Vorhaben dürfen trotz Relevanz nicht verfolgt werden, weil sie das System überfordern? Diese Art von Entscheidungen verlangt Mut zur Lücke – und die Fähigkeit, zwischen operativer Exzellenz und strategischer Erneuerung zu balancieren.

Diese Führungsform verlangt auch Ambidextrie – die gleichzeitige Fähigkeit, einerseits das Bestehende zu optimieren, andererseits das Neue zu erkunden. Für KMU, deren Ressourcen begrenzt sind, ist diese Balance besonders anspruchsvoll. Es braucht Persönlichkeiten, die einerseits nah am Tagesgeschäft sind, andererseits systematisch Zukunft vorbereiten. Wer ein KMU erfolgreich führen will, muss in der Lage sein, Menschen für Ideen zu gewinnen, Spannungen produktiv zu machen und Organisationen zu befähigen, sich selbst weiterzuentwickeln.

4.3.3 Intrapreneurship als integraler Bestandteil strategischer Entwicklung

Ein zunehmend relevanter Baustein zur Stärkung der Zukunftsfähigkeit ist die systematische Förderung von Intrapreneurship. Darunter versteht man die gezielte Aktivierung unternehmerischen Denkens in der Belegschaft – mit dem Ziel, neue Geschäftsmodelle, Produkte oder Prozesse zu entwickeln. Intrapreneurship-Programme unterscheiden sich von klassischen Innovationsworkshops oder Weiterbildungsangeboten durch ihre langfristige Zielsetzung, strukturelle Verankerung und Umsetzungsorientierung.

Diese Programme entfalten ihre Wirkung jedoch nur dann voll, wenn sie nicht als isolierte Projekte, sondern als integraler Bestandteil der Unternehmensstrategie gedacht sind. Das bedeutet: Die identifizierten Ideen müssen nicht nur technisch und wirtschaftlich valide sein, sondern auch zur strategischen Ausrichtung des Unternehmens passen. Nur dann lassen sich Innovationsimpulse mit der notwendigen Verbindlichkeit weiterverfolgen. Erfolgreiche Unternehmen etablieren daher Validierungskonzepte entlang strategischer Kriterien: Desirability (Kundennutzen), Viability (Tragfähigkeit des Geschäftsmodells), Feasibility (technische Realisierbarkeit) und Contextuality (strategische Passung).

Ein wirksames Intrapreneurship-Programm setzt darüber hinaus auf strukturelle Rückkopplung: Ideen, die scheitern, liefern dennoch wertvolle Erkenntnisse für die Weiterentwicklung der Strategie. So wird Innovation nicht nur zur Quelle neuer Geschäftsfelder, sondern auch zum Vehikel strategischen Lernens.

4.3.4 Organisationales Lernen und kulturelle Voraussetzungen

Langfristige Entwicklung ist eng mit der Fähigkeit zur organisationalen Lernfähigkeit verknüpft. Unternehmen, die ihre Erfahrungen systematisch auswerten, Fehler analysieren und dabei nicht etwa Schuldige, sondern Lernpotenziale suchen, schaffen die Voraussetzung für nachhaltige Innovation. Gerade in KMU ist diese Lernfähigkeit eng mit der Unternehmenskultur verwoben. Psychologische Sicherheit – also das Vertrauen, auch unbequeme Ideen oder Kritik ohne negative Konsequenzen äußern zu können – ist dabei ein zentrales Element. Wo Mitarbeitende sich sicher fühlen, wagen sie eher das Denken außerhalb gewohnter Bahnen und leisten Beiträge zur

Weiterentwicklung des Unternehmens. Intrapreneurship entfaltet genau in solchen Kontexten seine größte Wirkung.

Darüber hinaus erfordert organisationales Lernen Routinen, in denen Reflexion systematisch verankert ist. Feedbackschleifen, projektbegleitende Auswertungen und die gezielte Integration von Erkenntnissen in Planungsprozesse werden so zu Bausteinen einer lernfähigen Organisation. Besonders im Mittelstand, wo formalisierte Prozesse oft fehlen, ist es umso wichtiger, informelle Lernwege bewusst zu gestalten und weiterzuentwickeln.

4.3.5 Systemische Innovationsarchitektur auch im Mittelstand realisierbar

Entgegen weit verbreiteter Vorstellungen ist Innovationsfähigkeit nicht allein eine Frage kreativer Einzelfälle, sondern vor allem das Resultat systematisch gestalteter Prozesse. Auch im Mittelstand lässt sich eine Innovationsarchitektur etablieren, die nicht auf Abteilungsebene, sondern in der Führungsstruktur verankert ist. Dazu gehören klar definierte Innovationsrollen, transparente Auswahlkriterien für Projekte und eine Rückkopplung zur strategischen Unternehmensentwicklung. Entscheidend ist, dass Innovation nicht als Zusatzaufgabe oder Störung des Alltags betrachtet wird, sondern als Teil des unternehmerischen Selbstverständnisses.

Ein praktikabler Ansatz für KMU kann die Etablierung eines internen Innovationsboards sein, das als Schnittstelle zwischen Unternehmensleitung und Mitarbeitenden fungiert, Themen priorisiert und Ressourcen verteilt. Durch die Nähe zur Inhaberschaft und die kurzen Wege kann eine hohe Umsetzungsgeschwindigkeit erreicht werden – vorausgesetzt, es gibt die Bereitschaft, Projekte nicht nur anzustoßen, sondern auch zur Reife zu begleiten. Auch Kooperationen – etwa mit anderen KMU im Rahmen eines gemeinsamen Intrapreneurship-Programms – können helfen, Ressourcen zu bündeln und Kompetenzen gemeinsam weiterzuentwickeln.

4.3.6 Fazit: Unternehmerische Zukunft entsteht im System

Langfristiger Erfolg im Mittelstand ist kein Zufallsprodukt. Er ist Ergebnis bewusster Entscheidungen, disziplinierter Umsetzung und strategischer Ausdauer. Erfolgreiche KMU sind lernende Organisationen, die gleichzeitig robust und wandlungsfähig sind. Die Unternehmerin oder der Unternehmer agiert darin nicht nur als Entscheider, sondern als Architekt eines Systems, das Entwicklung ermöglicht. Die Förderung von Intrapreneurship – eingebettet in eine klare strategische Ausrichtung – kann dabei zu einem zentralen Hebel werden. Denn am Ende entscheidet nicht die Größe des Unternehmens über seine Zukunftsfähigkeit, sondern die Qualität seiner Entscheidungen – und die Fähigkeit, Menschen zur Mitgestaltung zu befähigen.

4.4 Entscheidende Faktoren für den Erfolg von Unternehmen

Georg Kraus

Stellen Sie sich vor, Sie stehen vor einem schwierigen Projekt, einem Turnaround, einem Markteintritt mit unklarem Ausgang. Der Weg ist steil, die Umgebung unsicher und doch verspricht der Aufstieg Bedeutung, Wirkung und Wachstum. Die Führung eines Unternehmens gleicht oft diesem Bild: Sie ist anspruchsvoll, risikobehaftet – und zugleich voller Gestaltungsspielraum.

Führung ist kein mystischer Visionstanz. Sie ist ein Handwerk. Erfolgreiche Unternehmerinnen und Unternehmer folgen keinen geheimnisvollen Eingebungen, sondern beherrschen ihr strategisches Instrumentarium: Sie analysieren, priorisieren, kommunizieren und treffen Entscheidungen – häufig unter Unsicherheit. Wer das strategische Handwerk mit Konsequenz betreibt, erhöht seine Chancen erheblich – und kann dann, mit etwas Glück, zur richtigen Zeit am richtigen Ort sein.

4.4.1 Strategischer Mut: Entscheidungen unter Unsicherheit

Mut wird im unternehmerischen Kontext häufig romantisiert als Eigenschaft heroischer Gründerfiguren, die entgegen aller Widrigkeiten Großes schaffen. In der strategischen Praxis ist Mut jedoch weit weniger dramatisch, dafür umso anspruchsvoller: Er zeigt sich dort, wo Führungskräfte unter unvollständigen Informationen Entscheidungen treffen müssen, für die sie später die Verantwortung tragen-gegenüber Gesellschaftern, Mitarbeitenden, Kunden und der Öffentlichkeit.

Strategischer Mut ist keine spontane Regung. Er ist die bewusste Entscheidung, trotz Unsicherheiten zu handeln, auf Basis von Annahmen, Analysen und Erfahrungswissen. Wer strategisch mutig handelt, entscheidet sich nicht »gegen die Angst«, sondern bezieht sie in seine Kalkulation mit ein. Angst ist in dynamischen Märkten kein Feind, sondern ein Sensor für Komplexität-vorausgesetzt, sie wird nicht verdrängt, sondern reflektiert. In der Praxis zeigt sich strategischer Mut an strukturierten Entscheidungen:

- **Markteintritt trotz Unsicherheiten:** Wer ein neues Produkt launcht, obwohl Marktfeedback noch dünn ist, muss mutig vorgehen, aber nicht blind. Eine strukturierte Hypothesenbildung, ein realitätsnahes Testkonzept und konkrete Erfolgskriterien ermöglichen kalkuliertes Handeln.
- **Strategische Kurswechsel:** Wenn bestehende Geschäftsmodelle nicht mehr tragen, erfordert es Mut, liebgewonnene Routinen zu hinterfragen. Strategen, die dies tun, kombinieren externe Analysen (z. B. Markt- und Technologietrends) mit interner Klarheit (z. B. über Kernkompetenzen und Ressourcen).

Mutvolle Entscheidungen beruhen dabei nicht auf Einzelmeinungen oder Bauchgefühl, sondern auf vorbereiteter kollektiver Intelligenz: in Szenarien-Workshops, mit vorbereiteten Entscheidungsmatrizen, durch Simulationsmodelle oder interne »Red Teams«, die gezielt Schwachstellen aufdecken.

Es ist eine Illusion, dass strategische Entscheidungen irgendwann auf »vollständiger Informationsbasis« getroffen werden könnten. Reife Führung akzeptiert die Lücke zwischen Analyse und Wirklichkeit – und gestaltet sie bewusst

- durch **Annahmen**, die offengelegt und überprüfbar gemacht werden,
- durch **Revisionspunkte**, an denen die Entscheidung erneut bewertet wird,
- und durch **Abbruchkriterien**, die im Vorfeld definiert werden, um Eskalationen zu vermeiden.

Ein handwerklich guter Strategieprozess benennt diese Lücken explizit. Führungsteams, die diese Kultur entwickeln, steigern ihre Entscheidungsqualität und reduzieren gleichzeitig die emotionale Last auf Einzelpersonen.

Kein Entscheider ist mutig im luftleeren Raum. Strategischer Mut braucht Rückhalt

- durch eine **Vertrauenskultur**, in der auch Fehlschläge reflektiert und nicht sanktioniert werden,
- durch **Führungsgremien**, die konstruktiven Widerspruch zulassen,
- und durch **Klarheit in Rollen und Verantwortlichkeiten**, die mutiges Handeln nicht im Nebel verlaufen lassen.

Die Aufgabe von Unternehmensleitungen ist es daher, nicht nur mutige Entscheidungen zu treffen, sondern auch einen organisatorischen Rahmen zu schaffen, in dem dieser Mut wachsen kann. Strategischer Mut ist damit auch eine Frage der Systemgestaltung.

Strategischer Mut ist keine angeborene Fähigkeit, sondern lässt sich gezielt entwickeln. In gut geführten Organisationen gehören folgende Übungen zur Führungspraxis:

- **Szenarientraining:** Entscheidungen werden regelmäßig unter verschiedenen Zukunftsbildern simuliert, um Entscheidungsfähigkeit auch unter Unsicherheit zu schulen.
- **Post-Mortem-Analysen:** Fehlentscheidungen werden retrospektiv analysiert, nicht um Schuldige zu benennen, sondern um systematisch zu lernen.
- **Pilotprojekte mit Eskalationsfenstern:** Strategische Initiativen werden bewusst unter definierten Risiken gestartet–mit klaren Reviewpunkten, an denen der Kurs bestätigt oder angepasst wird.

Solche Routinen helfen Führungskräften, zwischen »blindem Aktionismus« und »strategischem Wagemut« zu unterscheiden. Wer strategisch mutig handeln will, braucht keine Heldengeschichte, sondern ein solides Führungsinstrumentarium. Mut zeigt sich dort, wo Unsicherheit nicht verdrängt, sondern methodisch verarbeitet wird. Wo Annahmen explizit gemacht, Entscheidungen transparent vorbereitet und Risiken aktiv gestaltet werden. Und er zeigt sich in Organisationen, die Mut nicht mit Glück oder Charisma verwechseln, sondern mit dem Können, unter Risiko handlungsfähig zu bleiben.

4.4.2 Kreative Strategiearbeit: Alternative Denkmodelle zulassen

Kreativität gilt oft als individuelles Talent – ein Funke, der plötzlich aufblitzt. Doch in der strategischen Führung ist Kreativität kein Zufallsprodukt, sondern ein strukturierter Prozess: Sie entsteht dort, wo Neugier kultiviert, Widerspruch zugelassen und Perspektivenvielfalt methodisch gefördert wird.

Strategische Kreativität ist nicht primär eine ästhetische oder künstlerische Kompetenz, sondern eine betriebliche Notwendigkeit: Unternehmen, die auf veränderte Märkte, neue Technologien oder disruptive Wettbewerber nicht mit originellen Lösungsansätzen reagieren können, verlieren ihre Handlungsfähigkeit. Innovationsfähigkeit wird damit zur Überlebensfrage.

In dynamischen Märkten reicht es nicht, Bestehendes zu optimieren. Strategische Führung verlangt das Denken in Alternativen, das Aufbrechen von Routinen und das systematische Erzeugen von Neuem. Dabei geht es nicht nur um Produkte oder Geschäftsmodelle, sondern auch um neue Formen der Zusammenarbeit, Führung oder Kundeninteraktion.

Der handwerkliche Kern kreativer Strategiearbeit liegt in der **systematischen Abweichung vom Gewohnten** und der bewussten Verarbeitung dieser Abweichung. Beispiele für Methoden, die diesen Aspekt der kreativen Strategiearbeit herausarbeiten, sind:

- **Denkexperimente**: Was wäre, wenn unser Geschäftsmodell morgen verboten würde? Welche Fähigkeiten blieben uns – und wie könnten wir sie neu kombinieren?
- **Trendanalysen**: Welche gesellschaftlichen, technologischen oder ökologischen Entwicklungen bedrohen unser heutiges Angebot oder eröffnen ganz neue Spielfelder?
- **Cross-Industry-Benchmarking**: Was machen andere Branchen grundlegend anders und was ließe sich adaptieren?

Kreativität entfaltet sich selten im klassischen Konferenzraum mit Agenda und Zeitdruck. Sie braucht Räume, in denen Hypothesen gedacht, verworfen und neu kombiniert werden dürfen-ohne sofortige Bewertung. Strategische Führung sorgt daher aktiv für

- **geschützte Denkzonen**: Workshops, Labs, Retreats, in denen keine operative Rechenschaftspflicht besteht,

- **methodisch strukturierte Kreativprozesse:** z. B. Design Thinking, Szenario Planung, Business Model Canvas, Reverse Engineering,
- **interdisziplinäre Teams:** je mehr Perspektiven, desto größer die Chance auf echte Neuheit-solange ein gemeinsamer Arbeitsrahmen gegeben ist.

Führungskräfte, die kreative Strategiearbeit ermöglichen wollen, müssen bewusst in den **Wechsel der Denkmodi** investieren: von der Bewertungslogik (»Was funktioniert?«) bis zur Möglichkeitslogik (»Was wäre, wenn...?«).

Ein kreatives Unternehmen ist kein zufälliges Kollektiv von Querdenkern, sondern eine Organisation, in der **Neugier strukturell gewollt und geschützt** wird. Das beginnt mit der Führung: Strategisch kluge Unternehmen fördern Fragen, auch wenn diese unbequeme Antworten provozieren. Als Beispiele für kreative Führungspraktiken können genannt werden:

- **»Falsify your assumptions«-Formate:** Strategische Annahmen werden regelmäßig hinterfragt-mit dem Ziel, blinde Flecken aufzudecken.
- **»Zukunft aus der Gegenwart rückwärts denken«:** Zielbilder (z. B. Vision 2030) werden bewusst rückwärts dekliniert, die Leitfrage dabei ist: Was müsste passieren, damit wir dort ankommen?
- **Reverse Mentoring:** Jüngere Mitarbeitende oder externe Beobachter bringen neue Impulse in strategische Diskussionen und fördern so Perspektivenwechsel.

Innovation wird oft als »Geistesblitz« missverstanden – doch in der Praxis ist sie meist das Ergebnis strukturierter Such- und Entwicklungsprozesse. Erfolgreiche Unternehmen haben systematische Innovationsprozesse mit klaren Rollen, Budgets, Bewertungskriterien und Entscheidungswegen. Zum kreativen Handwerk gehören

- **Innovationsportfolios**, die sowohl inkrementelle als auch radikale Ideen erfassen,
- **Entscheidungsgates**, die helfen, Ideen frühzeitig zu selektieren, ohne zu schnell abzubrechen,
- **Pilotierungsformate**, die mit begrenztem Risiko reale Erfahrungen ermöglichen,
- und **ein sauberes Schnittstellenmanagement** zwischen Innovationseinheit und Linie.

Kreativität bedeutet, neue Wege zu bedenken und damit auch, Irrwege zu akzeptieren. Strategische Kreativität benötigt deshalb eine Fehlerkultur, die aus Experimenten lernt, statt sie zu sanktionieren. Führungskräfte schaffen diese besondere Kultur durch

- Transparenz über eigene Lernprozesse,
- institutionalisierte Reviews, in denen auch gescheiterte Projekte analysiert und gewürdigt werden,
- und Anreizsysteme, die exploratives Verhalten nicht nur erlauben, sondern fördern.

Ohne diese Fehlerfreundlichkeit wird aus Kreativität ein Lippenbekenntnis. Wer wirklich strategisch neu denken will, muss Irrtum und Revision als Teil des Prozesses anerkennen.

Kreative Strategiearbeit ist kein Luxus, sondern Kernaufgabe strategischer Führung. Sie gelingt nicht durch geniale Einzelleistungen, sondern durch **methodisch strukturierte Prozesse, kulturelle Offenheit und disziplinierte Umsetzung**. Erfolgreiche Unternehmen investieren systematisch in die Fähigkeit, anders zu denken, weil sie wissen, dass Marktveränderungen keine Blaupausen mitliefern.

Strategische Kreativität bedeutet deshalb: Möglichkeitsräume eröffnen, Perspektivenvielfalt nutzen und Irritationen produktiv verarbeiten. Und damit genau das tun, was langfristig unternehmerische Relevanz sichert – weit jenseits des Tagesgeschäfts.

4.4.3 Beharrlichkeit und Ausdauer-Strategische Zielverfolgung mit Disziplin

In einer Zeit, in der schnelle Erfolge gefeiert, Pivotierungen bejubelt und disruptive Veränderungen als Ideal gelten, droht eine stille Tugend in Vergessenheit zu geraten: **Beharrlichkeit**. Doch gerade in der strategischen Führung ist sie ein zentraler Erfolgsfaktor – nicht als Ausdruck von Starrsinn, sondern als Fähigkeit, langfristige Ziele unter wechselnden Bedingungen konsequent zu verfolgen.

Strategische Führung ist selten ein Sprint. Sie ist ein Mittel- bis Langstreckenlauf mit Rückschlägen, Umwegen und Etappen, die Geduld und Durchhaltevermögen erfordern. Wer strategisch führen will, braucht eine Fähigkeit, die in Managementdiskursen oft zu wenig Beachtung findet: **operative und psychologische Ausdauer**.

Beharrlichkeit bedeutet nicht, an Strategien festzuhalten, die sich als falsch erweisen. Es geht vielmehr um das **konsequente Verfolgen einer übergeordneten Zielrichtung**, auch wenn taktische Anpassungen nötig sind. Strategische Ausdauer zeigt sich darin, nicht bei jedem Gegenwind die Segel zu streichen, sondern Kurskorrekturen vorzunehmen, ohne das Ziel aus den Augen zu verlieren. Führungsstarke Organisationen unterscheiden

- **Kernziele**, die stabil bleiben (z. B. Marktführerschaft, Technologievorsprung, Kundenvertrauen),
- von **Taktiken**, die anpassungsfähig sein müssen (z. B. Kanäle, Produkte, Kommunikationsformate).

Diese Trennung von Strategie und Umsetzung erlaubt es, flexibel zu agieren und gleichzeitig entschlossen zu bleiben.

Strategische Führung ist nicht nur methodische, sondern auch emotionale Arbeit. Der Druck, die ständige Sichtbarkeit, die Verantwortung für Entscheidungen mit hoher Tragweite: All das fordert psychische Stabilität. Wer langfristig führen will, muss **Resilienz entwickeln**, die Fähigkeit, mit Belastung umzugehen, aus Rückschlägen zu lernen und sich zu regenerieren. Instrumente der Selbstführung für strategische Ausdauer sind:

- **Reflexionszeiten** außerhalb der operativen Hektik (z. B. monatliche Retreats, Führungssparring),
- **professionelles Coaching** für Entscheidungsträger,
- eine **gesunde Fehlerkultur**, die nicht nur im Team, sondern auch in der Selbstführung wirksam ist.

Rückschläge sind im strategischen Arbeiten unvermeidlich, seien dies gescheiterte Innovationsprojekte, regulatorische Änderungen, technologische Umbrüche oder personelle Verluste. Was strategisch starke Organisationen auszeichnet, ist der **professionelle Umgang mit diesen Momenten**. Sie vermeiden operative Überreaktionen und nutzen Rückschläge als Lernschleifen.

Wer überall gleichzeitig wirken will, verliert Energie und damit Ausdauer. Strategisch erfolgreiche Unternehmen entscheiden sich bewusst, was sie **nicht** verfolgen. Fokussierung schafft Klarheit in Ressourceneinsatz, Kommunikation und Erwartungshaltung und erlaubt es, über längere Zeit auf wenige, aber entscheidende Ziele hinzuarbeiten. Die Fokussierung bedeutet:

- **Nein sagen können**, auch zu attraktiven Opportunitäten,
- **Konzentration auf strategische Engpässe** statt breiter Aktivität,
- und das **Durchhalten gegen das operative Drängen**, wenn langfristige Initiativen noch keine kurzfristigen Ergebnisse liefern.

Beharrlichkeit und Ausdauer sind in der strategischen Führung keine romantischen Tugenden, sondern **hochfunktionale Fähigkeiten**, die systematisch aufgebaut und gepflegt werden können. Sie entstehen aus Klarheit, Struktur, Selbstführung und institutionalisierter Reflexion.

Organisationen, die strategisch ausdauernd handeln, verzichten nicht auf Wandel, sondern sie steuern ihn in einen übergeordneten Kompass. Und sie ermöglichen ihren Führungskräften, auch unter Druck konsequent, lernfähig und zielorientiert zu bleiben.

4.4.4 Der Glücksfaktor: Wenn Vorbereitung auf Gelegenheit trifft

»Manchmal war einfach das Glück auf meiner Seite.«Dieser Satz fällt oft, wenn erfolgreiche Unternehmer oder Unternehmerinnen rückblickend auf entscheidende Wendepunkte ihrer Karriere blicken. Und tatsächlich: Glück spielt eine Rolle im unternehmerischen Erfolg. Doch wer genauer hinsieht, erkennt schnell, dass es selten reiner Zufall war, sondern **das Zusammentreffen von Gelegenheit und Vorbereitung**. In der strategischen Führung ist Glück kein strategisches Ziel, aber ein realer Faktor. Entscheidend ist, wie Unternehmen und ihre Führungsteams mit Unvorhergesehenem umgehen. Glück im unternehmerischen Kontext lässt sich in drei Formen unterscheiden:

- **Situatives Glück** – z. B. eine unerwartete Marktöffnung oder eine regulatorische Wendung, die dem Geschäftsmodell zugutekommt.
- **Begegnungsglück** – ein Kontakt, der sich im Rückblick als entscheidend für ein Projekt oder eine Wendung erweist.
- **Timing-Glück** – zur richtigen Zeit mit dem richtigen Angebot präsent zu sein, obwohl der Markt zuvor noch unzugänglich war.

Keiner dieser Glücksfälle ist planbar, aber alle sind nach dem Eintritt nutzbar. Strategische Führung erkennt: **Glück ist kein tragfähiges Fundament, aber eine Ressource, wenn sie vorbereitet ist.** »Das Glück bevorzugt den Tüchtigen«, diese alte Redewendung bringt ein zentrales Prinzip auf den Punkt: Wer strategisch arbeitet, Chancen vorbereitet und offen bleibt für Unerwartetes, ist eher in der Lage, einen glücklichen Zufall zu erkennen und zu nutzen. Strategische Vorbereitung auf Glück bedeutet:

- **optionenorientiertes Denken**: Wer in Szenarien plant, kann auch mit Abweichungen umgehen – und diese in Handlungsoptionen überführen.
- **Netzwerkintelligenz**: Wer vielfältige Beziehungen über Fachgrenzen, Branchen und Regionen hinweg pflegt, hat höhere Wahrscheinlichkeit, »zur richtigen Zeit am richtigen Ort« zu sein.
- **kognitive Offenheit**: Wer sich auf Hypothesen statt Gewissheiten stützt, nimmt neue Signale früher wahr und interpretiert sie sinnvoll.

Nicht jeder unerwartete Impuls ist eine Gelegenheit. Strategisch kluge Führung unterscheidet zwischen:

- **Störungen**, die operative Stabilität gefährden, und
- **Chancen**, die Potenzial für Wachstum oder Differenzierung bergen.

Das erfordert ein hohes Maß an **Aufmerksamkeitssteuerung**. Führungsteams müssen in der Lage sein, zwischen Betriebsrauschen und strategisch relevanten Signalen zu unterscheiden. Diese Fähigkeit lässt sich durch strukturierte Umweltanalysen, Frühindikatorensysteme und strategische Sparringsformate stärken.
Serendipität, die Fähigkeit, zufällig auf etwas Wertvolles zu stoßen, ist nicht nur eine individuelle Haltung, sondern auch eine **organisatorische Eigenschaft**. Unternehmen können sich serendipitätsfähig aufstellen, indem sie:

- **offene Räume für interdisziplinären Austausch schaffen** (z. B. Innovationsforen, Shadow Boards, interne Think Tanks),
- **Zeitbudgets für Exploration zulassen**, ohne unmittelbaren Ergebnisdruck,

- **Kollaboration mit externen Partnern** fördern (z. B. über Ökosysteme, Forschungskooperationen oder Co-Innovation-Formate).

So wird Glück nicht produziert, aber wahrscheinlicher. Nicht jeder Glücksmoment tritt ein-manchmal trotz bester Vorbereitung. Strategische Führung erkennt auch das: Glück ist weder planbar noch gerecht verteilt. In solchen Phasen ist entscheidend, dass Organisationen **nicht in Resignation, Zynismus oder Verzweiflung verfallen**, sondern systematisch lernen:

- Was war beeinflussbar, was nicht?
- Welche strukturellen Voraussetzungen hätten uns flexibler gemacht?
- Welche blinden Flecken haben uns an Chancen vorbeigehen lassen?

Solche Reflexion fördert **Glückskompetenz** – nicht im Sinne von Kontrolle, sondern im Sinne von Deutungsfähigkeit. Strategische Führung plant nicht mit Glück, aber sie schafft Bedingungen, unter denen günstige Zufälle Wirkung entfalten können. Wer strategisch vorbereitet ist, agiert nicht als Getriebener des Zufalls, sondern als aktiver Gestalter in einem dynamischen Umfeld.

Das Glück des Tüchtigen besteht nicht darin, alles richtig zu machen-sondern darin, Chancen wahrzunehmen, wenn andere sie übersehen. In diesem Sinne ist Glück kein Gegensatz zu Professionalität, sondern ihre Belohnung.

4.4.5 Die Triade der strategischen Führung

Strategische Führung ist weit mehr als das Jonglieren mit Kennzahlen, das Formulieren visionärer Ziele oder das Reagieren auf kurzfristige Marktveränderungen. Sie ist ein Zusammenspiel aus methodischer Kompetenz, innerer Haltung und der Bereitschaft, sich auf das Unplanbare einzulassen. Wer strategisch führen will, muss das Handwerk beherrschen: die Fähigkeit, Komplexität zu analysieren, Hypothesen zu formulieren, Szenarien zu entwerfen und Entscheidungen unter Unsicherheit systematisch vorzubereiten. Ohne ein solides Fundament aus Strukturen, Prozessen und Instrumenten bleibt Führung aktionistisch oder beliebig.

Gleichzeitig benötigt strategisches Handeln durch Haltung, eine innere Verankerung in Verantwortung, Reflexionsfähigkeit und Ausdauer. Es geht darum, auch in schwierigen Phasen Orientierung zu geben, Entscheidungen zu tragen und aus Rückschlägen zu lernen, ohne den strategischen Kompass zu verlieren. Haltung zeigt sich nicht in Durchhalteparolen, sondern in der Fähigkeit, Irritationen auszuhalten, Ambiguitäten zu steuern und dabei Menschlichkeit und Integrität zu wahren.

Schließlich gibt es das, was sich nicht planen lässt: das Handlungsglück. Es begegnet jenen, die vorbereitet sind, die offen denken, Netzwerke pflegen, Optionen entwickeln und neue Chancen erkennen, wenn sie sich zeigen. Glück ist kein Ersatz für Kompetenz, sondern ihr Verstärker. Es ist das Quäntchen Unerwartetes, das Wirkung entfaltet, wenn Organisationen wach, lernfähig und mutig sind. Strategische Führung entfaltet ihre Wirksamkeit dort, wo Handwerk, Haltung und Handlungsglück aufeinandertreffen – sachlich, reflektiert und konsequent. Sie braucht keine Helden, sondern Könner mit Charakter.

4.5 Der Unternehmerkompass – Herausforderungen bei der strategischen Entwicklung und der operativen Steuerung

Gori von Hirschhausen

4.5.1 Einleitung

Was bedeutet Unternehmertum? Im Kern, zum passenden Zeitpunkt die richtige Antwort auf eine wirtschaftlich interessante Frage zu finden – egal wie naheliegend oder abseitig sie zunächst erscheinen mag. Und dann natürlich, mit unternehmerischem Geschick aus einer guten Idee eine erfolgreiche Innovation zu machen. Anfang der 1950er-Jahre etwa fragten sich Karl und Theo Albrecht, wie sie die Menschen nach dem Krieg am besten mit Grundnahrungsmitteln versorgen könnten. Ihre Idee: Niedrige Preise und minimales Sortiment im Selbstbedienungsladen. Mit über 100 Milliarden Euro Umsatz gehören die noch von den Gründerfamilien kontrollierten Aldi-Unternehmen heute zu den global führenden Handelsgruppen. Ende der 1970er-Jahre fragten sich Steve Jobs und Steve Wozniak, warum es keinen intuitiv bedienbaren Computer für Menschen gibt, die sich nicht für Programmcode interessieren. Ihr Macintosh, der Rechner für IT-Laien, legte das Fundament für den Apple-Konzern, heute eines der wertvollsten Unternehmen der Welt. In den 2000er-Jahren fragten sich Norbert, Henning und Steffen Strauss, warum der von ihrem Vater bzw. Großvater gegründete Textilhersteller Engelbert Strauss nur »Blaumänner« ans Handwerk liefern soll. Heute setzt der Familienbetrieb mit farbenfroher Funktionskleidung für den Arbeitsalltag weltweit 1,4 Milliarden Euro um und hat sich als Sponsor des FC Liverpool oder als Workwear-Partner der Major League Baseball in den USA international einen Namen gemacht.

Solche Fragen liegen nicht automatisch auf der Hand. Häufig stellen sie sich, wenn jemand eine bestimmte Situation erlebt und einem Bauchgefühl folgt. Und auch innovative Antworten entstehen oft durch Intuition und Ausprobieren, bevor Unternehmer rational mithilfe von Marktforschung und Zahlenanalyse ein konkretes Angebot formulieren. »Gerade unser Bauchgefühl, Intuition genannt, ist nach wie vor die beste Grundlage, um wichtige Entscheidungen zu treffen«, meint Prof. Dr. Gerd Gigerenzer, früher Direktor am Max-Planck-Institut für Bildungsforschung und jetzt Direktor des Harding-Zentrums für Risikokompetenz der Universität Potsdam. Dabei handele es sich nicht um eine göttliche Eingabe oder einen sechsten Sinn, sondern langjährige Erfahrung, ein umfassendes und schnelles Situationsverständnis sowie das daraus resultierende unerklärliche, starke Empfinden, eine bestimmte Option zu präferieren. Die Bereitschaft zu solchen Bauchentscheidungen zeichnet gerade mittelständische Familienbetriebe aus, deren Führungskräfte nicht nur langfristiger denken als die börsennotierter Firmen mit ihrer Ausrichtung auf Quartalszahlen. Diese Unternehmen haben häufig durch intuitive Weichenstellungen der Inhaber ihre starke Wettbewerbsposition erreicht und wissen daher, warum Zahlen wichtig, aber Gefühle manchmal eben doch entscheidend sind.

4.5.2 Es braucht das Mikroskop für Transparenz ebenso wie das Teleskop für den Blick nach Vorne

In Zukunft dürfte die Bedeutung von Bauchgefühl und Intuition aber abnehmen. Zwar werden diese klassischen Tugenden erfolgreicher Familienunternehmen weiter Einfluss auf operative und strategische Entscheidungen haben, aber es braucht auch mehr Flankierung durch zahlengetriebene Analysen, beim Suchen nach spannenden Fragen ebenso wie beim Finden der passenden Antwort. Denn Unsicherheit ist die neue Normalität in Wirtschaft, Politik und Gesellschaft. Sie spielt für wirtschaftliche Planungen und Entscheidungen eine Hauptrolle, seitdem das Akronym VUCA eine breite Öffentlichkeit erreicht hat, die Abkürzung für Volatility, Uncertainty, Complexity, Ambiguity. Inzwischen gelten gar die noch weiter gehenden Anforderungen der BANI-Welt. Das Akronym für die Adjektive brittle, anxious, non-linear und incomprehensible (spröde, verunsichert, non-linear und unverständlich) – beschreibt ein durch permanente Unbeständigkeit geprägtes Umfeld. Es geht nicht um Volatilität im System, sondern die Zerstörung des Systems selbst – siehe die Zollpolitik von US-Präsident Donald Trump. Bauchgefühl und Intuition, die sich aus Erfahrungen speisen, sind in so einem Umfeld weniger hilfreich und müssen umfassend mit aktuellen Daten ergänzt werden.

Daher kommt dem Finanzbereich – gerade dem Controlling – bei der Unternehmenssteuerung eine wichtigere Rolle zu. Selbst erfahrenste Unternehmer, die früher mit einer gelungenen Kombination aus Bauchgefühl, Intuition und rationalem Denken gute Entscheidungen getroffen haben, brauchen in der komplexeren, durch zunehmende Unsicherheit gekennzeichneten VUCA- und BANI-Welt einen exzellenten Unternehmer-Kompass, der ihnen faktenbasiert hilft, auf Erfolgskurs zu bleiben. Als dieser Unternehmer-Kompass kann künftig die Finanzfunktion – im Speziellen das Controlling – dienen, indem sie einen Ansatz zur Unternehmenssteuerung realisiert, der die Performance der Organisation transparent macht, richtige Anreize setzt und dazu dient, ambitioniert aber realistisch zu planen sowie zu investieren. Ein gutes Controlling ist als Kern eines solchen Unternehmer-Kompass wichtiger denn je. In seine Instrumentensammlung gehört das Mikroskop für Transparenz, Detailschärfe und Genauigkeit beim Blick auf Zahlen ebenso wie das Teleskop für den erhellenden Blick nach Vorne, um fundierte Szenarien und wirkungsvolle Maßnahmen als Vorbereitung auf jede denkbare Zukunft entwickeln und so die unternehmerische Resilienz steigern zu können.

4.5.3 Unternehmer-Kompass als wesentliches Steuerungsinstrument im Strategiekreislauf

Durch seine Funktion als Unternehmer-Kompass kommt dem Finanzbereich eine höhere Bedeutung im Strategiekreislauf zu, der über sechs Phasen strategisches und operatives Management verbindet. Schon in der ersten Phase braucht es zur Entwicklung einer Unternehmensstrategie – basierend auf der individuellen Mission, Vision und Wertewelt – als Ergänzung zum Bauchgefühl der Unternehmer auch belastbare Zahlen für eine fundierte strategische Analyse als Voraussetzung zur Formulierung einer Strategie. Diese gilt es in der zweiten Phase zu übersetzen in die Strategy Map – Messgrößen, Zielwerte und Initiativen finden ihren Ausdruck hier auch in Form eines strategischen Budgets. Nach der Ausrichtung der Organisation auf die Strategie – Stichworte sind Geschäftsbereiche, Funktionsbereiche, Mitarbeiter – folgt in Phase vier die operative Planung, bei der es insbesondere um das Verbessern der Geschäftsprozesse, das Planen von Umsatz, Ressourcen und Kapazitäten sowie die Budgetierung geht, getrieben von der Finanzfunktion und vor allem vom Controlling als Unternehmer-Kompass.

Auch in der laufenden Umsetzung und Kontrolle des strategischen wie des operativen Plans hat der Unternehmer-Kompass dann eine enorme Bedeutung. Er liefert Zahlen, Analysen und Simulationen zur Unternehmensteuerung sowie für das Anpassen von Plänen und Maßnahmen etwa in Form der Balanced Scorecard (BSC) oder über maßgeschneiderte Dashboards. So lassen sich beispielsweise Prognosen zum Umsatz und Ressourcenbedarf auf operativer oder BSC-Zahlen auf strategischer Ebene kontinuierlich auswerten, was dem Verfeinern des strategischen oder Modifizieren des operativen Plans dient. Im weiteren Strategiekreislauf spielt der Finanzbereich ebenfalls eine große Rolle. Mit seinen Daten, Auswertungen und Prognosen unterstützt er sowohl das Kontrollieren und Lernen in strategischen und operativen Lagebesprechungen in Phase fünf als auch das Testen und Anpassen in Phase sechs – hier liefert er u. a. Performance-Indikatoren etwa zur Analyse von Profitabilität oder Korrelationen. Damit künftig diese Form von Unternehmensteuerung und Controlling tatsächlich ein gutes Navigationsinstrument darstellt und im Strategiekreislauf sowie im operativen Tagesgeschäft als **Unternehmer-Kompass** dienen kann, muss sie allerdings unbedingt richtig aufgesetzt sein.

> **Controlling-Agenda 2030**
>
> Um als Unternehmer-Kompass dienen zu können, muss die Finanzfunktion – insbesondere das Controlling – künftig proaktiver mit den Unternehmensbereichen zusammenarbeiten.
> **Konstruktiver Investor.** Fachleute aus Controlling und M&A-Abteilung begleiten die Unternehmensbereiche in vergleichbarer Weise, wie es bei Private-Equity-Gesellschaften üblich ist. Sie verstehen sich als Partner der Geschäftseinheiten und unterstützen diese beim Sichern der Profitabilität, indem sie ihnen

strategisch wertvolle Einblicke in die Entwicklung von Zahlen und Trends ermöglichen. Indem die Finanzfunktion die PE-Denkweise ins Steuerungsmodell integriert, gibt sie der Firmenleitung die Möglichkeit, ihre Organisation mit den modernen Methoden in eine erfolgreiche Zukunft zu lenken, die auch PE-Gesellschaften für ihre Portfolio-Unternehmen nutzen.

Intimer Branchenkenner. Aufgrund ihrer fundierten Kompetenz für Branchenthemen können Experten der Finanzfunktion als echte Business Partner agieren. Sie haben ein tiefes Verständnis für lokale sowie funktionale Besonderheiten einzelner Geschäftsbereiche und fungieren so bei der Diskussion strategischer Weichenstellungen als ernstzunehmende Sparringpartner.

Zentraler Kontrolleur. Konzernweit einheitliche Controlling-Vorgaben sorgen für mehr Transparenz und ermöglichen dadurch eine effektive sowie effiziente Unternehmensführung. Diese Vereinheitlichung gilt für den organisatorischen und technischen Rahmen wie auch für die Leitlinien in der täglichen Arbeit.

Reaktionsschneller Anpasser. Indem die Finanzfunktion eine umfassende funktionale Integration über alle Unternehmensbereiche und Aufgaben hinweg realisiert sowie zielgerichtet vorausschauende Analysen und Simulationen anbietet, stärkt sie die Fähigkeit der gesamten Organisation zur Anpassung und damit ihre Resilienz.

Innovationsfreudiger Veränderer. In der bisherigen Transformation der Finanzfunktion sowie des Unternehmens als Ganzes hat die Digitalisierung eine wichtige, aber keine revolutionäre Rolle gespielt. Durch den Einsatz Künstlicher Intelligenz jedoch wird sich die Arbeitsweise im Finanzbereich fundamental verändern – und die damit verbundenen Chancen gilt es mutig zu nutzen.

Kompetenter Problemlöser. Eine auf höchste Leistungsfähigkeit getrimmte, global vernetzte Controlling-Community ist so in der Lage, mit passenden Initiativen auf alle neuen Herausforderung zu reagieren sowie gleichzeitig permanent die Kostenpositionen in allen Bereichen zu optimieren.

Zwar werden einerseits Geschäftspläne etwa durch veränderte Beschaffungspreise, plötzliche Lieferengpässe, rasche Sortimentswechsel, schwankende Nachfrage, neue Mitbewerber oder jüngst Zölle öfter obsolet, was flexible Anpassungen erfordert. Dann muss das Management seine Entscheidungen schneller und unter höherer Unsicherheit treffen, wodurch die Planung ihre frühere Funktion als stabiler Leitstern im Performance Management verliert. Trotzdem halten viele Unternehmen – oft traditionsreiche, inhabergeführte Mittelständler – andererseits am klassischen Forecasting fest, bei dem Bottom-up für diverse Einzelposten geplant wird. Das dauert mehrmals im Jahr ein bis zwei Monate, erfordert iterative Schleifen, bindet Kapazitäten, hemmt die Fähigkeit zum raschen Handeln – schließlich erfordern Änderungen in geschlossenen Systemen aufwendige Neuberechnungen, Genehmigungen sowie Zielanpassungen. Das Ergebnis: Hoher Aufwand für ein Zahlenwerk, das kaum eine vorausschauende Unternehmensführung ermöglicht, weil es nicht den Anforderungen des VUCA- und BANI-Umfeldes genügt. Um künftige Herausforderungen meistern zu können, muss die Finanzfunktion ihre Perspektive und Arbeitsweise anpassen sowie moderne Werkzeuge und Instrumente nutzen, insbesondere in Planung und Controlling. Nur dann können Unternehmenssteuerung und Controlling tatsächlich als Unternehmer-Kompass dienen.

Künftig sollte sich der Finanzbereich in seiner Funktion als Unternehmer-Kompass stärker darauf ausrichten, mit neuen Strukturen und Prozessen sowie dem Einsatz moderner digitaler Technologie die gestiegenen Anforderungen zu erfüllen. Um auf die veränderten globalen Rahmenbedingungen reagieren zu können, braucht es einen datengetriebenen, flexiblen und so höchst anpassungsfähigen Unternehmer-Kompass: Durch die zahlenbasierte, ereignisorientierte Steuerung und Konvergenz von Accounting, Controlling sowie Treasury lässt sich der gemeinsame Fokus von bisherigen KPI-Themen stärker auf jene für die künftige Wettbewerbsfähigkeit alles entscheidende Frage richten: Data to Dollar – wie machen wir Daten zu Geld? Das gelingt etwa durch eine dynamische, flexible Planung sowie Szenarioanalysen zur Darstellung möglicher Zukunftsentwicklungen inklusive der Vorbereitung auf realistische Alternativen. Fachleute der Finanzabteilung für quantitative Analysen (Quants) lenken durch ihre zahlenbasierte, vorausschauende Betrachtung den Blick auf neue Geschäftschancen, die mit der nach hinten gerichtete Perspektive des klassischen Controlling nicht entdeckt worden wären. Automatisierte, treiberbasierte Ansätze, bei denen interne und externe Datenpunkte mit künstlicher Intelligenz ausgewertet und so Möglichkeiten für zusätzliche Umsätze erkannt werden können – sog. »Maschine predicted trends« –, gehören künftig auch zum Werkzeugkasten der Finanzfunktion und machen sie zu einem Unternehmer-Kompass, mit dessen Hilfe sich Entscheidungen faktenbasiert in die richtige Richtung lenken lassen.

4.5.4 Mehr Wirtschaftlicher Erfolg durch die Kombination von Guts und Gigabytes

Beim Schaffen des **Unternehmer-Kompass** gilt es, die generelle Herangehensweise »Transformation powered by Technology« zu ergänzen um das gezielte Mitnehmen der Beschäftigten. Wenn sie die Notwendigkeit der Veränderung verstehen und bereit sind, den vorgegebenen Weg gemeinsam zu beschreiten, werden sie die neuen technischen Möglichkeiten effektiv und effizient nutzen. Ebenso wichtig ist eine Transformation der Organisation, die die dezentrale Entscheidungsfähigkeit stärkt – flankiert durch die Veränderung der Unternehmenskultur dahingehend, dass die Mitarbeitenden sich als Mitunternehmer verstehen, also als Intrapreneure. Das erlaubt das Kultivieren einer Knowledge-to-Action-Mentalität, steigert in allen Bereichen des Unternehmens die Self-Service-Fähigkeit und befähigt speziell das Controlling, die Aufgabe als Unternehmer-Kompass proaktiv wahrzunehmen – quasi wie Fachleute einer Private-Equity-Firma, die Beteiligungen nicht nur mit Kapital, sondern als kritisch-konstruktiver Investor aus einer übergeordneten Perspektive außerdem mit zusätzlichen Datenauswertungen und Marktanalysen versorgen, die es zuvor in dieser Form nicht gab. Indem die Finanzfunktion diese PE-Denkweise ins Steuerungsmodell des Unternehmens integriert, gibt sie der Firmenleitung die Möglichkeit, die Organisation mit jenen modernen Methoden in eine erfolgreiche Zukunft zu lenken, die auch PE-Gesellschaften bei ihren Portfolio-Unternehmen nutzen. Ähnlich wie Private-Equity-Profis sollten die Controller ihre Führungsetage mit datenbasierter analytischer Arbeit in der Entscheidungsfindung unterstützen und dadurch eine Ergänzung zum sprichwörtlichen Bauchgefühl erfahrener Unternehmer liefern – die sich dafür natürlich selbst der höheren Bedeutung solcher Datenanalysen ihrer Finanzabteilung öffnen müssen. Das neue Geheimrezept im Mittelstand lautet: Erfolg durch die Kombination von »Guts« (Bauchgefühl) und Gigabytes (technischer Kompetenz).

Das Private Equity Mindset

Dr. Sven Oleownik, Partner bei EMERAM Capital Partners, zum vergleichbaren Blick von Private-Equity-Firmen auf Beteiligungen und der modernen Finanzfunktion auf ihr Unternehmen.

Das Private Equity Mindset, die Sicht von PE-Firmen auf ihre Beteiligungen, kann dem Finanzbereich als Vorbild dienen und ist gekennzeichnet durch eine

- *langfristige Perspektive:* PE-Firmen investieren, um durch ihr Engagement den Unternehmenswert nachhaltig, also über einen geplanten Exit hinaus, signifikant zu erhöhen – denn nur wenn ein Käufer dies erkennt, lassen sich attraktive Werte beim Verkauf erzielen;
- *konsequente Wertorientierung:* Sie steuern Unternehmen auf Basis weitestgehender Transparenz der Zahlen (KPI) konsequent und vorausschauend statt anhand von »Hoffnungswerten«;
- *fundierte Due Diligence: Ihre Analyse minimiert nicht nur Risiken und begründet Investitionen, sondern identifiziert versteckte Potenziale zur Wertentwicklung;*
- *gezielte Unternehmensentwicklung:* Die Investoren treiben Verbesserungen durch strategische Umstrukturierungen, Kostenoptimierungen oder neue Arten der Marktbearbeitung voran.

Die Stärkung des Unternehmens durch Know-how der PE-Firma betrifft vor allem fünf Bereiche, wo auch Zahlen, Analysen und Simulationen des modernen Controlling gute Entscheidungshilfen liefern könnten:

- Strategieentwicklung: PE-Investoren begleiten Portfoliounternehmen als Sparringspartner. Klar definierte, quantifizierbare Zielen helfen beim Überprüfen ihrer Ausrichtung und falls nötig Entwickeln einer neuen oder optimierten Strategie. Weil sie mit Zahlen und deren Analyse die Auswirkungen und Szenarien von Strategien transparent machen, fallen Weichenstellungen

wie Zukäufe, der Einstieg in neue Geschäftsfelder oder die Internationalisierung leichter.
- Organisationsentwicklung: Ambitionierte Wachstumsziele von Portfoliounternehmen werden durch die kontinuierliche Weiterentwicklung und Professionalisierung der Wertschöpfungskette inklusive Supportfunktionen sowie die konsequente Ausrichtung der Organisation auf die Strategie vorweggenommen und damit erst sicher gestellt. Zahlenbasiert liefern PE-Firmen dem Management Impulse zur Organisationsentwicklung und fördern ein verbessertes Projektmanagement.
- Operational Excellence: Ein leistungsstarker Finanzbereich ist die Basis für transparente Erfolgskontrolle. PE-Firmen dienen als Sparringspartner für Operational Excellence, sie unterstützen beim Entwickeln und Digitalisieren wesentlicher, aussagekräftiger Reporting-Formate sowie beim Aufbau eines leistungsstarken Steuerungssystems, um Entscheidungen faktenbasiert treffen und Maßnahmen stringent verfolgen und vorausschauend anpassen zu können.
- Digitalisierung: Die digitale Transformation ist ein essenzieller Treiber der Wertsteigerung und beim Erreichen nachhaltiger Wettbewerbsvorteile. Deshalb erhalten Unternehmen umfassende Unterstützung beim Digitalisieren von Geschäftsmodellen, bei der Automatisierung von Prozessen, transaktionalen Beziehungen, Produkten und Dienstleistungen sowie beim Entwickeln des digitalen Arbeitsplatzes.
- ESG: Nachhaltiges Wirtschaften wird vielerorts integraler Teil der Unternehmensstrategie. Das reicht von der Bewertung der Investitionsmöglichkeiten bis zur täglichen Arbeit. EMERAM Capital Partners misst den Erfolg der Portfoliounternehmen anhand von ESG-Kennzahlen und verfolgt das Ziel, gemeinsam mit dem Management ESG-Mehrwerte explizit in die Firmenstrategie zu integrieren und sie nachhaltig wirtschaften zu lassen.

Die offensichtlichen Gemeinsamkeiten von Private-Equity-Firma und Finanzfunktion: Sie können dem Portfoliounternehmen bzw. der Organisation durch tiefgreifende Analysen von Daten und Zahlen mehr Transparenz bieten und wichtige Ansätze zur organisatorischen Verbesserung oder strategischen Stärkung liefern. Beide sind der kritisch-konstruktive Begleiter und vertrauensbasiert Sparringspartner, mit dessen Hilfe man wächst.

Auch wenn sich die Finanzabteilung in vielfacher Hinsicht neu aufstellt, um den Herausforderungen der VUCA- und BANI-Welt gerecht zu werden, ändert sich allerdings nichts an den drei klassischen zentralen Aufgaben im Controlling als Kern des Unternehmer-Kompass. Es konzentriert sich weiter auf

- **die Umsatzentwicklung** mit dem Ziel, die Relevanz des Unternehmens im Markt durch eine Steigerung der Umsätze und Marktanteile zu erhöhen;

- **die Profitabilitätsentwicklung,** damit das Unternehmen trotz steigender Produktions-, Struktur- und weiterer Zusatzkosten wie Zölle oder Abgaben mehr verdient, etwa durch eine vom Controlling angestoßene proaktive flexible Preisgestaltung und laufende Kostenoptimierung;
- **das Cash- und Liquiditätsmanagement** etwa durch einen verstärkten Fokus auf die Optimierung des Working Capital unter Stichworten wie DSO (Days Sales Outstanding), DPO (Days Payable Outstanding) oder DIO (Days Inventory Outstanding), weil Cash und Liquidität angesichts der Unsicherheit in den Märkten sowie der aktuellen Zinspolitik für das Unternehmen wichtiger werden, um reaktionsfähig zu sein.

Der iPhone-Moment der KI: Die Technologie durchdringt zunehmend alle Lebensbereiche

Damit das Controlling wirkungsvoll als Unternehmer-Kompass dienen kann, bieten sich mehrere Schwerpunkte zur Optimierung an. Als Ausgangspunkt sollte das Aktualisieren und falls notwendig Neuaufsetzen der Unternehmenssteuerung mit Blick auf das Performance Management dienen, die entscheidende Führungsunterstützungsfunktion im Unternehmen. Methoden, Prozesse und Systeme des Performance Management sollten sich über den ganzen Gestaltungsrahmen hinweg konsequent auf daten- und evidenzbasiertes Arbeiten ausrichten. Wichtig ist vor allem ein verstärkter Fokus auf standardisierte Daten- und Informationsmodelle als Basis eines Performance Management, bei dem beispielsweise Advanced Analytics, Künstliche Intelligenz und Agentic Systems Anwendungen wie etwa SAP Business Data Cloud zum Einsatz kommen.

Generell hat neue Technologie eine hohe Bedeutung für die Effektivitäts- und Effizienzsteigerung, neben der schon laufenden Automatisierung per Robotic Process Automation (RPA) insbesondere auch Künstliche Intelligenz. Die inzwischen stärker zum Einsatz kommende generative Künstliche Intelligenz (Generative Artificial Intelligence – GenAI) auf der Basis großer Sprachmodelle (Large Language Model – LLM) ist so etwas wie der iPhone-Moment der KI: Eine neue Technologie durchdringt immer mehr Bereiche des Privatlebens und unaufhaltsam auch den Arbeitsalltag. KI-Instrumente dürften bei der Suche nach und Aufbereitung von Informationen bald nicht mehr aus Büros oder Werkshallen wegzudenken sein. Ein Befehl an die KI – die sog. Prompt-Eingabe – genügt, um Antworten auf komplexe Fragen zu erhalten, sei es die Extraktion von Zahlen und Fakten aus langen Dokumenten, die systematische Auswertung kaum überschaubarer Datenmengen oder die Simulation von Entwicklungen auf Basis aller verfügbaren Informationen.

4.5.5 Künstliche Intelligenz hebt Controlling und strategische Planung auf ein ungeahntes Niveau

Vom klassischen Tagesgeschäft der Zahlenverarbeitung bis zur langfristigen strategischen Planung via Szenariomanagement wird KI die Arbeit in der Finanzabteilung sowie vor allem im Controlling tiefgreifend verändern und – richtig eingesetzt – einen Unternehmer-Kompass schaffen, der das Management effektiv unterstützen kann. Drei Beispiele für den bereits jetzt möglichen KI-Einsatz: Erstens litten Controlling, Planung und Berichterstattung bislang darunter, dass das manuelle Kommentieren der Berichte nicht nur zeitaufwändig ist, sondern oft inkonsistent. Künftig führt die automatisierte Kommentierung mithilfe von GenAI zur Erzeugung hochwertiger, in der Darstellung konsistenter und standardisierter Kommentare, die sogar neue Einblicke liefern können. Zweitens ist die Datenverarbeitung der Buchhaltung oder Steuerabteilung vielerorts noch mit einem hohen manuellen und dadurch fehleranfälligen Aufwand bei der Dateneingabe und -extraktion verbunden, sei es für Rechnungen, Mahnungen oder Steuerunterlagen. Mithilfe der generativen KI lassen sich Dokumente auslesen und mit bestehenden Informationen abgleichen oder Prozesse automatisieren und leicht in bestehende Systeme und Arbeitsabläufe integrieren. Das reduziert die Bearbeitungszeit und -kosten, vermeidet Fehler und gibt den Beschäftigten mehr Zeit für strategische Aufgaben. Und drittens kann die Finanzabteilung beim Wissensmanagement per KI für sie wichtige umfangreiche Dokumente oder verteilte Datenquellen, in denen entscheidende Informationen bislang oft nur mit viel Aufwand zu finden sind, einfacher anzapfen. Im Prompten geschulte Fachleute können dieses Wissen per Chat mit der KI binnen kürzester Zeit entdecken, auswerten und einordnen lassen. Die Technologie erleichtert den Zugang zu Informationen und ermöglicht eine flexible Datenanalyse, mit der sich bei insgesamt reduziertem Zeit- und Arbeitsaufwand neue Erkenntnisse zu Tage fördern lassen.

4.5.6 Das Controlling muss ein umfassendes effektives Performance Management leisten

Erforderlich ist außerdem eine Flexibilisierung von Planung und Forecasting durch den Wechsel von der Plan-Ist- zur Plan-Forecast-Sicht, für die ein proaktives Handeln stärker gefördert werden muss. Eine rollierende Planung sollte als dauerhafte Basisplanung dienen, der Fokus im Controlling auf Maßnahmen und Simulationen liegen, um Lücken zu schließen und dadurch als Teil des Unternehmer-Kompass faktenbasierte Entscheidungen zu erlauben. Weitere Handlungsbereiche sind die Verbesserung der Kosten-Nutzen-Relation in der Planung via Frontloading, rollierende Ansätze, Effekte-Planung oder teilautomatisiert Abweichungsanalysen und Kommentierungen. Ein global einheitliches Reporting über Dimensionen wie Märkte, Kunden, Produkte und Vertriebswege hinweg; Die Integration von Vorausschau und Ist-Reporting in Unternehmensprozesse. Damit diese Veränderungen wirken, sollte zudem ein genereller Mentalitätswandel im Unternehmen angestoßen werden und die Transformation begleiten: Die Rolle des Controlling ändert sich vom Zahlenfresser hin zum Business Partner, der mit seiner kritisch-konstruktiven quasi Investorensicht den Geschäftsbereichen bei der Gestaltung der Zukunft beratend zur Seite steht.

Die Aufgabe als Garant des effektiven Performance Management erfüllt das Controlling einerseits, indem es die P&L-Effekte (Profit und Loss) in den Bereichen mittels Werttreiberbäumen vorab analysiert und die Messung operativer Werttreiber mit wenigen, aussagekräftigen Key Performance Indikatoren (KPI) garantiert sowie dem Management die entsprechenden Daten liefert. Zweitens treten Business Partner des Controlling in den regelmäßigen direkten Austausch mit den Fachleuten im operativen Geschäft, um ihnen wertvolle Anregungen zu geben oder rasch bei konkreten Fragen zu helfen. In diesem sog. Performance Dialog (▶ Dar. 28) erfolgt eine laufende effektive Steuerung der Performance, bei der der Einsatz von Werttreiberbäumen und KPI jeder Diskussion eine fundierte Basis gibt, etwa beim Austausch über signifikante Planabweichungen mit dem Fokus auf eine wirkungsvolle Reaktion. So mündet der Performance Dialog in konkrete, messbare Maßnahmen zur Beeinflussung der relevanten Werttreiber und erlaubt als eingespieltes Verfahren eine regelmäßige Überprüfung der Ist-Situation zur raschen Anpassung der Maßnahmen nach dem Prinzip Stop, Continue, Adjust.

Dar. 28: Der Performance Dialog

4.5.7 Performance Dialog für stärkere Geschäftsentwicklung und neue wertschaffende Initiativen

Wichtig ist, den Performance Dialog beim Blick auf die geschäftliche und finanzielle Entwicklung wie mit Blick auf neue wertschaffende Initiativen zielgerichtet zu nutzen und dabei die jeweiligen Eigenheiten zu beachten. Außerdem gilt es, den Performance Dialog in beiden Bereichen inhaltlich und organisatorisch konzernweit konsequent einheitlich umzusetzen, um eine Vergleichbarkeit der Ergebnisse sowie ihre reibungslose Integration ins übergeordnete Zahlenwerk zu garantieren. Mit Blick auf die geschäftlichen und finanziellen Themen managt die Finanzabteilung den Performance Dialog zwischen Aufsichtsrat, Topmanagement und darunter auf globaler, regionaler, Länder- oder Geschäftsbereichsebene, indem sie ganz oben die Top-KPI vorstellt, darunter zudem die Analyse der Werttreiber präsentiert und für die unteren Ebenen weitere Zahlen aufbereitet.

Anders läuft der Performance Dialog für wertschaffende Initiativen: Neben dem Standardreporting für Aufsichtsrat und Topmanagement greift ein individuelleres Projektmanagement und -reporting, in das neben den jeweiligen Projektsponsoren aus dem Topmanagement sowie Beteiligten aus dem operativen Geschäftsbereich auch Business Partner aus dem Finanzbereich eingebunden sind, von globaler ebenso wie von lokaler Ebene. Sie liefern dem Team wichtige Zahlen, Daten oder weitere Informationen und achten zugleich darauf, dass jede wertschaffende Initiative in einem konzernweit festen Rahmen abläuft, damit die Ergebnisse vergleichbar sind und keine Doppelungen entstehen. Zudem sorgen die Business Partner dafür, dass das Potenzial wertschaffender Initiativen über einen längeren Zeitraum betrachtet und ihr Effekt auf den übergeordneten Finanzplan berücksichtigt wird, damit Personalkapazitäten und Finanzmittel nur in vielversprechende Projekte gehen. Mit diesem Management des Performance Dialog sorgt der Finanzbereich in seiner Funktion als Unternehmer-Kompass dafür, dass Geschäftschancen nicht nur erkannt, sondern effektiv und effizient genutzt werden. Denn erst dann gilt wirklich: Data to Dollar.

4.5.8 Der Unternehmer-Kompass: Wichtige Ergänzung von Intuition und klassischer Ratio

Als Fazit lässt sich also sagen: Erfolgreiches Unternehmertum braucht weiterhin das Bauchgefühl talentierter und erfahrener Gründer, Inhaber oder Manager, die es verstehen, aus der Kombination von Intuition und Ratio die richtigen Entscheidungen zu treffen. Zunehmend wichtiger werden aber Beschäftigte vor allem im Finanzbereich, die sich mehr als Mitunternehmer verstehen und mit ihrer der Private-Equity-Perspektive ähnlichen Arbeitsweise als interner Sparringspartner sowie Berater der Unternehmensführung und auch der operativen Einheiten dienen. Indem die Finanzfunktion die PE-Denkweise ins Steuerungsmodell ihres Unternehmens integriert, eröffnet sie der Firmenleitung die Möglichkeit, die Organisation mit modernen Methoden, die sonst PE-Gesellschaften bei ihren Portfolio-Unternehmen nutzen, in eine erfolgreiche Zukunft zu lenken. Ausgestattet mit modernster Technologie und einem neuem Mindset, können die Fachleute in der Finanzfunktion und vor allem im Controlling jener Unternehmer-Kompass sein, den es künftig in jeder Organisation braucht, um in unsicheren Zeiten schnelle, faktenbasierte, zukunftsgerichtete Entscheidungen treffen zu können.

5 Gelebtes Unternehmertum: Sichtweisen und Erfahrungen – Eigenschaften, Kompetenzen, Wertschätzung

5.1 Eigenschaften von Unternehmerinnen und Unternehmern – eine wissenschaftliche Kurzbetrachtung

Dieter Thomaschewski

5.1.1 Überblick zur Vorgehensweise

In Theorie und Praxis gibt es immer wieder Diskussionen zu der Frage, was Unternehmerinnen und Unternehmer ausmachen und welche besonderen Eigenschaften und Kompetenzen sie haben (müssen). Dabei zeigt sich, wie sehr unternehmerische Eigenschaften auf Begabung basieren. Viele Studien haben in den letzten Jahren und Jahrzehnten recht griffige und eindeutige Ergebnisse dazu hervorgebracht. Einige zentrale Ergebnisse sollen im Folgenden nur skizziert werden. Aber Unternehmerinnen und Unternehmer haben zu diesen Fragen natürlich auch eine gewisse Selbsteinschätzung. Im Rahmen von drei Gesprächen mit ausgewählten Unternehmerinnen und Unternehmer, welche bestimmte Typen von Unternehmerinnen und Unternehmer charakterisieren, sollen exemplarisch diese Selbsteinschätzungen dargestellt werden. Um es vorwegzunehmen: Diese Selbsteinschätzungen sind weitgehend deckungsgleich mit Erkenntnissen, die die wissenschaftliche Literatur zu bieten hat.

Gesprochen wurde mit Frau Martina Nighswonger. Frau Nighswonger führt erfolgreich seit vielen Jahren als Inhaberin ein mittelständisches Unternehmen, die »Gechem GmbH und Co KG«. Ein weiterer Gesprächspartner war Herr Stefan Fuchs, CEO und Chairman der Fuchs SE. Fuchs SE ist ein über Generationen geführtes Familienunternehmen, im MDAX notiert. Als dritten Gesprächspartner stand Herr Dr. Niels Pörksen, Vorstandsvorsitzender der börsennotierten Südzucker AG zur Verfügung.

In den Interviews wurden neben den Kompetenzfragen und den Fragen zu den Eigenschaften des Unternehmers bzw. der Unternehmerin auch die Möglichkeit genutzt, zu eruieren

- welche Anforderungen sie an die Politik haben
- warum Unternehmerinnen und Unternehmer bzw. das Management in den letzten Jahren gerade in Deutschland eine eher neutrale bzw. sogar negative Wertschätzung erfahre.

Die Interviews wurden in 2.Quartal 2025 durchgeführt und werden nachfolgend unkommentiert wiedergegeben. Um die Ausführungen dennoch in einen Kontext zu bringen, sollen einige wenige Erkenntnisse der Wissenschaft zum Unternehmertum kurz vorweggestellt werden.

5.1.2 Erkenntnisse der Wissenschaft

a) Welche Eigenschaften kennzeichnen Unternehmerinnen und Unternehmer?

Ein zentrales Kennzeichen vieler Unternehmerinnen und Unternehmer ist ein ausgeprägter innerer Antrieb. Die Forschung spricht hier vom »entrepreneurial drive«, einem Motivationsmuster, das sich durch ein starkes Bedürfnis nach Autonomie, Selbstverwirklichung und Wirkungsmacht auszeichnet. Der Global Entrepreneurship Monitor (2021) hat festgestellt, dass in den meisten Ländern nicht etwa finanzielle Anreize die Hauptmotivation für unternehmerisches Handeln darstellen, sondern vielmehr die Aussicht auf Selbstbestimmung und kreative Freiheit. Das unternehmerische Wollen geht also tiefer als bloßer Karrierewille – es ist ein persönliches Bedürfnis nach Sinn, Gestaltung und Wirkung. Ein zweiter wesentlicher Aspekt unternehmerischer Persönlichkeit ist die Fähigkeit, mit Unsicherheit und Risiko umzugehen. Unternehmerinnen und Unternehmer sind bereit, kalkulierte Risiken zu tragen. Das bedeutet, sie setzen sich mit möglichen Verlusten auseinander, schätzen Wahrscheinlichkeiten ab und entwickeln Strategien, um mit Fehlschlägen umzugehen. Studien wie jene von Rauch und Frese (2007) zeigen, dass Unternehmer im Durchschnitt über eine höhere Risikobereitschaft verfügen als Nicht-Unternehmer – allerdings ohne in irrationales Verhalten zu verfallen. Ein weiterer Aspekt des Unternehmertums ist die Fähigkeit, Probleme kreativ zu lösen. Unternehmerisches Denken ist oft durch eine Art praktischer Kreativität gekennzeichnet: die Fähigkeit, in alltäglichen Situationen ungenutzte Potenziale zu erkennen und daraus konkrete Ideen zu entwickeln. Dieser Denkstil basiert auf Beobachtungsgabe, Empathie und Vorstellungskraft. Unternehmerinnen und Unternehmer sind häufig Menschen, die sich nicht mit dem Ist-Zustand zufriedengeben, sondern ständig überlegen, wie etwas verbessert, vereinfacht oder ganz neu gedacht werden kann. Sie denken lösungsorientiert und arbeiten konsequent darauf hin, eine Idee in ein funktionierendes Geschäftsmodell zu verwandeln. Ein weiteres zentrales Merkmal unternehmerischer Persönlichkeit ist die Resilienz, also die Fähigkeit, mit Rückschlägen, Niederlagen und Unsicherheiten umzugehen, ohne den Mut zu verlieren. Diese Haltung, die sich durch Beharrlichkeit und Lernbereitschaft auszeichnet, ist ein entscheidender Erfolgsfaktor. Nicht zuletzt sind soziale Kompetenzen ein unterschätzter, aber enorm wichtiger Bestandteil unternehmerischen Erfolgs. Wer ein Unternehmen aufbauen will, muss Menschen für seine Ideen begeistern können. Das betrifft Investorinnen und Investoren ebenso wie Mitarbeitende, Partner oder Kundschaft. Unternehmerinnen und Unternehmer verfügen deshalb häufig über eine ausgeprägte emotionale Intelligenz. In vielen Fällen entscheidet nicht allein die Qualität eines Produkts über den Erfolg, sondern auch die Fähigkeit, Beziehungen zu pflegen, Netzwerke zu bilden (Baron & Markman, 2003).

b) Angeboren oder erlernt: Wie sehr ist Unternehmertum durch Gene bedingt?

Die Frage, ob Unternehmertum genetisch bedingt ist, beschäftigt Wissenschaftler seit Jahrzehnten. Dabei geht es nicht um ein einzelnes »Unternehmer-Gen«, sondern um die komplexe Wechselwirkung zwischen Veranlagung und Umweltfaktoren. Zahlreiche Studien, haben gezeigt, dass genetische Faktoren einen gewissen Einfluss auf die Neigung zum Unternehmertum haben. Zwillingsstudien sind ein zentrales Instrument, um den Einfluss der Gene auf das Verhalten zu untersuchen. Tatsächlich zeigen solche Studien, dass genetische Faktoren zwischen 30 und 50 Prozent der Unterschiede in der unternehmerischen Aktivität erklären können. Ein Beispiel ist die Studie von Nicolaou et al. (2008), die eine Erblichkeit des Unternehmertums feststellte. Die genetische Veranlagung beeinflusst nicht nur die Entscheidung, Unternehmer:in zu werden, sondern auch bestimmte Persönlichkeitsmerkmale, die mit Unternehmertum assoziiert sind. Dazu gehören Offenheit für neue Erfahrungen, Kreativität, Risikobereitschaft und Extraversion. Diese Eigenschaften können genetisch bedingt sein und erhöhen die Wahrscheinlichkeit, unternehmerisch tätig zu werden. Der Mut, die Begeisterung für das Unternehmertum können und werden natürlich auch durch das soziale Umfeld, soziale Erfahrungen geprägt.

c) Wann verhalten sich Topmanager wie Unternehmer?

Auf den ersten Blick scheinen Unternehmerinnen und Unternehmer zwei verschiedene Spezies zu sein. Es ist einleuchtend, dass Unternehmertum kein festgelegter Beruf ist, sondern eine Haltung: unternehmerisches Denken bedeutet, Chancen zu erkennen, aktiv zu werden, Verantwortung zu übernehmen und auch Risiken nicht zu scheuen, wenn die Aussicht auf Innovation, Wachstum oder Transformation lockt. Auch Führungskräfte in etablierten Unternehmen können und werden unternehmerisch handeln – sofern sie es dürfen oder müssen. In der Forschung spricht man in diesem Zusammenhang von Corporate Entrepreneurship oder Intrapreneurship. Gemeint ist damit das unternehmerische Verhalten innerhalb bestehender Organisationen, häufig ausgelöst durch äußeren Veränderungsdruck, interne Krisen oder strategischen Neuausrichtungsbedarf. Topmanager verhalten sich besonders dann unternehmerisch, wenn die Spielräume größer werden, die Erwartungen an Innovationskraft steigen und der Wettbewerb härter wird. Unternehmerisches Handeln bedingt den Rückhalt durch Aufsichtsgremien und einer Unternehmenskultur, die nicht nur Innovation fordert, sondern auch das Scheitern erlaubt. Studien zeigen, dass vor allem in Organisationen mit flachen Hierarchien, hoher Eigenverantwortung und innovationsfreundlichem Klima das unternehmerische Verhalten von Führungskräften zunimmt (Kuratko et al., 2005). Die Forschung verweist hier auf das Konzept des »Strategic Entrepreneurship«: eine Form des Denkens, die unternehmerische Innovationen mit langfristiger Unternehmensstrategie verbindet (Hitt et al., 2001).

5.1.3 Literatur

Baron, R. A., & Markman, G. D. (2003). Beyond social capital: The role of entrepreneurs' social competence in their financial success. Journal of Business Venturing, 18(1), S. 41–60 https://doi.org/10.1016/S0883-9026(00)00069-0

Global Entrepreneurship Monitor 2020/21. https://www.gemconsortium.org/report/gem-20202021-global-report.

Hitt, M. A., Ireland, R. D., Camp, S. M., & Sexton, D. L. (2001). Strategic Entrepreneurship: Entrepreneurial Strategies for Wealth Creation. Strategic Management Journal, 22(6-7), S. 479–491

Kuratko, D. F., Ireland, R. D., Covin, J. G., & Hornsby, J. S. (2005). A Model of Middle-Level Managers' Entrepreneurial Behavior. Entrepreneurship Theory and Practice, 29(6), S. 699–716

Morris, M. H., Kuratko, D. F., & Covin, J. G. (2011). Corporate Entrepreneurship & Innovation. Cengage Learning.

Nicolaou, N., Shane, S., Cherkas, L., Hunkin, J., & Spector, T. D. (2008). Is the tendency to engage in entrepreneurship genetic? Management Science, 54(1), S. 167–179. https://doi.org/10.1287/mnsc.1070.0761

Rauch, A., & Frese, M. (2007). Let's put the person back into entrepreneurship research: A meta-analysis on the relationship between business owners' personality traits, business creation, and success. European Journal of Work and Organizational Psychology, 16(4), S. 353–385

5.2 Interviews

5.2.1 Inhabergeführte Unternehmen

Das folgende Interview führte Prof. Dr. Dieter Thomaschewski (Institut für Management und Innovation (IMI), Hochschule für Wirtschaft und Gesellschaft Ludwigshafen am Rhein) mit Frau Martina Nighswonger, Inhaberin der Gechem GmbH und Co KG.

Frau Nighswonger, ein zentraler Fokus dieses Buches ist das Thema Unternehmertum. Bevor wir auf einzelne Aspekte eingehen, möchten wir Sie zunächst fragen, welche Eigenschaften Sie als charakteristisch für Unternehmerinnen und Unternehmer erachten würden.

M. Nighswonger: Belastbar, entscheidungsfähig und entscheidungsfreudig nach Abwägen der Fakten, dann aber zu Entscheidungen auch stehen, verantwortungsvoll, Werte lebend, Vorbild sein, empathisch sein, ins eigene Risiko gehen und nicht eine 40 Stunden Woche vor Augen haben. Ein wenig ist es dann wie eine Kunst und dabei ist es wichtig, gleichwohl Balance im Leben zu haben.

Eine ergänzende Frage zum Thema Charaktereigenschaften: Inwieweit würden Sie sagen, sind diese Eigenschaften genetisch oder durch frühe familiäre

Prägung definiert? Oder etwas anders gefragt: Inwiefern kann man sich unternehmerische Eigenschaften im Laufe der Zeit aneignen?

Ich kann nur für mich sprechen und würde sagen, ich bin ganz sicher genetisch vorbelastet und familiär geprägt und habe diese Charakteristika sozusagen systemimmanent. Meine Großeltern hatten einen Betrieb. Seit ich 11 Jahre war, habe ich versucht, im kaufmännischen Bereich mitzuhelfen. Das war ganz normal, da sprach kein Mensch von Kinderarbeit. Ich war stolz, dass ich die Mahnabteilung ein zwei Mal die Woche übernehmen durfte. Trotzdem kenne ich Kolleginnen und Kollegen, die sich diese Fähigkeiten angeeignet haben. Ehrlich gesagt sind das aber wenige.

Auch Geschäftsführer und Vorstände tragen für Unternehmen Gesamtverantwortung – ähnlich wie Unternehmerinnen und Unternehmer, die aktiv ein Unternehmen leiten. Unternehmerinnen und Unternehmer setzen zusätzlich ihr eigenes Kapital ein, was natürlich angestellte Managerinnen und Manager nicht tun. Aus ihrer Sicht: Ist der eigene Kapitaleinsatz der ganz zentrale Unterschied zwischen Unternehmern und angestellten Managern? Bestehen überhaupt Unterschiede im Agieren und Verhalten beider Formen des Unternehmertums?

Ins Risiko gehen macht definitiv einen Unterschied, es bindet mehr. Aber insgesamt würde ich sagen, es kommt auf die Wertewelt desjenigen an, um den es geht. Ich war in meiner Zeit als angestellte Managerin bei der Deutschen Bank nicht anders unterwegs als heute. Was eventuell auch etwas ausmacht ist die Haltung der Führungskräfte des Unternehmens. Wenn Einsatz und Loyalität wertgeschätzt werden, ist die freiwillige Mitverantwortung eventuell größer bei angestellten Managern. Leider verfallen die gesellschaftlichen und wirtschaftlichen Grundwerte, zumindest teilweise. Es werden Bräute hübsch gemacht für einen Verkauf – da geht es weder um Mitarbeitende, weder um Standorte noch um Stakeholder im Umfeld. Da geht es um Einhaltung von Zielvereinbarungen, teilweise ohne Sinn und Verstand, es geht um Geld und Profit. Solche Entscheidungen treffen in der Regel angestellte Manager. Sogenannte Zielboni verstärken ein solches Handeln. So können auch unternehmerische Fehlentscheidungen entstehen, deren Konsequenzen man sich durch Wechsel des Jobs entzieht. Eigeninteressen vor den Interessen des gesamten Unternehmens und der Mitarbeitenden.

Neben grundsätzlichen Eigenschaften, die Unternehmerinnen und Unternehmer auszeichnen, werden auch bestimmte Kompetenzen benötigt, um ein Unternehmen erfolgreich zu führen. Welche sind das Ihrer Meinung nach?

Über den Tellerrand hinausschauen, schnell und flexibel sein, fünf Bälle auf einmal spielen können. Teamplayer sein, aber trotzdem eine Autorität darstellen ohne dabei autoritär aufzutreten. Ein gutes Netzwerk ist auch sehr wichtig, was langfristig und mit Bedacht aufgebaut werden sollte. Krisen mit längerem Atem und Ruhe betrachten und nicht hektisch und kurzfristig Entscheidungen treffen. Eine wichtige Grundkompetenz ist, Mitarbeitende durch Information zu motivieren, mit Empathie und die Menschen mitnehmen. Spielertrainer würde es im Sport treffen, so bezeichne ich mich. Ich habe ein Credo, z. B. in Betriebsversammlungen: Krise – wir machen einfach nicht mit. Oder auch: Bleiben Sie gelassen, ich bin es auch. So haben wir seit 2004 jede Krise ohne Entlassungen, ohne Kurzarbeit überstanden.

Unternehmen existieren in verschiedenen Lebensphasen. Wir haben von verschiedenen Charaktereigenschaften und Kompetenzen gesprochen. Deshalb folgende Frage: Wie unterscheiden sich die unternehmerischen Anforderungen und Eigenschaften je nachdem, ob ein etabliertes Unternehmen zu lenken ist oder ein neues Unternehmen, welches mehr oder weniger zu Beginn des Lebenszyklus steht?

Bei einem etablierten und wie in unserem Fall alten Unternehmen, das seit 1861 besteht, muss sehr auf die Voraussetzungen wie Zustand der Gebäude, des Maschinenparks, tradierter Kundenverbindungen und betrieblicher Vorgehensweisen geachtet werden. Der Bestand von sozusagen allem muss zunächst im Fokus stehen. Die hohe Kunst dabei ist aber, dass dabei Neuerungen sowohl bei den Marktbedürfnissen, den Kunden, der Technik und Anforderungen an Mitarbeitende nicht außer Acht gelassen werden dürfen. Bei Neugründungen liegt der Fokus auf Planung und Umsetzung. Primär steht im Fokus: Customer first – hat man Erfolg im Markt.

Gibt es unternehmerische Fähigkeiten, die man – neben branchenspezifischen, speziellen Kenntnissen – haben muss, um in bestimmten Branchen Erfolg zu haben? Oder anders formuliert: Kann man mit generellen unternehmerischen Eigenschaften in jeder Branche prinzipiell reüssieren?

Für mich kann ich das eindeutig mit ja zu beantworten. Ob ich Finanzierungen verkauft habe oder eben heute die Produktion von zum Beispiel Tabs oder technischen Dienstleistungen spielt grundsätzlich keine Rolle. Das ist aber auch abhängig von der Firmengröße. Wenn das Unternehmen groß genug ist, um den Bedarf an entsprechender Fachkenntnis zum Beispiel in Verfahrenstechnik oder Chemie mit Experten zu ergänzen, dann eindeutig ja. In kleinen Unternehmen wie Handwerksbetrieben sind meines Erachtens Branchen- und Fachkenntnis essentiell. Meiner Einschätzung nach ist es aber so, dass unternehmerische Fähigkeit wichtiger ist als die reine Fachkenntnis. Letzteres kann man sich leichter aneignen, nachfragen, nachlesen. Unternehmerisches Handeln und Denken setzt aber auch eine gewisse Erfahrung und Lebensweisheit voraus.

Was sind Ihrer Auffassung nach wesentliche Kompetenzen und Fähigkeiten für die langfristige Entwicklung und operative Steuerung eines Unternehmens?

Wissensweitergabe intern, Mitarbeiterinformation, Nachfolge rechtzeitig sichern, bei wichtigen Positionen und bei Führungskräften die Nachfolgeplanung rechtzeitig angehen, zudem Weiterbildung. Und nicht zu viel Inzucht, Einstellungen von außen erweitern immer den eigenen Unternehmenshorizont.

Wir wollen uns nun die Bedeutung des Unternehmertums für die Gesellschaft zuwenden. Wie würden Sie qualitativ und vielleicht auch belegt mit ein paar Zahlen die Bedeutung des Unternehmertums für den Wirtschaftsstandort Deutschland charakterisieren?

Kleinste, kleine und mittlere Unternehmen prägen die deutsche Wirtschaft, wie es immer heißt. Der Mittelstand ist das Rückgrat der deutschen Wirtschaft. Von den etwa 2,6 Millionen Unternehmen in Deutschland sind mehr als 99 Prozent KMU. Sie stellen etwa 58 Prozent aller Arbeitsplätze bereit und erwirtschaften knapp ein Drittel aller Umsätze. Ausbildungsplätze und Praktika werden angeboten. In der Regel halten Mittelständler in Krisenzeiten länger am Personal fest. Oftmals werden auch im Umfeld der deutschen Mittelständler die Dienstleistungen ortsnah eingekauft. Im Grunde macht die Vielfalt des Mittelstandes Deutschland auch unabhängig. Natürlich gibt es Großunternehmen. Wenn es dort kriselt, sprechen wir immer gleich von Staatshilfen und großem Personalabbau. Das ist gerade so, als ob sich ein Unternehmen mit 50 Prozent Umsatz von einem einzigen Kunden abhängig machen würde.

Wie viele Studien zeigen, werden in Deutschland Unternehmerinnen und Unternehmer nicht unbedingt positiv wahrgenommen und wertgeschätzt. Im Gegensatz zu Ärzten, vielen Berufen im Staatsdienst, Ingenieurberufen und vielen anderen stehen sie in der Beliebtheitsskala der Berufe recht weit hinten. Dies ist in vielen anderen Ländern nicht so. Wie auch neuere Wahlergebnisse zeigen, werden bei der Jugend Unternehmen und Unternehmertum wenig positiv erachtet. Beides wird zum Beispiel mit Ausbeutung, zu geringer Verantwortung gegenüber der Umwelt und zu hohen Verdienstmöglichkeiten in Verbindung gebracht. Auch wenn diese Empfindungen realiter nicht mit der Wirklichkeit korrespondieren, sie stehen nicht selten im Raum. Haben Sie Erklärungen für diese Negativbeurteilung?

Hier haben Parteiprogramme, die sehr stark auf Umverteilung, die Vermögenskonzentration, den Einkommensneid, die Marcht der Konzerne und anderes abheben, wesentlich dazu beigetragen, den Ruf zu schädigen. Da es auch immer schlechte Beispiele gibt und geben wird, werden diese in den Medien und auf Social Media ausgeschlachtet. Das Gleiche gilt für die Gewerkschaften, die sich meiner Meinung nach in der bisherigen Form überholt haben. Der Arbeiterschaft geht es zunehmend in der jungen Vergangenheit besser. Der Dialog in den Unternehmen zwischen Unternehmensführung und Arbeitnehmern ist intensiver geworden. Die häufig polemisch vorgetragenen Forderungen sind teilweise aus der Zeit gefallen. Es wird häufig einseitig und dabei nicht mehr fair diskutiert, sondern es werden Fakten verzerrt oder ohne Sachkenntnis diskutiert. Den Diskutanten und Fordernden fehlt der betriebliche Bezug, die Wirtschaftskenntnis und das Wissen und wirtschaftliche Zusammenhänge.

Was könnte getan werden, um das Bild von Unternehmen und Unternehmertum wieder in ein besseres Licht rücken. Verbände sprechen etwa den Themenkreis Bildung an. Wirtschaft sollte verstärkt und als Pflichtfach in Schulen gelehrt werden, so dass die Leistung von Unternehmerinnen und Unternehmern für die Gesellschaft deutlich wird. Welche Vorschläge würden Sie unterbreiten? Was sollten Unternehmen, entsprechende Verbände und staatliche Organe konkret angehen?

Die Klagemauer sollte verlassen werden. Nicht nur immer reden, sondern ins Tun kommen. Bereits bei Kindern und Jugendlichen Einblicke geben in Betriebe, in wirtschaftliche Zusammenhänge. Lehrer einbeziehen, Politiker einbeziehen. Ganz praktische Dinge tun, wie zum Beispiel in der Schule Eltern ihre Berufe vorstellen lassen. Unternehmen machen durchaus viel, es muss vorher angesetzt werden. Keine tausend Initiativen, die kann niemand mehr begreifen, lieber einfach und praktisch. Keine Großveranstaltungen für junge Leute, die busweise anreisen und Werbegeschenke abgreifen. Klein und fein, mit den Schulen, mit den Verwaltungen, IHK, Sportvereinen. Es tut auch keiner Landesregierung weh, zu propagieren wie wichtig Wirtschaft und dabei auch produzierendes Gewerbe ist. Von Youtubern und Pseudo-Beratungsunternehmen, die wie Pilze aus dem Boden schießen, werden keine Regale voll, keine Möbel gebaut oder Dächer gedeckt. Diese Wichtigkeit zu vermitteln wäre eine Kampagne wert.

Könnten Sie kurz darlegen, welche Rolle und welche Bedeutung Unternehmerinnen und Unternehmer für die Gestaltung und Entwicklung einer Gesellschaft haben?

Kurz gesagt, gerade mittelständische Unternehmen sind das Rückgrat einer Gesellschaft. Sie sind ortsverbunden, Mitarbeitenden gegenüber loyal eingebunden, die Unternehmen bilden aus, bieten Praktika an und halten auch mal wirtschaftliche Dellen aus. Rekrutieren Dienstleister und Handwerker aus dem direkten Umfeld. Dazu kommt innovatives Denken, denken in pragmatischen Lösungen. Leider wird das zu wenig wahrgenommen, die Gesellschaft wiegt sich im Wohlstand anstatt in Wertschätzung.

Schließlich zur Frage: Was könnte die Politik tun, damit die unternehmerischen Potenziale, die sie dargelegt haben, besser zur Geltung kommen?

Die Politik lebt in einer Blase. Wirklich tiefgehende Kenntnis von wirtschaftlichen und unternehmerischen Zusammenhängen in der Praxis haben nur wenige. Woher denn auch: Dazu gehören ja praktische Erfahrungen und nicht nur pure Theorie. Viele Politiker reden bei allen Themen mit, auch wenn sie vom jeweiligen Thema nur sehr wenig Ahnung haben. Sie haben sehr häufig keine Ahnung davon, wie Unternehmen ticken, wie Prozesse verlaufen, welche Ressourcen einzusetzen sind, welche Belastungen beschlossene Gesetze nach sich ziehen. Selbst die kumulierte Steuerbelastung der Unternehmen ist vielen der Abgeordneten unbekannt. Wie viele der Abgeordneten, die Gesetze verabschieden, haben überhaupt eine abgeschlossene Berufsausbildung und haben wirklich gearbeitet, waren im Arbeitsprozess, kennen Firmen von innen? Der Spruch mag ungerecht sein, aber Kreissaal – Hörsaal – Plenarsaal sagt viel aus. Mein Credo wäre, jeder der kandidiert, egal ob Landtag oder Bundestag, muss 5 Jahre sozialversicherungspflichtig gearbeitet haben und eine abgeschlossene Ausbildung haben. Und mit arbeiten meine ich nicht bei der Partei im Verwaltungsbereich als Assistent oder bei einer NGO. Unternehmen sollten im Vorfeld bei Überlegungen zu neuen Gesetzen einbezogen werden, Gesetze sollten fertiggedacht werden. Beispiele dazu sind das deutsche Lieferkettensorgfaltspflichtengesetz oder die EU-Datenschutzrichtlinie. Zu dem Zustand heute kommt hinzu, dass in der Politik Gehälter und Anreize geboten werden, von denen mancher träumt – auch als Geschäftsführer in Verantwortung für das Tun. Und nach Ausscheiden werden munter weiter Bezüge bezahlt. Und hier kommt der Punkt, tragen Politiker wirklich Verantwortung für ihr Tun, für ihre Fehler beispielsweise bei der Maut oder dem Heizungsgesetz? Trotz Fehler weiter Geld beziehen, geht bei keinem Unternehmer

Sehr geehrte Frau Nighswonger, wir danken Ihnen für das Gespräch.

5.2.2 Familiengeführte Unternehmen

Das folgende Interview führte Prof. Dr. Dieter Thomaschewski (Institut für Management und Innovation (IMI), Hochschule für Wirtschaft und Gesellschaft Ludwigshafen am Rhein) mit Herrn Stefan Fuchs, CEO der Fuchs SE.

Herr Fuchs, ein zentraler Fokus dieses Buches ist das Thema Unternehmertum. Bevor wir auf einzelne Aspekte eingehen, möchten wir Sie zunächst fragen, welche Eigenschaften Sie als charakteristisch für Unternehmerinnen und Unternehmer erachten würden.

S. Fuchs: Ein Unternehmer muss sich im gleichen Maße seinen Mitarbeitenden, den Gesellschaftern und dem Gemeinwohl verpflichtet fühlen. Er muss sich bewusst sein, dass unternehmerischer Erfolg in der Regel aus guter Teamarbeit resultiert und darf sich daher selbst nicht zu wichtig nehmen. Ein Unternehmer muss ein gutes Gespür für die Marktmechanismen haben, das heißt er muss verstehen, wie wächst die Gesellschaft und wie schlägt sich dieses Wachstum im Ergebnis und Cashflow nieder. Er sollte in der Firma eine Leistungskultur etablieren und pflegen.

Eine ergänzende Frage zum Thema Charaktereigenschaften: Inwieweit, würden Sie sagen, sind diese Eigenschaften genetisch oder durch frühe familiäre Prägung definiert? Oder etwas anders gefragt: Inwiefern kann man sich unternehmerische Eigenschaften im Laufe der Zeit aneignen?

Man kann sich mit Sicherheit unternehmerische Eigenschaften im Laufe der Zeit aneignen. Allerdings haben Personen mit einer guten Persönlichkeit und einer frühen Prägung, was es bedeutet Unternehmer zu sein, einen Vorteil.

Auch Geschäftsführer und Vorstände tragen für Unternehmen Gesamtverantwortung – ähnlich wie Unternehmerinnen und Unternehmer, die aktiv ein Unternehmen leiten. Unternehmerinnen und Unternehmer setzen zusätzlich ihr eigenes Kapital ein, was natürlich angestellte Managerinnen und Manager nicht tun. Aus ihrer Sicht: Ist der eigene Kapitaleinsatz der ganz zentrale Unterschied zwischen Unternehmern und angestellten Managern? Bestehen überhaupt Unterschiede im Agieren und Verhalten beider Formen des Unternehmertums?

Ich persönlich denke nicht, dass es da einen Unterschied geben sollte. Wichtig sind die langfristige Orientierung und das Beteiligen am Erfolg. Man kann schon beobachten, dass häufige Managerwechsel einem Unternehmen nicht unbedingt guttun, da die Verantwortung für Erfolg und Misserfolg fehlt. Wenn ein Manager seine Führungsaufgabe 5 bis 10 Jahre macht, kann man gut beobachten, ob die getroffenen Entscheidungen in Summe das Unternehmen nach vorne gebracht haben. Mit einer in Bezug auf die Gesamtvergütung überproportionalen Erfolgsbeteiligung ohne Cap kann man das von Ihnen aufgezeigte potenzielle Risiko, dass ein angestellter Manager sich anders verhält als ein Eigentümer, minimieren.

Neben grundsätzlichen Eigenschaften, die Unternehmerinnen und Unternehmer auszeichnen, werden auch bestimmte Kompetenzen benötigt, um ein Unternehmen erfolgreich zu führen. Welche sind das Ihrer Meinung nach?

Für mich stehen hier Menschlichkeit gekoppelt mit der notwendigen Härte, unangenehme Entscheidungen zu treffen, genauso im Vordergrund wie Souveränität, das Ausstrahlen von Ruhe, Demut und Bescheidenheit. Wir ist hierbei wichtiger als Ich. Unternehmen existieren in verschiedenen Lebensphasen. Wir haben von verschiedenen Charakteristika und Kompetenzen gesprochen. Deshalb folgende Frage: Wie unterscheiden sich die unternehmerischen Anforderungen und Eigenschaften je nachdem, ob ein etabliertes Unternehmen zu lenken ist oder ein neues Unternehmen, welches mehr oder weniger zu Beginn des Lebenszyklus steht? Ein guter Unternehmer muss die Gesellschaft sowohl in Boomphasen als auch in schwierigen Zeiten erfolgreich führen können. Das gilt für mich auch für den von Ihnen beschriebenen Vergleich von etablierten Unternehmen zu solchen, die noch am Anfang stehen.

Gibt es unternehmerische Fähigkeiten, die man – neben branchenspezifischen, speziellen Kenntnissen – haben muss, um in bestimmten Branchen Erfolg zu haben? Oder anders formuliert: Kann man mit generellen unternehmerischen Eigenschaften in jeder Branche prinzipiell reüssieren?

Grundsätzlich sollten gute Unternehmer breit aufgestellt sein und dadurch auch in unterschiedlichen Branchen reüssieren können. Allerdings gibt es deutliche Unterschiede, zum Beispiel zwischen klassischen Industrieunternehmen, der Finanzbranche und IT-Firmen. Unternehmerische Fähigkeiten sollten immer sein: Soziale Kompetenz, Begeisterungsfähigkeit, ein guter Riecher für Einflussfaktoren des künftigen Erfolgs und die Gabe, ein Team zu Höchstleistungen zu motivieren.

Was sind Ihrer Auffassung nach, wesentliche Kompetenzen und Fähigkeiten für die langfristige Entwicklung und operative Steuerung eines Unternehmens?

Man muss nah am Geschehen sein, sowohl beim Team als auch beim Kunden. Dabei muss man den Spagat meistern, die Fakten im Detail zu kennen und dadurch künftiges Handeln abzuleiten, ohne ins Mikromanagement zu verfallen. Dazu gehört auch zuzuhören und andere Lösungsansätze zuzulassen. Der Chef muss Ruhe ausstrahlen und nicht hektisch und unüberlegt agieren, insbesondere dann, wenn es zu Sondersituationen kommt.

Wir wollen uns nun die Bedeutung des Unternehmertums für die Gesellschaft zuwenden. Wie würden Sie qualitativ und vielleicht auch belegt mit ein paar Zahlen die Bedeutung des Unternehmertums für den Wirtschaftsstandort Deutschland charakterisieren?

Das Rückgrat der deutschen Wirtschaft ist der Mittelstand. Diese Firmen sind oft Ideenschmieden und können sich schnell und pragmatisch an verändernde Gegebenheiten anpassen. Nur durch gutes Unternehmertum entstehen Jobs, werden Steuern gezahlt und Ausbildungsplätze gestellt. Wenn Unternehmer erfolgreich agieren, steigt das Steueraufkommen, das die Staatsaktivitäten finanziert. Erwähnenswert sind auch die sozialen Aktivitäten der Unternehmen – finanziell und ideell. Unternehmen und deren Belegschaften engagieren sich sehr oft in sozialen Projekten rund um die großen Standorte.

Wie viele Studien zeigen, werden in Deutschland Unternehmerinnen und Unternehmer nicht unbedingt positiv wahrgenommen und wertgeschätzt. Im Gegensatz zu Ärzten, vielen Berufen im Staatsdienst, Ingenieurberufen und vie-

len anderen stehen sie in der Beliebtheitsskala der Berufe recht weit hinten. Dies ist in vielen anderen Ländern nicht so. Wie auch neuere Wahlergebnisse zeigen, werden bei der Jugend Unternehmen und Unternehmertum wenig positiv erachtet. Beides wird z. B. mit Ausbeutung, zu geringer Verantwortung gegenüber der Umwelt und zu hohen Verdienstmöglichkeiten in Verbindung gebracht. Auch wenn diese Empfindungen realiter nicht mit der Wirklichkeit korrespondieren, sie stehen nicht selten im Raum. Haben Sie Erklärungen für diese Negativbeurteilung?

Ich mache mir hierüber keine großen Gedanken. Wenn man erfolgreich agiert, bescheiden auftritt, die Menschen fair behandelt und nicht durch Skandale auffällt, passt das schon mit der Beliebtheit. Allerdings gibt es – wie immer – schwarze Schafe. Dann wird oft vieles über einen Kamm geschoren. Hier baue ich auf die Presse, die auch eine gewichtige Rolle dabei spielt. Schwierig wird es mit den Sozialen Medien und dem Teil der Jugend, der Menschen folgt, ohne sich mit deren Gesinnung oder Inhalten wirklich auseinanderzusetzen.

Was könnte getan werden, um das Bild von Unternehmen und Unternehmertum wieder in ein besseres Licht rücken. Verbände sprechen z. B. den Themenkreis Bildung an. Wirtschaft sollte verstärkt und als Pflichtfach in Schulen gelehrt werden, so dass die Leistung von Unternehmerinnen und Unternehmern für die Gesellschaft deutlich wird. Welche Vorschläge würden Sie unterbreiten? Was sollten Unternehmen, entsprechende Verbände und staatliche Organe konkret angehen?

Aufklärung über den Bildungsweg ist sicherlich gut. Aber oft wollen bestimmte Gruppierungen gar nicht die Fakten kennen. So etwa bei dem leidigen Thema der Substanzbesteuerung. Wenn Sie zum Beispiel einen Firmenanteil geschenkt bekamen und diesen dann Jahrzehnte später an ihre Kinder weitergeben, sollte die anfallende Schenkungssteuer nicht zum notwendigen Verkauf der Firma oder Anteilen daran führen, nur um Cash zur Begleichung der Erbschaftsteuer zu erlangen. Damit will sich aber niemand im Rahmen von diesen Diskussionen wirklich auseinandersetzen.

Könnten Sie kurz darlegen, welche Rolle und welche Bedeutung Unternehmerinnen und Unternehmer für die Gestaltung und Entwicklung einer Gesellschaft haben?

Unternehmer sollen sich ihrer Vorbildfunktion bewusst sein und diese auch dementsprechend leben. Die Wirtschaft ist neben dem Staat und der Presse ein wichtiger Akteur in der Gesellschaft. Nur gemeinsam kann man die wirtschaftliche Entwicklung Deutschlands wieder zurück auf den Erfolgspfad bringen.

Schließlich die Frage: Was könnte die Politik tun, damit die unternehmerischen Potenziale, die sie dargelegt haben, besser zur Geltung kommen?

Wir brauchen keine staatlichen Anreize. Wir brauchen deutlich weniger Regulatorik, um mehr Freiräume für unternehmerisches Handeln zu haben. Die aus Brüssel kommende Regulatorik, die oft in Deutschland noch verschärft eingeführt wird, lähmt die Firmen. Dabei bekommen es größere Unternehmen noch gut hin. Für den Mittelstand ist das mehr als eine Zumutung.

Herr Fuchs, wir danken Ihnen für das Gespräch.

5.2.3 Angestellte Unternehmer-Vorstandsmitglieder

Das folgende Interview führte Prof. Dr. Dieter Thomaschewski (Institut für Management und Innovation (IMI), Hochschule für Wirtschaft und Gesellschaft Ludwigshafen am Rhein) mit Herrn Dr. Niels Pörksen, Vorstandsvorsitzender der Südzucker AG.

Herr Dr. Pörksen, ein zentraler Fokus dieses Buches ist das Thema Unternehmertum. Bevor wir auf einzelne Aspekte eingehen, möchten wir Sie zunächst fragen, welche Eigenschaften Sie als charakteristisch für Unternehmerinnen und Unternehmer erachten würden.

N. Pörksen: Man könnte sich da auf die wirtschaftswissenschaftliche Definition Schumpeters beziehen, der Unternehmer als Personen sieht, die Marktchancen durch technische und organisatorische Innovationen ausschöpfen. Ich selbst begreife Unternehmer mehr im eigentlichen Sinne des Wortes: Menschen, die etwas unternehmen, und das im Sinne von Weiterentwicklung und Wandel. Diese Personen zeichnen sich in der Regel schon durch ähnliche Charakteristika aus, wie Risikobereitschaft, Innovationskraft und die Fähigkeit, langfristige Entwicklungen zu erkennen, Unternehmen darauf auszurichten und Entscheidungen auch gegen Widerstände umzusetzen. Unternehmer sind oft auch durch eine starke Resilienz gekennzeichnet, die es ihnen ermöglicht, Rückschläge zu überwinden und aus Fehlern zu lernen. Sie benötigen eine ausgeprägte Führungskompetenz und müssen in der Lage sein, Menschen zu inspirieren, zu motivieren und mit ihnen zu kommunizieren, aber auch anderen zuzuhören und Fehlentwicklungen zu revidieren. Hierarchisches Denken und ein zu stark nach außen getragenes Ego, sind hier eher hinderlich. Zudem ist ein starkes Netzwerk von unschätzbarem Wert, da es den Zugang zu Ressourcen, Fachwissen und Geschäftsmöglichkeiten erleichtert.

Eine ergänzende Frage zum Thema Charaktereigenschaften: Inwieweit, würden Sie sagen, sind diese Eigenschaften genetisch oder durch frühe familiäre Prägung definiert? Oder etwas anders gefragt: Inwiefern kann man sich unternehmerische Eigenschaften im Laufe der Zeit aneignen?

Es ist wohl eine Mischung aus vielem. Prägung aus Kindheit und Jugend, aber auch Erfahrungen im späteren Leben spielen sicherlich eine wichtige Rolle. Die eigenen genetischen Faktoren könnten die Basis dafür sein, wie man mit Erfahrungen umgeht und welche physische Stärke man mitbringt. Die charismatische Ausstrahlung von Personen mag auch in diese Kategorie fallen. Ich bin mir aber nicht sicher, ob es dazu wirklich wissenschaftliche Untersuchungen gibt. Unternehmertum kann durch gezielte Ausbildung, Mentoring und den Aufbau von praktischen Fähigkeiten entwickelt werden. Persönliche Erlebnisse und die Bereitschaft, kontinuierlich zu lernen, sich weiterzuentwickeln und ein gewisses Maß an Durchsetzungswillen, sind entscheidend. Es gibt keine festen Regeln dafür, wie man ein erfolgreicher Unternehmer wird – es ist oft ein individueller Weg, der durch Leidenschaft, Beharrlichkeit und die Fähigkeit, Chancen zu erkennen und die Offenheit, diese dann zu nutzen, geprägt ist.

Auch Geschäftsführer und Vorstände tragen für Unternehmen Gesamtverantwortung – ähnlich wie Unternehmerinnen und Unternehmer, die aktiv ein Unternehmen leiten. Unternehmerinnen und Unternehmer setzen zusätzlich

ihr eigenes Kapital ein, was natürlich angestellte Managerinnen und Manager nicht tun. Aus ihrer Sicht: Ist der eigene Kapitaleinsatz der ganz zentrale Unterschied zwischen Unternehmern und angestellten Managern? Bestehen überhaupt Unterschiede im Agieren und Verhalten beider Formen des Unternehmertums?

Mir persönlich fällt es schwer, dieser Argumentation zu folgen. Der eigene Kapitaleinsatz eines privaten Unternehmers ist sicherlich ein Unterschied zum angestellten Manager. Ich nehme für mich aber in Anspruch, dass ich in dem Unternehmen, für das ich die Verantwortung habe, keine Entscheidung treffe, die ich nicht auch getroffen hätte, wenn es sich um mein eigenes Geld gehandelt hätte. Mir erschließt sich nicht, warum man hier einen Unterschied in seinem Entscheidungsweg machen sollte. Beide Gruppen tragen die Verantwortung für die finanzielle Stabilität des Unternehmens. Beide Rollen erfordern strategisches Denken, Führungsfähigkeit und die Kompetenz, Entscheidungen unter Unsicherheit zu treffen. Einen Unterschied, den ich manchmal zu erkennen glaube, ist, dass private Unternehmer in längeren Zeithorizonten für ihre Investitionen denken. Da ich aus der Landwirtschaft komme, ist mir diese Art zu denken nicht unbekannt. Grundsätzlich sollte man im ökonomischen Kontext emotional begründete Entscheidungen noch intensiver prüfen als die, die mit professioneller Distanz getroffen wurden.

Neben grundsätzlichen Eigenschaften, die Unternehmerinnen und Unternehmer auszeichnen, werden auch bestimmte Kompetenzen benötigt, um ein Unternehmen erfolgreich zu führen. Welche sind das Ihrer Meinung nach?

Um ein Unternehmen erfolgreich zu führen, sind vielfältige Kompetenzen erforderlich. Dazu zählt zu allererst die Fähigkeit, die Stärken und Schwächen eines Unternehmens zu erkennen, Märkte und Verbrauchertrends zu verstehen und daraus eine strategische Ausrichtung für das Unternehmen entwickeln zu können. Eine Expertise in den für das Unternehmen wichtigen Bereichen ist natürlich sehr hilfreich. Generell gehören hierzu Finanzen, Marktkenntnisse und Art der Governance eines Unternehmens. Über die zusätzlichen persönlichen Eigenschaften haben wir ja schon gesprochen. Ein tiefes Verständnis für die Kundenbedürfnisse sowie Innovationskraft sind genauso entscheidend wie die Fähigkeit, das Verständnis der Belegschaft zu gewinnen und deren Willen zu entfachen, für das gemeinsame Ziel ihren Beitrag zu leisten. Unternehmer sollten zudem in der Lage sein, fundierte Entscheidungen zu treffen, auch wenn die Entscheidungsgrundlage nicht immer alle Fragen beantwortet. Den Punkt zu erkennen, wann ein Thema good enough to go ist, kann entscheidend für den Erfolg sein. Eine klare Ausrichtung im Rahmen einer von allen verstandenen Strategie kombiniert mit der Möglichkeit, auf Veränderungen angemessen reagieren zu können, ist Grundvoraussetzung, um ein Unternehmen durch verschiedene Phasen des Wachstums zu steuern und langfristig erfolgreich zu sein.

Unternehmen existieren in verschiedenen Lebensphasen. Wir haben von verschiedenen Charakteristika und Kompetenzen gesprochen. Deshalb folgende Frage: Wie unterscheiden sich die unternehmerischen Anforderungen und Eigenschaften je nachdem, ob ein etabliertes Unternehmen zu lenken ist oder

ein neues Unternehmen, welches mehr oder weniger zu Beginn des Lebenszyklus steht?

Die Anforderungen und Eigenschaften sind im Grunde gar nicht so unterschiedlich. Flexibilität, Innovationsfähigkeit und die Bereitschaft, Risiken einzugehen, sind für alle Unternehmen essenziell. Das Risiko, durch falsche Entscheidungen größeren Schaden für das Unternehmen anzurichten, variiert jedoch stark je nach Lebensphase des Unternehmens. Solche Entscheidungen zu korrigieren, ohne das bestehende Geschäft zu beschädigen, und sich dabei der Verantwortung für die Mitarbeitenden bewusst zu sein, dies ist in gewachsenen Unternehmen häufig sehr viel komplexer. In jungen Unternehmen sind Gründer oft für mehrere Rollen gleichzeitig verantwortlich und sind sehr stark in den operativen Betrieb eingebunden. Bei etablierten Unternehmen hingegen liegt der Fokus mehr auf der Optimierung und Stabilisierung bestehender Prozesse, dem Ausbau von Marktanteilen und der Implementierung nachhaltiger Strategien. In beiden Fällen sind tiefgehende Branchenkenntnisse wichtig. Das Management komplexer Strukturen ist in etablierten Unternehmen häufig entscheidend für den nachhaltigen Erfolg. Beide Phasen erfordern jedoch eine starke Führungspersönlichkeit und die Fähigkeit, die Strukturen und Prozesse zu etablieren, die ein Unternehmen in den verschiedenen Phasen benötigt. Dies wird häufig unterschätzt und führt nicht selten zum Scheitern von jungen Unternehmen mit schnellem Wachstum aufgrund zu komplexer oder nicht ausreichend vorhandener Unternehmensstrukturen.

Gibt es unternehmerische Fähigkeiten, die man – neben branchenspezifischen, speziellen Kenntnissen – haben muss, um in bestimmten Branchen Erfolg zu haben? Oder anders formuliert: Kann man mit generellen unternehmerischen Eigenschaften in jeder Branche prinzipiell reüssieren?

Generelle unternehmerische Eigenschaften sind in der Tat wertvoll und können in vielen Branchen zum Erfolg führen. Dazu gehören eine starke Führungspersönlichkeit, Innovationskraft, Entscheidungsfähigkeit und die Begabung, Risiken einzuschätzen und sie gebührend in den Entscheidungsprozessen abzubilden. Spezifische Branchenkenntnisse sind wichtig. Wenn man diese nicht hat, ist es unerlässlich, sich diese über interne oder externe Expertise einzuholen. Dabei fällt es natürlich leichter, diese Informationen zu gewichten und die wesentlichen Erkenntnisse in die Entscheidung einzubinden, wenn man eigene Branchenkenntnisse hat. In der Ernährungsindustrie müssen Unternehmer beispielsweise ein tiefes Verständnis für Ernährungstrends, Vermarktungswege, regulatorische Vorgaben und Verbraucherpräferenzen haben. In anderen Branchen kann dies durchaus unterschiedlich sein. Es ist die Kombination aus allgemeinen unternehmerischen Fähigkeiten und spezifischen Branchenkenntnissen, die letztlich den Erfolg ausmacht.

Was sind Ihrer Auffassung nach, wesentliche Kompetenzen und Fähigkeiten für die langfristige Entwicklung und operative Steuerung eines Unternehmens?

Das Unternehmen Südzucker besteht seit ziemlich genau 100 Jahren. Dies allein zeigt, dass von meinen Vorgängern vieles richtig gemacht wurde. Ansonsten gäbe es dieses Unternehmen gar nicht mehr. Ich wage aber zu behaupten, dass die Herausforderungen an das frühere Management sehr unterschiedlich gewesen sind. Es gab und gibt Phasen, beispielsweise in Krisenzeiten oder Pandemien, in denen man nur auf Sicht steuert und versucht, schnell und agil auf mögliche Herausforderungen zu reagieren. Dann wiederum ist man gut beraten, mittel- bis langfristige Klarheit zu schaffen, um Veränderungen und Investitionen planen und umsetzen zu können. In beiden Fällen ist es wichtig, als Leiter eines Unternehmens das Ziel fest im Blick zu behalten. Wobei das Ziel kein fester Fixpunkt ist, sondern mehr ein Korridor, in dem man sich bewegen möchte. Dazu gehören eine klare Vision und strategische Planung, um die Richtung des Unternehmens zu bestimmen. Unternehmer müssen auch über ausgeprägte analytische Fähigkeiten verfügen, um zu verstehen, an welchen Faktoren gearbeitet werden muss, damit das Unternehmen erfolgreich sein kann. Seien es Portfolioanpassungen, Markttrends, Wettbewerbslandschaften, Kundenbedürfnisse oder auch benötigte Qualifikationen der Mitarbeitenden. Alles ist zwingend in eine offene und verständliche interne und externe Kommunikation einzubetten, um für jeden klar erkennbar zu machen, wohin der Weg geht und welches mein Beitrag zum Gelingen dieser Vision ist.

Wir wollen uns nun die Bedeutung des Unternehmertums für die Gesellschaft zuwenden. Wie würden Sie qualitativ und vielleicht auch belegt mit ein paar Zahlen die Bedeutung des Unternehmertums für den Wirtschaftsstandort Deutschland charakterisieren?

Die Südzucker-Gruppe ist Teil der Ernährungsindustrie und zählt somit zur kritischen Infrastruktur. Dies zeigt die Bedeutung, die dieses Unternehmen für die Gesellschaft aus politischer Sicht hat. Die Ernährungsindustrie beschäftigt in Gänze über 4,4 Millionen Menschen, die in 608.300 Betrieben mit einem Umsatz von 232,6 Milliarden Euro dafür sorgen, dass 83 Millionen Bürgerinnen und Bürger in Deutschland sowie eine Vielzahl von Menschen weltweit täglich sichere und hochwertige Lebensmittel genießen können. Allein dies zeigt schon, wie wichtig die unternehmerische Leistung dieser Brache ist. Die Covid-Pandemie hat gezeigt, dass wir als Branche in der Lage waren, diese Versorgung auch unter extremen Bedingungen aufrecht zu erhalten und Logistikketten nicht abreißen zu lassen.

Wie viele Studien zeigen, werden in Deutschland Unternehmerinnen und Unternehmer nicht unbedingt positiv wahrgenommen und wertgeschätzt. Im Gegensatz zu Ärzten, vielen Berufen im Staatsdienst, Ingenieurberufen und vielen anderen stehen sie in der Beliebtheitsskala der Berufe recht weit hinten. Dies ist in vielen anderen Ländern nicht so. Wie auch neuere Wahlergebnisse zeigen, werden bei der Jugend Unternehmen und Unternehmertum wenig positiv erachtet. Beides wird z. B. mit Ausbeutung, zu geringer Verantwortung gegenüber der Umwelt und zu hohen Verdienstmöglichkeiten in Verbindung gebracht. Auch wenn diese Empfindungen realiter nicht mit der Wirklichkeit korrespondieren, sie stehen nicht selten im Raum. Haben Sie Erklärungen für diese Negativbeurteilung?

Im Gegensatz zum Arztberuf, wo das Wohl des Menschen an erster Stelle steht, wird ein Unternehmen häufig am Unternehmenserfolg gemessen und dieser wird wiederum häufig in finanziellen Kennzahlen dargestellt. Dies kann den Anschein erwecken, dass wir im frühen Zeitalter der Industrialisierung, in dem der Faktor Arbeit neben dem Faktor Kapital nur eine untergeordnete Rolle spielte, stehen geblieben wären. Alle, die in erfolgreichen Unternehmen arbeiten, wissen, dass dies nicht der Fall ist. Der Erfolg eines Unternehmens hängt natürlich entscheidend vom Management ab, aber ohne eine hohe Eigenmotivation der Mitarbeitenden geht es nicht. Und das gelingt nur, wenn man eine offene, sichere und wertschätzende Kultur im Unternehmen verankert hat. Zur Wahrheit gehört aber auch, dass der wirtschaftliche Erfolg eines Unternehmens sehr wichtig ist, um diese Rahmenbedingungen auch langfristig gewährleisten zu können. Das eine bedingt somit das andere. Die Bezahlung des Management ist vor allem hier in Deutschland ein Thema. In anderen Ländern hat man eine andere Sicht auf diese Dinge. Es gibt hier kein richtig oder falsch. Jedes Unternehmen sollte für sich entscheiden dürfen, wie man den Wert, den das Management durch seine Leistung erbringt, vergütet. Die Gesellschaft, vertreten durch die gewählte politische Regierung, setzt dabei den Rahmen.

Was könnte getan werden, um das Bild von Unternehmen und Unternehmertum wieder in ein besseres Licht rücken. Verbände sprechen zum Beispiel den Themenkreis Bildung an. Wirtschaft sollte verstärkt und als Pflichtfach in Schulen gelehrt werden, so dass die Leistung von Unternehmerinnen und Unternehmern für die Gesellschaft deutlich wird. Welche Vorschläge würden Sie unterbreiten? Was sollten Unternehmen, entsprechende Verbände und staatliche Organe konkret angehen?

Grundsätzlich glaube ich, dass das Bild von Unternehmern und Unternehmertum in der Gesellschaft gar nicht so schlecht ist. Wir können auf eine tolle Unternehmenslandschaft in Deutschland schauen; und da schließe ich die Unternehmer mit ein. Aber die Grundzüge unternehmerischen Handelns an Schulen zu lehren, ist sicherlich unterstützenswert.

Könnten Sie kurz darlegen, welche Rolle und welche Bedeutung Unternehmerinnen und Unternehmer für die Gestaltung und Entwicklung einer Gesellschaft haben?

Unternehmer spielen eine zentrale Rolle bei der Schaffung von Arbeitsplätzen und Wohlstand für die Gesellschaft sowie bei der Förderung von Innovationen. Im richtigen Wettbewerbsumfeld tragen sie zum technologischen Fortschritt bei und entwickeln neue Produkte und Dienstleistungen, die das Leben der Menschen beeinflussen und häufig besser machen. Neben den wirtschaftlichen Aspekten, vermitteln Unternehmer und deren Unternehmen Werte und nehmen Einfluss auf die Gesellschaft. Es gibt auch viele Unternehmen oder Unternehmerpersönlichkeiten, die sich sozial engagieren und als Mäzene auftreten.

Schließlich die Frage: Was könnte die Politik tun, damit die unternehmerischen Potenziale, die sie dargelegt haben, besser zur Geltung kommen?

Generell halte ich es für sehr bedenklich, wenn Politik oder Politiker für sich in Anspruch nehmen, die besseren Unternehmer zu sein und direkten Einfluss auf Märkte, Portfolio oder Produktionsprozesse nehmen. Die Politik ist gut beraten, durch die Schaffung von wettbewerbsfähigen Rahmenbedingungen, steuerlichen Anreizen und der Vereinfachung von bürokratischen Hürden den Unternehmergeist zu fördern. Zeitlich begrenzte Förderungen neuer Bereiche, wie die steuerliche Begünstigung von Start-ups oder Unternehmensbereichen, die Zukunftsfelder bearbeiten, wären hilfreich. Besonders, wenn man fördert und nicht einschränkt oder bestraft. Wettbewerbsfähigkeit, auch im internationalen Vergleich, sollte immer ein Leitmotiv der Politik sein. Weiterhin ist es wichtig, in Bildung zu investieren, wirtschaftliche Zusammenhänge bereits in der Schule zu vermitteln, um so das Verständnis für Wohlstand, Freiheit und die Wertschätzung für Unternehmertum zu erhöhen. Kooperationen zwischen Wirtschaft und Wissenschaft sollten intensiviert werden, um den Wissenstransfer zu fördern und innovative Ideen schneller in die Praxis umzusetzen.

Herr Dr. Pörksen, wir danken Ihnen für das Gespräch.

6 Die weichen Faktoren des erfolgreichen Unternehmertums

6.1 Persönlichkeit und unternehmerisches Handeln – erfolgskritische Persönlichkeitsmerkmale

Miriam Flach/ Peter Mudra

6.1.1 Vorbemerkungen

Was verbindet Ferdinand Porsche, Adi Dassler, Götz Werner und Dieter Schwarz miteinander?

Sie waren bzw. sind Unternehmerpersönlichkeiten, die eine Geschäftsidee mit großem Engagement zum Erfolg geführt haben. Stellte man die Frage nach den Gründen für ihren Erfolg, gäbe es sicherlich eine Reihe von Hinweisen und Erkenntnissen. Zieht man die Beschreibung von Fritsch, Menter und Wyrwich (2024, S. 8) für zielgerichtetes Entrepreneurship heran, so steht dieses für unternehmerische Initiative, Kreativität, Innovation und das Eingehen ökonomischer Wagnisse. Als prägende personenbezogene Merkmale mit förderlichen Effekten nennen die Autoren u. a. Leistungsmotivation, Disziplin und Ehrgeiz, Eigeninitiative und Unabhängigkeitsstreben, emotionale Stabilität, Kommunikationsstärke und Empathie (ebd., S. 58f.).

Die spannende Frage nach dem Zusammenhang von Persönlichkeit und (erfolgreichem) unternehmerischem Handeln steht im Blickpunkt dieses Beitrages und soll Antworten auf die Fragen nach Relevanzen und Kausalitäten geben. Hierzu gilt es, sich mit Klärungen und Differenzierungen hinsichtlich der Begriffe *Persönlichkeit* und *Charakter* zu befassen und Erkenntnisse von Zuträglichkeiten für ausgeprägtes und auf Erfolg ausgerichtetes Unternehmertum zu betrachten. Dass sich die auf die Persönlichkeitsgegebenheiten und Befähigungen der Unternehmerinnen und Unternehmer ausgerichteten Faktoren traditionell den »weichen« Einflussgrößen erfolgreichen Unternehmertums zuordnen lassen, stellt ihr Wirksamkeitspotenzial nicht wirklich in Abrede.

Lust auf Leistung?

Als der Verhaltensbiologe Felix von Cube 1998 sein Buch »Lust an Leistung« herausbrachte, das immerhin beachtliche 14 Auflagen erfahren hat, löste er mit seiner zentralen These, dass Menschen es als beglückend empfänden, sich einer herausfordernden Aufgabe hinzugeben, in der sie ganz aufgehen könnten und ihre eigene Kompetenz erlebten, und dabei die Leistungsprozesse immer von individueller *Triebsteuerung* geprägt seien (von Cube 2006, S. 75 ff.), breite Diskussionen aus. Denn die Zuspitzung auf eine solche kausale Erklärung für Leistungsbereitschaft und -erfolge widerspricht den in der Persönlichkeitspsychologie weitgehend präferierten multifaktoriellen Entstehungsbedingungen für die Persönlichkeit. Die historische Prägung durch die Freud'sche Triebtheorie wird bereits seit einiger Zeit als weitgehend überwunden angesehen. Und dennoch lässt sich festhalten, dass es eine besondere Prägung zu sein scheint, die Menschen zu »Machern« formt. Empirisch wird das menschliche Triebverhalten heute vorwiegend unter besser operationalisierbaren Konzepten wie Motivation, Emotion oder Aggression untersucht (Spektrum 2025). Welche persönlichen Prägungen sind es, die Unternehmertum begünstigen und konkrete Aktivierungsmomente hervorbringen können? Auch darum soll es nachfolgend gehen.

6.1.2 Prägungen des Menschen – Anatomie von Persönlichkeit und Charakter

»Unsre Eigenschaften müssen wir kultivieren, nicht unsre Eigenheiten.« (J. W. Goethe) In unserer Sprache werden für die individuellen Prägungen eines Menschen im Alltagskontext meist die Begriffe Persönlichkeit und Charakter gleichförmig verwendet.

Dar. 29: Anatomie von Persönlichkeit und Charakter

Ebene		Beschreibung	Beispiele
Persönlichkeit	Persönlichkeitsstruktur	Übergeordnete Gesamtheit aller Merkmale, die das individuelle Erleben und Verhalten prägen	Interessen, Temperament
	Persönlichkeitsmerkmale	Grundlegende, recht stabile Eigenschaften (Big Five)	Extraversion, Offenheit etc.
Charakter	Charaktereigenschaften	= Teilmenge (Untergruppe) der Persönlich-keitsmerkmale, bei welcher der Fokus auf moralisch-sozialen Eigen-schaften bzw. Werten liegt.	Ehrlichkeit, Freundlichkeit, Hilfsbereitschaft, Mut; Egoismus, Arroganz, Ungeduld (vgl. Ruch/Proyer 2011, S. 64)

Aus verhaltenswissenschaftlicher Sicht lassen sich überzeugende Gründe dafür finden, eine Differenzierung bzw. Präzisierung vorzunehmen, um u. a. auf die entwicklungsbezogenen Potenziale im Kontext von Berufsrollen eingehen zu können. Hierfür kann die Betrachtung von Strukturprägungen, um die es nachfolgend geht, hilfreich sein. Über die Anatomie von Persönlichkeit und Charakter lässt sich nachvollziehbar eine strukturierte Herangehensweise zur Differenzierung der Begriffe Persönlichkeitsmerkmale und Charaktereigenschaften darstellen. Dabei kann man sich die Persönlichkeit als ein vielschichtiges System vorstellen, dessen einzelne Komponenten unterschiedliche Funktionen und Schwerpunkte haben – ähnlich wie Organe im Körper.

Persönlichkeitsmerkmale bilden das Grundgerüst der Persönlichkeit. Sie sind die übergeordneten, relativ stabilen Eigenschaften, die das Denken, Fühlen und Verhalten eines Menschen in verschiedenen Situationen bestimmen. Das wissenschaftlich anerkannte Big-Five-Modell, auf das noch eingegangen wird, fasst diese als Grunddimensionen zusammen und beschreibt die Achsen, auf denen sich individuelle Ausprägungen zeigen. Jedes Persönlichkeitsmerkmal kann dabei unterschiedlich stark ausgeprägt sein und ist in Kombination mit den anderen Merkmalen für die Einzigartigkeit der Persönlichkeit als übergeordnete Gesamtheit aller Merkmale, die das individuelle Erleben und Verhalten prägen, verantwortlich.

Charaktereigenschaften sind innerhalb dieser Struktur eine spezifische Untergruppe. Sie beziehen sich vor allem auf moralisch und sozial bewertete Aspekte des Verhaltens – also darauf, wie jemand mit sich selbst und mit anderen umgeht, nach welchen Werten und Tugenden er sich ausrichtet (z. B. Ehrlichkeit, Mut, Freundlichkeit, Arroganz). Charaktereigenschaften können somit als »ethische Konstruktionsanker« der Persönlichkeit bezeichnet werden, die das »moralische Profil« eines Menschen bestimmen.

Der begrifflichen Abgrenzung und dem Aufzeigen von Verbindungslinien zwischen Persönlichkeit und Charakter kann demnach in sozialen bzw. gesellschaftlichen Konstellationen eine besondere Relevanz zukommen. Mit Blick auf die in dieser Publikation gegebene Fokussierung auf das Unternehmertum und damit auf primär berufs- und funktionsbezogene Rollen, soll hier im weiteren Verlauf eine Ausrichtung auf grundlegende Persönlichkeitsmerkmale und Persönlichkeitsmodelle erfolgen. Allerdings sollten in der praktischen Reflexion von Persönlichkeit und Verhaltensmerkmalen im Unternehmenskontext die Ausprägungen im sozialen und ethischen Verhalten grundsätzlich nicht aus dem Blick verloren werden, zeigen doch Studien, dass ethische Verhaltensweisen in Wirtschaftsunternehmen langfristig ökonomische Vorteile generieren können (vgl. z. B. Friede/Busch/Bassen 2015).

6.1.3 Grunddimensionen der Persönlichkeit (Big-Five-Modell, DISC-Modell)

Die *Persönlichkeit* eines Individuums ist einer der meistuntersuchten Merkmalsbereiche in der psychologischen Forschung, namentlich der differenziellen Persönlichkeitspsychologie, die sich mit der Beschreibung, Erklärung und Entstehung zeitstabiler Unterschiede im Erleben und Verhalten von Menschen befasst (Schirmer/Woydt 2023, S. 64). Persönlichkeit kann begrifflich – wie oben dargelegt – als übergeordnete Gesamtheit aller Merkmale, die das individuelle Erleben und Verhalten prägen, gefasst werden. Mit ihnen als zeitlich relativ stabile Verhaltensdispositionen lässt sich ein fortwährend gleichartiges Denken und Handeln in ähnlichen Situationen begründen (Hossiep/Mühlhaus 2015, S. 26f.)

Persönlichkeitsmodelle beschreiben Zusammenstellungen von Verhaltensmerkmalen, mit denen das menschliche Verhalten in Kategorien bzw. Kategoriensysteme eingeordnet werden kann und dabei Unterschiede und Gemeinsamkeiten im Kontext von Verhaltensdispositionen sichtbar und idealerweise identifizierbar gemacht werden können. Zwei bekannte Persönlichkeitsmodelle, die auch im Kontext von *Leadership Development* Anwendung finden und somit Bezüge zu unternehmerischen Leitungsfunktionen vermuten lassen, werden nachfolgend betrachtet: das BIG FIVE-Modell und das DISG-Modell. Beide Modelle bieten wertvolle Einblicke in die Grundstruktur der Persönlichkeit. Während das Big-Five-Modell wissenschaftlich breit anerkannt und recht detailliert ist, punktet das DISG-Modell durch seine praktische Anwendbarkeit und Verständlichkeit in Alltag und Beruf.

Big-Five-Modell

Dieses Modell – auch Fünf-Faktoren-Modell oder OCEAN-Modell genannt – gilt heute als das international anerkannteste Standardmodell der Persönlichkeitsforschung. Es wurde in über 70 Sprachen validiert und beschreibt die Persönlichkeit anhand von fünf grundlegenden Dimensionen mit dahinterstehenden Merkmalen, die bei jedem Menschen unterschiedlich stark ausgeprägt sind:

- Offenheit für Erfahrungen (u. a. Aufgeschlossenheit, Kreativität, Neugierde, Vorstellungskraft)
- Gewissenhaftigkeit (u. a. Ausdauer, Leistungsbereitschaft, Ordnungsliebe, Selbstdisziplin, Zielstrebigkeit, Zuverlässigkeit)
- Extraversion (u. a. Begeisterung, Durchsetzungsvermögen, Energie, Geselligkeit)
- Verträglichkeit (u. a. Empathie, Kooperationsbereitschaft, Rücksichtnahme, Freundlichkeit)
- Neurotizismus/ Emotionskontrolle (u. a. Ängstlichkeit, Anfälligkeit für negatives Stresserleben, Stimmungsschwankungen, Traurigkeit, Unsicherheit, Verletzlichkeit, Widerstandsfähigkeit)

Jede Person besitzt alle fünf Dimensionen, jedoch in individueller Ausprägung. Das daraus entstehende Persönlichkeitsprofil ist einzigartig und bleibt im Erwachsenenalter relativ stabil.

Studien belegen, dass insbesondere die Gewissenhaftigkeit einen starken Zusammenhang mit der Arbeitsleistung zeigt – sie gilt als einer der besten Prädiktoren (Vorhersageindikatoren) für beruflichen Erfolg. Auch Extraversion ist in bestimmten Rollen (z. B. Führung, Vertrieb) besonders relevant (vgl. Sackett et al. 2023, S. 16). Metaanalysen bestätigen, dass die Big-Five-Dimensionen je nach Berufsgruppe unterschiedlich stark mit der Arbeitsleistung korrelieren, wobei die Komplexität der Arbeit eine entscheidende Rolle spielt.

Für die Ermittlung von persönlichen Ausprägungen im Kontext der fünf Dimensionen kommt ganz überwiegend ein Testverfahren in Form von Fragebögen zum Tragen. Big Five erfährt in Unternehmen im Rahmen des Personalmanagements eine Umsetzung bzw. Anwendung in den Bereichen Bewerberauswahl, Personalentwicklung, Teamentwicklung und Leadership.

Im Kapitel 6.1.4 werden die Korrelationen von Persönlichkeitsmerkmalen und erfolgsgeprägtem unternehmerischen Handeln unter Berücksichtigung der Big-Five-Dimensionen betrachtet.

DISG-Modell

Dieses Modell gilt als ein populäres Persönlichkeitsmodell, das vor allem im beruflichen Kontext Anwendung findet. Es unterscheidet vier Grunddimensionen, die durch Farben symbolisiert werden und aus deren jeweils ersten Buchstaben der Namen des Modells geprägt ist:

- **D**ominant (rot): zielorientiert, durchsetzungsstark, entscheidungsfreudig
- **I**nitiativ (gelb): kontaktfreudig, begeisterungsfähig, kommunikativ
- **S**tetig (grün): geduldig, zuverlässig, teamorientiert
- **G**ewissenhaft (blau): analytisch, sorgfältig, qualitätsbewusst

Im Rahmen des DISG-Modells wird betont, dass Menschen meist eine individuelle Mischung dieser vier Dimensionen zeigen. Es wird vor allem genutzt, um Kommunikation und Zusammenarbeit im Team zu verbessern. Ein entsprechendes Testverfahren wird im deutschsprachigen Raum in einer Weiterentwicklung des Ursprungsinstrumentes häufig als »persolog® Persönlichkeits-Profil« zum Einsatz gebracht (vgl. Gay/Karsch 2019). Wenngleich das DISG-Modell eine Anwendung in Unternehmen auch in den Bereichen Personalauswahl, Kommunikation und Führung erfährt, so liegt sein zentrales Einsatzgebiet im Teamkontext, wo eine Optimierung der Zusammensetzung und Zusammenarbeit unterstützt werden soll (▶ Dar. 30).

6 Die weichen Faktoren des erfolgreichen Unternehmertums

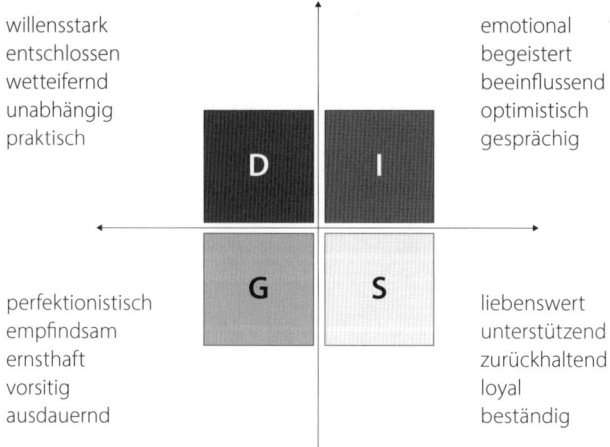

Dar. 30: DISG-Persönlichkeitsmodell mit Merkmalsbeispielen

6.1.4 Potenzielle Erfolgsfaktoren für unternehmerisches Handeln

Unter Berücksichtigung des zuvor vollzogenen Überblicks hinsichtlich allgemein akzeptierter Persönlichkeitsmerkmale und deren kategorialen Zuordnungen soll nun folgende zentrale Frage aufgenommen werden: *Inwieweit kann von schlüssigen Zusammenhängen (Korrelationen) zwischen Persönlichkeitsmerkmalen und erfolgreichem unternehmerischen Handeln gesprochen werden?*

Für die Beantwortung werden zunächst Befunde aus der Wissenschaft herangezogen, um in einem nächsten Schritt auch die Selbstwahrnehmungen von Unternehmerinnen und Unternehmern zu betrachten.

Als Grundprämisse ist vorab anzumerken, dass Unternehmertum und Erfolg jeweils multidimensional sind und Bewertungen über rein finanzielle Aspekte hinausgehen. Darstellung 31 zeigt einige Bestimmungsgrößen des Unternehmenserfolges.

Dar. 31: Ausgewählte Bestimmungsgrößen des Unternehmenserfolges (vgl. Koetz 2006, S. 21)

Kategorie	Beispiel für Erfolgsindikatoren
Betriebswirtschaftliche Maße	• Überleben des Unternehmens Umsatz und Umsatzentwicklung • Höhe des Gewinns (Cashflow) und Gewinnentwicklung • Zahl der Mitarbeiter und Entwicklung der Mitarbeiterzahlen • Einkommen des Unternehmers • Return of Investment • Ermittlung des Unternehmenswertes

6.1 Persönlichkeit und unternehmerisches Handeln

Dar. 31: Ausgewählte Bestimmungsgrößen des Unternehmenserfolges (vgl. Koetz 2006, S. 21)

Kategorie	Beispiel für Erfolgsindikatoren
Psychologische Maße	Zielerreichung (persönliche und unternehmensbezogen Ziele) Arbeitszufriedenheit des Unternehmers
Weitere Maße	• Arbeitszufriedenheit der Mitarbeiter und gutes Betriebsklima • Kundenzufriedenheit • Know-how des Unternehmens/Unternehmers • Kontinuität der Lieferantenbeziehungen • Erweiterung und Verbesserung des Leistungsangebots • Produktqualität • Unternehmensimage

Die Forschung hat sich hier von ursprünglich intuitiven Annahmen hin zu mittlerweile empirisch fundierten Modellen entwickelt, mit denen spezifische Persönlichkeitsmerkmale identifiziert werden können, die mit unternehmerischem Handeln korrelieren. Im Kern dieser Persönlichkeitsforschung steht das Big-Five-Modell, das bei einigen Merkmalen wie Offenheit für Erfahrungen, Gewissenhaftigkeit und emotionale Stabilität nachweislich konsistente positive Korrelationen mit unternehmerischem Erfolg aufweist. Jedoch zeigt sich die Bedeutung einiger dieser Merkmale, wie z. B. Gewissenhaftigkeit, als phasenabhängig und kontextsensitiv (Hagenauer/Zipko 2024, o.S.). Darstellung 32 stellt die Forschungslage dar.

Dar. 32: Korrelation Big Five mit Unternehmenserfolg (vgl. Freiberg/Matz 2023, o. S.; Schönfeld 2024 S. 32 ff.)

Merkmal	Definition	Ausprägung bei erfolgreichen Unternehmen	Korrelation mit Erfolg
Offenheit für Erfahrungen	Neugier, Kreativität, Vorstellungskraft, intellektuelle Neugier	hoch	positiv (stärkster Prädiktor, fördert Innovation und Finanzierung)
Gewissenhaftigkeit	Organisation, Disziplin, Zielorientierung, Leistungsbereitschaft, Ausdauer	hoch (aber ambivalent)	positiv in Frühphasen, potenziell negativ in späteren Phasen von Tech-Start-ups (erfordert Flexibilität)
Extraversion	Geselligkeit, Energie, Durchsetzungsvermögen, Begeisterung	variabel	gemischt: Kann Netzwerkfähigkeiten fördern, aber nicht immer signifikant korrelierend; kontextabhängig

Dar. 32: Korrelation Big Five mit Unternehmenserfolg (vgl. Freiberg/Matz 2023, o. S.; Schönfeld 2024 S. 32 ff.)

Merkmal	Definition	Ausprägung bei erfolgreichen Unternehmen	Korrelation mit Erfolg
Verträglichkeit	Kooperationsbereitschaft, Freundlichkeit, Empathie	variabel (oft niedrig)	gemischt: Positiv für initiale Finanzierung, potenziell negativ für harte Entscheidungen
Neurotizismus/ emotionale Stabilität	Anfälligkeit für Stress, Stimmungsschwankungen, Ängstlichkeit (Neurotizismus); Gelassenheit, Widerstandsfähigkeit (Emotionale Stabilität)	niedrig (hohe emotionale Stabilität)	negativ (Neurotizismus)/ positiv (Emotionale Stabilität); universeller Erfolgsfaktor für Resilienz

Neben den Big-Five-Merkmalsdimensionen identifiziert die Forschung weitere spezifische Merkmale, die für den unternehmerischen Erfolg von Bedeutung sind und für die es relevante Befunde gibt (vgl. Yan 2010, S. 21 ff.):

- **Risikobereitschaft**: Unternehmer müssen bereit sein, Risiken einzugehen, sowohl finanzielle als auch persönliche. Studien zeigen, dass eine höhere Risikotoleranz mit der Wahrscheinlichkeit der Unternehmensgründung und dem Erfolg korreliert.
- **Kontrollüberzeugung**: Erfolgreiche Unternehmer neigen zu einer internalen Kontrollüberzeugung, d. h., sie glauben, dass sie ihr Schicksal selbst in der Hand haben und Erfolg oder Misserfolg hauptsächlich von ihren eigenen Anstrengungen abhängen, nicht von externen Faktoren.
- **Leistungsmotivation/ Leistungsbedürfnis**: Ein starker Wunsch, Herausforderungen zu meistern, sich hohe Ziele zu setzen und diese zu erreichen, ist ein charakteristisches Merkmal von erfolgreichen Unternehmern.
- **Selbstwirksamkeitserwartung**: Der Glaube an die eigenen Fähigkeiten, Herausforderungen zu bewältigen und Ziele zu erreichen, ist für Unternehmer essenziell, um auch in schwierigen Phasen handlungsfähig zu bleiben.
- **Proaktivität**: Erfolgreiche Unternehmer ergreifen Initiative, antizipieren Probleme und handeln vorausschauend, anstatt nur auf Gegebenheiten zu reagieren.
- **Innovationsfähigkeit**: Die Fähigkeit, neue Ideen zu entwickeln und umzusetzen, ist oft ein Kernmerkmal von erfolgreichem Unternehmertum, insbesondere im Bereich von Start-ups.
- **Resilienz/ Beharrlichkeit**: Die Fähigkeit, auch nach Rückschlägen nicht aufzugeben und beharrlich an Zielen festzuhalten, ist für den langen Atem im Unternehmertum unerlässlich.

Generell gilt für die angeführten Korrelationen allerdings, dass der Zusammenhang nicht deterministisch anzusehen ist, sondern auch durch den Kontext, die Branche und die Passung zwischen Persönlichkeit und Unternehmensanforderungen geprägt wird.

In Ergänzung zu den aufgezeigten wissenschaftlichen Befunden stellt sich die Frage, welche Persönlichkeitsmerkmale Unternehmerinnen und Unternehmer selbst als entscheidend für ihren Erfolg betrachten. Die nachfolgenden Erkenntnisse stammen aus Befragungen, bei denen die subjektive Einschätzung der Akteure erfasst wurde. Bemerkenswert erscheint dabei, dass die Perspektive der Unternehmer viele vorgenannten wissenschaftlichen Befunde bestätigt. Merkmale wie Leistungsstreben, kalkulierte Risikobereitschaft und Resilienz werden von ihnen als fundamental für ihren Erfolg angesehen. Es besteht eine erstaunliche Übereinstimmung zwischen der erlebten Realität der Unternehmerinnen und Unternehmer und den statistischen Korrelationen, auch wenn die wissenschaftliche Analyse zusätzliche Nuancen und Kontextabhängigkeiten aufzeigt, die in der subjektiven Wahrnehmung weniger präsent sind (vgl. L. He 2014, S. 70 ff.).

Allerdings lässt sich noch eine Reihe weiterer relevanter Merkmale festhalten:

- Vision und Leidenschaft
- Selbstvertrauen und Integrität
- Pragmatismus
- Kreativität und Innovation
- Fähigkeit, Talente anzuziehen und Teams aufzubauen
- Entscheidungsfreudigkeit
- Flexibilität/ Anpassungsfähigkeit
- Kritikfähigkeit
- Verantwortungsgefühl
- Ambiguitätstoleranz

Es kann zusammenfassend festgestellt werden, dass die Vielzahl der Eigenschaften, die Unternehmertum begünstigen können, sehr ausgeprägt und fast unübersichtlich erscheint. Im nächsten Kapitel soll vor diesem Hintergrund versucht, diese zu ordnen und damit für die Praxis nutzbar zu machen.

6.1.5 Eigenschaftsportfolio für erfolgreiches Unternehmertum

Weiche Faktoren (Soft Facts) bezeichnen qualitative, meist schwer messbare Einflussgrößen im Unternehmen, die nicht direkt in Zahlen oder Kennzahlen abgebildet werden können. Im Gegensatz zu den harten Faktoren wie Umsatz, Gewinn oder Bilanzkennzahlen betreffen weiche Faktoren vor allem auf die Menschen im Unternehmen ausgerichtete Aspekte, wie das menschliche Miteinander, die Unternehmenskultur und die Arbeitsatmosphäre. Die in diesem Beitrag behandelten Persönlichkeitsaspekte im Kontext von Unternehmertum sind somit eindeutig der Kategorie weiche

Faktoren zuzuordnen. In einer etwas breiteren Auslegung kann allerdings auch die Einbindung zweier Konzepte erwogen werden, die ebenfalls im Umfeld weicher Faktoren zum Tragen kommen und hier eine ganz besondere Ausrichtung auf emotionale Gegebenheiten beinhalten. Es sind die insbesondere für das Personalmanagement und Leadership bedeutenden Ansätze der *Empathie* und *emotionalen Intelligenz*.

Empathie und emotionale Intelligenz sind eng verwandte, aber nicht identische Konzepte. Als **Empathie** wird die Fähigkeit bezeichnet, Gedanken, Emotionen, Motive und Persönlichkeitsmerkmale einer anderen Person zu erkennen, zu verstehen und nachzuvollziehen. Zur Empathie gehört ebenso die Bereitschaft, sich auf andere Menschen einzulassen und angemessen im Sinne einer antizipierten Emotionsreaktion zu verfahren.

Emotionale Intelligenz (EQ) geht über Empathie hinaus: Sie umfasst die Fähigkeit, eigene und fremde Emotionen wahrzunehmen, zu verstehen, zu regulieren und gezielt darauf zu reagieren. Emotionale Intelligenz integriert Empathie als einen Baustein, beinhaltet aber zusätzlich dezidiert die Aspekte Selbstwahrnehmung, Selbstregulation, Motivation und soziale Kompetenzen. Es ist das umfassendere Konzept, das neben Empathie auch die bewusste Steuerung und Nutzung von Emotionen im eigenen Verhalten und in sozialen Beziehungen einschließt.

Studien belegen, dass Empathie ein bedeutender Faktor für erfolgreiches unternehmerisches Handeln sein kann, da sie sich positiv auf Kunden- und Mitarbeiterbeziehungen, Teamführung, Kommunikation und Verhandlungen auswirken könne (vgl. Sear 2025, o.S.). Sie stehen damit in diametralem Widerspruch zu einer prominenten Unternehmerstimme aus den USA, wo Elon Musk die radikale These propagiert, die »grundlegende Schwäche der westlichen Zivilisation ist Empathie«. Sie werde »als Waffe eingesetzt und zerstöre die Gesellschaft« (Kegel 2025).

Interessant für Unternehmerinnen und Unternehmer erscheint auch die recht neue Forschungsausrichtung auf das Konstrukt »**Impathie**« zu sein, das von Stefanie Neubrand an der Universität Basel begründet wurde (2021). Sie erforscht Impathie als Orientierungshilfe für eigene Verhaltensweisen. Impathie ist demnach die Fähigkeit, die eigenen widersprüchlichen Gedanken, Gefühle und Aktionen wahrzunehmen und zu verstehen. Impathie lässt sich in grober Betrachtung auch als Empathie mit sich selbst beschreiben.

Im Sinne einer zusammenfassenden Perspektive werden in Darstellung 33 abschließend Eigenschaftsmerkmale in Form eines Portfolios dargestellt, von denen nach der hier vertretenen Auffassung – jenseits einer vorweisbaren Validierung – sinnvolle Orientierungsansätze für die Praxis im Unternehmen abgeleitet werden können. Ganz bewusst wurden dafür auch in verschiedenen Diskussionsformaten von Wirtschaftsvertretern formulierte Punkte aufgenommen, um einen Raum für Selbstreflexionen zu geben. Es ist die Ausgangsüberlegung dieses »Eigenschaftsportfolios für erfolgreiches Unternehmertum«, dass Erfolgswirksamkeiten von dem individuellen Zusammenspiel der Eigenschaften (Portfolio-Elementen) einerseits und den spezifischen Rahmenbedingungen des unternehmerischen Tätigseins determiniert sind. Dem Portfoliogedanken wohnt das Potenzial inne, dass eine eigene Präferenz hinsichtlich der einzelnen Eigenschaften zum Tragen kommen kann, also eine Erwartung, man müsse möglichst viel oder alle Merkmale vorhalten, ausdrücklich nicht per se intendiert ist.

Dar. 33: Eigenschaftsportfolio für erfolgreiches Unternehmertum

6.1.6 Persönlichkeit und Befähigungen – Säulen der Individualität

Unternehmertum bezieht sich vor allem auf das Unternehmersein. Man kann es allerdings etwas weiter gefasst als einen Prozess des Gründens und Führens eines Unternehmens beschreiben und den Blick hierbei – wie in diesem Beitrag geschehen – gezielt auf die Persönlichkeit richten, die Geschäftsideen in die Realität umzusetzen vermag und die als Treiber – zur Erreichung der Ziele und nachhaltigem Erfolg – fungiert. In diesem Zusammenhang sind allerdings neben den **persönlichen Prägungen** auch die **persönlichen Befähigungen** von besonderer Bedeutung.

Wenn das psychologische Persönlichkeitskonzept das Bekenntnis zur herausragenden Bedeutung der Ausprägung individueller Persönlichkeitsmerkmale in sich trägt, läge die Frage nahe, wie sich entsprechende Merkmalsausprägungen in Verhaltensweisen darstellen. Und damit lässt sich der Fokus insbesondere auf die Befähigungen des Individuums richten. Persönlichkeit und Befähigungen bzw. Fähigkeiten können als *Säulen der Individualität* bezeichnet werden. Sie bestimmen gemeinsam, wie ein Mensch mit Herausforderungen umgeht, welche Präferenzen und Stärken er entwickelt und wie er sich in unterschiedlichen Lebensbereichen verhält (Stanek/Ones 2023).

Persönlichkeit und Fähigkeiten sind somit unterschiedliche, aber eng verbundene Dimensionen der menschlichen Individualität. Dabei bildet Persönlichkeit den Rahmen und beeinflusst, wie und welche Fähigkeiten sich entwickeln. Fähigkeiten wiederum wirken zurück auf die Persönlichkeit und ermöglichen deren Ausdruck und Verstärker im Alltag. Sie entstehen maßgeblich auf Basis der individuellen Persönlichkeitseigenschaften, werden aber in bedeutender Weise auch durch Erfahrung und Lernen weiterentwickelt.

6.1.7 Literatur

Freiberg, B.; Matz, S. C. (2023): Founder personality and entrepreneurial outcomes. A large-scale field study of technology startups. In: Proceedings of the National Academy of Sciences (PNAS): Psychological and Cognitive Sciences. Mai 2023; https://www.pnas.org/doi/10.1073/pnas.2215829120, abgerufen am 28.05.2025

Friede, G.; Busch, T.; Bassen, A. (2015): ESG and financial performance. Aggregated evidence from more than 2000 empirical studies. In: Journal of Sustainable Finance & Investment, Vol. 5/2015, S. 210–233

Fritsch, M.; Menter, M.; Wyrwich, M. (2024): Entrepreneurship. Unternehmerische Fähigkeiten von Gründern. Frankfurt

Gay, F.; Karsch, D. (2019): Das persolog-Persönlichkeitsprofil: Persönliche Stärke ist kein Zufall. Remchingen

Hagenauer, W.; Zipko, H. T. (2024): The relationship between entrepreneurial personality patterns linked to risk, innovation and gender across industrial sectors. In: Nature Portfolio - Scientific Reports 2024; https://pmc.ncbi.nlm.nih.gov/articles/PMC11379956/pdf/41598_2024_Article_71794.pdf, abgerufen am 28.05.2025

He, L. (2014): The perceived personal characteristics of entrepreneurial leaders. Edith Cowan University Research Online. https://ro.ecu.edu.au/cgi/viewcontent.cgi?params=/context/theses/article/2339/&path_info=The_perceived_personal_characteristics_of_entrepreneurial_leaders_Redacted.pdf, abgerufen am 22.05.2025

Hossiep, R.; Mühlhaus, O. (2015): Personalauswahl und -entwicklung mit Persönlichkeitstests. Göttingen

Kegel, S. (2025): Warum Musk so viel Angst hat vor Empathie. https://www.faz.net/aktuell/feuilleton/debatten/warum-elon-musk-so-viel-angst-hat-vor-empathie-110342872.html; abgerufen am 02.06.2025

Koetz, E. (2006): Persönlichkeitsstile und unternehmerischer Erfolg von Existenzgründern. Osnabrück

Neubrand, S. (2021): The missing construct: Impathy – Conceptualization, operationalization, and clinical considerations, Basel; https://edoc.unibas.ch/server/api/core/bitstreams/5d8dceca-85aa-44de-9231-344536e449be/content; abgerufen am 02.06.2025

Ruch, W.; Proyer, T. (2011): Positive Psychologie: Grundlagen, Forschungsthemen und Anwendungen. Report Psychologie 02/2011, S. 60–70

Sackett, P. R. et al. (2023): Revisiting the design of selection systems in light of new findings regarding the validity of widely used predictors. Industrial and Organizational Psychology: Perspectives on Science and Practice. 16, (3), 1–18. Research Collection Lee Kong Chian School Of Business. Singapore

Schirmer, U.; Woydt, S. (2023): Mitarbeiterführung. Berlin

Schönfeld, G. (2024): Persönlichkeitsmerkmale und Präferenzen betrieblicher Entscheidungsträger/-innen. In: Reihe BIBB Fachbeiträge zur beruflichen Bildung. Bonn

Sear, P. (2025): The Empathy Advantage for Businesses. In: Psychology Today. March 2025; https://www.psychologytoday.com/us/blog/empathic-minds/202503/the-empathy-advantage-for-businesses; abgerufen: 22.05.2025

Spektrum, https://www.spektrum.de/lexikon/psychologie/trieb/15775; abgerufen am 03.06.2025

Stanek, K. C.; Ones, D. S. (2023): Personality Traits and Cognitive Abilities Relations Database. 2023. https://conservancy.umn.edu/items/20b9e18f-c6cd-4e27-9eb7-a50b51b25b45; abgerufen am 02.06.2025

Von Cube, F. (2006): Lust an Leistung. Die Naturgesetze der Führung. München

Yan, J. (2010): The Impact of Entrepreneurial Personality Traits on Perception of New Venture Opportunity. In: New England Journal of Entrepreneurship, Fall 2010, S. 21–35

6.2 Managementkompetenz und Führungsverhalten

Peter Mudra

6.2.1 Vorbemerkungen

»Wenn Sie irgendwo ein erfolgreiches Unternehmen sehen, dann liegt es daran, dass irgendwann irgendjemand eine mutige Entscheidung getroffen hat.« (Peter F. Drucker, zit. n. Team Asana 2025)

Mit dieser Aussage zum Ursprung erfolgreichen unternehmerischen Handelns wird der Blick bewusst auf die Person der Unternehmerin bzw. des Unternehmers gerichtet. Auf sie kommt es an; sie prägt nicht nur Entscheidungen, sondern bringt sich meist umfassend in anspruchsvolle Planungs- und Entwicklungsprozesse ein. Neben den materiellen und zeitlichen Ressourcen sowie dem Eingehen von Risiken stellen angehende und etablierte Unternehmerinnen und Unternehmer ihre besondere Individualität bereit. Und mit dieser Individualität lassen sich weitgehend die »weichen Faktoren« des Unternehmertums verbinden. Menschliche Individualität steht hierbei für zwei Prägungen: die persönlichen Eigenschaften (Persönlichkeit) und die persönlichen Fähigkeiten (Kompetenzen).

Nachdem Persönlichkeitsmerkmale im Kontext von unternehmerischem Handeln im vorherigen Beitrag beleuchtet wurden, soll es hier um fähigkeitsbezogene Verhaltensweisen gehen, für welche die Persönlichkeit den Rahmen bildet und maßgeblich beeinflusst, welche Fähigkeiten bzw. Kompetenzen sich in welcher Ausprägung entwickeln können. Dass dabei der Prozess der Aneignung und Entwicklung von Fähigkeiten grundlegend von Erfahrung und Lernen getragen wird, legt wiederum nahe, warum zunächst eine Einordnung in den pädagogischen Kontext zielführend sein kann.

6.2.2 Kompetenzen: mehr als ein pädagogisches Paradigma

Der Begriff Kompetenzen ist in Bildung, Beruf, Unternehmen, Wissenschaft, Persönlichkeitsentwicklung und Alltag fest verankert und wird überall dort verwendet, wo es darum geht, Wissen, Fähigkeiten und Einstellungen situationsgerecht und eigenverantwortlich einzusetzen.

In Unternehmen stellen Kompetenzen vor allem in der Personalentwicklung seit langem eine zentrale Begrifflichkeit dar, die neben dem traditionellen Begriff der Qualifikationen und dem eher universellen Lernbegriff steht. Kompetenz lässt sich hier in seiner Grundausrichtung als eine *Passung zwischen den spezifischen Fähigkeiten (Verhaltensoptionen) eines Menschen und den Anforderungen in einer spezifischen Situation* beschreiben (Mudra 2015, S. 363). Da sich aufgrund der heutigen Veränderungsgeschwindigkeiten Modifikationen oder sogar grundlegende Veränderungen der Anforderungen in spezifischen Situationen immer schwieriger prognostizieren lassen, kommt einem erweiterten Kompetenzansatz eine immer größere Bedeutung zu. Dieser sieht Kompetenz im Kern als *die Fähigkeit, Probleme lösen und auch in unerwarteten Kontexten selbstorganisiert handeln zu können* (Mudra 2022, S. 43f.).

Während sich *Qualifikationen* vorrangig als formale Nachweise über erworbene Kenntnisse, Fähigkeiten und Fertigkeiten beschreiben lassen, die eine Person für bestimmte Aufgaben oder Berufe befähigen, stehen Kompetenzen eher für eine Anwendung in einem bestimmten, zuordenbaren Kontext und sind dabei meist umfassend, verhaltensbasiert und situationsbezogen.

Fähigkeiten bzw. *Skills* lassen sich begrifflich trotz ihrer inflationär anmutenden Verwendung häufig nicht als griffiges Konstrukt fassen. Denn einerseits wohnt ihnen eine Ausrichtung auf das Potenzial bzw. die Beschreibung, was Menschen tun können, inne. Andererseits sind sie häufig – mal mehr, mal weniger – derart geprägt, dass man sie vorrangig als einzelne Bausteine wahrnimmt, die in Kompetenzen und Qualifikationen einfließen.

In der Pädagogik markierte der Kompetenzbegriff einen Paradigmenwechsel, mit dem sich der bisherige Fokus auf die vorrangige Wissensvermittlung (Input-Ausrichtung) hin zur Befähigung zum selbstständigen, verantwortungsvollen Handeln in komplexen Situationen (Output-Ausrichtung) verlagerte. Als paradigmatisch sind dabei die Prägungen *Erlernbarkeit, Situations- und Anwendungsbezug* sowie *Handlungsorientierung* hervorzuheben. Dieser Paradigmenwechsel wurde durch internationale Bildungsvergleiche wie die PISA-Studien befördert und ist heute Grundlage moderner Bildungsstandards und Curricula.

Das Kompetenzparadigma ist allerdings längst nicht mehr auf die Pädagogik beschränkt, sondern hat sich zu einem grundlegenden Leitbild für die Arbeitswelt, Unternehmen und gesellschaftliche Zukunftsfähigkeit entwickelt:

- **Arbeitswelt und Unternehmen**: Unternehmen begreifen Kompetenzen als zentrale Ressource für Anpassungsfähigkeit, Innovationsfähigkeit und Wettbewerbsfähigkeit. Kompetenzen wie Kreativität, Problemlösungsfähigkeit, digitale Kom-

petenz, Teamfähigkeit und Eigeninitiative werden als Schlüssel zur Sicherung der Zukunftsfähigkeit von Unternehmen und deren Beschäftigten gesehen.
- **Digitale Gesellschaft**: Um für Anforderungen, die sich durch die digitale Transformation – insbesondere KI und Robotik (»KI-R-Revolution«) – ergeben und herausfordernde soziale und kulturbezogene Entwicklungen mit sich bringen, vorbereitet und handlungsbefähigt zu sein, sind umfassende Kompetenzen für den digitalen Alltag der Menschen (z. B. Data Literacy, Medienkompetenz) als außerordentlich relevant anzusehen.
- **Gesellschaftliche Teilhabe**: Kompetenzen sind auch für die Bewältigung vielfältiger gesellschaftlicher Herausforderungen, demokratische Teilhabe und die Entwicklung von Selbstbestimmung und Verantwortungsbewusstsein von zentraler Bedeutung.

Für die hier im Fokus stehende Personengruppe der Unternehmerinnen und Unternehmer stellt sich im Kontext der Kompetenzperspektive die Frage nach typischen aufgaben- und rollenbezogen Kompetenzen und danach, inwieweit diese für ihr Handeln erfolgsrelevant sein könnten.

6.2.3 Kompetenzen für erfolgreiches Unternehmertum

Für Unternehmerinnen und Unternehmer liegt der Kern des Kompetenzbegriffs sehr nahe an dem Verständnis ihrer maßgeblichen Rolle und zwar dem »Machen«. Sie sind Handelnde, und der banale Spruch »Unternehmer heißen Unternehmer, weil sie etwas unternehmen«, trifft es dann doch recht gut. Auf das Konstrukt des Handelns ist letztlich immer jegliche Kompetenz ausgerichtet, wenngleich es bei genauerer Betrachtung zur Handlungsfähigkeit über die Anwendungsfähigkeit hinaus noch das Anwendungswollen (Wille, Bereitschaft, Motivation) braucht.

Die allgemeine und gleichermaßen klassische Differenzierung von Kompetenzen sieht die Unterteilung von vier Kompetenzformen vor: Fach-, Methoden-, Sozial- und Persönlichkeitskompetenz. Diese vier Dimensionen bilden für die jeweiligen beruflichen Tätigkeitsfelder zusammen die Handlungskompetenz, mit der berufliche Anforderungen in der Praxis erfolgreich bewältigt werden können. Darstellung 34 zeigt Aufbau und Zusammenhänge der Kompetenzbereiche und weist in der obersten Stufe Performanz als die intendierte Zielstellung aus, mit der ein Vollzug einer erfolgreichen Handlung sichtbar gemacht werden kann.

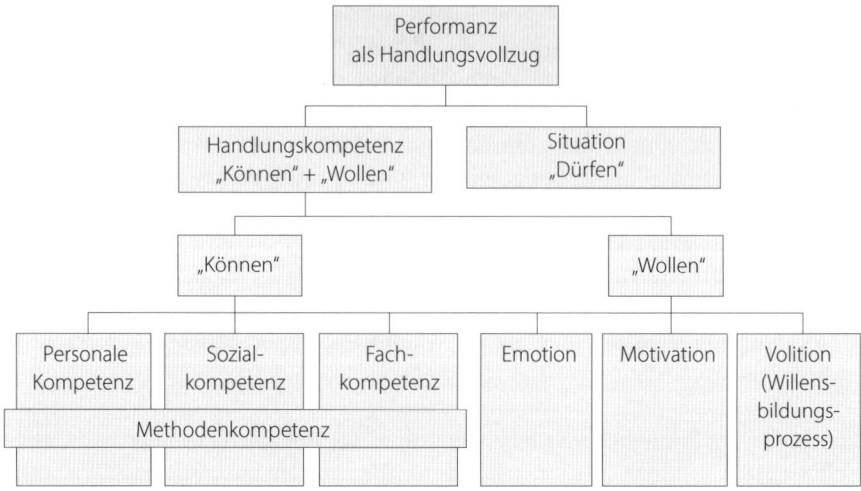

Dar. 34: Handlungskompetenz und Handlungsvollzug (Mudra 2018, S. 77)

Im Kontext des Unternehmertums lassen sich zwei große Kompetenzbereiche identifizieren: Managementkompetenzen und explizite Führungskompetenzen (Leadership-Kompetenzen).

A. Managementkompetenzen

Managementkompetenzen sind für wirkungsvolles Unternehmertum von herausragender Bedeutung, da sie die grundlegenden Fähigkeiten umfassen, ein Unternehmen effektiv zu planen, zu organisieren, zu steuern und zu kontrollieren.

Grundsätzlich richten sich Managementkompetenzen an den Anforderungen aus, die sich aus den klassischen Managementfunktionen Planung, Organisation, Führung, Koordination und Kontrolle ergeben.

Management wird häufig in seiner Begriffsauslegung als »gesamte Unternehmensführung« interpretiert (Breisig 2008, S. 13), was an den Kompetenzbereich eine Erwartung adressieren könnte, Unternehmer müssten gleichermaßen analytische, strategische, funktionale, soziale und technische Fähigkeiten vorweisen. Wichtig erscheint an dieser Stelle, eine Differenzierung der großen Linien (Management und Leadership) vorzunehmen, um auf der Grundlage des Verständnisses der beiden Kompetenzbereiche fähigkeitsbezogene Kategorien und Merkmale in den Blick zu nehmen.

B. Leadership-Kompetenzen

Leadership beinhaltet im klassischen Verständnis die Mitarbeiterführung im Unternehmen, bei der neben dem Management von Aufgaben auch die umfassende Ausrichtung auf die Mitarbeitenden und ihre Prägungen sowie Beziehungsgeflechte erfolgt. Leadership grenzt sich damit begrifflich und funktional vom »reinen Management von Aufgaben« im Unternehmen ab und richtet sich bewusst auf die Einflussnahme, Motivation und Gestaltung von Beziehungen innerhalb von Teams oder im Unternehmen. Leadership-Kompetenzen umfassen insbesondere soziale Kompetenzen (wie z. B. Kommunikationsfähigkeit, Teamfähigkeit); allerdings sollten in funktionsgerechten Kompetenzportfolios für Führungskräfte fachliche, methodische und persönlichkeitsbezogene Kompetenzen nicht fehlen. Darstellung 35 stellt prägende Merkmale von *Management* und *Leadership* sowie entsprechende Kompetenzen, die in der Unternehmenspraxis vorfindbar sind, dar.

Dar. 35: Management und Leadership – Kompetenzdifferenzierungen

Erfolgreiches Unternehmertum erfordert im Sinne einer strategischen Ausrichtung und nachhaltigen Entwicklung beide Dimensionen: Managementkompetenz als Fähigkeitenbündel, Strukturen und Prozesse so zu gestalten, dass Unternehmensziele effizient erreicht werden, und Leadership-Befähigungen, um Menschen zu begeistern, zu motivieren und Veränderungen anzustoßen

Es wäre abwegig zu glauben, dass die vorgenannten Kompetenzen bei den relevanten Protagonisten in den Unternehmen quasi selbstverständlich vorhanden sind. Man sollte sich mit Blick auf die Vielzahl der Kompetenzen unter Berücksichtigung der unternehmensbezogenen Rahmenbedingungen und vor allem der individuellen Gegebenheiten und Präferenzen darüber im Klaren sein, dass Kompetenzen – anders als Persönlichkeitseigenschaften – in der Regel im Kontext einer Zielstellung angeeignet und entwickelt werden müssen und können. Hierfür stellt die Personalfunktion in den meisten Unternehmen über ihre Personalentwicklung eine Vielfalt an Angeboten bereit. Das Topmanagement wird in der Regel auf externe Angebote – z. B. in Form von Schulungen und Coaching – zugreifen.

Um das Thema Kompetenzen im Unternehmen zielgerichtet auf- bzw. umzusetzen, sollte ein systematisches **Kompetenzmanagement** unter Verwendung geeigneter Kompetenzmodelle zum Einsatz kommen. Hierzu zählt auch eine auf das Unternehmen und die Mitarbeitenden ausgerichtete **Kompetenzentwicklung und -förderung**, mit denen zentrale Elemente wie Diagnostik und Bedarfsermittlung sowie Maßnahmen und Evaluation verbunden sind (vgl. Mudra 2024, S. 129 ff.).

6.2.4 Anforderungen an »Bewältigungsbefähigungen« für eine Welt im dynamischen Wandel

Im Kontext der dynamischen Veränderungsprozesse etablieren sich immer wieder Begrifflichkeiten, mit denen die Relevanz oder gar das Epochale der gegebenen und zukünftigen Entwicklungen verdeutlicht werden soll. So ließen sich seit der Jahrtausendwende Begriffe wie z. B. *Bildungsrepublik Deutschland, Wissensgesellschaft, Industrie 4.0, Digitale Revolution* wahrnehmen. Aber auch das Akronym *VUCA* steht im Kontext von Transformation oder gar Disruption häufig im Blick. Womöglich verbindet sich mit der Beschreibung bzw. dem Kreieren von mehr oder weniger adäquaten Begriffen die Haltung, Veränderungen verstehen und möglichst auch beeinflussen oder gar gestalten zu wollen. Mit der mittlerweile weitverbreiteten Sichtweise, dass es im Kontext dieser dynamischen Veränderungen eines adäquaten Ansatzes bedarf, den Anforderungen in der sich wandelnden Arbeitswelt gerecht zu werden und dabei auch konkrete Handlungsansätze bereitstellen zu wollen, hat sich zweifellos **New Work** – und vieles, was hiermit verbunden wird – gerade in der Praxis erkennbar etabliert. Diese Begrifflichkeit mit konkreten und praxistauglichen Konzepten zu unterfüttern, scheint Gegenstand zahlreicher Publikationen und Initiativen – wie z. B. der Charta für New Work – zu sein. Inwieweit sich mit New Work ein wirkliches Neues Arbeiten verbindet, ist eigentlich gar nicht entscheidend. Vielmehr ist es der Anspruch, Arbeit angemessen und sinnvoll sowie zeitnah an sich ändernden Gegebenheiten auszurichten und hierbei Ansätze, Konzepte und Instrumente zu verwenden, die von den Beteiligten als zielgerichtet wahrgenommen werden.

Interpretiert man New Work als Ansatz für die Zukunftsgestaltung der Arbeit über den begrifflichen und konzeptionellen Fokus hinausgehend ganz bewusst auch als eine Einladung an die ganz unterschiedlichen Stakeholder im Kontext der »Fortschrittsprozesse« in den Unternehmen – und darüber hinaus –, sich vorbehaltslos, sinnbezogen sowie verantwortungsvoll einbringen zu können, wird sein paradigmatisches Potenzial für eine Reform der Arbeitsbeziehungen im gesellschaftlichen Maßstab erkennbar. Nimmt man exemplarisch die fünf Prinzipien der *Charta für New Work* – Freiheit, Selbstverantwortung, Sinn, Entwicklung, Soziale Verantwortung (humanfy 2023) –, wird deutlich, dass die Grundintentionen von Frithjof Bergmann als Begründer der New-Work-Bewegung dort weitgehend enthalten sind und somit entsprechende Veränderungs- und gegebenenfalls Reformbeiträge mit adressiert werden. Vor dem Hintergrund der Veränderung der Erwerbsarbeit und der damit verbundenen, vielfältigen Anforderungen stellt sich gerade auch für Unternehmerinnen und Unternehmer die zentrale Frage: *Was sind die Fähigkeiten (Skills) bzw. Kompetenzen, die zur Bewerkstelligung der Anforderungen notwendig sind und zukunftsbezogene Gestaltungsmöglichkeiten unterstützen helfen?*

Wer nicht weiß, was auf ihn zukommt, kann sich auch nicht angemessen vorbereiten, lautet sinngemäß ein – nach einer Binsenweisheit klingendes – norwegisches Sprichwort. Tatsächlich wissen allerdings nicht wenige Akteure aus mittleren und kleineren Unternehmen davon zu berichten, dass es ihnen nicht möglich ist, umfassende Forecasts in alle potenziell relevanten Richtungen systematisch zu erstellen. Im Bereich der Anforderungen, die sich im Kontext der dynamischen Veränderungen in der Arbeitswelt ergeben, werden seit einiger Zeit »Bewältigungsbefähigungen« in Form von **Future Skills** systematisch und fortlaufend identifiziert. Für Unternehmen und andere Organisationen wie Bildungseinrichtungen kann die dahinterstehende, wissenschaftlich profunde Forschungsarbeit für ihre Kompetenzausrichtungen einen signifikanten Mehrwert darstellen.

Der Begriff Future Skills hat mittlerweile in Deutschland eine starke Verbreitung gefunden. Prägend war hierfür sicherlich die Studie des Stifterverbands für die Deutsche Wissenschaft und McKinsey zum Future-Skills-Framework im Jahr 2018. Im *Future-Skills-Framework 2021*, das eine Erweiterung des ersten Frameworks aus dem Jahr 2018 darstellt und 377 deutsche Unternehmen und 123 Behörden in eine Befragung eingebunden hatte, identifizieren Stifterverband und McKinsey insgesamt 21 für die Zukunft relevante Befähigungen. Dabei definieren sie *Future Skills* »*als branchenübergreifende Fähigkeiten, Fertigkeiten und Eigenschaften, die in den kommenden fünf Jahren in allen Bereichen des Berufslebens und darüber hinaus wichtiger werden*« (Stifterverband 2021, S. 3). Es wird im Bericht davon ausgegangen, dass sich von der Digitalisierung bis zum Aufbau einer nachhaltigen Wirtschaft die professionellen Anforderungen an Fachkräfte in allen Branchen in den nächsten Jahren enorm verändern werden. Folgende *vier Kategorien* sind Gegenstand des Future-Skills-Framework:

- **Klassische Kompetenzen**: Lösungsfähigkeit; Kreativität; Unternehmerisches Handeln und Eigeninitiative; Interkulturelle Kommunikation; Resilienz
- **Digitale Schlüsselkompetenzen**: Digital Literacy; Digital Ethics; Digitale Kollaboration; Digital Learning; Agiles Arbeiten
- **Technologische Kompetenzen**: Data Analytics und Künstliche Intelligenz (KI); Softwareentwicklung; Nutzerzentriertes Design; IT-Architektur; Hardware- bzw. Robotikentwicklung; Quantencomputing
- **Transformative Kompetenzen**: Urteilsfähigkeit; Innovationskompetenz; Missionsorientierung; Veränderungskompetenz; Dialog- und Kritikfähigkeit

Für die Verantwortlichen in den Unternehmen wird es grundsätzlich darauf ankommen, Kompetenzbedarfe frühzeitig wahrzunehmen. Wichtig erscheint es allerdings auch, sich darüber im Klaren zu sein, welche Kompetenzen in besonderer Weise für die Unternehmensentwicklung und den -erfolg wichtig sein können. Darum soll es nachfolgend gehen.

6.2.5 Erfolgswirksame Kompetenzen

Kann die Kompetenzausstattung von Unternehmern und Managern in einen kausalen Zusammenhang mit dem Erfolg ihrer Unternehmen gestellt werden? Studien bejahen dies und zeigen eine positive und deutliche Korrelation, die über rein finanzielle Kennzahlen hinausgeht und auch Aspekte des Humankapitals und der Kundenbeziehungen umfasst. Erfolgskritische Kompetenzen werden als eine dynamische Mischung aus angeborenen Eigenschaften und erworbenen Fähigkeiten identifiziert, die durch gezielte Bildung und Erfahrung entwickelt werden können.

Zu den zentralen Kompetenzen, die sich als entscheidend für den Unternehmenserfolg erwiesen haben, gehören (vgl. Ramadhani/Mulyadi 2023, S. 453 ff.; Betomol 2021, S. 43 ff.):

a) strategisches Denken
b) Organisations- und Planungsfähigkeit
c) Kundenorientierung
d) Problemlösung
e) Suche nach wirtschaftlich günstigen Gelegenheiten, Innovationsfähigkeit
f) Führung und emotionale Intelligenz

Für die strategischen Überlegungen im Unternehmen lässt sich im Kontext der immer wiederkehrenden Frage, ob und inwieweit sich Investitionen in die betriebliche Personalentwicklung lohnen, somit ableiten, dass eine Art Erfolgsrendite potenziell möglich ist, wenngleich sich ein dezidierter Return on Investment (RoI) bislang noch nicht ermitteln lassen dürfte.

6.2.6 Von der Transaktion zu Transformation: Führung als Erfolgsbaustein

Im Zusammenhang mit den zuvor um den Begriff New Work skizzierten, umfassenden Veränderungsgegebenheiten in der Arbeitswelt hat sich auch im Bereich der Mitarbeiterführung ein Wandel ergeben, den manche Führungskräfte mit Blick auf die Dynamik der Weiterentwicklung des Rollenverständnisses durchaus als Druck empfinden. Durch die Corona-Pandemie standen die digitalen Kompetenzen in den Unternehmen ad hoc im Blickpunkt – auch bei den Führungskräften und Managern. Woraus manche womöglich abgeleitet haben, dass es bei der Bewältigung jener großen Veränderungsprozesse dieser Zeit nahezu ausschließlich um den Transfer in den digitalen Raum und dessen angemessener Beherrschung ginge. Führung im digitalen Zeitalter sollte allerdings vom Anspruch deutlich breiter ausgerichtet sein, als es eine »Spielfeldverlagerung« suggerieren könnte (vgl. auch Drescher/König 2023, S. 160 ff.). Den »Schlüssel« für eine angemessene Breite zur Weiterentwicklung von Mitarbeiterführung bzw. Leadership scheinen vielfältige Führungsansätze mit sich zu bringen, die sich mehr oder weniger unter das Label New Leadership versammeln und in der Literatur und Praxis erkennbar hofiert werden. Sie heißen Servant Leadership, Digital Leadership, Führen 4.0, Ambidextre Führung, Laterale Führung, Shared Leadership, Super Leadership – und dies ist nur ein Teil dessen, was sich in Debattenbeiträgen und Führungstrainings finden lässt. Ohne diese Buntheit allgemein oder einzelne Angebote im Speziellen hier pauschal in Frage stellen zu wollen, soll dafür geworben werden, erst einmal einen Schritt zurückzutreten, um sich gegebenenfalls noch einmal zu vergewissern, worum es bei Mitarbeiterführung eigentlich geht bzw. gehen sollte.

Im Kern von Mitarbeiterführung steht immer das Führungsverhalten, was sich mit dem Mainstream-Definitionsansatz untermauern lässt, dass Führung als ein Prozess zielgerichteter Verhaltensbeeinflussung eines oder mehrerer Gruppenmitglieder durch ein anderes (Führungskraft) verstanden werden kann. Hierauf setzt die Betrachtung von Führungsverhalten im Kontext verschiedener Führungsstile an. Bemüht man allerdings die großen, in den letzten hundert Jahren entstanden Führungstheorien, wird deutlich, dass es neben der verhaltensbezogenen Perspektive auch auf eigenschaftsbezogene und situationsbezogene Aspekte im Rahmen der Mitarbeiterführung ankommt.

Was einen entscheidenden Impuls für die Frage, wie zeitgemäße Führung in den Unternehmen aussehen kann, gesetzt hat, ist die Orientierung und Ausrichtung auf einen Ansatz, der sich dezidiert und begrifflich auf Gegebenheiten einzustellen bemüht, die die Arbeitswelt und Lebenswirklichkeiten in den Unternehmen in signifikanter Weise beeinflussen, die Transformationserfordernisse. Erfordernisse, die so umfassend sind, dass sie manchmal das Label »epochal« oder »disruptiv« verliehen bekommen. Sie beziehen sich auf einen Wandel, der neben technischen bzw. technologischen sowie wirtschaftlichen und rechtlich-politischen Veränderungen auch umfassende soziokulturelle bzw. gesellschaftliche Veränderungen in sich trägt. Und hier kommt ein Führungsansatz ins Spiel, der die breiten Transformationserfordernisse zentral in den Blick nimmt: der transformationale Führungsansatz. Mit ihm steht eine Erweiterung der traditionellen Führungsbezüge in den Unternehmen bereit, die stark auf Transaktionen als »konsensiertes« Führungsverständnis ausgerichtet sind und sich demnach mit dem Begriff »transaktionale Führung« beschreiben lassen.

Transaktionale Mitarbeiterführung

Die Theorie der transaktionalen Führung basiert auf dem Grundprinzip, dass Führung im Sinne eines Austauschprozesses zwischen Führungskraft und Mitarbeiter stattfindet. Es kommen extrinsische Motivationsmechanismen wie Belohnung und Sanktionierung zum Tragen. Die transaktionale Führung stellt einen Ansatz dar, der die Aspekte Zielbeschreibung und Zielverbindlichkeit ebenso sichtbar macht wie den in der Arbeitswelt dominanten Zug-um-Zug-Gedanken – und damit auch die arbeitsrechtlich relevante Rechte und Pflichten Perspektive – als maßgeblich für die Beziehungsprägung zwischen Mitarbeitenden und Führungskraft in den Blick nimmt.

Transformationale Führung

Mit Blick auf die dynamischen Veränderungsgegebenheiten in der Arbeitswelt (VUCA-Umfeld) und der daraus abgeleiteten, erhöhten Reaktions- und Anpassungserfordernisse stoßen die klassischen wie auch die transaktional ausgerichteten Führungsansätze aufgrund ihrer eindimensionalen Betrachtung bezogen auf Führungseigenschaften, -verhalten und -situationen immer häufiger an ihre Grenzen. Einen potenziellen Ansatz zur Anpassung an die Anforderungen des VUCA-Umfelds soll die transformationale Führung beisteuern. Diese ist gekennzeichnet durch eine motivationale und auf gegenseitigem Vertrauen fokussierende Ausrichtung von Führung (vgl. Scheffer 2021, S. 147). Die transformationale Führung baut auf dem Ansatz der transaktionalen Führung auf und stellt damit eine Weiterentwicklung dieser dar. Inhaltlich wird hierbei auf eine Veränderung von Werten und Einstellungen bei den Mitarbeitenden durch Führungskräfte abgezielt. Auf diese Weise soll eine Erhöhung der intrinsischen Motivation der Mitarbeiter wie auch eine Steigerung ihrer Leistung erreicht werden.

Transformationale Führung lässt sich auf vier Dimensionen beziehen (vgl. Bittner/Riemke, 2017, S. 98):

- Idealisierte Einflussnahme
- Inspirierende Motivation
- Intellektuelle Stimulierung
- Individualisierte Berücksichtigung

Die häufig anzutreffende Einschätzung, in Zeiten eines modernen Leaderships sei eine transaktionale Mitarbeiterführung nicht mehr angemessen und quasi aus der

Mode gekommen, kann durchaus kritisch gesehen werden. Denn es sind immer die Gegebenheiten in den Organisationen und die Prägungen der in Beziehung stehenden Personen und Persönlichkeiten, aus denen sich angemessene Verhaltensweisen in der konkreten Mitarbeiterführung ergeben und begründen lassen. Dass Unternehmen hierbei über Instrumente wie Führungsgrundsätze bzw. -leitlinien die bei ihnen praktizierte Führung – und damit die Führungskultur – beeinflussen wollen, steht allerdings außer Frage. In Frage sollte jedoch gestellt werden, dass es sich bei der transformationalen Führung um ein maßgebliches Paradigma handeln sollte, mit welchem die in den Unternehmen und bei den dortigen Menschen breit verwurzelte transaktionale Haltung verbindlich und grundlegend abgelöst wird. Vielmehr erscheint es begründbar, mit der transaktionalen und der transformationalen Führung quasi zwei (paradigmatische) Ausrichtungen nebeneinander bestehen zu lassen – nicht zuletzt auch, um unterschiedliche Reifegrade in Unternehmen und Teams berücksichtigen zu können.

Mitarbeiterführung als Erfolgsbaustein für Unternehmenserfolg

Die Bedeutung von Mitarbeiterführung für den Unternehmenserfolg konnte durch wissenschaftliche Studien belegt werden. So zeigte sich, dass effektive Führung nicht nur ein weicher Faktor ist, sondern einen messbaren und signifikanten Einfluss auf die wirtschaftliche Performance von Unternehmen hat (vgl. Gallup-Studie 2024, McKinsey CEO Excellence Assessment Tool 2024, New Level Work 2023). Gerade im Kontext des strukturellen Fachkräftemangels kommt dem Faktor Leadership eine noch bedeutendere – fast schon strategische – Bedeutung zu. Mitarbeiterzufriedenheit und Mitarbeiterfluktuation sind dabei zwei wirksamkeitsbezogene Handlungsfelder für eine Führungsarbeit im Sinne des Unternehmenserfolges.

6.2.7 Über den Tellerrand: eine integrative Modellperspektive

Wollte man die Substanz der bisherigen Ausführungen mit etwas Distanz in den Gesamtkontext der Publikation einordnen, so wäre unübersehbar, dass die weichen Faktoren, die sich im Kontext des Unternehmertums aufzeigen lassen, recht zahlreich und vielfältig sind. Die Erwartung an erfolgreiches Unternehmertum fordert förmlich harte Fakten ein, mit denen Erfolg konkret belegt werden kann. Diese Erwartung wird mit den auf Persönlichkeit, Verhalten, Kompetenz und Ethik verbundenen weichen Faktoren sicherlich nur begrenzt erfüllt werden können, wenngleich auf die verschiedenen aussagekräftigen Studien hinsichtlich Korrelationen und Wirksamkeiten nochmals hingewiesen sei.

Es erscheint in einer abschließenden Betrachtung sinnvoll, die Bedeutung eines Gesamtzusammenhangs in den Blick zu nehmen, mit dem die behandelten »weichen Faktoren« des Unternehmertums in die Wirksamkeitsbetrachtung der Gesamtorganisation mit seiner klaren Leistungsausrichtung verdeutlicht werden soll. Darstellung 36 stellt den Versuch einer modellhaften Sichtweise dar, die dem besonderen Anspruch unternehmerischen Handelns mit einer integrativen und wirksamkeitsbezogenen Ausrichtung Rechnung tragen soll.

Dar. 36: Persönlichkeit und Leitungskompetenz im Unternehmertum

6.2.8 Literatur

Sciences, Volume 2, Issue 2, 2021, S. 43–57

Bittner, Th.; Riemke, K. (2017): Transformationale Führung wagen. In: Schwuchow, K.; Gutmann, J. (Hrsg.): HR Trends 2018. S. 96–103. Freiburg

Breisig, Th. (2008): Management. Oldenburg; https://www.bba.uni-oldenburg.de/download/archiv/management.pdf; abgerufen am 14.06.2025

Drescher, S.; König, S. (2024): Führung im digitalen Zeitalter. In: Mudra, P.; Sellinger, M.; Völker, R. (Hrsg.): New Work. Gestaltung der digitalen Arbeitswelt. Stuttgart, S. 160–196

Gallup-Studie 2024; Feuerlein, F. (2025): Die Gallup-Studie 2024: Führung und Mitarbeiterentwicklung im Fokus; https://www.aventicon.de/blog/die-gallup-studie-2024-fuhrung-und-mitarbeiterentwicklung-im-fokus; abgerufen am 12.06.2025

Gee, S. (2013): Who's Driving the Bus? - Leadership and Management in a Few Easy Steps. Wellington

Humanfy: New Work Charta. https://humanfy.de/new-work-charta/; am 02.06.2025

McKinsey CEO Excellence Assessment Tool 2024; https://esgbusiness.com/news/ceo-leadership-drives-45-company-performance-study; abgerufen am 12.06.2025

Mudra, P. (2024): Futur Skills – Anforderungen an eine dynamische Kompetenzentwicklung. In: Mudra, P.; Sellinger, M.; Völker, R. (Hrsg.): New Work. Gestaltung der digitalen Arbeitswelt. Stuttgart, S. 123–142

Mudra, P. (2022): Personalentwicklung als qualitatives Personalveränderungsmanagement. In: Handbuch Personalentwicklung. Die Praxis der Personalbildung, Personalförderung und Arbeitsstrukturierung. Stuttgart, S. 35–49

Mudra, P. (2018): Das Kompetenzset der Zukunft für Personalmanager. In: Appel, W.; Wahler, M. (Hrsg.): Die digitale HR-Organisation. Wo wir stehen, was wir brauchen. Köln, S. 75–85

Mudra, P. (2015): Personalentwicklung. Integrative Gestaltung betrieblicher Lern- und Veränderungsprozesse. München

New Level Work 2023; The ROI of leadership development, https://21464110.fs1.hubspotusercontent-na1.net/hubfs/21464110/NLW%20-%20ROI%20Files/nlw-roi-of-leadership-development-study-2023-full-report-1.pdf; abgerufen am 12.06.2025

Ramadhani, U.; Mulyadi, H. (2023): How Can Business Success Affected by Entrepreneurial Competence? In: Journal of International Conference Proceedings (JICP) Vol. 6 No. 1, S. 453–462, March 2023

Scheffer, D. (2021): Motivation in der Arbeitswelt. Wie Bedürfnisse, Motive, Emotionen und Ziele unser Handeln leiten. Stuttgart

Stifterverband für die Deutsche Wissenschaft (2021): Future Skills 2021. 21 Kompetenzen für eine Welt im Wandel, Essen 2021

Team Asana (2025): Zitate aus der Wirtschaftswelt; https://asana.com/de/resources/business-quotes; abgerufen am 14.06.2025

6.3 Leitbild des Unternehmertums – die Verantwortung im unternehmerischen Denken und Handeln

Kerstin Fehre

»Gewinn ist für ein Unternehmen, was Sauerstoff für den Menschen ist: Ohne ihn kann es nicht überleben; doch wer glaubt, Leben bestehe allein im Atmen, hat seinen Sinn verfehlt.« (Peter F. Drucker)

6.3.1 Rolle der Verantwortung — wertorientierte Unternehmensführung

Folgt man dem Gedanken Druckers, dass wirtschaftlicher Erfolg zwar unabdingbar ist, jedoch nicht den eigentlichen Sinn und Zweck unternehmerischen Handelns darstellt, stellt sich zwingend die Frage, wofür ein Unternehmen ansonsten lebt. Diese Frage adressierte auch Larry Fink – CEO des weltgrößten Vermögensverwalters BlackRock in seinem im Jahr 2018 verfassten Brief an die Vorstandsvorsitzenden öffentlicher Unternehmen. In diesem Brief informierte er die Unternehmenslenker darüber, dass ihre Unternehmen mehr tun müssen als nur Gewinn zu erzielen, um sich der Unterstützung durch BlackRock sicher zu sein (vgl. Fink 2018). Seine Mahnung »*[w]ithout a sense of purpose, no company, either public or private, can achieve its full potential. It will ultimately lose the license to operate from key stakeholders*« (Fink 2018) hat nicht zuletzt in den Vorstandsetagen eine intensive Debatte über genau diesen Purpose, diesen Sinn und Zweck, die Daseinsberechtigung des Unternehmens hervorgerufen. Damit rückt die Verantwortung als sinnstiftender Kompass ins Zentrum der Überlegungen. Oder anders formuliert stellt sich die Frage, ob Verantwortung als Leitbild des Unternehmertums dient, dienen sollte und dienen kann.

Dabei ist die Frage nach der Rolle der Verantwortung im Unternehmertum an sich so alt wie das Unternehmertum selbst, zumindest wird sie spätestens seit der industriellen Revolution des 18. und 19. Jahrhunderts diskutiert. Politische Ökonomen, wie Adam Smith, Sozialisten wie Karl Marx und Friedrich Engels, aber auch Schriftsteller und Philosophen wie Victor Hugo und Emile Zola diskutierten und kritisierten implizit in ihren Werken die Verantwortung(-slosigkeit) von Unternehmern gegenüber den Arbeitern und der Gesellschaft an sich.

Ein Blick in die jüngere deutsche Wirtschaftsgeschichte der vergangenen 20 bis 30 Jahre lässt jedoch zuweilen Zweifel aufkommen, ob die eingangs formulierte Frage nach der Verantwortung als Leitbild des Unternehmertums bejaht werden kann. So ist der Begriff Leitbild definiert als «*orientierungs-, handlungs-, oder entscheidungsleitende Vorstellungen des Menschen*« (Brockhaus 2006a). Skandale um Unternehmen bzw. deren Unternehmer wie etwa den Bohrmaschinenhersteller Flowtex und dessen Geschäftsführer Manfred Schmieder, den Bauunternehmer Jürgen Schneider, oder die Drogeriemarktkette von Anton Schlecker illustrieren, dass in diesen Fällen Verantwortung keine der drei Funktionen übernommen haben kann und vermutlich andere Leitmotive wie Gewinnmaximierung, Streben nach Ansehen oder dem Aufbau und Erhalt eines Imperiums eine handlungsleitende Funktion übernommen haben.

Gleichzeitig belegen zahlreiche Beispiele der deutschen Wirtschaftsgeschichte genau das Gegenteil, nämlich dass durchaus Verantwortung in friedlicher Koexistenz mit Gewinnmaximierung bestehen kann, wenn nicht sogar übergeordnet wird und somit den Unternehmensgewinn positiv beeinflusst. Man denke hier beispielsweise an Robert Bosch, der mit *»[l]ieber Geld verlieren als Vertrauen«* (Bosch 2025) zitiert wird. Robert Bosch setzte früh auf Mitarbeiterverantwortung und drückte dies auch in seinem Entlohnungssystem aus: »*Ich zahle nicht gute Löhne, weil ich viel Geld habe, sondern ich habe viel Geld, weil ich gute Löhne bezahle*« (Bosch 2025). Im Jahr 1964 wurde die Mehrheit der Anteile an der Bosch GmbH in die Robert Bosch Stiftung überführt, die bis heute gemeinnützig wirkt. Auch das Unternehmen Zeiss steht für eine frühe institutionalisierte Verbindung von Unternehmertum und Gemeinwohl. So führte Ernst Abbe, Mitgründer der Carl Zeiss AG, bereits im 19. Jahrhundert eine Gewinnbeteiligung für Mitarbeiter sowie Mindestlöhne und eine betriebliche Altersvorsorge ein (vgl. Zeiss 2025). Götz Werner, Gründer der dm-Drogeriemärkte, gilt bis heute als Vordenker im Bereich wertorientierter Unternehmensführung. So setzte er auf Selbstverantwortung der Mitarbeiter und dementsprechend flache Hierarchien. Zudem war er ein prominenter Befürworter des bedingungslosen Grundeinkommens (vgl. Initiative Unternimm die Zukunft o. J.).

Zusammenfassend lässt sich festhalten, dass die Rolle der Verantwortung als Leitmotiv im Unternehmertum auch nach über 200 Jahren intensiver Diskussion nicht beantwortet ist. Auch der vorliegende Beitrag vermag diese Frage nicht abschließend beantworten, setzt sich jedoch zum Ziel, die zum Teil in der Öffentlichkeit aufgeheizte Debatte, durch einen Blick in die wissenschaftliche Forschung und deren Ergebnisses, durch Fakten anzureichern und so ein paar Grautöne in das Schwarz-Weiß des öffentlichen Bildes zu bringen. Dazu bietet sich an die eingangs formulierte Frage nach der Rolle der Verantwortung als Leitmotiv im unternehmerischen Denken und Handeln aus verschiedenen Perspektiven zu beleuchten und in **weitere Fragen** herunterzubrechen.

6.3.2 Verantwortung und Stakeholder

Geht man zunächst von der positiven These aus, dass Verantwortung die Rolle eines Leitbildes im unternehmerischen Denken und Handeln einnimmt, stellt sich die **Frage nach der Reichweite dieser Rolle,** in zweierlei Hinsicht. Erstens ist der Begriff der Verantwortung ursprünglich aus der spätmittelalterlichen Gerichtssprache entstanden und bedeutet, »*gegenüber einem Richter für sein Tun Rechenschaft abzulegen, es zu begründen und zu verteidigen*« (Brockhaus 2006b). In diesem Sinne umfasst Verantwortung immer eine dreistellige Relation, da jemand für etwas gegenüber einer Instanz verantwortlich ist. Es stellt sich also die **Frage nach den Instanzen, wem gegenüber der Unternehmer individuell oder das Unternehmen kollektiv verantwortlich ist**. Betrachtet man die Diskussionen über Unternehmensverantwortung im Zeitverlauf, so fällt auf, dass zunächst Verantwortung gegenüber dem Mitarbeiter, gegebenenfalls der Gesellschaft an sich gefordert wurde. Jüngere Diskussionen weiten die Diskussion der gesellschaftlichen Verantwortung auf Fragestellungen aus, die unter dem Begriff der Nachhaltigkeit subsumiert werden (vgl. etwa Gillan u. a. 2021). Ein zentrales Thema ist hierbei der Umweltschutz (vgl. Aguilera u. a. 2021), insbesondere die Konsequenzen der Produktion wie z. B. Wasserverbrauch, Luftverschmutzung und CO_2-Ausstoss. Unternehmen müssen sich aber auch Fragen nach den Konsequenzen des Konsums ihrer Produkte stellen, wie z. B. die Auswirkungen des Zucker- und Fettgehaltes auf die Gesundheit der Konsumenten; es geht also auch um die Verantwortungsübernahme gegenüber dem Konsumenten. Der Blickwinkel geht somit deutlich über die Unternehmensgrenzen und das direkte Unternehmensumfeld hinaus; Arbeitsbedingungen bei Lieferanten werden gleichermaßen mit in die Diskussionen der Verantwortungsübernahme eingeschlossen wie die nach dem Wohlbefinden der Mitarbeiter oder Konsequenzen für die Umwelt und den Konsumenten. Dementsprechend werden in den nachfolgenden Ausführungen auch Studien einbezogen, die über das rein theoretische Konstrukt der Verantwortung hinausgehen und Fragestellungen der Nachhaltigkeit aus empirischer Sicht untersuchen.

6.3.3 Funktion des Leitbildes in der Unternehmensführung

Zweitens stellt sich selbst bei grundsätzlicher Bejahung der Verantwortung als Leitbild dennoch **die Frage, welche Funktion dieses Leitbild übernehmen soll**: Dient es lediglich als orientierungsmaßgebend, sprich als eine Art grobe Richtung, die nicht komplett aus den Augen verloren werden sollte oder übernimmt es gar eine entscheidungsmaßgebende Funktion und wird dem Gewinnstreben zumindest gleichgestellt, wenn nicht gar übergeordnet? Wie Verantwortung im Unternehmen so gelebt wird, dass sie gar eine entscheidungsmaßgebende Funktion übernimmt, lässt sich anhand der Richard Henkel GmbH illustrieren. Das Unternehmen produziert Stahlrohrmöbel für den Garten und Wellnessbereich. Nachhaltigkeit, Ehrlichkeit und Zuverlässigkeit – alle drei Eigenschaften stehen für das Verantwortungsbewusstsein des Unternehmers – spielen bei dem Familienunternehmen aus Süddeutschland in seiner über 100-jährigen Geschichte seit jeher eine bedeutende Rolle (vgl. Richard Henkel 2025). Produktdesign und Produktionsprozesse werden konsequent weitergedacht, um eine möglichst nachhaltige, ressourcenschonende Herstellung der Möbel zu gewährleisten. Nachhaltigkeit wird hier jedoch nicht nur auf den Umweltschutz bezogen. Verantwortung im ganzheitlichen Sinne nimmt insofern eine entscheidungsleitende Funktion ein und geht dabei so weit, dass im Zweifel ein lukrativer Kundenauftrag abgelehnt wird, da dieser aufgrund einer zu hohen Auslastung das Wohl, die Gesundheit und Zufriedenheit der Mitarbeiter gefährden würde (vgl. Kennelly 2022).

6.3.4 Strategische Verankerung der Verantwortung

Soll Verantwortung im Sinne der Nachhaltigkeit eine entscheidungsmaßgebende Funktion übernehmen, bedingt dies letztlich eine **strategische Verankerung der Nachhaltigkeit**. Nicht wenige Unternehmen sind dazu übergegangen, ihre Verantwortung gegenüber der Gesellschaft und der Umwelt in ihren Mission Statements und ihre langfristigen Visionen aufzunehmen. So heißt es auf der einschlägigen Internetseite der Deutschen Telekom: »*»Verantwortung leben. Nachhaltigkeit ermöglichen«, nach diesem Grundsatz richten wir unsere Handlungen aus*« (Deutsche Telekom 2025). Beim Bergsportausstatter VAUDE bildet Nachhaltigkeit den Kern der Unternehmensstrategie. Demensprechend findet sich gleich zu Beginn der Unternehmensphilosophie folgende Formulierung, die die entscheidungsleitende Funktion der Verantwortung im Leitbild, der Vision und der Mission unterstreicht: »*Unternehmertum bedeutet für uns, Verantwortung zu übernehmen und den Blick in die Zukunft zu richten, auf nachfolgende Generationen und den Erhalt unserer Umwelt. [...] Aus diesem Verantwortungsbewusstsein heraus, leitet sich unser wertebasiertes und zukunftsweisendes Wirtschaften ab*« (VAUDE 2025).

Gleichzeitig zeigt sich auch, dass bei vielen Unternehmen, selbst jenen, die nach eigenen Angaben über eine Nachhaltigkeitsstrategie verfügen, nicht geklärt ist, auf welcher Ebene diese verankert ist. **Handelt es sich um die Corporate Strategy** – also die Unternehmensstrategie – **eine Business Strategy** – also Geschäftsbereichsstrategie – **oder eine funktionale Strategie,** die anderen funktionalen Strategien wie der HR-, der Finanzierungs- oder der Marketingstrategie gleichgestellt ist? Jede Einbettung der Verantwortung auf einer der drei Ebene kommt mit Vor- und Nachteilen. Diese diskutieren Fehre und Verweire (2025). Laut ihrer Recherchen starten viele Unternehmen die Transformation hin zu mehr Verantwortung und Nachhaltigkeit auf der Ebene einer funktionalen Strategie, da dies in der Regel mit lokaler Verantwortung und konkreten Maßnahmen zum Umweltschutz oder des Mitarbeiterwohlbefindens, einhergeht. Funktionale Nachhaltigkeitsstrategien haben somit den Vorteil, dass sie detaillierte Maßnahmenbündel umfassen und anhand konkreter Projektpläne umgesetzt werden können. Gleichzeitig fehlt ihnen aber oftmals die ganzheitliche Perspektive und umfassende Abstimmung mit der übergeordneten Geschäftsbereichs- oder Unternehmensstrategie. Dies wiederum kann zu fragmentierten Anstrengungen über verschieden Geschäftsbereiche hinweg und letztlich Ineffizienzen und Spannungsfeldern führen.

Die Verankerung der Nachhaltigkeitsambitionen in der Geschäftsbereichsstrategie ermöglicht u. a. eine zielgenaue Abstimmung auf die Geschäftsziele. Nachhaltigkeit vermag in diesem Fall idealerweise die Quelle von Wettbewerbsvorteilen zu sein, sei es als Differenzierungsmerkmal oder als Treiber von Kostenvorteilen. Gleichzeitig gehen mit einer Verankerung der Nachhaltigkeit in der Geschäftsbereichsstrategie oftmals ein Wettbewerb um interne Ressourcen sowie eine eingeschränkte Bedeutung der Nachhaltigkeit aus Unternehmensgesamtperspektive einher.

Diese Nachteile wiederum können durch eine Einbettung der Nachhaltigkeit in der Gesamtunternehmensstrategie überwunden werden, da so am ehesten eine ganzheitliche Integration und eine effiziente Ressourcenallokation zwischen den Geschäftsbereichen sichergestellt werden kann. Jedoch geht die unternehmensweite Implementierung einer Nachhaltigkeitsstrategie mit enormer Komplexität einher, die einer Unternehmenstransformation und der Einführung eines neuen Geschäftsmodelles in das Unternehmensportfolio gleichkommt (vgl. Fehre & Verweire 2025). Laut einer Studie von McKinsey bleiben Geschäftsmodellinnovation eine Herausforderung; während die Mehrzahl der befragten Führungskräfte angaben, dass Innovation eine der Top Prioritäten sei, zeigten sich nur wenige zufrieden mit der Innovationsfähigkeit und Innovationsleistung ihres Unternehmens (vgl. Am u. a. 2020). Dabei zeigt sich, dass Nachhaltigkeit Innovationskraft erfordert. Das Erreichen der abgegebenen Nachhaltigkeitsziele erfordert von vielen Firmen, ihre Geschäftsmodelle zu transformieren. Einige Pioniere führen den Weg und zeigen, dass Unternehmen Nachhaltigkeit nicht nur als Ziel, sondern auch als treibende Kraft ihres Geschäftsmodells nutzen können. Sie nutzen das, was sie aus der Entwicklung von Innovationsfähigkeiten gelernt haben, um ihnen auf ihrem Weg zur Nachhaltigkeit zu helfen (vgl. Visnjic u. a. 2025). Ein solches Beispiel ist das Unternehmen Rügenwalder Mühle. Seit fast 200 Jahren ist das Unternehmen für seine traditionelle Tee- und Leberwurst bekannt. Im Jahr 2014 wagte das Unternehmen mit der Einführung des vegetarischen Schinken Spickers den Schritt in ein völlig neues Marktsegment. Aus eigener Innovationskraft entwickelte sich Rügenwalder Mühle zu einem Pionier auf dem Markt für vegetarische Wurstalternativen. Auch für die Zukunft scheint das Unternehmen gerüstet zu sein, so forscht es zusammen mit verschiedenen Partnern an der Umsetzung des Themas kultiviertes Fleisch (vgl. Rügenwalder Mühle 2025).

Solange das jeweilige Unternehmen jedoch nicht eindeutig geklärt hat, welche Rolle Nachhaltigkeit und somit im weitesten Sinne Verantwortung als Leitbild aus strategischer Sicht übernimmt, kann ein solches Leitbild auch keine entscheidungsmaßgebende Funktion übernehmen, bspw. hin zu mehr Innovationskraft, und das Spannungsfeld zwischen Gewinnstreben und Verantwortungsübernahme wächst (vgl. Fehre & Verweire 2025), wenngleich das eine oft das andere bedingt.

6.3.5 Familienunternehmen und Verantwortung

Auffällig ist, dass es sich bei vielen der zuvor erwähnten Beispiele um Familienunternehmen handelt. Naheliegend stellt sich vor diesem Hintergrund eine auch in der Forschung ausgiebig diskutierte Frage, ob nämlich **Familienunternehmen grundsätzlich ein stärkeres Verantwortungsempfinden haben** und somit Verantwortung in Familienunternehmen tendenziell eher die Rolle des entscheidungsmaßgebenden Leitbildes einnimmt. Der Blick in die wirtschaftswissenschaftliche Forschung zeigt ein heterogenes Bild; es herrscht auch empirisch Uneinigkeit darüber, ob Familienunternehmen über mehr oder gar weniger gesellschaftliches Verantwortungsbewusstsein verfügen. Dabei lassen sich sowohl die positiven als auch negativen Ergebnisse anhand der Besonderheiten und Eigenarten von Familienunternehmern, und insbesondere deren Bedürfnis nach einer Wahrung oder Vermehrung ihres sozioemotionalen Reichtums – in der internationalen Literatur bekannt als socio emotional wealth theory (vgl. Berrone u. a. 2012) – erklären. Dabei handelt es sich um nicht finanzielle Werte wie beispielsweise Reputation, Familieneinfluss oder der Erhalt der Familiendynastie, die für Familienunternehmen von hoher Bedeutung sind und deren Entscheidungen beeinflussen (vgl. Berrone u. a. 2012). Einerseits lassen sich die empirischen Befunde, die auf eine erhöhte Verantwortungsübernahme durch Familienunternehmen hinweisen dadurch erklären, dass das Bedürfnis der Wahrung des sozioemotionalen Reichtums als Motivationsfaktor dient, ihrer gesellschaftlichen Verantwortung gerecht zu werden und jegliche Situationen, die zu einem negativen Image oder gar Rufschädigung führen könnte, zu vermeiden. Demensprechend zeigen eine Reihe von Studien auf, dass Familienunternehmen grundsätzlich verantwortungsbewusster handeln (für einen Überblick siehe van Gils u. a. 2014). Auf der anderen Seite argumentieren Studien, die genau das Gegenteil belegen, nämlich dass Familienunternehmen durchaus weniger sozialverantwortlich handeln und gar das Eigenwohl dem der Gesellschaft voranstellen. Dies passiert immer dann, wenn das Familienwohl und das Gemeinschaftswohl im Widerspruch zueinander stehen oder die Familienzugehörigkeit als Belastung empfunden wird. Fehre & Weber (2019) versuchen mit ihrer Studie eine Brücke zwischen diesen beiden Forschungsströmen zu schlagen, indem sie in ihrer Arbeit nicht unternehmerisches Handeln, sondern das unternehmerische Denken in den Mittelpunkt der Betrachtung stellen. Die Ergebnisse ihrer Auswertung der Aktionärsbriefe aller deutschen HDAX-Unternehmen über einen 10-Jahreszeitraum deuten darauf hin, dass Vorstandsvorsitzende von Familienunternehmen – unabhängig davon, ob diese der Unternehmerfamilie angehören – ihre Aufmerksamkeit stärker auf Nachhaltigkeitsthemen richten als Vorstandsvorsitzende anderer Unternehmen. Dieser Effekt wird durch Gründer und Familienstiftungen als Unternehmenseigentümer verstärkt. Diese Ergebnisse sind insofern interessant, als sie die Bedeutung der Eigentümerstruktur auf das unternehmerische Denken als wichtigen Vorläufer des unternehmerischen Handelns betonen.

6.3.6 Rolle des Denkens strategischer Entscheidungsträger für verantwortungsvolles Handeln

Vor dem Hintergrund der Rolle des Vorstandsvorsitzenden als strategischem Denker und Entscheidungsträger befasst sich auch außerhalb des Familienunternehmenskontextes eine ganze Forschungsströmung mit der Rolle der Kognition, also des Denkens des Vorstandsvorsitzenden für verantwortungsvolles Handeln auf Unternehmensebene. So gehen Fehre u. a. (2023) der Frage nach, ob der temporäre Fokus des CEO einen Einfluss darauf hat, ob die jeweiligen Unternehmen die gesellschaftliche Herausforderung der Wasserknappheit bereits strategisch adressiert haben. Die Ergebnisse der Studie deuten darauf hin, dass der temporal focus des bzw. der Vorstandsvorsitzenden zwar keinen Einfluss darauf zu haben scheint, ob die Unternehmen des HDAX das Thema Wasserknappheit als Herausforderung erkannt haben – dies wird maßgeblich durch die Industriezugehörigkeit sowie über den Zeitverlauf erklärt. Jedoch deuten die empirischen Ergebnisse darauf hin, dass der temporal focus, einen Einfluss darauf hat, ob das Unternehmen die Bedrohung durch Wasserknappheit in eine Geschäftsopportunität wandelt und somit zur Lösung des gesellschaftlichen Problems beitragen kann. So adressierte das weltweit führende Chemieunternehmen BASF bereits im Jahr 2008 das Thema Wasserknappheit als eine globale Herausforderung und versucht zur Lösung dieses Problems durch innovative Produkte im Bereich Wasserchemikalien beizutragen (vgl. BASF 2008). Siemens bezeichnet das Thema Wasser explizit als Wachstumsmarkt und verschaffte sich im Jahr 2004 durch die Akquisition des Unternehmens USFilters Zugang zu diesem Markt (vgl. Siemens 2005).

Weiter zeigt die Studie von Ahn (2022), dass die Aufmerksamkeitsspanne des CEO, also die Fähigkeit die Aufmerksamkeit auf mehrere Themen gleichzeitig zu lenken, einen positiven Einfluss auf das nachhaltige Handeln des Unternehmens hat. Die Adressierung und Lösung von Nachhaltigkeitsthemen ist ein komplexes und weitreichendes Themenfeld, dass zwischen Umweltaspekten, sozialen Fragen und Themen der Corporate Governance, sowie dem finanziellen Erfolg des Unternehmens ausbalanciert werden muss. Xu & Ma (2021) zeigen, dass schon frühe Kindheitserfahrungen das Denken des CEO beeinflusst mit weitreichenden Konsequenzen für das unternehmerische Handeln. So zeigen sie in ihrer Studie, dass Armutserfahrungen in der Kindheit des CEO mit nachhaltigerem Handeln des jeweiligen Unternehmens in Verbindung gebracht werden kann, da diese Unternehmenslenker eher gewillt sind, langfristige Investitionen in gesellschaftlich vorteilhafte Projekte zu tätigen. Auch wenn es sich bei diesen Studien nur um drei Beispiele des Forschungsgebietes handelt, so ist ihnen dennoch gemein, dass sie die Bedeutung verschiedener kognitiver Eigenschaften des Vorstandsvorsitzenden auf das gesamtunternehmerische Handeln und insbesondere die Unternehmensverantwortung betonen. Die strategische Richtung und deren Konsequenzen werden durch das Denken der Unternehmensführung vorgegeben. Verantwortungsübernahme bedeutet hier, dass die Konsequenzen dieser strategischen Entscheidungen und Richtungsvorgaben für das Unternehmen, die Mitarbeiter, die Gesellschaft und die Umwelt einzuschätzen und abzuwägen. Jeder einzelne Mitarbeiter trägt dann durch sein Handeln zur Umsetzung der Entscheidungen bei.

6.3.7 Institutionalisierung der Verantwortung als Leitbild des Denkend und Handelns

Bislang wurde in diesem Beitrag von der positiven These einer grundsätzlichen Übernahme von Verantwortung als Leitbild des unternehmerischen Denkens und Handelns ausgegangen, wenn auch in unterschiedlichem Ausmaß. Dass dies aber fernab der Realität ist, zeigen die eingangs erwähnten Negativbeispiele. Somit stellt sich – nicht zuletzt vor dem Hintergrund der möglichen positiven Konsequenzen – die **Frage, ob und wenn ja wie Verantwortung als Leitbild unternehmerischen Denkens und Handelns gefördert und institutionalisiert werden kann.** Ein Blick in die Corporate-Governance-Forschung zeigt hier zahlreiche Möglichkeiten auf. Karn u. a. (2022) gehen der Frage nach, wie Corporate-Governance-Akteure – also Eigentümer, der Aufsichtsrat aber auch Interessensgruppen – die Nachhaltigkeit des Unternehmens mit Hinblick auf den Umweltschutz fördern können. Im Ergebnis zeigt sich, dass der Einfluss der Akteure maßgeblich nicht nur von der Motivation, also dem Wollen, sondern auch der Expertise und der Macht, also dem Können, der Akteure abhängt. Guter Wille und intrinsische Motivation an sich sind somit nicht ausreichend. Interessanterweise werden die drei Faktoren – Motivation, Expertise und Macht – bislang zumeist isoliert voneinander empirisch untersucht. Dementsprechend sehen die Autoren weiteren integrativen Forschungsbedarf, der das Zusammenspiel der drei Faktoren näher beleuchtet. Zu einem ähnlichen Ergebnis kommen Aguilera u. a. (2021), die in ihrem Literatur Review dem Forschungsfeld eine Silo-Betrachtung attestieren. Aufgrund der globalen Bedeutung des Themas Nachhaltigkeit fordern sie gleichermaßen nicht nur die Forschung auf das Thema aus globaler Perspektive zu betrachten, sondern mahnen Unternehmen an, sich globaler Trends, Entwicklungen aber auch Praktiken bewusst zu werden, um nachhaltig und wettbewerbsfähig zu bleiben. Mit anderen Worten, Umweltschutz im Spezifischen, aber auch Nachhaltigkeit im Allgemeinen ist zu herausfordernd, als dass es isoliert betrachtet und gelöst werden könnte.

Ein noch relativ neues, aber an Interesse stark wachsendes Spezialgebiet der Corporate-Governance-Forschung befasst sich mit der Aufnahme von ESG-Kennzahlen in der Vorstandsvergütung. Strenggenommen handelt es sich hier um eine Form monetärer Anreize um mangelnde intrinsische Motivation zu kompensieren oder aber bestenfalls vorhandener intrinsischer Motivation noch mehr Ausdruckskraft zu verleihen. Im weiteren Sinne handelt es sich um ein Corporate Governance Werkzeug, das darauf abzielt, die Unternehmensstrategie mit unterschiedlichen Stakeholder-Interessen sowie Nachhaltigkeits- und finanzielle Ziele in Einklang zu bringen und die Nachhaltigkeitsbestrebungen des Unternehmens Extern zu signalisieren (vgl. Veltri u. a. 2025). Bisherige empirische Studien haben gezeigt, dass Unternehmen verstärkt ESG-Kriterien in die Vorstandsvergütung aufnehmen, jedoch variiert die Verbreitung stark nach Industrien und Ländern (vgl. Veltri u. a. 2025). Während laut einer Umfrage von EY im Jahr 2019 lediglich fünf der DAX-Unternehmen ESG-Kennzahlen in der Vorstandsvergütung integriert hatten (vgl. Kreutzer & Curti 2024), haben laut einer Studie der Deutschen Schutzvereinigung für Wertpapierbesitz (DSW) in Kooperation mit der Technischen Universität München im Jahr 2022 bereits 98 Prozent der DAX-Unternehmen mindestens eine der drei ESG-Komponenten in ihren Vorstandsvergütungssystemen verankert; 22 Unternehmen haben alle drei ESG Komponenten berücksichtigt, während ansonsten insbesondere ein Schwerpunkt auf die Themen Umwelt und Soziales gelegt werden und Governance-Kriterien erst neuerdings vermehrt in den Fokus rücken (vgl. DSW 2023). Unterschiede zeigen sich auch deutlich bei der Ausgestaltung der Vergütungskriterien, insbesondere was die Transparenz und Klarheit anbelangt. Oftmals werden solche Kriterien noch sehr vage gehalten oder zumindest dementsprechend kommuniziert. Nur bei klar definierten Kriterien können jedoch Anleger den Nachhaltigkeitsbezug der Vergütung nachvollziehen. Obwohl es sich beim Thema Nachhaltigkeit zweifelsfrei um ein langfristiges Thema handelt, lässt sich interessanterweise beobachten, dass ESG-Kriterien bislang noch eher in der kurzfristigen als in der langfristigen Vergütung verankert sind (vgl. DSW 2023). Bei solch unterschiedlichen Ausgestaltungen stellt sich natürlich die **Frage nach der Wirkungsweise der Mechanismen**. Einen Überblick über empirische Studien, die dieser Frage nachgehen ist bei Veltri u. a. (2025) zu finden. Die Ergebnisse diverser Studien weisen darauf hin, dass sich die Verankerung von ESG-Kriterien in der Vorstandsvergütung positiv auf den Nachhaltigkeitserfolg (ESG-Performance) auswirken kann, jedoch sind die Ergebnisse nicht eindeutig und geben Hinweise darauf, dass es sich dabei eher um einen symbolischen Erfolg handeln könnte (vgl. Veltri u. a. 2025). Hingegen scheint nahezu Einigkeit darüber zu herrschen, dass die Aufnahme von ESG-Kennzahlen in der Vorstandsvergütung einen positiven Einfluss auf die ESG-Berichterstattung hat (vgl. Veltri u. a. 2025), entsprechend also eine transparenzfördernde Wirkung hat. Transparenz wiederum steht für Offenheit und Ehrlichkeit, zwei Grundvoraussetzungen für Verantwortungsübernahme. Uneinheitliche Evidenz herrscht hinsichtlich der Frage, ob sich ESG-Kennzahlen der Vorstandsvergütung positiv auf den Unternehmenswert auswirkt, während diverse Studien nur begrenzte empirische Ergebnisse finden, die die Hypothese eines finanziellen Vorteils des Unternehmens stützen könnten (vgl Veltri u. a. 2025). Trotz der offenen Fragen deuten die Ergebnisse der Studien jedoch daraufhin, dass nachhaltiges, verantwortungsbewusstes Handeln längst kein netter Nebeneffekt, kein nice-to-have mehr darstellt, sondern integraler Bestandteil von Anreizsystemen und Vorstandszielen geworden ist. Die Verankerung in der Vorstandsvergütung wiederum verdeutlicht einmal mehr die Bedeutung, die den Vorstandsmitgliedern und ihrer individuellen Verantwortungsübernahme für das verantwortungsbewusste Handeln des Gesamtunternehmens beigemessen wird.

6.3.8 Fazit und Ausblick

Auch wenn das Thema der Verantwortung als Leitmotiv unternehmerischen Denkens und Handelns seit über 200 Jahren diskutiert wird, ist der Forschungsbedarf nicht gedeckt und neue Fragestellungen werden mit Sicherheit hinzukommen. Die rasant fortschreitende Weiterentwicklung künstlicher Intelligenz und deren Einsatz im Bereich der strategischen Entscheidungsfindung, wird neue Fragen nach der Verantwortung im unternehmerischen Denken und Handeln aufwerfen, wie z. B. bis zu welchem Grade die Nutzung künstlicher Intelligenz in der strategischen Entscheidungsfindung sinnvoll und vertretbar ist, oder wer letztlich für die strategischen oder auch alltäglichen Entscheidungen im Unternehmen verantwortlich ist, wenn diese zu hohem Masse durch die Nutzung künstlicher Intelligenz getroffen oder gar von künstlicher Intelligenz übernommen wurde. Verantwortung als Leitmotiv im unternehmerischen Denken und Handeln wird somit auch weiterhin ein Thema bleiben, das einer kritischen Auseinandersetzung bedarf, und so sollte es auch sein.

6.3.9 Literatur

Aguilera, Ruth V., Aragón-Correa, J. Alberto, Marano, Valentina & Tashman, Peter A. 2021. The Corporate Governance of Environmental Sustainability: A Review and Proposal for More Integrated Research. Journal of Management 47, 6, S. 1468–1497

Ahn, Yoojung 2022. A Socio-cognitive Model of Sustainability Performance. Linking CEO Career Experience, Social Ties, and Attention Breadth. Journal of Business Ethics 175, 2, S. 303–321

Am, Jordan Bar, Furstenthal, Laura, Jorge, Felicitas & Roth, Erik. 2020. Innovation in a crisis: Why it is more critical than ever. McKinsey. https://www.mckinsey.com/capabilities/strategy-and-corporate-finance/our-insights/innovation-in-a-crisis-why-it-is-more-critical-than-ever [Stand 27.06.2025]

BASF 2008. Annual Report

Berrone, Pascual, Cruz, Cristina & Gomez-Mejia, Luis R. 2012. Socioemotional Wealth in Family Firms: Theoretical Dimensions, Assessment Approaches, and Agenda for Future Research. Family Business Review 25, 3, S. 258–279

Bosch 2025. Robert Bosch: Mensch und Unternehmer. Bosch Global. https://www.bosch.com/de/stories/robert-bosch-mensch-und-unternehmer/ [Stand 26.06.2025]

Brockhaus 2006a. Leitbild. Brockhaus – Enzyklopädie in 30 Bänden

Brockhaus 2006b. Verantwortung. Brockhaus – Enzyklopädie in 30 Bänden

Deutsche Telekom 2025. Wir übernehmen Verantwortung für Umwelt und Gesellschaft. Deutsche Telekom. [Stand 18.06.2025]

DSW 2023. DSW-Vorstandsvergütungsstudie 2023- DSW-Info. [Stand 24.06.2025]

Fehre, Kerstin & Weber, Florian 2019. Why some are more equal: Family firm heterogeneity and the effect on management's attention to CSR. Business Ethics 28, 3. https://doi.org/10.1111/beer.12225

Fehre, Kerstin, Oehmichen, Jana, Steinberg, Philip & Widmann, Bettina 2023. The time for the future is now: CEO temporal focus and firms' identification and interpretation of grand challenges – The example of water scarcity. Journal of Cleaner Production 406. https://doi.org/10.1016/j.jclepro.2023.137041

Fehre, Kerstin & Verweire, Kurt 2025. How strategic is your sustainability strategy? really?. https://www.vlerick.com/en/insights/how-strategic-is-your-sustainability-strategy/ [Stand 2025-06-18]

Fink, Larry 2018. Larry Fink's 2018 Letter to CEOs. BlackRock. https://www.blackrock.com/corporate/investor-relations/2018-larry-fink-ceo-letter [Stand 26.06.2025]

Gillan, Stuart L., Koch, Andrew & Starks, Laura T. 2021. Firms and social responsibility: A review of ESG and CSR research in corporate finance. Journal of Corporate Finance 66, 101889.

van Gils, Anita u. a. 2014. Social issues in the family enterprise. Family Business Review 27, 3, S. 193–205.

Initiative Unternimm die Zukunft Prof. Götz W. Werner. https://www.goetzwerner.de/index.html [Stand 26.06.2025]

Karn, Ina, Mendiratta, Esha, Fehre, Kerstin & Oehmichen, Jana 2022. The effect of corporate governance on corporate environmental sustainability: A multilevel review and research agenda. Business Strategy and the Environment, 32, S. 2926–2961.

Kennelly, James 2022. Richard Henkel GMBH: Growing profits, not sales. www.iveypublishing.ca.

Kreutzer, Marie-Lena & Curti, Henning 2024. Wachsende Bedeutung von ESG-Kriterien in der Vergütung. EY – Deutschland. [Stand 27.06.2025]

Richard Henkel 2025. Startseite - Richard Henkel GmbH. https://richard-henkel.de/startseite.html [Stand 16.06.2025].

Rügenwalder Mühle 2025. Tradition & Innovation | Rügenwalder Mühle. https://www.ruegenwalder.de/de/ueber-uns/anspruch/tradition-innovation [Stand 27.06.2025]

Siemens 2005. Annual Report.

VAUDE 2025. VAUDE CSR-Report – Unternehmensphilosophie. https://nachhaltigkeitsbericht.vaude.com/gri/vaude/unternehmensphilosophie.php [Stand 18.06.2025]

Veltri, Stefania, Latella, Pasquale & Ricciardi, Antonio 2025. ESG-based executive compensation: state of art and future research directions. Corporate Governance: The International Journal of Business in Society 25, 8, S. 101–131.

Visnjic, Ivanka, Monteiro, Felipe & Tushman, Michael L. 2025. Sustainability as a business model transformation. Harvard Business Review May-June, S. 1–13.

Xu, Shan & Ma, Panyi 2021. CEOs' Poverty Experience and Corporate Social Responsibility: Are CEOs Who Have Experienced Poverty More Generous? Journal of Business Ethics 180, 2, S. 747–776.

Zeiss 2025. Ernst Abbe – physicist, inventor, entrepreneur, and social reformer. ZEISS. https://www.zeiss.com/corporate/en/about-zeiss/past/history/ernst-abbe.html [Stand 13.06.2025]

7 Wille und Einstellung – »harte« Faktoren erfolgreichen Unternehmertums

7.1 Being the best – harte Arbeit zur operativen Exzellenz zahlt sich aus

Alexander Tarlatt/ Juan Rigall

7.1.1 Anforderungen an die operative Exzellenz

Der Begriff der operativen Exzellenz ist nicht einheitlich definiert. Inhaltsschwerpunkte haben sich im Verlauf der Zeit ausgeweitet. Lag der Schwerpunkt der ersten Beschäftigung mit dem Toyota Produktionssystem in den 1980er-Jahren primär in der Sicherstellung einer möglichst effizienten und qualitativ optimalen Produktion, wurde die Betrachtung der operativen Exzellenz in den 2000er-Jahren auf die gesamte Unternehmung und die Aspekte Strategie, Struktur, Prozesse, Ressourcen und kontinuierliche Verbesserung ausgeweitet (vgl. z. B. Chang 2014, S. 51 ff.).

Wenngleich die Sicht auf die Komponenten, die operative Exzellenz ausmachen, sich im Zeitablauf verändern mögen, ist operative Exzellenz im Kern eine Philosophie: Wir wollen die Dinge, die wir tun, bestmöglich tun. Aber die Anforderungen steigen und verändern sich, da auch die Möglichkeiten, die Unternehmen heute haben, immer weiter anwachsen. Operative Exzellenz hat damit auch immer eine innovative Komponente, um zu einer gegebenen Zeit im Einklang mit fortschreitenden technischen und organisatorischen Möglichkeiten den maximalen Wert für ein Unternehmen zu realisieren (vgl. Welch et al. 2016, S. 22).

Im Kern hat operative Exzellenz zum Ziel, einen bestmöglichen Grad an Produktivität durch die Wertschöpfungskette des Unternehmens hindurch zu erzielen. Dies erzeugt positive Auswirkungen in verschiedenen Bereichen (vgl. auch Spear 2009):

1. Qualität: Produktivitätsverbesserung durch die Umsetzung robuster Standards hilft, Fehler zu reduzieren und die Qualität von Produkten und Dienstleistungen zu erhöhen
2. Kundenzufriedenheit: Hohe Effizienz und Qualität haben eine positive Implikation auf die Kundenzufriedenheit
3. Mitarbeiterengagement: Eine Kultur der kontinuierlichen Verbesserung gepaart mit einer Struktur, die eine Beteiligung von Mitarbeitern an Entscheidungen fördert, hat positive Effekte auf Engagement und Initiative der Mitarbeiter

4. Wettbewerbsfähigkeit: Eine hohe Produktivität des Unternehmens führt zu optimierten Margen, mehr verfügbaren Mitteln für weitere Innovation und damit einer besseren Wettbewerbsfähigkeit
5. Image: Eine hohe Leistungskonsistenz und Qualität haben positive Auswirkungen auf die Bewertung eines Unternehmens durch die Kunden

Die Bereiche, die im Zuge der Erhöhung der operativen Exzellenz im Fokus stehen, sind dabei eng mit den strategischen Prioritäten des Unternehmens zu verzahnen. Die Schwerpunkte der Optimierung sind daher im Zeitablauf dynamisch.

Bei marktführenden Unternehmen ist die Verbindung der strategischen und zukunftsorientierten Ebene mit der operativen Dimension, die im »Hier und Jetzt« zu Verbesserungen führen soll, ein wesentlicher Erfolgsfaktor (vgl. Welch et al. 2016, S. 22). Wenn die strategischen Ziele jedoch immer weiter von dem abweichen, was mit den aktuellen Ressourcen des Unternehmens erreichbar ist, verliert das Unternehmen seinen Fokus und es tritt der gegenteilige Effekt ein: Mittelmaß statt Spitzenleistung.

Das Streben nach operativer Exzellenz ist nicht neu. Während sich im Zeitablauf Inhalte und Möglichkeiten für die Optimierung geändert haben, ist die Grundphilosophie der Vorgehensweise immer ähnlich geblieben: Ziele setzen, Transparenz über Zielabweichungen schaffen, Optimierungsmaßnahmen planen und umsetzen, Erfolg prüfen, Zyklus von vorne beginnen (vgl. Found et al., S. 1021). Dem 4-P-Modell von Dahlmann folgend, tragen vier Aspekte dabei traditionell zu einer hohen Operativen Exzellenz bei (vgl. Dahlgaard, Dahlgaard-Park 1999, S. 465):

- Exzellente Mitarbeiter (People), die
- exzellente Interaktionsbeziehungen (Partnerships) innerhalb und außerhalb des Unternehmens pflegen, um
- exzellente Prozesse (Processes) auszuführen, die
- exzellente Produkte (Products) hervorbringen, die die Kunden begeistern.

7.1.2 Was macht operative Exzellenz aus und wie erreicht man die Gruppe der Besten?

Nachhaltiges Streben nach operativer Exzellenz drückt sich in der Praxis dadurch aus, dass es in der Führung und im individuellen Verhalten der Mitarbeitenden als zentrales Element gelebt wird und das konstante Hinterfragen des Status quo Normalität ist (vgl. Mueller, Mueller 2020, S. 79). Diejenigen Unternehmen, die erfolgreich nach kontinuierlicher Verbesserung streben, haben aus unseren Beobachtungen einige Fähigkeiten und Verhaltensweisen, die einen hohen Einfluss auf den Erfolg haben:

- **Selbstaktualisierung** bedeutet, dass erfolgreiche Unternehmen kontinuierlich ihre Prozesse und Methoden hinterfragen, überprüfen und verbessern. Dies findet sich in einer Kultur wieder, bei der alle Mitarbeiter aktiv nach Möglichkeiten

suchen, um ihre Arbeit effizienter und effektiver zu gestalten. Die identifizierten Verbesserungen werden dann wiederum nachhaltig in den Prozessen des Unternehmens implementiert.
- **Prognosefähigkeit** ist die Kompetenz, zukünftige Herausforderungen und Chancen zu erkennen und proaktiv darauf zu reagieren. Unternehmen, die operative Exzellenz anstreben, untersuchen ihre Umwelt regelmäßig auf Änderungen und nutzen etwa datengetriebene Entscheidungsprozesse und fortschrittliche Technologien wie maschinelles Lernen, um Trends zu analysieren und strategische Entscheidungen zu treffen. Dies ermöglicht es ihnen, sich schnell an Marktveränderungen anzupassen und wettbewerbsfähig zu bleiben.
- **Transparenz und Offenheit** sind zentrale Werte zur Erzielung operativer Exzellenz. Eine transparente Kommunikation und eine offene Fehlerkultur fördern das Vertrauen und die Zusammenarbeit innerhalb des Unternehmens. Wenn Mitarbeiter offen über Probleme und Herausforderungen sprechen können, können diese schneller und effizienter identifiziert und gelöst werden. Dies wirkt sich in der Folge positiv auf die Qualität und die Kundenzufriedenheit aus.
- **Klarheit** bedeutet, dass Unternehmen klare Ziele und Strategien definieren, um operative Exzellenz zu erreichen. Dies umfasst die Festlegung von messbaren Leistungskennzahlen (KPI) und die Implementierung von Methoden wie Lean Management und Six Sigma, um Prozesse zu optimieren und Ineffizienzen zu reduzieren. Klarheit bedeutet auch, Mitarbeitenden regelmäßig den Kontext zu erläutern, in dem sie handeln. Das Verständnis des Handlungskontextes ist die Voraussetzung, auch jenseits des eigenen Bereiches hinaus Konsequenzen abzuschätzen und eine wertschöpfungsstufenübergreifende Optimierung zu ermöglichen.
- **Persistenz** ist die Fähigkeit, trotz Herausforderungen und Rückschlägen kontinuierlich an der Verbesserung der Prozesse zu arbeiten. Unternehmen, die operative Exzellenz anstreben, setzen auf langfristige Strategien und bleiben konsequent bei der Umsetzung ihrer Verbesserungsmaßnahmen. Diese Beharrlichkeit führt zu nachhaltigen Erfolgen und einer kontinuierlichen Steigerung der Produktivität und Qualität.

Die hier beschriebenen Fähigkeiten und Verhaltensweisen ergeben insgesamt wesentliche Elemente einer Kultur, die kontinuierliche Verbesserung unterstützt. Eine solche Kultur fördert die Beteiligung der Mitarbeiter an Entscheidungsprozessen und motiviert sie, aktiv zur Verbesserung der Unternehmensleistung beizutragen. Unternehmen, die eine solche Kultur pflegen, sind besser in der Lage, sich an Veränderungen anzupassen und innovative Lösungen zu entwickeln.

7.1.3 Operative Exzellenz systematisch im Unternehmen verankern

Die Anforderungen an eine erfolgreiche operative Arbeit haben sich in letzter Zeit deutlich verändert und sind gewachsen. Während der Begriff VUCA (Volatility, Uncertainty, Complexity, Ambiguity) vor zehn Jahren noch eher abstrakt war, haben vermehrt auftretende Krisensituationen sowie Veränderungen in der regulatorischen und politischen Landschaft heute Dynamik und Unsicherheit zu dominierenden Faktoren gemacht.

In einer zunehmend dynamischen Welt ist eine hohe operative Exzellenz besonders wichtig, um schnell und flexibel auf Veränderungen – etwa Störungen in der Lieferkette – zu reagieren. Dies bedeutet, dass neben der Effizienz auch die Resilienz des Unternehmens ein bedeutender Faktor ist, der im Unternehmen balanciert ausgeprägt sein muss (vgl. Ebers, Kowarsch, Tarlatt 2020, S. 155–172). Um auf Veränderungen der Umwelt zu reagieren, müssen Entwicklungen unmittelbar erkannt und abgestimmte Maßnahmen im Unternehmen eingeleitet werden. Voraussetzung dafür sind Strukturen, die bereichsübergreifende Zusammenarbeit ermöglichen – unabhängig von klassischen Abteilungsgrenzen – und durch eine starke interne Verbundenheit bzw. Kohäsion getragen werden (vgl. Ebers, Kowarsch, Tarlatt 2020, S. 159)

Neben den etablierten Methoden wie Lean Six Sigma, die zum Standardrepertoire der operativen Exzellenz zählen, existieren weitere Ansätze, die Unternehmen dabei unterstützen, eine ganzheitliche operative Exzellenz zu erreichen:

- Als Grundlage ist dabei die Schaffung und Sicherstellung von **Transparenz** durch zuverlässige Verfügbarmachung relevanter Daten zu sehen.
- Darauf aufbauend können potenziell in allen Funktionen eines Unternehmens Elemente eines **Continouos Improvement Cycles** eingeführt werden.
- Eine umfassendere und dauerhaftere Verankerung wird in Unternehmen dadurch erreicht, dass operative Exzellenz auf allen Ebenen des **Target Operating Models** des Unternehmens Eingang findet.
- Die oft fehlende Verbindung zwischen strategischer Planung und operativer Umsetzung wird durch effektive **Synchronisierung und Nachverfolgung** überbrückt. Diese stellt organisationsübergreifende Vernetzung und regelmäßigen Informationsaustausch sicher, um strategische Meilensteine effektiv umzusetzen und Erkenntnisse aus der operativen Umsetzung in die strategische Planung einfließen zu lassen.

Transparenz schaffen als Grundlage für Operative Exzellenz

Ohne einen quantifizierten Start- bzw. Referenzpunkt zu definieren, können Ziele sowie notwendige Veränderungen nicht zuverlässig erreicht werden. Idealerweise ist in der Strategie des Unternehmens verankert, wohin man sich in einem bestimmten Zeitraum entwickeln will und wie ein Zielbild hierzu aussieht. Daraus kann man ableiten, welche Bereiche sich grundsätzlich verändern müssen sowie in welcher Richtung und mit welcher Intensität. All diese Informationen nimmt man als Grundlage, um folgende Fragen zu beantworten:

- An welchen Kennzahlen machen wir Operative Exzellenz in den jeweiligen relevanten Bereichen fest?

- Welche quantitativen Ziele müssen für welche Zeiträume vorgegeben werden, um die Strategie umzusetzen und gleichzeitig die Veränderungsintensität realisierbar zu halten?

Eine Vielzahl von Kennzahlensystemen (vgl. Owais 2021, S. 24 ff.) sind entwickelt und erprobt und sollen an dieser Stelle nicht vertieft werden. Entscheidend ist, dass sie richtig formuliert (vgl. SMART-Logik (Specific, Measurable, Attainable, Relevant, and Time-bound) bei der Formulierung von Kennzahlensystemen) und effektiv nachverfolgt werden (vgl. Monitoring-Ansätze).

Operative Exzellenz erzielen und kontinuierlich verbessern durch Continuous Improvement Cycle

Die oben beschriebene Verankerung von Zielen der operativen Exzellenz in einem Kennzahlensystem ist allerdings nur ein erster Schritt in Richtung eines kontinuierlichen Verbesserungsprozesses, der nicht die einmalige Zielerreichung, sondern das ständige Hinterfragen und Verbessern in den Mittelpunkt stellt. Insbesondere im Bereich der Produktivitätsmethoden wie z. B. im Rahmen von Lean Management und Six Sigma (vgl. Chang 2014, S. 57) wurden Methoden wie DMAIC (Define, Measure, Analyze, Improve and Control process; Ogbeiwi 2017, S. 325 ff.) entwickelt, in denen die Organisation flächendeckend dazu angehalten wird, kontinuierlich inkrementelle Verbesserungen abzuleiten und umzusetzen.

Die entscheidende Veränderung durch die Einführung eines Continuous Improvement Cycle liegt in der Weiterentwicklung der Unternehmenskultur und der dauerhaften Verankerung des kontinuierlichen Verbesserungsstrebens in der gesamten Organisation. Nur so kann die Unternehmensführung sicherstellen, dass Verbesserungen von den Mitarbeitern intrinsisch und unabhängig von dirigistischen Führungsimpulsen initiiert und umgesetzt werden. Gerade in technisch und von Ingenieur-Profilen geprägten Unternehmen hat sich das Denken in Kontinuierliche Verbesserungsprogramme (KVP) nachhaltig etabliert (vgl. May, Grombach, 05/2017, S. 29).

Der Vorteil einer flächendeckenden KVP-Kultur ist allerdings kein Selbstläufer. Um dem Risiko isolierter Fehlentwicklungen entgegenzuwirken – ausgelöst durch zunächst kleine, dezentrale Abweichungen, die sich im Zeitablauf zu siloartigen Eigen-Optimierungen verselbstständigen – bedarf es regelmäßiger, übergreifender Justierungszyklen. Diese stellen sicher, dass alle Aktivitäten kontinuierlich auf das gemeinsame Ziel einer ganzheitlichen operativen Exzellenz über alle Unternehmensbereiche und -funktionen hinweg ausgerichtet bleiben – auch unter sich wandelnden Rahmenbedingungen.

Operative Exzellenz im Target Operating Model (TOM) verankern

Das Target Operating Model eines Unternehmens beschreibt, wie ein Unternehmen organisiert ist und arbeitet, um die Unternehmensziele zu erreichen. Es umfasst die grundlegenden Abläufe, Strukturen und Verantwortlichkeiten, die den täglichen Betrieb leiten.

Um operative Exzellenz fest im TOM eines Unternehmens zu verankern, ist es entscheidend, sie über sechs zentrale Ebenen hinweg zu integrieren: Strategie, Prozesse, Struktur, Steuerung, Fähigkeiten sowie Kultur.

- **Strategie**: Operative Exzellenz drückt sich auf dieser Ebene durch eine Strategie aus, die sich optimal auf die Ziele und Anforderungen des Unternehmens ausrichtet. In der Folge muss auf den nachgelagerten Ebenen des TOM diese Strategie bestmöglich unterstützt werden.
- **Prozesse**: Prozesse werden auf dieser Ebene so entwickelt bzw. angepasst, dass sie die Inhalte der Strategie unter optimalen Ressourcen- und Zeiteinsatz erreichen, um Effizienz und Effektivität zu steigern. Hier kommen auch die einschlägige Prozessoptimierungsmethoden wie Lean Six Sigma zur Anwendung, um zu optimalen Prozessen zu gelangen. Um sicherzustellen, dass die Abläufe stets hochwertige Ergebnisse liefern, wenden Unternehmen regelmäßig Continuous Improvement Ansätze an (vgl. Chang 2014, S. 53 f.).
- **Struktur**: Die Organisationsstruktur hat u. a. das Ziel, in arbeitsteiligen Organisationen die Abläufe der Prozesse und die Entscheidungsfindung im Unternehmen bestmöglich zu strukturieren und zu unterstützen. Performante Unternehmen gestalten ihre Organisation so, dass der Durchlauf von Prozessen durch die Wertschöpfungskette hindurch möglichst barrierefrei verläuft. Gleichzeitig werden die Ziele der verschiedenen Organisationseinheiten so kalibriert, dass Interessen an den richtigen Stellen abgewogen werden und es dafür effiziente Entscheidungs- und Clearingstrukturen gibt. Dadurch wird eine unternehmensübergreifende Zusammenarbeit gefördert und durch regelmäßige Überprüfung des »Fits« der Struktur eine schnelle Anpassung an sich ändernde Bedingungen unterstützt
- **Steuerung**: Steuerungs- bzw. Governance-Mechanismen helfen dem Unternehmen, Transparenz über die Leistungserstellung und Einhaltung von Unternehmensstandards zu erhalten. Darüber hinaus wird über diese Mechanismen die Ausrichtung von Handlungen an strategischen Prioritäten sichergestellt, was z. B. regelmäßig bei Fragen zu Priorisierungen im Falle von Ressourcenknappheit relevant wird. Effektive Steuerung gewährleistet, dass operative Exzellenz aufrechterhalten und kontinuierlich verbessert wird.
- **Fähigkeiten**: Die Fähigkeiten der Mitarbeitenden und der eingesetzten Technologien sind eine wichtige Grundvoraussetzung, um operative Exzellenz zu erhalten. Hierbei ist es wichtig, abzuleiten und regelmäßig zu überprüfen, welche Fähigkeiten im Rahmen der Unternehmensentwicklung heute und in Zukunft benötigt werden und frühzeitig zu definieren, wie das Vorhandensein sichergestellt wird. Im HR-Kontext bedeutet findet dies in der Folge Einklang z. B. in Training- und

Entwicklungspläne der Mitarbeitenden sowie in der Rekrutierung von benötigten Profilen.
- **Kultur**: Operative Exzellenz wird in der Kultur des Unternehmens angelegt. In führenden Unternehmen findet eine beständige Entwicklung und Förderung der Kultur statt. Wesentlich hierbei ist, dass eine breite Reflektion und Diskussion erfolgt, welche Verhaltensweisen die operative Exzellenz fördern und wie sie konkret nachvollziehbar gelebt werden können. Kulturentwicklung ist dabei nicht abstrakt, sondern findet im besten Fall in der täglichen Arbeit statt, z. B. dadurch das Situationen im Team reflektiert und Verbesserungen diskutiert werden. Entwicklung und Verstetigung der Kultur ist insbesondere auch eine Aufgabe der Führung. Anreize setzen, Abweichungen erkennen, fördern und proaktives coachen von Mitarbeitenden ist daher bei führenden Unternehmen integraler Bestandteil des Führungsinstrumentariums. Dieses kulturelle Engagement stellt sicher, dass operative Exzellenz in das Gefüge der Organisation eingebettet ist.

Synchronisierung und Nachverfolgung

Effektive Synchronisierung und Nachverfolgung trägt dazu bei, den gesamten Lebenszyklus von der Entwicklung einer Strategie als Antwort auf sich verändernde Anforderungen und sich ergebenden Chancen bis zur Realisierung im operativen Geschäft zu koordinieren.

Nach wie vor gibt es in Unternehmen eine signifikante Lücke zwischen den Zielen, die durch Strategien erreicht werden sollen, und den Resultaten, die tatsächliche realisiert werden. In der Praxis lassen sich neben weiteren Gründen vor allem zwei Faktoren erkennen, die diesen Effekt hervorrufen. Zum wird nur selten systematisch die Brücke zwischen Zielen, strategischen Endpunkten, kritischen Meilensteinen und den zur Erreichung dieser erforderlichen Maßnahmen geschlagen. Zum anderen ist eine zeitnahe und lösungsorientierte Kommunikation zwischen den verschiedenen Einheiten eines Unternehmens, die an der Realisierung beteiligt sind, oft nicht ausreichend gegeben.

Genau diese Faktoren sind von großer Bedeutung für eine schnelle Reaktion auf sich verändernde Rahmenbedingungen. Hier setzt strukturierte Synchronisierung und Nachverfolgung an. Es bietet einen Rahmen und eine Struktur, in der regelmäßig Informationen über den Fortschritt von Umsetzungsaktivitäten bereitgestellt werden. Zudem werden Veränderungen, die zu zeitlichen Verschiebungen von Aktivitäten bei beteiligten Einheiten führen, sowie Anpassungen von Prioritäten an alle Beteiligten kommuniziert.

Darüber hinaus werden crossfunktionale Impulse gesetzt, um effizient Lösungen zu finden. Dies beinhaltet z. B. das Vernetzen der richtigen Mitarbeiter, um schnell Lösungsoptionen zu generieren und die Schaffung effizienter übergreifender Entscheidungsstrukturen (Cross et al. 2010, S. 88 ff.).

Unternehmen, die einen Fokus auf hohe Leistungsfähigkeit legen, integrieren diesen Rahmen in ihre Führungsagenda. Sie schaffen regelmäßige Foren zum Austausch über Entwicklungen, Implikationen und zur Diskussion der nächsten Schritte (vgl. Sadun, Bloom, Van Reenen 2017, S. 8)

7.1.4 Operative Exzellenz wird wesentlich durch Führung beeinflusst

Diese Integration von operativer Exzellenz in den Führungskanon der Unternehmensleitung ist ein abschließender, übergreifender Erfolgsfaktor. Denn bei aller erprobter, erlebter oder propagierter Methodik kommt es entscheidend darauf an, dass

- das Führungsteam das kontinuierliche Streben nach operativer Exzellenz vorlebt und von seinen Mitarbeitern regelmäßig einfordert,
- sich Zeit nimmt, um die Zielerreichung und das dabei Gelernte mit den Mitarbeitern zu erörtern und eine einordnende und wertschätzende Rückmeldung gibt,
- aktiv zuhört und vom Team vorgetragene Barrieren evaluiert und Abhilfe durch geeignete und schnelle Entscheidungen, z. B. im Hinblick auf Aktualisierung von Prioritäten oder Zuweisung zusätzlicher Ressourcen, schafft,
- Abweichungen vom Zielkorridor oder zukünftige problematische Fehlstellungen antizipiert, sanktioniert und Anpassungen vorschlägt sowie
- die Mitarbeiter in ihrem Streben nach operativer Exzellenz kontinuierlich motiviert.

Eine rein zahlengetriebene Führungsleistung, die sich auf das Herunterbrechen von Zielen der operativen Exzellenz in Kennzahlensysteme und deren Umsetzung beschränkt, greift regelmäßig zu kurz, um nachhaltige Verbesserungen zu erzielen. Entscheidend ist vielmehr ein ganzheitliches Führungsverständnis, das den Menschen in den Mittelpunkt stellt – mit einem klaren Fokus auf Orientierung, Unterstützung und kontinuierliches Feedback.

In der Praxis zeigt sich jedoch zunehmend, dass dieses wertebasierte, intuitive und weniger mechanistische Führungsverständnis in vielen Führungsetagen an Präsenz verliert. Aus unserer Sicht ist es daher dringend erforderlich, die persönlichkeitsbildenden Elemente von Führung wieder stärker in den Mittelpunkt der Management-Aus- und Weiterbildung zu rücken. Nur so lässt sich nicht nur die Leistungsfähigkeit im Sinne der Operativen Exzellenz steigern, sondern auch eine umfassend nachhaltige Unternehmensentwicklung fördern.

7.1.5 Fazit und Ausblick

Erfolgreiche Unternehmen sehen operative Exzellenz nicht als kurzfristiges Effizienzprogramm, sondern als langfristigen Gestaltungsanspruch, der tief in der DNA dieser Unternehmen verankert ist. Der vorliegende Beitrag zeigt, dass es nicht ausreicht, einzelne Methoden wie Lean oder Six Sigma zu implementieren oder Kennzahlensysteme zu etablieren. Vielmehr geht es darum, ein ganzheitliches System zu schaffen, das Strategie, Prozesse, Strukturen, Fähigkeiten, Steuerung und Kultur miteinander verzahnt – und dabei den Menschen als aktiven Mitgestalter in den Mittelpunkt stellt.

Die Fähigkeit zur Selbstaktualisierung, zur vorausschauenden Steuerung und zur konsequenten Umsetzung von Verbesserungen ist dabei ebenso entscheidend wie eine Führung, die Orientierung gibt, Barrieren abbaut und eine Kultur des Lernens und der Offenheit fördert. Unternehmen, die operative Exzellenz ernst nehmen, schaffen Räume für Reflexion, fördern bereichsübergreifende Zusammenarbeit und verankern kontinuierliche Verbesserung als selbstverständlichen Teil des Arbeitsalltags.

Mit Blick auf die Zukunft wird sich der Anspruch an operative Exzellenz weiterentwickeln. Die zunehmende Dynamik globaler Märkte, technologische Disruptionen und gesellschaftliche Erwartungen an Nachhaltigkeit und Resilienz verlangen nach einem erweiterten Verständnis von Exzellenz: Weg von rein produktivitätsgetriebenen Optimierungen hin zu einem balancierten Modell, das Effizienz, Anpassungsfähigkeit und Innovationskraft gleichermaßen berücksichtigt.

Unternehmen, die diesen Weg konsequent gehen, werden nicht nur ihre Wettbewerbsfähigkeit sichern, sondern auch ihre Attraktivität als Arbeitgeber steigern und ihre gesellschaftliche Relevanz unter Beweis stellen. Operative Exzellenz ist für erfolgreiche Unternehmen damit eine tragende Säule einer zukunftsfähigen Unternehmensführung – vorausgesetzt, sie wird nicht als Projekt, sondern als Haltung verstanden.

7.1.6 Literatur

Chang, M. C.: Achieving Service Excellence. Maximising Enterprise Performance through Innovation and Technology, New York 2014

Cross, R., Gray, P., Cunningham, S., Showers, M., Thomas, R.J.: The Collaborative Organization – How to Make Employee Networks Really Work, in: MIT Sloan Management Review 52(1), 2010, S. 83–90

Dahlgaard, J., Dahlgaard-Park, S.M.: Integrating Business Excellence and Innovation Management – Developing a Culture for Innovation, Creativity and Learning, in: Total Quality Management 10(4–5), 1999, S. 465–472

Ebers, M., Kowarsch, M., Tarlatt, A.: Wie Unternehmen sich für Krisen wappnen können, in: Der Betriebswirt 61(3), 2020, S. 155–172

Found, P., Lahy, A., Williams, S., Hu, Q., Mason, R.: Towards a Theory of Operational Excellence, in: Total Quality Management & Business Excellence 29(9-10), 2018, S. 1012–1024

May, C., Grombach, A.: TPM und Operational Excellence Reference Model, Teil 1: Historie, Inhalt und Aufbau der Erfolgsmodelle, in: YOKOTEN Magazin 05/2017, S. 28–30

May, C., Grombach, A.: TPM und Operational Excellence Reference Model, Teil 2: Die Säulen eins bis fünf und ihre schrittweise Implementierung, in: YOKOTEN Magazin 06/2017, S. 28–30

Mueller, K., Mueller, E.: Developing and Analysing Different Definitions of Operational Excellence, in: Leadership, Education, Personality: An Interdisciplinary Journal 2(2), 2020, S. 75–80

Ogbeiwi, O: Why written objectives need to be really SMART, in: British Journal of Healthcare Management. 23(7), 2017, S. 324–336

Owais, L.Q.: A Brief Overview of Performance Management Systems, in: SEA – Practical Application of Science Volume IX, Issue 25, 2021, S. 23–30

Salah, S., Rahim, A., Carretero, J.A.: The Integration of Six Sigma and Lean Management, in: International Journal of Lean Six Sigma, Vol. 1, No. 3, 2010, S. 249–274.

Sadun, R., Bloom, N., Van Reenen, J.: Why Do We Undervalue Competent Management, in: Harvard Business Review September-October, 2017, S. 2–9

Spear, S.J.: The High-Velocity Edge – How Market Leaders Leverage Operational Excellence to Beat the Competition, 2. Aufl., New York 2009

Welch, C., Sinha, T., Ward, N.: Pursuit of Operational Excellence - A Systemic Approach, in: International Journal of Systems and Society 3(2), 2016, S. 21–32

7.2 Konsequente Ausrichtung des Unternehmens auf die Markt- und Kundenbedürfnisse

Christine Kübler/ Dieter Thomaschewski

7.2.1 Grundlagen der Marktorientierung

Key Points der Markt- und Kundenorientierung

Wer heute über unternehmerischen Erfolg spricht, wird ein Thema, einen Schwerpunkt immer adressieren: die Markt- und Kundenorientierung. In Zeiten austauschbarer Produkte, digitaler Transparenz und rasanter Innovationszyklen reicht es längst nicht mehr aus, gute Qualität zu liefern. Erfolgreiche Unternehmen sind nicht nur Anbieter – sie sind Lösungsarchitekten, Erlebnisgestalter und Partner ihrer Kundinnen und Kunden. Markt- und Kundenorientierung ist deshalb weit mehr als ein Marketingkonzept. Sie ist ein strategisches Prinzip, das Denken, Entscheiden und Handeln auf allen Ebenen eines Unternehmens prägt: das konsequente Denken vom Markt, Kunden her. Kundenorientierung bedeutet, nicht vom Produkt oder der internen Logik auszugehen, sondern von den Bedürfnissen, Problemen, Wünschen und Erwartungen der Kundschaft.

Diese Fähigkeit, die Marktsensibilität, bedeutet nicht nur die Veränderungen im Markt zu beobachten, sondern diese auch richtig zu interpretieren. Marktorientierung bedeutet Markttrends, neue Wettbewerber, technologische Entwicklungen und gesellschaftliche Veränderungen zu erkennen und darauf zu reagieren. Unternehmen brauchen dafür aber auch ein feines Gespür für die weichen Signale – etwa veränderte Werte in bestimmten Kundensegmenten oder neue Kaufmuster in digitalen Kanälen.

Ein notwendig weiteres Element dieses Markt- und Kundenfokuses ist die Verzahnung von Strategie und operativer Umsetzung. Kundenorientierung darf kein reines Frontlinienthema sein, das nur Vertrieb oder Service betrifft. Vielmehr muss sie in der Unternehmensstrategie verankert, durch die Führung vorgelebt und durch alle Bereiche getragen werden.

Ein unabdingbares Element: Zur echten Kundenorientierung gehört auch die Fähigkeit zur Dialogführung. Unternehmen dürfen nicht länger quasi monologisch kommunizieren – sie müssen lernen, zuzuhören. Über Feedback, Nutzerbewertungen, soziale Medien oder direkte Gespräche erhalten Unternehmen heute mehr Rückmeldungen als je zuvor. Die Herausforderung besteht darin, diese Informationen ernst zu nehmen, strukturiert auszuwerten und in Handeln zu überführen.

Nicht zuletzt bedeutet Kundenorientierung auch, das Vertrauen der Kundinnen und Kunden zu gewinnen und zu erhalten. In einer Zeit, in der Datenschutz, Nachhaltigkeit und gesellschaftliche Verantwortung immer wichtiger werden, spielt nicht nur das »Was« eine Rolle, sondern auch das »Wie«. Kunden kaufen nicht nur Produkte – sie kaufen auch Haltungen, Werte und Versprechen. Unternehmen, die es schaffen, authentisch, verlässlich und glaubwürdig zu handeln, bauen eine emotionale Bindung auf, die weit über den rationalen Nutzen hinausgeht.

Kundenversprechen und Leistungserstellung

Im Zentrum jeder marktorientierten Unternehmensstrategie steht eine einfache, aber kraftvolle Idee: Ein Unternehmen gibt seinen Kunden ein Versprechen – und dieses Versprechen muss es im Alltag einlösen. Es definiert, was ein Kunde vom Unternehmen erwarten darf – in Bezug auf Produktqualität, Service, Haltung oder Werte. Und es bestimmt, woran sich ein Unternehmen letztlich messen lassen muss. Ein Kundenversprechen wirkt dabei in zwei Richtungen:

- Nach außen schafft es Orientierung und Vertrauen. Es sagt der Kundin oder dem Kunden: »Wenn du dich für uns entscheidest, bekommst du genau das – verlässlich, konsistent und in hoher Qualität.«
- Nach innen wirkt es als Leitplanke für die Organisation: Es bestimmt, wie Prozesse gestaltet, Mitarbeitende geschult, Produkte entwickelt oder Services organisiert werden müssen, damit dieses Versprechen Wirklichkeit wird.

Die Leistungserstellung, also die konkrete Umsetzung des Kundenversprechens, ist daher keine rein operative Aufgabe – sie ist Teil der strategischen Gesamtverantwortung. **Unternehmen müssen sicherstellen, dass ihr Angebot nicht nur den Erwartungen entspricht, sondern diese möglichst übertrifft** (Kano-Prinzip). Dazu braucht es ein tiefes Verständnis dafür, was Kundinnen und Kunden wirklich als wertvoll empfinden. Studien zeigen, dass Kundenzufriedenheit und Loyalität weniger davon abhängen, was ein Unternehmen objektiv leistet, sondern davon, wie konsistent und verlässlich es sein Kundenversprechen erfüllt.

Die Kohärenz zwischen dem, was kommuniziert wird, und dem, was erlebt wird, ist deshalb entscheidend. Ein weiterer Punkt: Kundenversprechen verändern sich – und mit ihnen muss sich auch die Leistungserstellung wandeln. Was gestern als Mehr-

7.2 Konsequente Ausrichtung des Unternehmens auf die Markt- und Kundenbedürfnisse

wert galt, ist heute oft Standard. Kunden erwarten heute nicht nur ein gutes Produkt, sondern auch transparente Informationen, reibungslose Prozesse, digitale Services, schnelle Reaktion auf Anfragen und eine klare Haltung in gesellschaftlichen Fragen. Unternehmen müssen deshalb permanent lernen und sich anpassen, um ihr Versprechen zeitgemäß zu halten – oder neu zu definieren, wenn sich das Umfeld oder das Kundenverständnis verändert.

Marktsegmentierung als zentraler Baustein

Ausprägung im Investitionsgütermarkt

Marktsegmentierung gehört zu den grundlegenden Prinzipien des Marketing. Die Idee dahinter ist ebenso einfach wie wirkungsvoll: Ein Unternehmen sollte nicht versuchen, den Markt als Ganzes zu bedienen, sondern diesen ihn in Teilmärkte untergliedern – also in Segmenten zu denken, die sich in ihren Bedürfnissen, Anforderungen oder Verhaltensweisen unterscheiden. Auf diese Weise lassen sich Zielgruppen präziser ansprechen, Produkte gezielter entwickeln und Ressourcen effektiver einsetzen. In der Konsumgüterwelt hat sich dieses Prinzip längst etabliert: Kein Automobilhersteller baut ein Auto für alle, sondern verschiedene Modelle für unterschiedliche Lebensstile, Einkommen oder Nutzungsgewohnheiten. Die Marktsegmentierung ist auch im Investitionsgüterbereich ein Muß, stellt aber besondere Anforderungen. Anders als bei Endkonsumenten geht es hier oft nicht um emotionale Präferenzen oder Lifestyle-Fragen, sondern um technische Anforderungen, betriebswirtschaftliche Zielsetzungen und prozessorientierte Bedürfnisse. Die Kunden sind Unternehmen – häufig mit komplexen Entscheidungsstrukturen, längeren Kaufzyklen und höheren Investitionsvolumina.

Ein zentrales Unterscheidungsmerkmal ist die Segmentierung nach Branchenzugehörigkeit. Unternehmen in der Automobilindustrie haben andere Anforderungen an Maschinen, Werkstoffe oder Softwarelösungen als Unternehmen im Maschinenbau, in der Chemie oder in der Energieversorgung. Diese branchenspezifischen Segmente sind in vielen Investitionsgütermärkten die Basis für die Marktbearbeitung. Sie ermöglichen es, Produktausprägungen, Services und Vertriebskonzepte auf die Besonderheiten der jeweiligen Branche abzustimmen – sowohl technisch als auch kommunikativ (Backhaus & Voeth, 2014).

Ein weiteres wichtiges Kriterium ist die Unternehmensgröße. Kleine und mittlere Unternehmen haben oft andere Kaufmotive und Entscheidungsprozesse als große Konzerne. Während kleinere Betriebe möglicherweise stärker auf Preis-Leistungsverhältnisse oder pragmatische Lösungen achten, stehen bei Großunternehmen oft Themen wie Skalierbarkeit, Integrationsfähigkeit oder internationale Betreuung im Vordergrund.

Hinzu kommt die Segmentierung nach geografischen Merkmalen, etwa wenn globale Anbieter differenzierte Strategien für Märkte in Europa, Nordamerika oder

Asien entwickeln – nicht zuletzt wegen unterschiedlicher Normen, kultureller Erwartungen oder regulatorischer Rahmenbedingungen.

Besonders relevant für Investitionsgütermärkte ist jedoch die segmentierende Betrachtung der Kundenbedürfnisse auf Prozessebene. Hier spricht man oft von anwendungsorientierter Segmentierung: Welche Funktion soll das Produkt im System des Kunden erfüllen? Welche Probleme soll es lösen? Wie ist es in bestehende Prozesse integriert? Dabei ist das Denken in Wertschöpfungsketten unerlässlich bis hin zur Überlegung und Wertung der Bedürfnisse der Kunden, unserer Kunden. Diese Prozesse müssen über intensiven Kundenkontakt, Technikerkenntnisse und tiefes Branchenverständnis erschlossen werden.

Marktsegmentierung und Problemlösung

Marktsegmentierung wird häufiger als rein analytisches Instrument verstanden – als eine Methode, um Kundengruppen zu ordnen, Zielmärkte einzugrenzen und Ressourcen effizient zu verteilen. Doch in ihrer tieferen Bedeutung ist Marktsegmentierung viel mehr als das: Sie ist der Schlüssel zur strategischen Problemlösung im Markt. Denn je präziser ein Unternehmen die unterschiedlichen Teilmärkte erkennt, desto gezielter kann es Lösungen anbieten, die nicht nur Produkte verkaufen, sondern echte Probleme lösen.

Jedes Marktsegment stellt Unternehmen vor spezifische Herausforderungen. Diese können technischer, organisatorischer, wirtschaftlicher oder kultureller Natur sein – und sie unterscheiden sich teils erheblich zwischen einzelnen Segmenten. **Erst durch segmentorientiertes Denken wird es möglich, maßgeschneiderte Problemlösungen zu entwickeln, die über den bloßen Produktnutzen hinausgehen.** Wer seine Zielsegmente versteht, kann die Leistungsanforderungen gezielt priorisieren, Benutzerfreundlichkeit anpassen, Preismodelle differenzieren und Vertriebswege optimieren. Die Segmentierung liefert die Ansätze, welches Problem im jeweiligen Kundenausschnitt am dringendsten gelöst werden muss. Diese Perspektive macht aus einer reinen Marktstrategie eine Lösungsstrategie – und sie trennt durchschnittliche Anbieter von echten Problemlösern (Homburg 2020).

Die Kombination von Marktsegmentierung und Problemlösungsorientierung kennzeichnet den Unterschied zwischen einem reaktiven Anbieter und einem strategischen Partner. Wer seine Zielsegmente kennt, kann proaktiv beraten, Lösungen antizipieren und zum verlässlichen Problemlöser werden – eine Rolle, die nicht nur Wert schafft, sondern auch Loyalität. Denn Kunden erinnern sich selten an den günstigsten Anbieter – aber immer an denjenigen, der ihr Problem wirklich verstanden und gelöst hat.

Analyse der Bedürfnisse der Zielgruppe

Wer in einem wettbewerbsintensiven Markt bestehen will, muss mehr tun als gute Produkte zu entwickeln – er muss verstehen, was Menschen, was Unternehmen be-

7.2 Konsequente Ausrichtung des Unternehmens auf die Markt- und Kundenbedürfnisse

nötigen. Die Analyse der Bedürfnisse der Zielgruppe gehört deshalb zu den zentralen Aufgaben strategischer Markt- und Kundenorientierung.

> Es geht darum, die tieferliegenden Motive, Erwartungen, Herausforderungen und Probleme der Zielgruppen zu erkennen, zu strukturieren und daraus handlungsrelevante Erkenntnisse zu gewinnen. Denn erst wer versteht, warum Menschen oder Organisationen sich für ein Angebot interessieren – oder eben nicht –, kann Lösungen entwickeln, die echten Mehrwert bieten.

Die Analyse von Zielgruppenbedürfnissen ist eine Kombination aus quantitativen und qualitativen Methoden. Quantitative Verfahren – wie Umfragen, Online-Tracking oder Marktanalysen – helfen dabei, ein Bild über Verhalten, Präferenzen und demografische Strukturen zu gewinnen. Doch sie erklären nicht immer, warum bestimmte Verhaltensmuster auftreten.

Qualitative Methoden sind ergänzend erforderlich: Tiefeninterviews, Fokusgruppen, ethnografische Studien oder Customer-Journey-Analysen ermöglichen es, Einblicke in das Erleben, Denken und Handeln der Zielgruppe zu gewinnen. Die Kombination beider Perspektiven – also Daten und Deutung – ist entscheidend, um ein ganzheitliches Bild der Kundenbedürfnisse zu bekommen.

Ein zentrales Konzept zur Strukturierung der Bedürfnisse ist das Modell der Kundennutzenebenen: Bedürfnisse existieren auf mehreren Ebenen – vom funktionalen Grundnutzen (z. B. Geschwindigkeit, Sicherheit, Preis) über Ergänzungsnutzen (Features, Komplementierung) zum emotionalen Nutzen (z. B. Vertrauen, Status, Kontrolle) bis hin zum sozialen oder symbolischen Nutzen (z. B. Zugehörigkeit, Nachhaltigkeit, Image).

Um diese Bedürfnisse zu erkennen, empfiehlt es sich, sog. Personas zu entwickeln: archetypische Nutzerprofile, die Ziele, Verhalten, Nutzenerwartungen und auch typisches Entscheidungsverhalten repräsentieren. Diese machen Zielgruppen greifbar und helfen dabei, Angebote und Vermittlung dieser Angebote passgenau auszurichten.

Besonders wirkungsvoll wird die Bedürfnisanalyse dann, wenn sie nicht nur rückblickend, sondern vorausschauend betrieben wird. Unternehmen, die über klassische Marktforschung hinausgehen und mit Methoden wie Design Thinking, ethnografischer Forschung oder Trendanalyse arbeiten, können sog. latente Bedürfnisse erkennen, bevor sie explizit formuliert werden.

In der Praxis bedeutet das: Die Analyse der Zielgruppenbedürfnisse ist kein Einmalprojekt, sondern ein kontinuierlicher Lernprozess. Unternehmen, die nahe an ihren Kunden sind – sei es durch Vertrieb, Support, soziale Medien oder systematisches Feedbackmanagement – bauen ein Verständnis auf, das sich immer weiter verfeinern lässt. Dieses Wissen fließt in die Strategie, Produktentwicklung, Kommunikation und den Service ein – und schafft so den entscheidenden Unterschied im Markt: Relevanz.

Value Proposition und Markterfolg

Business Modell Canvas

In einer Zeit, in der Märkte gesättigt, Produkte vergleichbar sind und technologische Entwicklungen überragend schnell voranschreiten, stellt sich für Unternehmen eine zentrale Frage: Warum sollten sich Kunden für unser Angebot entscheiden – und nicht für das eines Wettbewerbers? Die Antwort darauf ist die Höhe des Wertversprechens eines Unternehmens, die **Value Proposition.** Dieses beschreibt, welchen konkreten Nutzen ein Produkt oder eine Dienstleistung aus Sicht des Kunden stiftet – für wen, in welchem Kontext und mit welchem Alleinstellungsmerkmal. Die Value Proposition ist das Herzstück jedes erfolgreichen Geschäftsmodells. Sie entscheidet, ob ein Unternehmen am Markt bestehen kann – oder untergeht. Besonders klar wird diese Bedeutung im Kontext des Business Model Canvas – ein Werkzeug der strategischen Geschäftsmodellentwicklung. Entwickelt von Alexander Osterwalder, bietet es eine strukturierte Übersicht über die zentralen Bausteine eines Geschäftsmodells: von den Kundensegmenten über Kanäle und Einnahmequellen bis hin zu Schlüsselpartnern und Kostenstruktur. Darstellung 37 zeigt einige Schwerpunkte auf.

	Wertversprechen		Kundensegment	
Produkt / Service	Gewinn steigern	Gewinn / Lust	Job-to-be-done	
Welche Produkte / Dienstleistungen werden angeboten? Welche Wertversprechen stehen hinter diesen Produkten / Dienstleistungen	Welche Wertversprechen helfen den Gewinn des Kunden für den betreffenden „Job" zu steigern? In welcher Form steigert das den Gewinn?	Welche Wertversprechen helfen den Gewinn des Kunden für den betreffenden „Job" zu steigern? In welcher Form steigert das den Gewinn?	Welche Aufgabe soll / muss erledigt werden? Welches Problem versucht der Kunde zu lösen?	
	Verlust senken	Verlust / Frust		
	Welche Wertversprechen helfen, den Verlust Frust des Kunden zu verringern? In welcher Form verringert das den Verlust / Frust?	Was verursacht die größten Kopfschmerzen? Was hasst der Kunde? Was hält den Kunden ab? (Hindernisse) Welche Risiken fürchtet der Kunde?		

Dar. 37: Business Model Canvas (Quelle: http://geschaeftsmodellcoach.de/geschäftsmodell-design-tools/value)

7.2 Konsequente Ausrichtung des Unternehmens auf die Markt- und Kundenbedürfnisse

Im Zentrum dieses Modells steht die Value Proposition – also die Frage: Welchen Mehrwert liefern wir für welche Zielgruppe? (Osterwalder & Pigneur, 2010). Eine starke Value Proposition erfüllt drei zentrale Bedingungen: Erstens löst sie ein relevantes Problem oder Bedürfnis der Zielgruppe. Zweitens ist sie differenzierend – sie bietet etwas, das andere so nicht oder nicht so gut leisten. Drittens ist sie glaubwürdig und einlösbar.

Die Arbeit mit dem Business Model Canvas zeigt: Eine gute Value Proposition steht niemals für sich allein. Sie ist immer eingebettet in ein Zusammenspiel aus anderen Elementen. Sie muss zu den adressierten Kundensegmenten passen, über geeignete Kanäle vermittelt werden und durch Schlüsselaktivitäten und Ressourcen getragen werden. Nur wenn alle Teile des Geschäftsmodells konsistent ineinandergreifen, kann ein Unternehmen sein Versprechen am Markt auch tatsächlich einlösen – und daraus einen nachhaltigen Markterfolg ableiten.

Eine überzeugende Value Proposition ist die Grundlagen für eine erfolgreiche Markteinführung, Kundenakquise und -bindung. Sie sorgt dafür, dass das Angebot auf die Bedürfnisse der Zielgruppe abgestimmt ist und hebt die Alleinstellungsmerkmale hervor. So kann das Unternehmen langfristig wachsen und im Markt bestehen.

Produkt + Added Value Service = Problemlösung

In vielen Märkten reicht es längst nicht mehr aus, ein gutes Produkt zu liefern. Qualität, Funktion und Design sind heute oft Grundvoraussetzungen, keine Differenzierungsmerkmale. Kunden – ob Konsumenten oder Unternehmen – erwarten mehr: **Lösungen statt nur Produkte.** Die Kombination aus Produkt und Added Value Services, also zusätzlichen, kundennahen Dienstleistungen, die über das Kerngeschäft hinausgehen lösen konkrete Probleme, **statt nur Bedürfnisse zu befriedigen.** Mit Added Value Service sind Leistungsbestandteile gemeint, die über das eigentliche Produkt hinausgehen und den Kundennutzen spürbar erhöhen. Diese können technischer Natur sein – etwa Installations-, Wartungs- oder Schulungsangebote – aber auch digital, beratend oder emotional geprägt sein. In der Serviceforschung spricht man deshalb vom sog. Outcome-Based Value – also vom Wert, den ein Kunde aus der Nutzung, nicht aus dem Besitz eines Produkts zieht

Besonders deutlich zeigt sich dieser Wandel im Industriegütermarkt. Viele Unternehmen entwickeln sich vom reinen Hersteller zum Solution Provider. Statt nur Technik zu liefern, bieten sie maßgeschneiderte Lösungen an, die auf die Prozesse, Ziele und Probleme des Kunden abgestimmt sind. Diese Transformation – auch bekannt als Servitization – verändert nicht nur das Angebot, sondern das ganze Geschäftsmodell. Wertschöpfung entsteht nicht mehr durch den Verkauf eines Produkts, sondern durch dessen Nutzen über den gesamten Lebenszyklus hinweg und dem Denken in Wertschöpfungsketten des angebotenen Produktes, der angebotenen Leistung über alle Stufen der Anwendung «Out of the box» bezieht dabei auch Überlegungen und Diskussionen über die Abnehmer des eigenen Kunden ein.

Diese Entwicklung hat tiefgreifende Folgen für die strategische Positionierung von Unternehmen. Wer seine Rolle nicht nur als Lieferant, sondern als Problemlöser versteht, positioniert sich stärker, erzielt höhere Margen und baut tiefere Kundenbeziehungen auf.

USP-Stärkung durch Value Proposition

In wettbewerbsintensiven Märkten müssen Unternehmen deutlich machen, warum sie einzigartig sind. Die Unique Selling Proposition (USP), also das einzigartige Verkaufsversprechen, ist die Notwendigkeit, diese Einzigartigkeit auf den Punkt zu bringen. Die Value Proposition ist dabei nicht der Ersatz, sondern die strategische Weiterentwicklung des klassischen USP. Während der USP vor allem auf die Einzigartigkeit des Angebots zielt (»Wir sind schneller, günstiger oder besser als die anderen«), fokussiert sich die Value Proposition auf den konkreten Nutzen für die Zielgruppe:

- Welches Problem lösen wir?
- Welche Bedürfnisse erfüllen wir besser als andere?
- Warum ist unser Angebot genau das richtige für diesen Kunden, in dieser Situation, zu diesem Zeitpunkt?

Die Value Proposition ist damit nicht nur ein Differenzierungsinstrument, sondern auch ein Relevanzverstärker.(Osterwalder & Pigneur, 2014). Die Verbindung von USP und Value Proposition schafft eine neue Qualität in der Positionierung. Denn ein einzigartiges Merkmal (USP) entfaltet erst dann strategischen Wert, wenn es auch als relevant empfunden wird. Die Value Proposition zwingt Unternehmen dazu, ihr Versprechen vom Kunden aus zu denken – nicht aus der Innensicht heraus. Sie hilft dabei, den USP zielgruppengerecht zu kontextualisieren und als Teil einer umfassenden Problemlösung zu präsentieren.

Die strategische Relevanz dieses Ansatzes zeigt sich besonders bei Innovationsprozessen. Unternehmen, die neue Angebote entwickeln, sind oft versucht, mit technischen Feinheiten oder Produktmerkmalen zu werben. Am Markt setzen sich aber nicht jene Produkte durch, die technisch einzigartig sind, sondern jene, die aus Sicht der Zielgruppe als besonders nützlich, einfach oder inspirierend wahrgenommen werden. Die Value Proposition hilft dabei, den Innovationsfokus vom »Was können wir?« hin zum »Was braucht der Markt?« zu verschieben – und damit die Innovationskraft auf echte Differenzierung zu lenken.

Die Value Proposition ist das strategische Fundament, auf dem ein glaubwürdiger, relevanter und wirksamer USP aufgebaut werden kann. Sie übersetzt technische Stärken in wahrgenommene Vorteile, formt Merkmale zu Bedeutungen und macht aus Produkten echte Problemlöser.

7.2.2 Strategische und operative Ausprägung der Markt- und Kundenorientierung

Ausgewählte Schwerpunkte

Markt- und Kundenorientierung ist ein strategisches Prinzip, das über den langfristigen Erfolg eines Unternehmens entscheidet. Doch zwischen Anspruch und Umsetzung besteht häufig eine große Lücke. Viele Organisationen schreiben sich Kundenfokus in die Leitbilder, scheitern aber daran, diese Haltung konsequent in Strukturen, Prozesse und Verhalten zu übersetzen. Dabei ist die Unterscheidung zwischen strategischer und operativer Markt- und Kundenorientierung von eminenter Bedeutung. Denn nur wenn beide unternehmerische Aktivitäten angepasst zusammenspielen, entsteht aus der Theorie ein handlungsfähiges, kundenwirksames Unternehmen.

Strategische Markt- und Kundenorientierung bedeutet, Kundenorientierung als Teil der langfristigen Ausrichtung und Wertschöpfungslogik eines Unternehmens zu verankern. Es geht darum, den Markt nicht nur zu bedienen, sondern als Ausgangspunkt für alle unternehmerischen Entscheidungen zu begreifen – von der Produktentwicklung über die Geschäftsmodellentwicklung bis hin zur Ressourcenverteilung.

Ein praktischer Schwerpunkt dieser strategischen Ausprägung liegt in der konsequenten Integration von Kundenwissen in Entscheidungsprozesse. Unternehmen, die strategisch kundenorientiert agieren, investieren in Customer-Insights-Programme nicht als isolierte Datenlieferanten, sondern als Entscheidungsgrundlage für die Unternehmensentwicklung. Das Wissen über Märkte, Zielgruppen und deren Veränderungsdynamik wird so zur strategischen Ressource, die Wettbewerbsvorteile schafft.

Die operative Ausprägung hingegen zeigt sich im konkreten Verhalten, in Prozessen, Routinen und im persönlichen Kontakt mit den Kundinnen und Kunden. Sie beantwortet die Frage: Wie wird Kundenorientierung im Alltag gelebt? Ein zentraler operativer Schwerpunkt ist die Prozessgestaltung aus Kundensicht. Hier zeigt sich, ob eine Organisation in der Lage ist, sich selbst zu hinterfragen und Prozesse nicht aus Effizienzsicht, sondern aus der Perspektive Kundenerfahrung zu gestalten. Tools wie Customer Journey Mapping, Service Blueprints oder Net Promoter Score helfen dabei, diese operativen Optimierungspotenziale sichtbar zu machen und dauerhaft zu verbessern (Zeithaml et al., 2006). Ein wesentlicher operativer Schwerpunkt liegt dabei auch in der Qualifikation und Haltung der Mitarbeitenden. Kundenorientierung lässt sich nicht verordnen – sie muss gelebt werden. Das bedeutet: Mitarbeitende brauchen nicht nur Prozesse und Tools, sondern auch Handlungsspielräume, Training und eine Kultur des Zuhörens und Mitdenkens. Unternehmen, die Kundenzufriedenheit ernst nehmen, schaffen deshalb nicht nur Feedbackkanäle für Kunden, sondern auch für Mitarbeitende – und nutzen beides, um kontinuierlich besser zu werden.

Vermarktung – neuere Ansätze

In gesättigten Märkten, mit informierten Konsumenten und digitalen Kanälen, ist die Frage nicht nur: Wie bringe ich mein Produkt zum Kunden? Sondern: Wie gestalte ich eine Beziehung, ein Erlebnis, ein Versprechen – das Menschen wirklich überzeugt? Genau hier setzen neuere Ansätze der Vermarktung an. Sie denken Marketing nicht länger als einseitige Kommunikationsmaßnahme, sondern als integralen Bestandteil der gesamten Wertschöpfung und Kundenbeziehung. Ein zentraler Trend ist der Übergang **vom transaktionalen zum relationalen Marketing**. Statt kurzfristige Käufe in den Fokus zu stellen, geht es darum, langfristige Beziehungen zu Kunden aufzubauen.

Diese Orientierung zeigt sich u. a. im Customer Relationship Management (CRM), aber auch in Content-Strategien, Loyalty-Programmen oder dialogorientierter Kommunikation. Kundenbindung wird nicht mehr als Nebeneffekt betrachtet, sondern als strategisches Ziel.

Eng damit verbunden ist der Ansatz des Customer Experience Management (CEM). Hier steht nicht das Produkt im Mittelpunkt, sondern das gesamte Nutzungserlebnis – vom ersten Kontakt bis weit nach dem Kauf. Ziel ist es, entlang der gesamten Customer Journey positive, konsistente und markentypische Erfahrungen zu schaffen. Unternehmen, die diesen Ansatz ernst nehmen, analysieren systematisch Berührungspunkte, identifizieren Reibungsverluste und investieren in Servicequalität, Design und Kommunikation.

Auch Inbound Marketing und Content Marketing haben die Logik klassischer Vermarktung geändert. Diese Ansätze darauf, Inhalte zu schaffen, die Kundinnen und Kunden freiwillig konsumieren, weil sie nützlich, inspirierend oder unterhaltsam sind. Unternehmen werden zu Herausgebern und Storytellern, die mit relevanten Inhalten Aufmerksamkeit erzeugen und Vertrauen aufbauen.

Ein weiterer innovativer Bereich ist das Community-basierte Marketing. Kunden werden nicht mehr nur als Zielgruppe gesehen, sondern als aktive Gestalter – sei es als Markenbotschafter, Co-Creator oder Beta-Tester. Diese Art der Einbindung schafft nicht nur Nähe, sondern auch einen echten Wettbewerbsvorteil: Nähe zum Markt, frühes Feedback, höhere Loyalität – und oft sogar niedrigere Entwicklungskosten.

Die Digitalisierung verändert die Vermarktung radikal. Data-driven-Marketing, also der systematische Einsatz von Kundendaten zur Personalisierung von Botschaften, Angeboten und Kontaktzeitpunkten, ermöglicht eine nie dagewesene Relevanz und Präzision: individualisierte E-Mails oder dynamische Webseiten sind längst Realität. Die Herausforderung liegt darin, den schmalen Grat zwischen Nützlichkeit und Übergriffigkeit zu meistern. Wer datenbasiert arbeitet, braucht Transparenz, Vertrauen und klare Mehrwerte für die Kundschaft.

Schließlich kann KI die Marketingstrategie auf vielfältige Weise noch effektiver machen. KI kann dabei unterstützen, die Prioritäten, das Verhalten, die Ansprüche der Zielgruppen besser zu bewerten und so eine präzisere Zielgruppenbildung und -anprache ermöglichen. Kampagnen können in Echtzeit optimiert und das Wissen über Kunden verbessert werden. Implementierte KI basierte Chatbots auf der Website unterstützen Kunden rund um die Uhr. Aber auch hier gilt eine Botschaft sehr klar: KI kann und wird die Marketingwelt ändern, doch letztlich entscheidet der Mensch.

Kundenbindung durch Key Account Management

Nicht jeder Kunde ist gleich. Der Wert des Kunden bemisst sich unterschiedlich je nach Beitrag

- zum Ergebnis,
- zur Innovation,
- zur Information,
- zur Entwicklung von Prozessen,

um nur einige Beispiele zu nennen. Genau hier gewinnt das Konzept des Key Account Management (KAM) seine Relevanz. Es geht darum, strategisch wichtige Kunden nicht nur zu betreuen, sondern aktiv zu entwickeln, zu binden und partnerschaftlich zu begleiten. KAM ist weit mehr als ein Verkaufstool – es ist eine strategische Führungsaufgabe mit direktem Einfluss auf Kundenloyalität, Ergebnissicherheit und langfristige Wettbewerbsfähigkeit. Im Zentrum des KAM steht die Erkenntnis, dass Großkunden oder strategisch bedeutsame Geschäftspartner komplexere Anforderungen, höhere Erwartungen und ein größeres Potenzial mitbringen als klassische Einzelkunden. Sie sind nicht nur wegen ihres Ergebnisvolumens wichtig, sondern weil sie Innovationspartner sein können, Zugang zu neuen Märkten ermöglichen oder durch ihre Marke und Reputation Einfluss auf das gesamte Branchenumfeld haben. Um diese Beziehungen zu pflegen und zu vertiefen, ist eine unternehmensübergreifende Zusammenarbeit, ein individuelles Betreuungskonzept dringend geboten.

Ein zentraler Hebel für Kundenbindung im KAM ist die personalisierte Problemlösung. Key Accounts erwarten keine Standardangebote, sondern maßgeschneiderte Lösungen, die exakt auf ihre Prozesse, Herausforderungen und Ziele abgestimmt sind. Erfolgreiche Key Account Manager agieren daher nicht als Verkäufer, sondern als Berater, Netzwerker und Schnittstellenmanager. Sie koordinieren interne Ressourcen, bringen technische Spezialisten, Produktentwicklung, Service und Management an einen Tisch – und schaffen so Lösungen, die tief in die Wertschöpfung des Kunden eingreifen. Diese Nähe erzeugt Vertrauen – und Vertrauen ist die Grundlage jeder nachhaltigen Kundenbeziehung. KAM ist jedoch keine Einbahnstraße. KAM lebt vom beidseitigen Commitment. Gute Key-Account-Beziehungen basieren auf Offenheit, Transparenz und dem ehrlichen Willen, voneinander zu lernen und gemeinsam zu wachsen. Viele Unternehmen richten dafür gemeinsame Strategieworkshops, Co-Innovation-Formate oder sogar integrierte Projektteams ein. Dies bedeutet: KAM braucht Rückhalt auf oberster Führungsebene, Zugriff auf relevante interne Ressourcen und eine klare Governance-Struktur. Erfolgreiche Organisationen haben dafür eigene KAM-Units geschaffen, die bereichsübergreifend arbeiten, klar definierte Kundenentwicklungspläne verfolgen und systematisch Erfolge messen (Homburg,

2002). Digitale Tools ermöglichen eine präzisere Kundenanalyse, bessere Prognosen und personalisierte Interaktionen. Durch CRM-Systeme, Customer Intelligence und Data Analytics können Key Account Manager erkennen, wo Bedarf entsteht, wie Entscheidungsprozesse ablaufen und welche individuellen Triggerpunkte Kundenbeziehungen stärken.

7.2.3 Innovationen als Teiber der Kundenbindung

Innovation wird zunehmend zum entscheidenden Faktor, der darüber entscheidet, ob Kunden bleiben, zurückkehren – oder zur Konkurrenz abwandern. Denn in einer Welt, die sich ständig verändert, erwarten Kunden nicht nur Kontinuität, sondern auch Weiterentwicklung. Sie wollen das Gefühl haben, dass sie bei einem Anbieter sind, der nicht stehen bleibt – sondern mitdenkt, mitwächst und vorausblickt. Innovationen stärken die Kundenbindung auf mehreren Ebenen. Zunächst durch die Schaffung neuer oder verbesserter Nutzenversprechen. Wenn ein Produkt einfacher wird, ein Service schneller reagiert oder ein digitaler Prozess müheloser funktioniert, erleben Kunden einen echten Mehrwert – und diesen schreiben sie in der Regel dem Anbieter zu. Studien zeigen, dass besonders technologische und servicebezogene Innovationen die Kundenbindung positiv beeinflussen, weil sie die Alltagserfahrung verbessern und (emotionale) Zufriedenheit steigern.

Innovationsstarke Unternehmen senden ein Signal: Wir nehmen unsere Kunden ernst. Wir hören zu, entwickeln weiter und investieren in ihre Zukunft. Dieses Signal wirkt vertrauensbildend – vor allem in langfristigen Kundenbeziehungen im B2B-Bereich. Hier ist die Innovationskraft eines Lieferanten oft ein Kriterium für die Fortsetzung oder Ausweitung der Zusammenarbeit.

Wenn ein Unternehmen kontinuierlich neue Ideen, bessere Lösungen oder überraschende Erlebnisse bietet, entsteht eine Dynamik, die Kunden begeistert – und emotional bindet. Dabei müssen Innovationen nicht immer technologisch bahnbrechend sein. Oft reicht eine kreative Verbesserung im Service, eine clevere App oder ein neues Abrechnungsmodell, um den Unterschied zu machen. Nicht zuletzt unterstützt Innovation die Vertrauensbildung durch Zukunftsfähigkeit. Kunden wollen wissen: Ist mein Anbieter auch morgen noch relevant? Hat er die Kompetenz, sich auf neue Marktbedingungen einzustellen? Unternehmen, die Innovationsfähigkeit zeigen, beantworten diese Frage mit Taten. Sie demonstrieren Wandlungsbereitschaft, Anpassungsfähigkeit und strategische Weitsicht – und genau das wünschen sich Kunden, die langfristig binden wollen.

7.2.4 Unternehmenskultur als unerlässliche Grundlage

Erfolgreiche Strategien, innovative Produkte, digitale Prozesse – all das sind wichtige Bestandteile eines modernen Unternehmens. Doch sie allein erklären nicht, warum manche Unternehmen nicht nur überleben, sondern wachsen, begeistern und verändern, während andere trotz vergleichbarer Ressourcen stagnieren. Die Antwort auf diesen Unterschied liegt häufig: **in der Unternehmenskultur.** Sie ist die unsichtbare Kraft, die darüber entscheidet, wie Menschen in einem Unternehmen denken, handeln und zusammenarbeiten. Sie ist die unerlässliche Grundlage für alles, was ein Unternehmen strategisch und operativ erreichen will. Unternehmenskultur beschreibt das gemeinsame Werteverständnis, die Überzeugungen, Normen und Verhaltensmuster, die das tägliche Miteinander prägen. Kultur lässt sich nicht verordnen – sie entsteht über Zeit, durch Vorbilder, Erfahrungen und Rituale. Und sie wirkt oft stärker als jede formale Regel oder Powerpoint-Folie. Peter F. Drucker brachte es treffend auf den Punkt: »Culture eats strategy for breakfast.« Was Unternehmenskultur so bedeutsam macht, ist ihr Einfluss auf zentrale Erfolgsfaktoren – insbesondere in dynamischen, unsicheren Märkten. So hängt die Umsetzung strategischer Vorhaben in markt- und kundenorientiertem Verhalten entscheidend davon ab, ob die kulturellen Voraussetzungen stimmen. Eine Strategie, die auf Eigenverantwortung, Innovation oder Kundenorientierung setzt, kann nur dann wirksam werden, wenn diese Prinzipien auch in der alltäglichen Arbeit gelebt werden. Ist die Kultur jedoch von Misstrauen, Silodenken oder Fehlervermeidung geprägt, bleibt jede Marktorientierung ein leeres Versprechen. Unternehmenskultur ist also kein weiches Thema – sie ist ein strategisches Fundament.

Eine gesunde Unternehmenskultur wirkt wie ein soziales Immunsystem. Sie stärkt die Resilienz gegenüber Krisen, schafft Orientierung in Zeiten des Wandels und fördert die emotionale Bindung von Mitarbeitenden. Gerade in hybriden Arbeitswelten oder global agierenden Organisationen ist Kultur ein verbindendes Element, das über Distanzen hinweg Vertrauen und Zusammenarbeit ermöglicht. Sie trägt dazu bei, dass Menschen nicht nur für ein Unternehmen arbeiten, sondern »mit« ihm – und oft auch für eine Idee, die größer ist als das Tagesgeschäft

7.2.5 Literatur

Vargo, S. L., Lusch, R. F. (2004). Evolving to a new dominant logic for marketing. Journal of Marketing, 68(1), S. 1–17. https://doi.org/10.1509/jmkg.68.1.1.24036

Backhaus, K., Voeth, M. (2018). Industriegütermarketing. 11. Aufl. Vahlen.

Homburg, Christian (2020). Marketingmanagement: Strategie – Instrumente – Umsetzung – Unternehmensführung, 7. Aufl. Gabler.

Kotler, P., Keller, K. L. (2013). Marketing Management. 16th. ed. Pearson Education.

Zaltman, G. (2003). How Customers Think: Essential Insights into the Mind of the Market. Harvard Business School Press.

Osterwalder, A., Pigneur, Y. (2010). Business Model Generation: A Handbook for Visionaries, Game Changers, and Challengers. Wiley.

Osterwalder, A., Pigneur, Y., Bernarda, G., Smith, A. (2014). Value Proposition Design: How to Create Products and Services Customers Want. Wiley.

Treacy, M., Wiersema, F. (1995). The Discipline of Market Leaders: Choose Your Customers, Narrow Your Focus, Dominate Your Market. Basic Books.

Zeithaml, V. A., Bitner, M. J., Gremler, D. D. (2006). Services Marketing: Integrating Customer Focus Across the Firm. 4th ed. McGraw-Hill.

Homburg, C., Workman, J. P., Jensen, O. (2002). A configurational perspective on key account management. Journal of Marketing, 66(2), S. 38–60. https://doi.org/10.1509/jmkg.66.2.38.18470

7.3 Wandlungswille und Wandlungsfähigkeit – den stetigen Wandel als Chance begreifen

Wilhelm Goschy

7.3.1 Einleitung: Unternehmen im Spannungsfeld von Stabilität und Veränderung

Unternehmen sind seit jeher dem Wandel unterworfen. Doch in den letzten Jahrzehnten – und insbesondere in jüngster Zeit – hat sich die Dynamik, Komplexität und Unvorhersehbarkeit des Wandels dramatisch erhöht. Ob geopolitische Umbrüche, Digitalisierung, technologische Sprünge, Demografie, neue Nachhaltigkeitsanforderungen oder die (De-)Globalisierung – Unternehmen agieren heute in einem Umfeld, das sich in immer kürzeren Zyklen grundlegend verändert.

In solchen Zeiten ist es nicht nur die operative Exzellenz allein, die über Erfolg oder Misserfolg entscheidet. Vielmehr rückt immer mehr eine Fähigkeit in den Mittelpunkt, die früher oft als weich oder zweitrangig galt: die Wandlungsfähigkeit – also die Fähigkeit von Unternehmen, tiefgreifende Veränderungen antizipieren, anstoßen und umsetzen zu können. Diese Fähigkeit wird heute zum Erfolgsfaktor Nummer 1.

Denn eines ist sicher: Unternehmen, deren Wandlungsfähigkeit und -geschwindigkeit geringer ist als die Veränderungsgeschwindigkeit des Marktumfelds, werden mittelfristig vom Markt oder zumindest in der Bedeutungslosigkeit verschwinden – unabhängig von Größe, Branche oder Historie. Was heute funktioniert, kann morgen obsolet sein.

Der entscheidende Unterschied zwischen erfolgreichen und scheiternden Organisationen liegt deshalb immer häufiger nicht in der Technik, nicht im Produkt – sondern in der Organisation selbst: ihrer Kultur, ihrer Lernfähigkeit, ihrer Führungslogik und ihrer Fähigkeit, sich strukturell auf Neues einzulassen. Wandlungsfähigkeit ist keine Kür mehr – sie ist zur Überlebenspflicht geworden.

Das setzt allerdings auch eines voraus: den Willen zur Veränderung. Wandel gelingt nicht per Knopfdruck oder weil es das Umfeld fordert – sondern nur, wenn Menschen ihn verstehen, wirklich wollen und aktiv gestalten. Deshalb geht es in diesem Beitrag nicht nur um das *Wie* des Wandels, sondern auch um das *Was* und das *Warum*.

Wir beleuchten in den folgenden Kapiteln die Logik verschiedener Wandlungsprozesse – vom kontinuierlichen Verbesserungsprozess bis zum disruptiven Change. Wir zeigen, wann Change überhaupt notwendig wird, wie er gelingt, welche Rolle Führung spielt – und was Organisationen tun können, um ihre Wandlungsfähigkeit systematisch zu entwickeln. Denn: Investitionen in Organisationsentwicklung und in die Wandlungsfähigkeit von Unternehmen sind heute Investitionen in das Überleben von morgen.

7.3.2 Change vs. KVP – zwei unterschiedliche, sich ergänzende Logiken des Wandels

Der Begriff Change wird im unternehmerischen Alltag häufig inflationär verwendet. Immer wieder begegnen wir in unserem beruflichen Alltag Unternehmen, die behaupten, sie brauchen einen permanenten Change. Dabei ist es essenziell, zwischen Change im eigentlichen Sinne und dem kontinuierlichen Verbesserungsprozess (KVP) klar zu unterscheiden. Beide Konzepte stehen für Wandel – aber sie folgen grundlegend verschiedenen Prinzipien.

Change – der radikale Neuanfang versus KVP – die Kunst der Optimierung

Change beschreibt eine tiefgreifende Veränderung nahezu aller Bereiche eines Unternehmens. Er bedeutet einen bewussten Bruch mit bisherigen Erfolgsmustern – einen Paradigmenwechsel, der neue Geschäftsmodelle, Technologien oder kulturelle Leitbilder hervorbringt. Change ist selten bequem, aber stets überlebensnotwendig.

Diese Phase ist geprägt von Unsicherheit und Desorientierung. Es geht darum, das Bewährte loszulassen und bestehende Strukturen aufzubrechen – im wahrsten Sinne des Wortes um eine »kreative Zerstörung«. Der Begriff und das dahinterliegende Konzept wurden bereits in den 1940er-Jahren maßgeblich vom österreichischen Ökonomen *Joseph Schumpeter* geprägt. In ihm vereinen sich zwei Aspekte: das Kreative, also das Schaffen von Neuem, und die Zerstörung des Bestehenden. Nach der Erfahrung des Autors ist der kreative Teil des Wandels oft der leichtere. Deutschland verfügt über tausende exzellente Ingenieurinnen und Ingenieure mit beeindruckender Innovationskraft – bahnbrechende Ideen sind selten das Problem. Doch das Neue muss sich auch durchsetzen können. Dazu ist es notwendig, alte Strukturen, Routinen und liebgewonnene Gewohnheiten zu überwinden und schließlich aufzugeben. Diese Zerstörung ist kein Fehler im System – sie ist Voraussetzung für eine Neuordnung. Es geht darum, zu lernen und zugleich zu »verlernen«. Seit über 30 Jahren begleitet der Autor Unternehmen bei ihren Transformationen – und immer wieder hat er die Erfahrung gemacht, dass Transformationen nur selten an mangelnder Kreativität scheitern, sondern weitaus häufiger am Verlernen, also am bewussten »Zerstören« von etablierten Mustern und Strukturen.

KVP steht dagegen für die inkrementelle, kontinuierliche Verbesserung bestehender Prozesse, Strukturen und Produkte. Im Mittelpunkt steht die Stabilisierung, Effizienzsteigerung und Perfektionierung innerhalb eines bestehenden Systems. KVP ist die tägliche, konsequente Arbeit an der Weiterentwicklung des Bestehenden – evolutionär, nicht revolutionär. Er schafft Stabilität, Verlässlichkeit und operative Exzellenz. Auch in diesem Bereich haben sich in der praktischen Arbeit der letzten

Jahrzehnte klare Muster abgezeichnet: Unternehmen, in denen KVP tief in der DNA verankert ist – die also über eine ausgeprägte Problemlösungs- und Verbesserungskultur verfügen – zählen in ihrem jeweiligen Marktumfeld zur Weltspitze. Dabei spielt es keine Rolle, ob wir auf globale Konzerne wie Toyota blicken oder auf den deutschen Mittelstand – etwa auf Unternehmen wie SEW-Eurodrive, TRUMPF, RECARO Aircraft Seating u. v. a.

Der Rhythmus des Wandels: Warum beides nötig ist

In der wissenschaftlichen Arbeit zum Technologiemanagement wird häufig das S-Kurven-Modell herangezogen. Es beschreibt den typischen Verlauf technologischer Entwicklungen: eine anfängliche Phase mit langsamen Fortschritten, eine Phase schnellen Wachstums und schließlich eine Reifephase, in der der Leistungszuwachs deutlich abnimmt. Spätestens dann ist ein Technologiesprung nötig – der Übergang zur nächsten S-Kurve. Überträgt man dieses Modell auf organisatorische Entwicklungen, zeigt sich: Auch der Wechsel zwischen kontinuierlicher Verbesserung (KVP) und tiefgreifendem Wandel (Change) folgt diesem Muster. KVP optimiert das Bestehende in kleinen Schritten. Change hingegen markiert den Sprung in eine neue Ära – sei es durch neue Geschäftsmodelle, Technologien oder Strukturen. Es wäre gefährlich, einen dauerhaften Change-Modus zu fordern. Organisationen sind in stabilen Phasen am leistungsfähigsten, nicht im permanenten Umbruch. »Permanenter Wandel – ja. Aber kein permanenter Change.« Nach jeder Change-Phase braucht es Stabilität – hier spielt der KVP eine zentrale Rolle. In diesem Wechselspiel liegt der natürliche und gesunde Rhythmus leistungsfähiger Organisationen.

Wandel als Wechselspiel zwischen Change und KVP

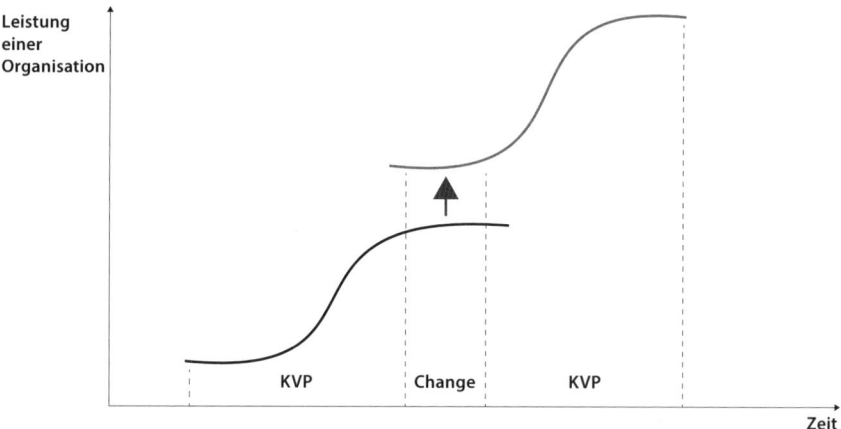

Dar. 38: Wandel als Wechselspiel zwischen Change und KVP

7.3 Wandlungswille und Wandlungsfähigkeit – den stetigen Wandel als Chance begreifen

Ein anschauliches Beispiel für das Zusammenspiel von Change und KVP ist die Entwicklung der Schifffahrt: Zunächst dominierten Ruderboote – angetrieben durch Muskelkraft, einfach gebaut, mit begrenzter Reichweite. Es folgte ein radikaler Wandel (Change) zur Segelschifffahrt. Die Nutzung des Windes revolutionierte Reichweite, Transport und Navigation. Innerhalb dieses neuen Paradigmas wurden über Jahrzehnte hinweg Segel, Rumpfform und Navigationssysteme kontinuierlich verbessert – klassischer KVP. Dann der nächste disruptive Schritt: das Dampfschiff, später das dieselbetriebene Schiff – jeweils begleitet von völlig neuen Anforderungen an Technik, Logistik und Organisation. Heute stehen wir erneut vor einem solchen Change-Moment: dem Übergang zu CO_2-freien Antriebstechnologien wie Wasserstoff. Und genau hier zeigt sich die Logik des Modells: Man kann ein Segelschiff mit noch so viel Aufwand, Akribie und Expertise noch ein wenig besser machen – doch es wird den Wettkampf gegen ein Dampfschiff irgendwann verlieren. Unternehmen, die den notwendigen Change zu spät erkennen oder nicht einleiten wollen, verlieren den Anschluss. Sie verbessern das Alte, während andere bereits das Neue beherrschen.

Parallele zur Gegenwart: die Automobilindustrie

Ähnlich verhält es sich heute in der Automobilbranche: Über Jahrzehnte wurde der Verbrennungsmotor perfektioniert. Doch nun stehen mit Elektromobilität und E-Fuels/ Wasserstoff neue Technologiepfade bereit. Wer diesen Wandel ignoriert, verzögert oder kleinredet, wird mittelfristig nicht mehr zur Weltspitze zählen. Veränderungsprozesse sind längst keine Option mehr – sondern Voraussetzung für das Überleben.

7.3.3 Wann wird radikaler Wandel notwendig? – Auslöser und Impulse für Change

Unternehmen stehen zunehmend unter Druck, sich grundlegend zu verändern. Solche tiefgreifenden Transformationen, oft unter dem Begriff Change zusammengefasst, sind dann erforderlich, wenn bestehende Strukturen, Prozesse oder Geschäftsmodelle nicht mehr ausreichen, um wettbewerbsfähig zu bleiben. Die Ursachen lassen sich in zwei Hauptgruppen einteilen: interne Impulse und externe Faktoren.

Interne Auslöser entstehen meist durch Innovationsbestrebungen, strategische Neuausrichtungen oder Krisen. Beispiele sind die Einführung neuer Technologien, ebenso wie Reorganisationen, Übernahmen oder Führungswechsel.

Häufiger jedoch wird Wandel durch externe Einflüsse notwendig. Ein zentraler Treiber ist der technologische Fortschritt – etwa in den Bereichen Künstliche Intelligenz, Automatisierung oder Digitalisierung – der neue Möglichkeiten eröffnet, aber zugleich bestehende Geschäftsmodelle herausfordert. Auch geopolitische Veränderungen wie Kriege, neue Handelsbarrieren oder Deglobalisierung zwingen Unternehmen, ihre Strategien zu überdenken. Gesellschaftliche Entwicklungen wie Individualisierung, neue Wertvorstellungen oder steigende Erwartungen an Nachhaltigkeit beeinflussen Märkte und fordern neue, glaubwürdige Unternehmensantworten. Hinzu kommen wirtschaftliche Spannungen wie steigende Energiepreise, Ressourcenverknappung oder volatile Märkte, die etablierte Geschäftsmodelle unter Druck setzen. Schließlich verändern neue Wettbewerbslogiken die Spielregeln: Plattform-Ökonomien, datengetriebene Geschäftsmodelle und disruptive Start-ups fordern traditionelle Unternehmen heraus, agiler und innovationsgetriebener zu denken. Ob von innen oder außen angestoßen – radikaler Wandel wird überall dort notwendig, wo kontinuierliche Verbesserung (KVP) nicht mehr ausreicht. Erfolgreiche Unternehmen erkennen diese Signale früh und nutzen Change als strategische Chance zur Erhaltung ihrer Wettbewerbsfähigkeit.

Der Preis des Zögerns ist hoch: Wie Jim Collins in »How the Mighty Fall« (2009) beschreibt, können auch große Unternehmen ins Straucheln geraten – nicht wegen des Marktes, sondern wegen ihrer eigenen Unfähigkeit zum rechtzeitigen Wandel: Ob ein Unternehmen aufblüht oder untergeht, hängt oft mehr davon ab, was es sich selbst antut als von äußeren Umständen.

7.3.4 Gestaltung des Wandels – Change braucht Struktur, Führung und professionelle Begleitung

Veränderung ist kein Selbstläufer – insbesondere dann nicht, wenn sie tiefgreifend, komplex und mit Unsicherheit verbunden ist. Die Erkenntnis, dass Wandel notwendig ist, reicht nicht aus. Entscheidend ist die professionelle Gestaltung: von der Planung über die Führung und Kommunikation bis hin zur Verankerung im Unternehmen. Zahlreiche Modelle bieten Orientierung – ob systemische Organisationsentwicklung oder klassische Change-Ansätze wie von John P. Kotter. Doch der eigentliche Erfolgsfaktor liegt nicht im »Werkzeugkoffer«, sondern in der konsequenten und professionellen Umsetzung.

Erstaunlicherweise begeben sich dennoch viele Unternehmen auf diese Reise der Veränderung ohne Kompass, ohne Landkarte – und vor allem ohne erfahrenen Reiseleiter. Fragt man in solchen Fällen nach der vorhandenen Change-Expertise, hört man nicht selten: »In der Kommunikationsabteilung haben wir jemanden, der sich halbtags um das Thema kümmern wird.« Diese Voraussetzungen lassen bereits erahnen, dass der Weg steinig, wenn nicht gar zum Scheitern verurteilt sein wird.

Erfolgreicher Wandel braucht Expertise, Struktur und Engagement – auf allen Ebenen. Das 8-Stufen-Modell von Kotter bietet hierfür einen praxiserprobten Rahmen: klar, handlungsorientiert und emotional anschlussfähig. Es hebt besonders die Bedeutung von Führung, Kommunikation und Beteiligung hervor – zentrale Hebel für gelingenden Change. Die acht Stufen verstehen sich nicht als starres Schema, sondern als flexible Orientierung, die auf die spezifischen Gegebenheiten jeder Organisation angepasst werden muss.

Ein Gefühl der Dringlichkeit erzeugen

Veränderung beginnt mit dem Bewusstsein und der klaren Erkenntnis: *So kann es nicht weitergehen.* Die Schaffung eines echten Dringlichkeitsgefühls ist daher der erste und zugleich wichtigste Schritt im Veränderungsprozess. Es geht um das »Warum« – also um den tieferliegenden Antrieb und Sinn hinter der Veränderung (vgl. Simon Sinek: *Start with Why* 2009).

Was ist unser übergeordnetes Ziel? Was steht auf dem Spiel – und warum ist es notwendig, gerade jetzt zu handeln? Das Management muss ehrlich, transparent und faktenbasiert aufzeigen, warum der Change unausweichlich ist. Der Handlungsdruck muss spürbar und nachvollziehbar werden. Dabei ist auch der Blick in die Zukunft wichtig: *Was passiert, wenn wir nichts verändern?* Die Organisation muss die Realität erkennen und akzeptieren – face reality!

Dieser Bewusstwerdungsprozess sollte jedoch nicht rein defizitorientiert gestaltet sein. Es gilt auch, das Wertvolle im Bestehenden zu würdigen – also zu benennen, was erhalten bleiben soll. So entsteht ein konstruktives Spannungsfeld zwischen Kontinuität und Notwendigkeit zur Veränderung. Entscheidend ist zudem, dass nicht nur die Sichtweise des Managements berücksichtigt wird. Es braucht ein breites Meinungsbild innerhalb der Organisation. Durch Interviews und Workshops sollten unterschiedliche – aber relevante – Perspektiven erfasst und in den Prozess integriert werden. Ziel ist es, einen Problemkonsens herzustellen: ein gemeinsames Verständnis über die Ausgangslage und die Herausforderungen. Denn eines ist klar: *Wenn es in einer Organisation schon keinen Konsens über das Problem gibt, wird es erst recht keinen Konsens über die Lösung geben.*

Eine starke Koalition bilden

Wandel lässt sich nicht von einer Einzelperson durchsetzen – es braucht ein schlagkräftiges Team aus Fürsprechern und Treibern, das sowohl über formale als auch über informelle Autorität im Unternehmen verfügt. Diese Koalition soll die Veränderung glaubwürdig verkörpern, vorleben und als Multiplikator in alle Bereiche der Organisation wirken.

Die berühmt-berüchtigten Change Agents zeichnen sich durch Disziplin, Leidenschaft, Zielstrebigkeit und Mut aus. Doch selbst die engagiertesten Persönlichkeiten können Change nicht im Alleingang stemmen – es braucht ein funktionierendes, interdisziplinär aufgestelltes Change-Team. In der Praxis bewährt sich dabei häufig ein Kernteam von vier bis sechs Personen, das verschiedene Perspektiven, Funktionen und Einflussbereiche abdeckt.

Damit dieses Team erfolgreich agieren kann, ist Rückendeckung durch das gesamte Management unerlässlich. Führungskräfte müssen dem Change-Team uneingeschränktes Vertrauen schenken, es sichtbar unterstützen und Entscheidungen mittragen. Nur wenn diese starke Koalition geschlossen auftritt, entsteht die nötige

Glaubwürdigkeit und Durchschlagskraft, um die Organisation wirksam durch den Change zu führen.

Eine Vision und Strategie entwickeln

Menschen folgen keiner Powerpoint-Präsentation, sie folgen einem klaren Zielbild, das inspiriert, Orientierung gibt und verständlich macht, wohin die Reise geht. Eine überzeugende Vision verleiht dem Veränderungsprozess Richtung und Sinn. Sie beantwortet die Frage: *Wofür lohnt sich dieser Wandel?* Die Strategie wiederum beschreibt den Weg dorthin – sie zeigt, *wie* die Vision konkret erreicht werden kann.

Eine wirksame Vision muss motivierend, aber gleichzeitig realistisch und operationalisierbar sein. Wichtig ist dabei die Konsistenz zwischen Vision und Tagesgeschäft. Wenn die Strategie nicht in konkrete, greifbare Ziele und Maßnahmen übersetzt wird, bleibt sie ein Papiertiger – gut formuliert, aber wirkungslos.

In unserer Praxis bei Staufen erleben wir häufig, dass wir in laufende Change-Prozesse zur Unterstützung eingebunden werden – häufig dann, wenn der Wandel ins Stocken geraten oder ganz zum Stillstand gekommen ist. Dabei stellen wir regelmäßig fest: Es gibt fundierte Analysen, klare Benchmarks und durchdachte Strategien. Dennoch gelingt es der Organisation nicht, sich in Richtung der angestrebten Vision zu bewegen. Ein häufiges Symptom dafür ist die fehlende Anschlussfähigkeit der Strategie an die operative Ebene. Fragt man beispielsweise einen Abteilungsleiter in der Entwicklung oder einen Meister in der Produktion, was genau sie und ihre Teams in den kommenden Wochen zur Umsetzung der Strategie beitragen sollen, erhält man oft ein Achselzucken – oder die Antwort: »*Keine Ahnung.*« Dafür gibt es meist zwei Ursachen: Erstens, die Strategie wurde nicht ausreichend in die Tiefe der Organisation heruntergebrochen – zumindest nicht in einer Sprache und Klarheit, die auch auf der operativen Ebene verstanden wird. Zweitens, es wurde nicht effektiv und kontinuierlich kommuniziert – was direkt zur nächsten Stufe des Modells führt.

Die Vision des Wandels kommunizieren

Kommunikation ist ein zentraler Erfolgsfaktor im Veränderungsprozess – sie muss klar, konsistent und kontinuierlich erfolgen. Dabei geht es nicht nur um offizielle Verlautbarungen oder Hochglanz-Präsentationen, sondern vor allem um echten Dialog und Beteiligung. Kommunikation darf nicht einseitig top down gedacht sein, sondern muss bidirektional aufgebaut sein: Führung spricht – und hört zu. Einmalige Kick-off-Events ohne anschließende Kommunikation reichen nicht aus. Mitarbeitende fühlen sich sonst nicht abgeholt – oder werten den Wandel als reine PR-Maßnahme. Vertrauen entsteht nur, wenn Menschen regelmäßig und auf Augenhöhe eingebunden werden.

Zwar verfügen viele Unternehmen über leistungsfähige Kommunikationsabteilungen, und auch die Change-Teams sind oft gut aufgestellt. Sie sind in der Lage, wirkungsvolle Formate wie Puls-Checks, Dialogveranstaltungen oder Feedbackschleifen

7.3 Wandlungswille und Wandlungsfähigkeit – den stetigen Wandel als Chance begreifen

zu gestalten. Doch all das reicht nicht aus, wenn es an einem entscheidenden Punkt scheitert: Führungskräfte müssen das vorleben, was kommuniziert wird (walk the talk).

Mitarbeitende lassen sich nicht durch Botschaften auf der Homepage oder auf Plakaten überzeugen – sondern durch das Verhalten der Vorgesetzten. Glaubwürdigkeit entsteht durch Übereinstimmung von Worten und Taten. Wenn das Handeln der Führung nicht mit dem kommunizierten Anspruch übereinstimmt, verlieren Mitarbeitende schnell das Vertrauen – und damit die Bereitschaft, den Wandel mitzutragen. Change-Kommunikation ist deshalb nicht nur Aufgabe der Kommunikationsabteilung, sondern Führungsaufgabe auf allen Ebenen. Nur wenn Führungskräfte die Vision des Wandels selbst verinnerlicht haben und sie im Alltag sichtbar machen, wird sie im Unternehmen auch wirksam.

Andere befähigen, im Sinne der Vision zu handeln

Damit Mitarbeitende aktiv zum Wandel beitragen können, müssen sie die nötigen Voraussetzungen erhalten – etwa durch Trainings, Coaching und passende Werkzeuge. Es geht darum, Entscheidungsspielräume zu schaffen und ein Klima zu fördern, in dem Verantwortung übernommen werden darf – und Fehler als Teil des Lernprozesses akzeptiert werden. Veränderung erzeugt Reibung. Umso wichtiger ist es, strukturelle, prozessuale und kulturelle Blockaden frühzeitig zu erkennen und konsequent abzubauen. Eine der größten Herausforderungen für Führungskräfte in Change-Projekten ist der Umgang mit Widerstand. Er ist eine natürliche Reaktion auf Veränderung – oft ausgelöst durch Verunsicherung, Angst oder Kontrollverlust – und liefert zugleich wertvolle Hinweise auf blinde Flecken im Wandel. Widerstand darf daher nicht ignoriert werden, sondern muss ernst genommen und aktiv bearbeitet werden.

Wichtig ist die Unterscheidung zwischen normalem, sprich konstruktivem Widerstand und chronischer Verweigerung. Für letztere – etwa bei CAVE-Menschen (Citizens Against Virtually Everything) – hat sich das 3R-Modell bewährt:

- Retrain: Das Warum und die Vision nochmals erklären, unterstützen, qualifizieren und coachen.
- Reassign: Bei anhaltender Blockade – Versetzung in eine besser passende Rolle.
- Remove: Wenn alles scheitert, bleibt als letzter Schritt die Trennung. Sie ist nur als ultima ratio zulässig – aber manchmal unvermeidbar, um Schaden von der Organisation abzuwenden.

Auch solche Entscheidungen gehören zum Change-Prozess. Sie sind selten, aber notwendig, um die Energie der Führungskräfte und die Veränderungsdynamik im Unternehmen zu schützen.

Kurzfristige Erfolge sichtbar machen

Langfristige Transformation braucht kurzfristige Erfolge. Sichtbare »Quick Wins« zeigen, dass sich etwas bewegt – sie stärken die Motivation, erzeugen positive Aufmerksamkeit und bestätigen die eingeschlagene Richtung. Bleiben Erfolge aus oder wirken zu abstrakt, sinkt die Energie. Ohne greifbare Fortschritte verlieren Mitarbeitende den Glauben an den Erfolg des Wandels.

Gerade bei umfangreichen Change-Projekten, die sich über mehrere Jahre (oft 3 bis 5) erstrecken, ist es entscheidend, den Weg in Etappen zu denken. Niemand kann auf ein Erfolgserlebnis am Ende warten. Unabhängig von der gewählten Methode – sei es ein Wegekompass aus der systemischen Organisationsentwicklung oder Hoshin Kanri – empfiehlt es sich, die Handlungsfelder in Jahresscheiben zu strukturieren. Diese lassen sich gut mit Geschäftszielen, Zielvereinbarungen oder Anreizsystemen verbinden. Für die konkrete Change-Arbeit im Alltag sind selbst Jahresscheiben zu lang. Unsere Erfahrung zeigt: Drei-Monatsprojekte funktionieren am besten. Innerhalb von 90 Tagen sollten erste sicht- und messbare Ergebnisse erzielt – und aktiv gefeiert – werden. Das motiviert und macht Mut für die nächste Etappe.

Erfolge konsolidieren und weitere Veränderungen anstoßen

Nach ersten Erfolgen ist der Wandel nicht abgeschlossen. Er muss verstetigt und weitergeführt werden. Mit der gewonnenen Glaubwürdigkeit gilt es, weitere Prozesse, Strukturen und Systeme zu verändern, die nicht mehr zur Vision und Strategie passen. Gerade in dieser Phase ist besondere Wachsamkeit geboten: Der größte Feind des Wandels ist der zu frühe Erfolg. Wer sich zu früh zurücklehnt, riskiert den Rückfall in alte Routinen.

Aus der Praxis kennen wir viele Wege, wie Veränderungen in die Breite getragen werden können – idealerweise in alle Unternehmensbereiche. Ein wichtiger Hebel ist die gezielte Anerkennung jener Mitarbeitenden, die den Wandel aktiv unterstützen. Dabei geht es nicht nur um finanzielle Anreize – oft sind persönliches Feedback, sichtbare Wertschätzung oder ein Beitrag in der Mitarbeiterzeitung weitaus wirkungsvoller.

Viele Unternehmen setzen zudem auf einen gesunden, olympischen Wettbewerb: Welcher Standort oder Bereich hat die größten Fortschritte im Change erzielt? Solche Formate motivieren, machen Erfolge sichtbar und schaffen Plattformen, um Best Practices zu teilen – und voneinander zu lernen.

Veränderungen in der Kultur verankern

Nachhaltiger Wandel gelingt nur, wenn er tief in der Unternehmenskultur verankert wird – das heißt, wenn neue Einstellungen, Verhaltensweisen und Entscheidungsroutinen dauerhaft gelebt werden. Führungskräfte übernehmen dabei eine Schlüsselrolle: Sie müssen als glaubwürdige Vorbilder agieren, neue Mitarbeitende aktiv in die veränderte Kultur hineinführen und erzielte Erfolge konsequent mit den neuen Denk- und Handlungsprinzipien verknüpfen. Gelingt dies nicht, droht ein Rückfall in überkommene Muster und Routinen.

Gerade der kulturelle Wandel stellt viele Organisationen vor große Herausforderungen. Während technologische oder prozessuale Veränderungen häufig mit hohem Aufwand geplant und umgesetzt werden, bleibt der kulturelle Aspekt oft unterbelichtet – nicht selten aus dem Irrglauben heraus, es handele sich um schwer greifbare »weiche Faktoren«. Dabei ist auch kulturelle Transformation gestaltbar – vorausgesetzt, sie wird gezielt begleitet. Die Staufen AG sammelt seit über zwanzig Jahren exzellente Erfahrungen mit dem Shopfloor-Management-Ansatz. Durch systematisches Coaching von Führungskräften lässt sich die Kultur eines Unternehmens aktiv und nachhaltig entwickeln. Entscheidend sind dabei nicht in erster Linie Führungsinstrumente wie Boards, Regelkommunikation oder KPI – so hilfreich sie auch sein mögen – sondern die kontinuierliche Arbeit an Haltung, Einstellung, Verhalten und Feedbackkultur. Führungskräfte werden zu Coaches und Lernbegleitern, die ihre Teams täglich zur Reflexion, zum Mitdenken und zur aktiven Veränderung ermutigen und in Lernsituationen führen und unterstützen. Auf diese Weise entsteht eine lernende Organisation mit einer belastbaren Problemlösungs- und Veränderungskultur.

Eine letzte Beobachtung aus unserer täglichen Praxis mit Unternehmen: Organisationen, die eine ausgeprägte Veränderungskultur etabliert haben, über professionell arbeitende KVP-Teams verfügen und die Schwarmintelligenz ihrer Mitarbeitenden systematisch nutzen, bewältigen fundamentale Veränderungen – also echten Change – deutlich souveräner als andere. Natürlich verläuft auch dort kein Transformationsprozess vollkommen reibungslos. Doch Unternehmen mit hoher KVP-Reife durchlaufen die einzelnen Change-Phasen schneller, zielgerichteter und widerstandsfähiger. Und wenn es zu Rückschlägen oder Problemen kommt, stehen zahlreiche Köpfe und Hände bereit, die mit strukturierten Methoden zur Ursachenanalyse und Problemlösung beitragen – pragmatisch, lösungsorientiert und auf gemeinsamen Lernfortschritt ausgerichtet.

7.3.5 Fazit

Wandel und Veränderung ist kein neues Phänomen – die Welt wandelt sich seit Jahrtausenden. Neu ist jedoch die Multidimensionalität und atemberaubende Geschwindigkeit, mit der sich heute technologische, gesellschaftliche und wirtschaftliche Rahmenbedingungen verändern. Unternehmen, die in diesem Umfeld bestehen wollen, dürfen nicht länger auf Stabilität setzen, sondern müssen Wandlungsfähigkeit zu einer zentralen Kompetenz machen. Denn die Zeit großer, gemächlich verlaufender Transformationen ist vorbei. Nur wer seine Organisation in eine lernende Organisation entwickelt – mit einer starken Veränderungskultur, verankerter Problemlösungsfähigkeit und mutiger Führung –, wird die Komplexität der Gegenwart nicht nur bewältigen, sondern aktiv gestalten können.

7.4 Governance, Risiko und Compliance – ein neuer Blick auf Best Practice

Sebastian Schneider/ Andreas Raggl

Eine neue McKinsey-Umfrage zeigt: Unternehmen weltweit sehen Verbesserungspotenzial in den Bereichen Governance, Risiko und Compliance (GRC). Doch einige Vorreiter heben sich ab und setzen auf intelligentere und effektivere Ansätze als der Rest.

Ein exzellentes Management von Governance, Risiko und Compliance (GRC) ist für nahezu alle Unternehmen ein wichtiges Ziel – doch wie oft wird es tatsächlich erreicht? Für die meisten bleibt GRC ein fortlaufender Prozess, wie die McKinsey Global GRC Benchmarking Survey 2025 zeigt (▶ Textbox Methodik). Trotz aller Bemühungen, die entsprechende Expertise auf Führungsebene auszubauen, sehen Unternehmensleitungen in allen drei GRC-Bereichen weiterhin erheblichen Verbesserungsbedarf.

Die Ursachen für Defizite im GRC-Management sind vielfältig und reichen bis in die Unternehmensführung hinein. Hinzu kommen branchenübergreifende Herausforderungen wie eine begrenzte technische Unterstützung, unzureichende Ressourcen für Aufsichtsfunktionen und ein zunehmend komplexes regulatorisches Umfeld, das sich ständig wandelt.

Um zu verstehen, welche Faktoren die Entwicklung von GRC-Fähigkeiten beeinflussen, wurden 193 Führungskräfte befragt, wie sie ihre Governance-Rahmenwerke gestalten, Risiken steuern und lokale sowie regionale Vorschriften einhalten. Die Ergebnisse der Umfrage bieten wertvolle Einblicke in den globalen Reifegrad von GRC und zeigen auf, wie einige Vorreiterunternehmen durch kluge Strategien effizientere und leistungsfähigere GRC-Fähigkeiten entwickeln.

7.4.1 Governance

Die meisten der befragten Unternehmen haben die Bedeutung spezieller Governance-Rahmenwerke als integraler Bestandteil effizienter und effektiver Betriebsabläufe erkannt. 50 Prozent der Befragten haben sich für ein strategisches Aufsichtsratsmodell entschieden, wobei 72 Prozent zwei bis fünf Unterausschüsse hinzugefügt haben. So kann der Aufsichtsrat einen praxisorientierten Governance-Ansatz verfolgen und zugleich auf ein breites Spektrum von Fachwissen zurückgreifen, um zentrale Aspekte des Betriebs zu managen. Ganze 55 Prozent der Befragten setzen auf einen Aufsichtsrat mit vielfältiger Expertise – über Branchen und Funktionen hinweg.

In vielen Organisationen liegt die endgültige Entscheidungsbefugnis für zentrale Themen beim Aufsichtsrat und dem CEO (▶ Dar. 39). Der Aufsichtsrat ist eingebunden in die Festlegung und Genehmigung von Angelegenheiten wie Strategie (Geschäftsplanung, strategische KPI und Ziele), Finanzen und Kapital sowie Rahmenwerken und Richtlinien für das Risikomanagement. Zudem sorgt eine umfassende Ausschussstruktur innerhalb des Aufsichtsrats dafür, dass kritische Aspekte des Betriebs und der Governance überwacht werden. Im Vergleich dazu spielen Aktionäre und das breitere Management eine eher untergeordnete Rolle.

Thema				
Governance	6	48	42	4
Budgetierung und Mittelzuweisungen	3	49	41	7
Unternehmensstrategie und -planung	4	49	38	9
HR und Organisationsdesign	2	23	61	14
Finanzen	7	56	20	17
Beschaffung und Auftragsvergabe	1	23	54	22
Rechnungsprüfung	6	67	5	22
Stakeholdermanagement	2	33	39	26
Risikomanagement		49	13	38
Recht und Compliance	3	40	13	44

Dar. 39: Zentrale Themen für Aufsichtsrat und CEO (Quelle: McKinsey GRC Survey 2025, N=193)

Fachliche Verantwortlichkeiten wie Risikomanagement sowie Rechts- und Compliance-Fragen delegiert der Aufsichtsrat bzw. Vorstand häufig. In den genannten Bereichen übertragen 38 Prozent bzw. 44 Prozent der Befragten die Verantwortung an das breitere Management. Ähnlich verhält es sich mit den Berichtswegen: Unsere Erfahrungen aus der Klientenarbeit sowie Benchmarkingergebnisse zeigen, dass Risiko- und Compliance-Funktionen in den meisten Organisationen außerhalb der Finanzbranche üblicherweise dem CFO oder Chief Legal Officer (CLO)/ Group Counsel unterstellt sind.

Die Positionierung von Risiko- und Compliance-Funktionen innerhalb der Unternehmenshierarchie hat einen direkten Einfluss auf die Reife der GRC-Fähigkeiten. Fast die Hälfte der Unternehmen (44 Prozent) gibt an, dass der Head of Risk mehr als eine Ebene unterhalb des CEO angesiedelt ist. Diese Unternehmen berichten im Durchschnitt von weniger ausgereiften Risikofunktionen. Die Faustregel lautet: Je niedriger die hierarchische Stellung des Head of Risk, desto geringer wird die Reife der Risikofunktion eingeschätzt. Insbesondere in Bereichen wie Stresstest, klar definierte Risikobereitschaft und risikobasierte Vergütung zeigen weniger reife Unternehmen deutliche Schwächen.

Ein ähnliches Muster zeigt sich bei der Governance von Compliance-Aktivitäten. Fast die Hälfte der Unternehmen (47 %) gibt an, dass die Compliance-Funktion zwei oder mehr Ebenen unterhalb des CEO angesiedelt ist. Auch hier schneiden Unternehmen mit einer hierarchisch niedriger angesiedelten Compliance-Funktion in Bezug auf den Reifegrad schlechter ab. Nur eine Minderheit der Compliance-Leitungen (38 %) berichtet direkt an den CLO. Dennoch ist bei 75 Prozent der Befragten ein Chief Compliance Officer (CCO) für die konzernweite Compliance verantwortlich, und bei 80 Prozent kann diese Person Angelegenheiten direkt an den Aufsichtsrat eskalieren.

Eine solide Grundlage für effektive Governance ist eine klare und umfassende Dokumentation. Zwar verfügen 93 Prozent der Befragten über ein Framework oder ein Richtliniendokument, doch viele berichten von einer mangelhaften Umsetzung und Dokumentation der Governance-Praktiken in ihrer Organisation. So hat rund die Hälfte der Unternehmen keine formellen Corporate-Governance-Verfahren, 58 Prozent verzichten auf die Nutzung von Handbüchern und 53 % führen keine Verzeichnisse der Aufsichtsratsbeschlüsse.

Ähnliche Zahlen gelten für die Überwachung der Governance durch den Aufsichtsrat: Nur gut die Hälfte der Unternehmen (53 %) bewahrt die Dokumentation für die jährlichen Aufsichtsratsbewertungen auf. Oft finden auf Aufsichtsratsebene überhaupt keine Bewertungen statt, was auf erhebliche Schwächen in der Leistung sowie in den Fähigkeiten zum Änderungsmanagement hinweist.

Methodik

McKinsey hat 193 Entscheidungsträgerinnen und -träger befragt aus verschiedenen Regionen: Europa (40 %), Nordamerika (37 %), Asien-Pazifik (14 %) und anderen Regionen (9 %). 40 % der Institutionen wurden als klein eingestuft, was bedeutet, dass sie einen Jahresumsatz von 5 Milliarden USD oder weniger erzielen. 31 % galten als mittelgroß (Umsatz von 5 bis 20 Milliarden USD) und 29 % als groß (Umsatz von mehr als 20 Milliarden USD).

Die Befragten kommen aus einer Vielzahl von Branchen: 41 Personen sind in Konsumgüterunternehmen beschäftigt und 28 im globalen Energie- und Materialsektor. Ähnlich viele arbeiten in den Bereichen Transport, Logistik und Infrastruktur (TLI), fortschrittliche Industrien, Technologie, Medien und Telekommunikation (TMT) sowie Life Sciences. Mehr als 60 % der Teilnehmenden sind in der C-Suite oder direkt darunter tätig, rund 40 % arbeiten zwei oder mehr Ebenen unter der C-Suite.

7.4.2 Risikomanagement

Wir haben Führungskräfte aus dem Risikomanagement gebeten, die Fähigkeiten für den Umgang mit der globalen Risikolandschaft in ihrer Organisation zu bewerten. Das Ergebnis: Über alle Branchen hinweg gibt es noch Luft nach oben (durchschnittlich 2,6 von 4,0 Punkten). Lediglich die Versicherungsbranche bewertet sich mit 3,2 Punkten als »gut« (▶ Dar. 40). Dies könnte darauf hindeuten, dass Finanzdienstleister durch ihre Erfahrungen aus der Finanzkrise 2007/08 und die anschließenden Regulierungen anderen Branchen voraus sind.[11]

---

[11] Die Bankenbranche wurde in der diesjährigen Umfrage nicht berücksichtigt.

7.4 Governance, Risiko und Compliance – ein neuer Blick auf Best Practice

	1 (Abwesend)	2	3	4 (Führend)
Insgesamt			◐	
Advanced Industries			◐	
Konsumgüter			◐	
Globaler Energie- und Materialsektor			◐	
Versicherungen				◐
Life Sciences		◐		
TLI			◐	
TMT			◐	
Weitere			◐	
	Isoliert	*Verbesserungswürdig*	*Gut*	

Dar. 40: Einschätzung zum Umgang mit Risiken des eigenen Unternehmens (Quelle: McKinsey GRC Survey 2025, N=193)

Unternehmen aus fast allen Branchen berichten, dass sie ihr strategisches Risikomanagement verbessern müssen; das betrifft Bereiche wie Risikobereitschaft, Stresstests und Aufsicht. So geben z. B. 67 Prozent der Life-Sciences-Unternehmen an, dass eine klar definierte Risikobereitschaft entweder nicht vorhanden oder verbesserungswürdig ist. Und für 54 Prozent der Organisationen aus dem TLI-Sektor trifft dies auf ihre Nutzung von Stressszenarien zu. Die höchsten Bewertungen erzielen die Branchen in Bereichen wie klare Risikotaxonomie und Entscheidungen über die Kapitalallokation (▶ Dar. 41). Darüber hinaus berichten Unternehmen aus fünf der acht befragten Branchen von Herausforderungen beim Betrieb eines Three-lines-of-defense-Modells, insbesondere in den Life Sciences. Zudem existieren in vier Branchen Schwächen bei der Selbsteinschätzung der Risikokultur, vor allem bei Versicherungen, Life Sciences und TLI.

7 Wille und Einstellung – »harte« Faktoren erfolgreichen Unternehmertums

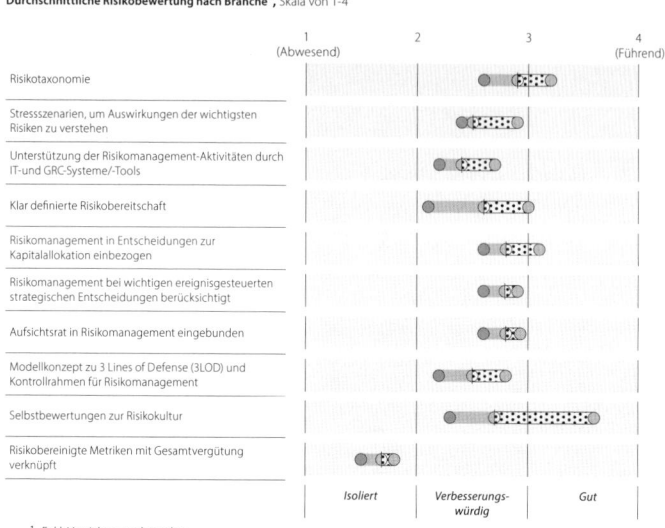

Dar. 41: Einzelbewertung der Elemente des Risikomanagements (Quelle: McKinsey GRC Survey 2025, N=193)

Wenn Organisationen sich weiterentwickeln, betrifft dies nicht nur ihre GRC-Fähigkeiten. Sie lernen auch, wie sie diese Entwicklung langfristig aufrechterhalten können. Größere Unternehmen in unserer Umfrage berichten häufig über fortgeschrittenere Fähigkeiten im Risikomanagement als mittelgroße oder kleinere.[12] Ebenso schätzen sich mittelgroße Organisationen tendenziell besser ein als kleinere.

7.4.3 Compliance

Im Compliance-Management wird branchenübergreifend weiterhin Verbesserungspotenzial gesehen, wie ein durchschnittlicher Score von 2,9 (von 4,0 Punkten) in unserer Umfrage verdeutlicht. Während fortgeschrittene Industrien sowie TLI die geringste Compliance-Reife aufweisen, liegt die Versicherungsbranche mit einem Score von 3,4 an der Spitze – ein Ergebnis, das das strengere regulatorische und aufsichtsrechtliche Umfeld in der Finanzbranche widerspiegelt. Auch Organisationen aus der globalen Energie- und Materialwirtschaft sowie dem Technologiebereich bewerten sich mit Scores von 3,0 oder höher als »gut«.

Zu den zentralen Verbesserungsbereichen zählen risikobasierte Ansätze für Compliance-Kontrollen, eine systematische Überwachung und Berichterstattung, das Management von Sanktionen sowie die Erfüllung organisatorischer und regulatorischer

---

12 Große Unternehmen: Umsatz von mehr als 20 Milliarden USD; mittlere Unternehmen: 5 bis 20 Milliarden USD; kleine Unternehmen: weniger als 5 Milliarden USD

7.4 Governance, Risiko und Compliance – ein neuer Blick auf Best Practice

Pflichten durch das Führungsteam oder den Aufsichtsrat. Insbesondere Advanced Industries, Konsumgüter, Life Sciences und TLI gelten in diesen Bereichen als Nachzügler.

In sechs Bereichen des Compliance-Betriebs sehen sich die Unternehmen gut aufgestellt:

- Etablierte Risikoprozesse und Anpassung von Compliance-Systemen
- Umfassende Richtlinien und Verfahren
- Regelmäßige, zielgerichtete Schulungsmaßnahmen
- Von der Führungsebene aktiv kommunizierte Compliance-Kultur
- Bereitstellung eines Whistleblowing-Kanals, bei dem sich ganze 52 % als führend einstufen (► Dar. 42)
- Übernahme von Verantwortung für effektive Korrekturprozesse.

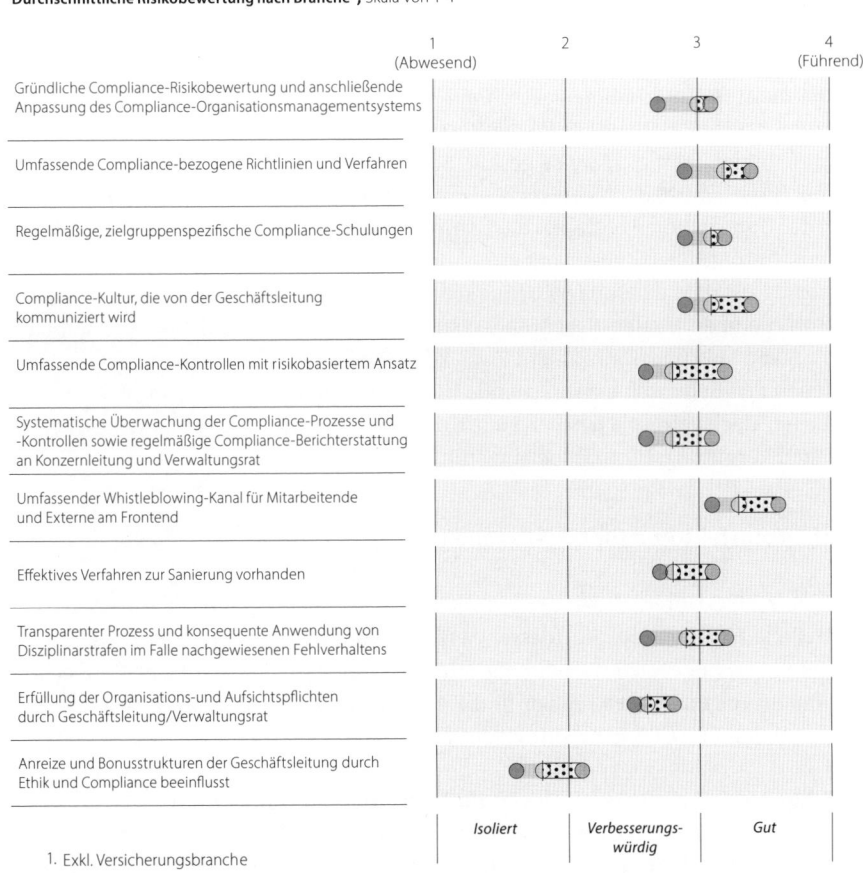

Dar. 42: Branchenspezifische Compliance-Bewertung (Quelle: McKinsey GRC Survey 2025, N=193)

Als häufigste Schwäche wird angeführt, dass die Ethik- und Compliance-Kultur nicht genügend in die Anreiz- und Bonusstrukturen der Führungsebene integriert ist. 68 Prozent der Befragten bewerten den Reifegrad in diesem Bereich als nicht vorhanden, rückständig oder verbesserungsbedürftig.

Größere Unternehmen zeigen insgesamt mehr Vertrauen in ihre Compliance-Fähigkeiten als kleinere Organisationen. In neun von elf Compliance-Metriken schätzen sie sich über dem Branchendurchschnitt ein. Dennoch gibt es auch bei ihnen Schwachstellen, insbesondere bei der Kommunikation der Führungsebene zur Compliance-Kultur sowie im Umgang mit Whistleblowing.

7.4.4 GRC – bereichsübergreifend

Ein zentrales Problem, das unsere Umfrage aufzeigt, ist die unzureichende Nutzung grundlegender GRC-Tools und -Systeme in vielen Unternehmen. So geben 42 Prozent der Befragten aller Branchen an, dass ihre IT- und GRC-Systeme noch Verbesserungsbedarf haben. Weitere 15 Prozent berichten, dass solche Systeme entweder gar nicht vorhanden sind oder den Anforderungen nicht gerecht werden.

Die meisten Unternehmen setzen auf verteilte und dezentrale Ressourcen (Verhältnis 1:1 oder 1:2). Dennoch ist der Ressourcenaufwand für GRC-Funktionen in absoluten Zahlen vergleichsweise gering. So geben 66 Prozent im Risikomanagement an, mit insgesamt 20 oder weniger Vollzeitäquivalenten (FTE) zu arbeiten. Bei 62 Prozent der Unternehmen bestehen die Teams aus weniger als 20 Vollzeitkräften. Da sich unsere Umfrage überwiegend auf große Unternehmen konzentriert, ist diese knappe Personalausstattung besonders bemerkenswert.

Unternehmen binden Vergütungssysteme nur selten an risiko- oder compliancebezogene Leistungskennzahlen. Zwar könnte es in unserer Umfrage Fälle geben, in denen den Befragten entsprechende Informationen aus der Führungsebene nicht vorliegen, doch vermutlich haben viele Unternehmen tatsächlich noch keine GRC-bezogenen Vergütungskennzahlen eingeführt.

Fünf Erfolgsfaktoren für GRC-Exzellenz

Führende GRC-Unternehmen erreichen Exzellenz nicht durch schrittweise oder punktuelle Maßnahmen. Stattdessen setzen sie auf klare Ansätze, die bessere Entscheidungen, höhere Wertschöpfung und die Einhaltung aller Vorschriften sicherstellen. Im Folgenden nennen wir fünf Erfolgsfaktoren, die diese Unternehmen auszeichnen und ihre GRC-Exzellenz fördern.

1. Fokus auf Führungskultur legen und GRC-Mandat überprüfen
Die organisatorische Verankerung und das Mandat der GRC-Funktion – insbesondere der Bereiche Risiko- und Compliance-Management – sind ein wichtiger Indikator für den Reifegrad einer Organisation. Wenn hochrangige Führungskräfte nur wenig eingebunden sind oder keine Chief Risk Officer (CRO) oder Group Compliance Offi-

cer (GCO) benannt werden, deutet dies oft auf eine geringere funktionale Reife hin. Abgesehen von der Finanzbranche sind solche C-Level-Positionen eher selten vorhanden, was dazu führt, dass die GRC-Funktion weniger Einfluss hat. Daher sollte die Schaffung klarer C-Level-Rollen und -Mandate in Organisationen eine Priorität sein, um einen leistungsfähigen GRC-Bereich zu schaffen.

2. Strategische Perspektive einnehmen
Das tägliche Management und die Überwachung von GRC-Funktionen – wie Risikomanagement in den Betriebsabläufen, Einhaltung von Compliance-Vorgaben und Umsetzung von Corporate-Governance-Richtlinien – sind essenziell für eine sichere und stabile Geschäftstätigkeit. Viele Organisationen haben jedoch Schwierigkeiten, ihre operativen Aufgaben mit einer strategischen Perspektive zu verbinden. Häufig fehlt ein Top-down-Ansatz, bei dem die Aufsichtsrats- und Vorstandsebene eine klare Sicht auf Risikobereitschaft und -kapazität einbringt. Vorausschauende Unternehmen hingegen integrieren solche Ansätze und ergänzen sie durch Maßnahmen wie Horizon Scanning, szenariobasierte Analysen oder Stresstests, um ihre Prozesse zukunftssicher zu gestalten.

3. Zuerst die Grundlagen stärken
Viele Unternehmen sehen in ihren GRC-Bereichen erheblichen Verbesserungsbedarf. Führungskräfte sollten deshalb prüfen, ob eine umfassende Transformation nötig ist – mit klarer Roadmap, Change-Management und dem Aufbau von Fähigkeiten, die den Wertbeitrag der GRC-Funktion messbar machen. So könnte analysiert werden, ob die Risikofunktion strategische Entscheidungen verbessert hat, ob sie etwa den Wert einer Akquisition gesichert oder ein großes Investitionsprojekt im geplanten Rahmen gehalten hat. Auch die Stabilität und Widerstandsfähigkeit der operativen Prozesse sollte überprüft werden. Während viele Organisationen erst nach kritischen Vorfällen handeln, gehen vorausschauende Unternehmen proaktiv vor und treiben den Wandel frühzeitig voran.

4. Technologie nutzen
Viele Verantwortliche halten es für notwendig, zunächst IT- und GRC-Systeme zu entwickeln, um die GRC-Aktivitäten zu stärken. Doch anstatt auf perfekte Systeme zu warten, ist es entscheidend, sofort aktiv zu werden. Viele Unternehmen schöpfen bestehende Tools kaum aus und haben noch keine passenden Systeme etabliert. Umso wichtiger ist es, die technologische Unterstützung zu verbessern – etwa durch den Einsatz von KI und die Nutzung vorhandener interner und externer Datenquellen.

Insbesondere der Einsatz von KI, d. h., die Kombination von traditioneller KI sowie agentic AI, ist im Risikomanagement sehr erfolgsversprechend, wie eine steigende Zahl von Anwendungsfällen zeigt. Als Beispiel im Risikomanagement ist die Nutzung von KI-basierten Modellen als Frühwarnsystem oder für Sentimentanalysen bzw. Name Screening, z. B. zur Erkennung von finanziellen Schieflagen von kritischen Lieferanten oder zur Erkennung von Compliance-Risiken, um Risiken in Lieferkette frühzeitig zu erkennen und darauf rechtzeitig zu reagieren. Der Compliance Bereich eignet sich aufgrund von oft vielen internen Richtlinien, internationalen und nationalen Vorschriften und der damit verbunden Vielzahl von internen Kontrollen besonders als Anwendungsgebiet für KI. Beispielsweise ist mithilfe von KI und KI-Agentensystemen möglich, nicht nur interne Compliance Richtlinien auf die Einhaltung von regulatorischen Vorschriften zu überprüfen sondern auch Kontrollen effizient automatisiert zu testen und komplexe Compliance-Prozesse zu automatisieren. KI Agenten werden beispielsweise eingesetzt, Exportkontrollprozesse abzuarbeiten, Know-Your-Customer/Know-Your-Supplier-Prozesse zu automatisieren oder die Mitarbeiter bei konkreten Transaktionen zu unterstützen und auf Compliance Richtlinien hinweisen.

5. Anreizsysteme überprüfen
Unternehmen sollten eine starke Risiko- und Compliance-Kultur fördern. Personalabteilungen und Vergütungsausschüsse spielen dabei eine Schlüsselrolle, indem sie klare GRC-Ziele in die Gehaltsmodelle von Führungskräften integrieren. So schaffen sie Anreize für ein ausgewogenes Risiko-Rendite-Verhalten und koppeln die Vergütung an den Erfolg risikobasierter Ansätze. Das stärkt die Berücksichtigung von GRC-Themen bei den Führungskräften und in der strategischen Ausrichtung. Besonders wirksam ist dies in einer Lernkultur, die Fehler als Chance zur Verbesserung von Abläufen und Risikomanagement sieht – wie es etwa in der Bergbau- und Luftfahrtindustrie erfolgreich praktiziert wird.

In einer zunehmend komplexen und von technologischen Umbrüchen geprägten Welt sind Unternehmen jetzt gefordert, GRC effektiv zu steuern. Laut unserer Umfrage gibt es dabei zwar Fortschritte, aber weiterhin auch großen Handlungsbedarf. Immer mehr Organisationen begegnen diesen Herausforderungen, indem sie GRC-Strukturen schaffen, die eine strategische Steuerung mit exzellenten Abläufen verbinden. So entwickeln sie Fähigkeiten, die ihnen langfristig entscheidende Wettbewerbsvorteile sichern.

7.5 Form the best Team – Mitarbeitergewinnung und -bindung in bewegten Zeiten

Silke Eilers/ Jutta Rump

7.5.1 Einführung

Die richtigen Mitarbeitenden zur richtigen Zeit an der richtigen Stelle im Unternehmen zu haben und dort auch zu halten – diese Herausforderung ist nicht neu und doch heute umso aktueller denn je. Denn eine Zeit, in der Arbeitskräftemangel und Personalabbau auf dem deutschen Arbeitsmarkt, ja teils in ein und demselben Unternehmen gleichzeitig auftreten, verunsichert viele Arbeitnehmerinnen und Arbeitnehmer zutiefst und beeinflusst nicht zuletzt ihre Entscheidung, bei ihrem Arbeitgeber zu bleiben oder sich nach neuen Perspektiven umzusehen.

Das Spannungsfeld zwischen Arbeitskräftemangel und Personalabbau auf dem deutschen Arbeitsmarkt wirkt auf den ersten Blick widersprüchlich. Das Institut der deutschen Wirtschaft Köln spricht auch von einem »Fachkräfteparadox« (Burstedde et al. 2023). Trends wie der demografische Wandel mit einer voranschreitenden Reduzierung der Zahl der Personen im erwerbsfähigen Alter einerseits sowie geo- und wirtschaftspolitische Trendwenden mit Konsequenzen für Geschäftsmodelle und der rasante technologische Wandel andererseits nehmen hier Einfluss. Bei genauerer Betrachtung zeigt sich jedoch, dass beide Phänomene durchaus selbst innerhalb ein und derselben Organisation gleichzeitig auftreten können. Hierfür zeichnen mehrere Entwicklungen verantwortlich.

So bestehen vielfach strukturelle Diskrepanzen, das heißt, in einem Bereich der Wirtschaft oder auch eines Unternehmens kann es zur Streichung bestimmter Arbeitsplätze kommen, während gleichzeitig in einem anderen Bereich Stellen unbesetzt bleiben. Ein prominentes Beispiel hierfür ist die Automobilbranche, in der Produktionsarbeitsplätze wegfallen, es jedoch an Spezialistinnen und Spezialisten für die Entwicklung von E-Mobilitätssystemen fehlt. Ähnlich auch im Finanzdienstleistungsbereich. Hier lässt sich erkennen, dass u. a. durch den Einsatz von Künstlicher Intelligenz bestimmte repetitive und standardisierte Tätigkeiten immer stärker ersetzbar werden, beispielsweise in der Verwaltung und Abwicklung von Kreditgeschäften. Andererseits steigt die Nachfrage z. B. nach Automatisierungs- und Prozessmanagement-Expertinnen und -Experten stetig an. Hinzu kommen regionale Unterschiede, die dazu führen, dass in strukturschwachen Regionen hohe Arbeitslosigkeit herrschen kann, während in Ballungszentren Arbeitskräftemangel besteht. Ebenso gravierend können branchenbezogene Unterschiede sein. Zu den Branchen mit den größten Engpässen zählen seit Jahren das Gesundheits- und Pflegewesen, das Handwerk und das Baugewerbe, die Informations- und Kommunikationstechnologie und das Bildungswesen. Des Weiteren sind vom Arbeitskräftemangel besonders die Tätigkeitsfelder betroffen, in denen Interaktionsarbeit, also die Arbeit an oder mit Menschen, vonnöten ist, sowie stark innovationsgetriebene und kreative Professionen. Nicht zuletzt können Qualifikationslücken auftreten, das heißt, die für die offenen

Stellen erforderlichen Kompetenzen sind bei denjenigen, die von Personalabbau bedroht oder betroffen sind, nicht vorhanden. Das World Economic Forum spricht in seinem »Future of Work Report 2025« von 39 Prozent der Kernkompetenzen von Beschäftigten, die sich in den kommenden fünf Jahren voraussichtlich verändern werden. Gleichzeitig werden insbesondere Qualifikationslücken auf dem Arbeitsmarkt als Hürden für den Wandel identifiziert (WEF 2025).

Es lässt sich also festhalten, dass zwei zentrale Handlungsstränge erforderlich sind, um sich als Organisation zukunftsfest aufzustellen und einen optimalen Mitarbeitereinsatz zu gewährleisten. Zum einen gilt es, sich damit auseinanderzusetzen, mit welchen Maßnahmen und Instrumenten sich Mitarbeitende an ihren Arbeitgeber binden lassen. Zum anderen nimmt es vor dem Hintergrund der erwähnten Transformation in Bezug auf erforderliche Kompetenzen und Qualifikationen eine hohe Bedeutung ein, Beschäftigte in diesem Wandel mit den passenden Skilling-Strategien zu unterstützen. Auf beide Themenfelder soll im Folgenden näher eingegangen werden.

7.5.2 Retention Management – So lassen sich Beschäftigte an ihren Arbeitgeber binden

Bereits seit knapp 15 Jahren untersucht das Institut für Beschäftigung und Employability IBE im Auftrag der Hays AG, welche Faktoren betriebliche Entscheiderinnen und Entscheider als besonders relevant erachten, um Beschäftigte an ein Unternehmen zu binden. Die hieraus entstehende Langzeitbetrachtung im Rahmen der HR-Reports[13] weist eine hohe Stabilität im Zeitverlauf auf. So stellt ein gutes Betriebsklima stets die Top-Nennung bei den Instrumenten und Maßnahmen zur Mitarbeiterbindung dar. Als Dauerbrenner lässt sich hierbei in den HR-Reports auch die marktgerechte Entlohnung identifizieren, bei der es den Befragten vor allem darum geht, dass die jeweilige Leistung angemessen entlohnt wird. Ebenfalls eine ungebrochen hohe Bedeutung nehmen flexible Arbeitszeitmodelle ein. Im Zeitverlauf lässt sich beobachten, dass die Thematik der Vereinbarkeit von Beruf und Privatleben enorm an Relevanz gewonnen hat.

Der HR-Report 2023 mit insgesamt 1001 Befragten aus Deutschland, Österreich und der Schweiz widmet sich sogar vertieft dem Thema Mitarbeiterbindung und ergibt u. a., dass die emotionale Verbundenheit für mehr als die Hälfte der Teilnehmenden relevant für die Entscheidung ist, ob sie bei ihrem Arbeitgeber bleiben oder ihn verlassen. Eine Hauptursache dafür, eine Mitarbeiterin oder einen Mitarbeiter zu verlieren, ist neben einer nicht angemessenen Entlohnung auch ein schlechtes Verhältnis zur Führungskraft. Im Gegenzug wird von einer guten Führungskraft erwartet, dass diese die Leistung ihrer Mitarbeitenden anerkennt, einen fairen Umgang miteinander pflegt und sich ausreichend Zeit für die Anliegen der Beschäftigten nimmt.

---

13 Der HR-Report ist eine jährlich durchgeführte Studienreihe der Hays AG und des Instituts für Beschäftigung und Employability IBE.

7.5 Form the best Team – Mitarbeitergewinnung und -bindung in bewegten Zeiten

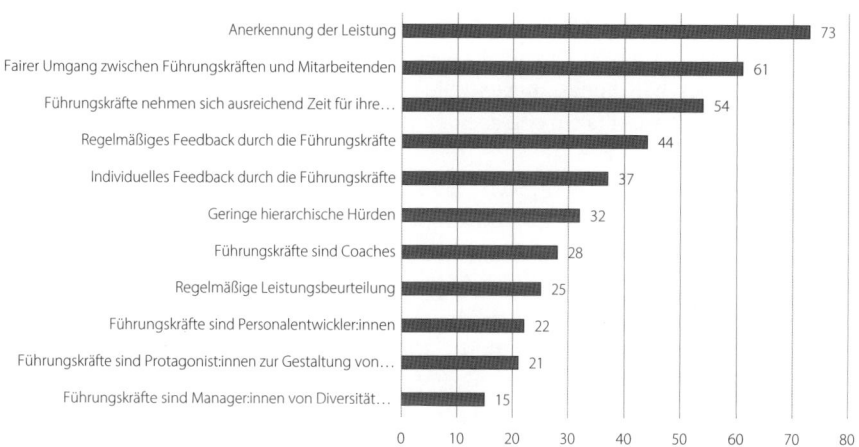

Dar. 43: Beitrag von Führung zur Mitarbeiterbindung (Angaben in Prozent der Nennungen, n = 1001, alle Befragten im Rahmen des HR Reports 2023, Hays/IBE 2023, S. 14–15)

Nicht zuletzt ist zu konstatieren, dass Führungskräfte aufgrund ihres meist engen Kontaktes zu ihren Mitarbeitenden auch großen Einfluss darauf haben, wie sich das als so bedeutsam erachtete Betriebsklima in der täglichen Arbeit niederschlägt (Hays und IBE 2023).

Nicht immer – auch das zeigen die Zeitreihen der HR-Reports – wird die Umsetzung von Maßnahmen zur Mitarbeiterbindung deren wahrgenommener Bedeutung gerecht. Vielmehr finden sich nicht unerhebliche Talking-Action-Gaps. Interessant ist dabei vor allem, dass beispielsweise Maßnahmen zur Förderung der Gesundheit zwar vielfach bereits einen vergleichsweise hohen Umsetzungsgrad aufweisen, jedoch von den Teilnehmenden der Studienreihe als kaum relevant für die Mitarbeiterbindung erachtet werden. Hier lohnt sich gegebenenfalls ein Blick in das einzelne Unternehmen, um nicht am Bedarf vorbei zu agieren.

7.5.3 Skilling-Strategien – Wie es gelingen kann, Beschäftigte im Wandel zu unterstützen und optimal einzusetzen

Die oben genannten Entwicklungen verdeutlichen einen dringenden Handlungsbedarf im Hinblick auf geeignete und situationsgerechte Lösungsansätze für das bestehende Spannungsfeld zwischen Arbeitskräftemangel und gleichzeitigem Stellenabbau. Auf gesellschaftlicher Ebene bedrohen Arbeitsplatzunsicherheit, stetig steigende und sich verändernde Anforderungen an Arbeitnehmerinnen und Arbeitnehmer sowie eine intransparente Arbeitsmarktpolitik den sozialen Frieden und die Stabilität innerhalb der Gesellschaft. In den Unternehmen wiederum ist die Wettbewerbsfähigkeit zunehmend davon abhängig, ob es gelingt, ausreichend qualifiziertes Personal in angemessener Anzahl für die anstehenden Aufgaben zur Verfügung zu haben und bedarfsgerecht einzusetzen. Schließlich spielt auf individueller Ebene nicht nur die Sicherung der eigenen Existenz eine zentrale Rolle, sondern insbesondere auch die Beschäftigungsfähigkeit. Sie ist im Kontext eines sich kontinuierlich wandelnden Arbeitsmarkts ein entscheidender Faktor dafür, dass Menschen langfristig in Arbeit bleiben können.

Für viele Unternehmen stellt sich sehr konkret die Frage, welche Strategien geeignet sind, um diesen Herausforderungen wirksam zu begegnen. Eine zentrale Maßnahme stellt dabei das sog. Re-Skilling dar. Hierbei werden Mitarbeitende aus Tätigkeitsbereichen, in denen ihre Kompetenzen nicht mehr gebraucht werden, gezielt für neue Aufgabenfelder qualifiziert bzw. umgeschult. Dabei bleibt das neue Tätigkeitsfeld auf einem ähnlichen Qualifikations-, Hierarchie- und Entgeltniveau wie zuvor. Der Auslöser für solche Umschulungen liegt häufig in disruptiven Veränderungen, die bestimmte Stellenprofile obsolet machen, während in anderen Bereichen gleichzeitig Fachkräfte fehlen. Ein aktuelles Beispiel bietet die Automobilindustrie, wo Fachkräfte mit Spezialisierung auf Verbrennungsmotoren für den Bau von Elektromotoren umgeschult werden müssen. Re-Skilling ermöglicht somit den Erhalt von Beschäftigung und eröffnet Perspektiven für Mitarbeitende, während Unternehmen von erfahrenem Personal profitieren und dies optimal einsetzen können, ohne auf dem angespannten externen Arbeitsmarkt neue Kräfte rekrutieren zu müssen.

Eine weitere Strategie zur Bewältigung der strukturellen Veränderungen auf dem Arbeitsmarkt ist das Up-Skilling. Im Unterschied zum Re-Skilling zielt es auf die Weiterentwicklung innerhalb des bestehenden Tätigkeitsbereichs ab, bezieht sich also in der Regel auf eine klassische aufstiegsorientierte Weiterbildungsmaßnahme. Mitarbeitende werden hierbei dazu befähigt, durch gezielte Qualifizierung höherwertige Aufgaben zu übernehmen. So kann etwa ein Maschinenbauingenieur im mittleren Alter auf digitale Fertigungssysteme geschult werden, obwohl diese bislang nicht Teil seiner Ausbildung oder beruflichen Praxis waren. Ebenso kann eine erfahrene Mitarbeiterin auf die Übernahme von Führungsaufgaben im vertrauten Arbeitsumfeld vorbereitet werden. Up-Skilling trägt somit zur Vertiefung bestehender Kompetenzen bei und stärkt die interne Innovations- und Anpassungsfähigkeit von Unternehmen sowie die Flexibilität im Mitarbeitereinsatz. Laut World Economic Forum planen 85 Prozent der befragten Unternehmen das Up-Skilling von Beschäftigten (WEF 2025).

Eine eher kritische Entwicklung stellt hingegen das De-Skilling dar, das auftritt, wenn Beschäftigte künftig Aufgaben unterhalb ihres bisherigen Qualifikationsniveaus übernehmen müssen. Ursache dafür sind häufig technologische oder organisatorische Veränderungen, die zu einer Verlagerung von Tätigkeiten an Maschinen oder Systeme führen, während der Mensch lediglich für unterstützende oder überwachende Funktionen eingesetzt wird. Diese Entwertung der beruflichen Kompetenz kann zu psychischen Belastungen, einem geringeren Selbstwertgefühl und einem niedrigeren Einkommen führen. Deshalb ist es wichtig, betroffene Personen durch geeignete Unterstützungsmaßnahmen zu begleiten. Besonders in Produktionsbereichen zeigt sich diese Entwicklung, da hier zunehmend auch anspruchsvolle manuelle Tätigkeiten automatisiert werden.

7.5 Form the best Team – Mitarbeitergewinnung und -bindung in bewegten Zeiten

Up-, Re- und De-Skilling sind auch die zentralen Themen im HR-Report 2025.[14] Er analysiert u. a. die übergeordneten Treiber hinter diesen Skilling-Strategien. Auffällig ist dabei, dass insbesondere beim Re-Skilling und De-Skilling eine größere Vielfalt möglicher Einflussfaktoren besteht als beim Up-Skilling, was auf eine höhere Komplexität und Breite der Herausforderungen in diesen Bereichen hinweist (▶ Dar. 44).

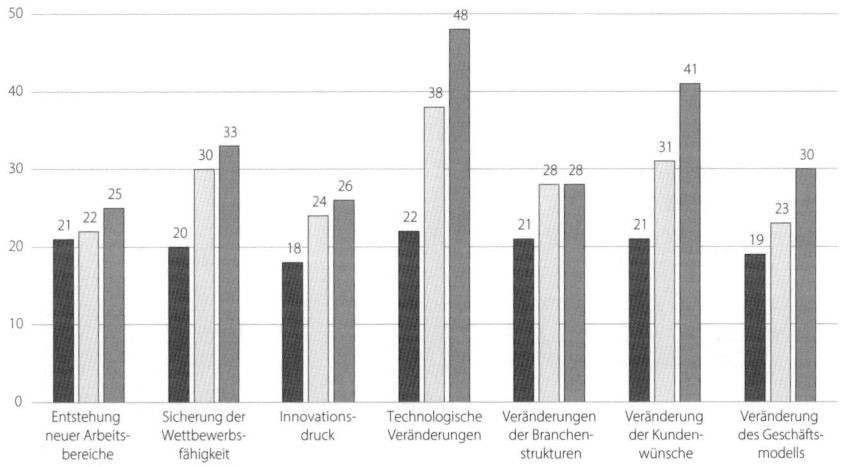

Abb. 44: Übergeordnete Treiber für Up-, Re- und Deskilling in Organisationen (Angaben in Prozent der Nennungen, n = 975, alle Befragten im Rahmen des HR-Reports 2025, Hays/IBE 2025, S. 14)

Eine detaillierte Analyse der weiteren Treiber für die unterschiedlichen Skilling-Strategien zeigt, dass beim Up-Skilling zudem vor allem die steigenden Anforderungen an fachliche und digitale Kompetenzen ausschlaggebend sind. Weniger bedeutsam, aber dennoch relevant, sind überfachliche Kompetenzanforderungen, neue regulatorische Vorgaben sowie das eigenständige Einfordern von Weiterentwicklungsmöglichkeiten durch die Beschäftigten selbst. Beim Re-Skilling nennen die Befragten in erster Linie die Entstehung neuer Arbeitsbereiche sowie sich wandelnde Anforderungen an fachliche Kompetenzen als wesentliche Auslöser. Daneben spielen auch die geringe Verfügbarkeit qualifizierter Arbeitskräfte auf dem externen Markt, die Herausforderung, Stellenabbau und Arbeitskräftemangel gleichzeitig zu managen, sowie der Wegfall bestimmter Tätigkeiten und Arbeitsbereiche eine Rolle. Für das De-Skilling werden hingegen technologische Entwicklungen als zentrale weitere Treiber identifiziert. Besonders häufig genannt werden der Ersatz menschlicher Arbeitskraft

---

14 Am HR-Report 2025 nahmen insgesamt 975 Befragte aus Deutschland, Österreich und der Schweiz teil.

durch künstliche Intelligenz, die zunehmende Standardisierung von Tätigkeiten, der Wegfall von Arbeitsplätzen, der Einsatz automatisierter Systeme sowie der strukturelle Rückgang bestimmter Aufgabenfelder. Diese Aspekte erhalten alle vergleichsweise hohe Zustimmung und verdeutlichen die Komplexität der Herausforderungen im Umgang mit rückläufigen Kompetenzanforderungen (Hays/IBE 2025).

7.5.4 Umsetzung der Skilling-Strategien im Unternehmen

Es zeigt sich, dass die klassische aufstiegsorientierte Weiterbildung nach wie vor die vorherrschende und am besten etablierte Strategie in den meisten Betrieben ist. So geben mehr als die Hälfte der Befragten im HR-Report 2025 (55 Prozent) an, dass Up-Skilling in ihren Unternehmen genutzt wird. Allerdings ist es lediglich in 37 Prozent explizit Teil einer Strategie, in weiteren 32 Prozent erfolgt Up-Skilling sowohl ad hoc bei akutem Bedarf als auch auf strategischer Basis. Für Re-Skilling liegt der Zustimmungswert für die Nutzung lediglich bei 28 Prozent. Dies lässt sich damit erklären, dass beim Re-Skilling per definitionem der angestammte Tätigkeitsbereich verloren geht und eine Neuorientierung erfolgt. Dies stellt sowohl für die Beschäftigten als auch für die Arbeitgeber eine deutlich größere Herausforderung dar und kann nicht immer innerbetrieblich gelöst werden, sondern wird nicht selten über externe Bildungsmaßnahmen umgesetzt. Strategisch planen allerdings lediglich 31 Prozent der beteiligten Unternehmen ihre Re-Skilling-Maßnahmen, 33 Prozent reagieren gleichermaßen ad hoc wie auf strategischer Basis. Angesichts der oben beschriebenen Entwicklungen wird deutlich, dass künftig jedoch insbesondere Re-Skilling-Strategien eine zentrale Rolle spielen müssen. Sie bieten die Möglichkeit, Mitarbeitenden trotz tiefgreifender Transformationsprozesse neue berufliche Perspektiven zu eröffnen. Gleichzeitig tragen sie entscheidend dazu bei, die Wettbewerbsfähigkeit zu sichern, indem qualifiziertes Personal gezielt dort eingesetzt wird, wo es gebraucht wird. De-Skilling findet nach Angaben der Teilnehmenden am HR-Report nur in vier Prozent der beteiligten Unternehmen statt und stellt somit für viele noch ein eher fernes Szenario dar oder wird unter dieser Begrifflichkeit nicht adressiert (Hays/IBE 2025).

Um Re-Skilling angemessen zu fördern, braucht es nach Ansicht der Befragten im HR-Report 2025 eine Unternehmenskultur, die für die Notwendigkeit von Re-Skilling sensibilisiert (50 Prozent) und eine hohe Transparenz im Hinblick auf die geplanten Veränderungen schafft (49 Prozent) sowie eine kontinuierliche offene Kommunikation über die Entwicklungen pflegt (43 Prozent). Somit werden insbesondere solche Instrumente als entscheidend angesehen, welche die genannten Ängste und Befürchtungen der Mitarbeitenden adressieren. Ebenfalls noch als bedeutsam erachten die Teilnehmenden eine adäquate Lernumgebung, eine offene Feedback-Kultur, eine angemessene Unterstützung, die Berücksichtigung persönlicher Belange und nicht zuletzt das Bereitstellen ausreichender finanzieller und personeller Ressourcen (Hays/IBE 2025). Seitens der Führungskräfte sollten Re-Skilling-Strategien insbesondere durch die Schaffung von Transparenz über anstehende Veränderungen (46 Prozent), die Motivation der Mitarbeitenden für das Re-Skilling (44 Prozent) und die Begleitung der Mitarbeitenden im Veränderungsprozess (39 Prozent) unterstützt werden. Des Weiteren finden Aspekte wie der Umgang mit Ängsten der Mitarbeitenden und deren entsprechende Unterstützung, aber auch ein »Loslassen« beim Wechsel in andere Arbeitsbereiche oder Teams ebenfalls noch die Zustimmung von jeweils etwa einem Drittel der Befragten (Hays/IBE 2025).[15]

7.5.5 Fazit: Den Herausforderungen proaktiv begegnen

Es wird deutlich, dass es bei dem vermeintlichen Paradoxon aus Arbeitskräftemangel und gleichzeitigem Personalabbau nicht um einen Widerspruch, sondern um eine komplexe Herausforderung handelt, die durch strukturelle, regionale, technologische und qualifikationsbezogene Unterschiede bedingt ist. Diese gleichzeitige Existenz von Überhängen und Engpässen auf dem Arbeitsmarkt führt zu der Notwendigkeit, Personalstrategien neu zu denken und stärker differenziert auszurichten. Dies nicht nur, um den Arbeitskräftebedarf zu decken und die Beschäftigten dort einzusetzen, wo sie gebraucht werden, sondern auch, um sie dauerhaft an ihren Arbeitgeber zu binden und ihnen Perspektiven zu bieten, um Transformationen sozial wie wirtschaftlich erfolgreich zu gestalten. Zur Förderung der Mitarbeiterbindung lassen sich bestimmte Trends und Kernelemente identifizieren, doch bleibt auch stets ein unternehmens- und branchenspezifischer Einfluss bestehen, den es konkret zu ermitteln gilt. Eine Mitarbeiterbefragung kann hier dabei helfen, die Belange, Bedarfe und Wünsche der Belegschaft zu erfragen und Ansatzpunkte für Verbesserungen zu erkennen. Dabei zeigt sich, dass nicht selten die Führungskräfte »das Zünglein an der Waage« sind. Auch Skilling-Strategien – insbesondere Re- und Up-Skilling – lassen sich als Schlüsselinstrumente identifizieren, um Mitarbeitende im Wandel zu unterstützen und Unternehmen zukunftsfähig zu halten. Während Up-Skilling als etablierte Maßnahme weit verbreitet ist, wird Re-Skilling trotz seiner zentralen Bedeutung für die Anpassung an disruptive Veränderungen noch zu selten strategisch umgesetzt. Das liegt u. a. an höheren Anforderungen und Umsetzungshemmnissen – sowohl für Arbeitgeber als auch für Beschäftigte. Es ist daher dafür zu plädieren, Re-Skilling gezielt durch transparente Kommunikation, strukturelle Unterstützung und die Entwicklung einer lernförderlichen Unternehmenskultur zu unterstützen. Gleichzeitig sollten die Risiken des De-Skilling nicht unterschätzt werden, das mit Entwertung von Kompetenzen, psychischen Belastungen und Einkommensverlusten einhergehen kann. Auch wenn diese Entwicklung bislang in Unternehmen seltener aktiv adressiert wird, ist sie angesichts des technologischen Wandels in bestimmten Branchen und Berufsbildern durchaus nicht mehr wegzudiskutieren. Nicht zuletzt: Erfolgreiche Skilling-Strategien für einen optimalen Mitarbeitereinsatz sind auch

---

15 Teilgruppe (n = 806): Stellenwert Re-Skilling im Unternehmen sehr hoch bis eher hoch, Auswahl der fünf wichtigsten Aspekte

und vor allem von organisationalen Rahmenbedingungen abhängig, von einer unterstützenden Führung über flexible Lernformate bis hin zu ausreichenden Ressourcen. Damit Re-Skilling in der Praxis gelingt, müssen Ängste der Beschäftigten abgebaut, Veränderungsprozesse aktiv begleitet und betriebliche Weiterbildungsmaßnahmen fest in die Unternehmensstrategie integriert werden.

7.5.6 Literatur

Burstedde, Alexander/Kunath, Gero/Werner, Dirk (2023): Fachkräftemangel trotz Arbeitslosigkeit – kein Widerspruch. IW-Kurzbericht Nr. 47/2023. Online verfügbar unter: https://www.iwkoeln.de/studien/alexander-burstedde-gero-kunath-dirk-werner-fachkraeftemangel-trotz-arbeitslosigkeit-kein-widerspruch.html. Zuletzt zugegriffen: 05.05.2025

Hays AG/Institut für Beschäftigung und Employability IBE (2023): HR-Report 2023: Mitarbeiterbindung. Eine empirische Studie des Instituts für Beschäftigung und Employability IBE und Hays. Online verfügbar unter: www.hays.de/studien. Zuletzt zugegriffen: 09.05.2025

Hays AG/Institut für Beschäftigung und Employability IBE (2025): HR-Report 2025: Fit für die Arbeit der Zukunft? Die Bedeutung von Future Skills für Unternehmen und der Weg dorthin. Eine empirische Studie des Instituts für Beschäftigung und Employability IBE und Hays. Online verfügbar unter: www.hays.de/studien. Zuletzt zugegriffen: 05.05.2025

World Economic Forum (2025): The Future of Jobs Report 2025. Online verfügbar unter: https://reports.weforum.org/docs/WEF_Future_of_Jobs_Report_2025.pdf. Zuletzt zugegriffen: 05.05.2025

8 Zum guten Ende

8.1 Erfolgsfaktoren – Wege und Trends auf einen Blick

Oliver Smith

8.1.1 Einleitung

Es war ein heißer Sommertag, draußen flirrte die Luft. Drinnen, im Inneren eines großen Werks, umfing den Verfasser der Schatten und brachte eine wohltuende Kühle. Doch das wohltuende Gefühl verließ ihn schnell. Es erwartete ihn eine Stille, die nicht erholsam, sondern gespenstisch wirkte. Die Maschinen standen still. Keine Bewegung, kaum ein Mensch in Sicht.

Der Rundgang wurde fortgesetzt – Schritt für Schritt, entlang an Paletten, Lagerposten, vorbei an ruhenden Anlagen. Es war ein Weg durch einen Körper, dessen Herz scheinbar nur noch schwach schlug. Und dann, plötzlich, nach einem langen, dunklen Gang durch diese Leere: Licht. Leben. Menschen, Energie, Stimmen. Ein dynamischer Bereich des Werks, in dem gearbeitet, gedacht, ausprobiert wurde. »Hier entsteht etwas Revolutionäres«, sagte der Guide. Und tatsächlich: Hier entstand ein neues Geschäft. Was den Autor bewegte: Dieser Standort war de facto bereits abgeschrieben. Sein Absatzmarkt war über Jahre hinweg erodiert. Auch dieses Werk stand an der Kante. Doch ein kleines Team hatte eine Idee. Sie fragten nicht lange – sie taten. Und sie trafen ins Schwarze.

Die Lösung war eine besondere Nischendienstleistung, die sich an einer spezifischen Marktentwicklung orientierte und dabei viele bestehende Stärken des Unternehmens neu einsetzte. Der Erfolg kam schnell – so schnell, dass der Standort innerhalb kürzester Zeit zum wachstumsstärksten im ganzen Konzern wurde. Die Aufmerksamkeit der Konzernspitze folgte prompt, und ein Rolloutplan sollte nun folgen. Der Verfasser fragte sich eine lange Zeit lang: War das nur Glück? Oder steckt mehr dahinter?

Wenn der Autor als Berater in der Verpackungsindustrie unterwegs ist – einer vielfältigen Branche, die sich über viele Stationen von Polymergranulat, Farben, Klebern, Etiketten, Maschinenbau, Verpackungen oder Supermarktdisplays bis ins Recycling erstreckt – dann erlebt er, wie eng wirtschaftliche Realität und Veränderungsdruck miteinander verknüpft sind. Die breite Verpackungsbranche, die sich durch ihre hohe Fragmentierung und Vielfalt auszeichnet, ist für den Verfasser zu einem Spiegel geworden: Sie zeigt, was im deutschen Mittelstand gerade passiert. Sie steht exemplarisch für viele Themen, die die Wirtschaft insgesamt beschäftigen – wie etwa Abhängigkeit von Rohstoffen, Kostendruck, Unsicherheit, aber auch: Potenzial zur Veränderung.

Die deutsche Wirtschaft steht – wie viele andere europäische Länder – derzeit an einem Wendepunkt. Etablierte Geschäftsmodelle kämpfen nicht nur mit ausbleibendem Wachstum, sondern oft mit einem dramatischen Rückgang oder gar ihrer Existenz. Der Wirtschaft ist insgesamt die Puste ausgegangen. Gleichzeitig herrscht auf allen Ebenen eine enorme Unsicherheit und Volatilität (vgl. z. B. Sachverständigenrat 2024).

Doch es gibt ein Prinzip, auf das Unternehmer bauen können: Gestaltungskraft. Wo Herausforderungen sind, gibt es auch Handlungsspielräume. Solange ein Unternehmen noch gestalten kann – und das ist fast immer der Fall – ist Erfolg zumindest möglich.

Der Verfasser beobachtet, dass die Unternehmen, die jetzt bewusst auf marktorientierte Ansätze setzen – also unternehmerisch handeln und Lösungen entwickeln, die sich wirklich an den Anforderungen des Marktes ausrichten – die besten Chancen haben. Weg von überkommenen Denkmustern, hin zu einer unternehmerischen Haltung, die vom Markt her denkt. Nur wer die Dynamik des Marktes nicht nur erkennt, sondern integriert, kann gestalten – nicht nur reagieren.

In diesem Kapitel geht es deshalb genau darum: Wie Unternehmen ihre Gestaltungskraft wiederfinden können – über strategische Klarheit, Fokus, Neugeschäft und Marktintelligenz. Die Fallgeschichte aus dem Werk ist kein Einzelfall. Sie ist ein Brennglas. Und sie macht Mut.

8.1.2 Herausforderungen

Der Verfasser erinnert sich an einen spannenden M&A-Prozess, bei dem mehrere hundert Unternehmen innerhalb einer bestimmten Sparte der Verpackungswertschöpfungskette analysiert und bewertet wurden.

Ein Unternehmen stach im Prozess besonders heraus: überdurchschnittliches Wachstum, hohe Profitabilität etc. – auf dem Papier ein Musterbeispiel. Von außen sah alles tadellos aus. Doch bei einem vertieften Gespräch mit einem Insider zeigte sich ein ganz anderes Bild. Das gesamte Geschäftsmodell des Unternehmens war im Kern auf einen einzigen Kunden ausgerichtet: ein großer, internationaler Konsumgüterhersteller, der für ein spezielles Nischenprodukt seine Verpackung über genau diesen Lieferanten einkaufte. Dieses Produkt wurde in den letzten Jahren Stück für Stück in Europa ausgerollt. Das Wachstum war stark, der Erfolg schien gesetzt.

Doch irgendwann ließ das rasante Wachstum des Produkts nach, als sich der europaweite Rollout seinem Ende näherte. Da zudem die Gesamtmarktentwicklung des Produkts nachließ, stagnierte das Geschäft zunehmend. Doch damit nicht genug: Ein zusätzlicher Kopfschmerz kam hinzu. Die Lieferantenpolitik des Kunden änderte sich. Aufgrund einer neuen Richtlinie musste künftig mindestens ein zweiter Verpackungslieferant für das Produkt zugelassen werden. Damit wurde die bisherige Abhängigkeit von nur einem Kunden zur akuten Gefahr für das betrachtete Unternehmen. Die Perspektive kippte plötzlich: Aus hohem, verlässlichem Wachstum wurde ein massives Risiko.

Was in diesem Beispiel noch wie ein extremer Einzelfall wirkte, spiegelt in Wahrheit eine weit verbreitete Entwicklung: Selbst scheinbar robuste Wachstumsmodelle – wie etwa »wachse mit deinen Kunden« – geraten ins Stocken, besonders wenn sich die Gesamtmarktsituation rasant verändert.

Stagnation – wenn das Wachstum ausbleibt

Das Bild der wirtschaftlichen Lage vieler Unternehmen ist derzeit stark von neuen Herausforderungen geprägt. Zwei davon hält der Verfasser für besonders zentral – die erste ist: Stagnation. Die Wirtschaft westeuropäischer Länder stagniert, und das bereits seit längerem. Wenn man sich das nominale BIP Deutschlands über die letzten 15 Jahre anschaut, sieht man ein durchschnittliches Wachstum von rund +1,2 Prozent pro Jahr. Das ist im internationalen, westeuropäischen Vergleich gar nicht schlecht – Großbritannien liegt bei etwa +1,0 Prozent, Frankreich bei +0,3 Prozent, Italien und Spanien sogar bei minus 0,3 Prozent bzw. minus 0,1 Prozent (vgl. DataCommons 2024). Aber wenn man sich die letzten Jahre in Deutschland anschaut: Das Bruttoinlandsprodukt hat sich von 2019 bis 2024 real um gerade +0,1 Prozent pro Jahr bewegt (vgl. Sachverständigenrat 2024).

Schaut man aus der Perspektive der Verpackungsbranche – speziell auf einen ihrer wichtigsten Absatzkanäle, den Lebensmitteleinzelhandel – dann zeigt sich ein ähnliches Bild: Das reale Umsatzwachstum ist seit Jahren nahezu zum Stillstand gekommen. Zwischen 2015 und 2024 gab es, inflations- und saisonbereinigt, praktisch kaum eine positive Entwicklung mehr. In den letzten fünf Jahren war es sogar rückläufig (vgl. Destatis 2025). Das ist ein deutliches Signal.

Diese Stagnation ist aus Sicht des Autors deshalb so kritisch, weil sie das bisherige Wachstumsmodell vieler Unternehmen infrage stellt. Die Logik lautete jahrelang: Wachse mit deinen Kunden – oder alternativ: Wachse international. Die großen Wachstumsmärkte der letzten Jahrzehnte waren klar: USA, China usw. Doch dieses Modell beginnt zu verschwinden. Zum einen durch geopolitische Spannungen, zum anderen durch konjunkturelle Einbrüche gerade in diesen Ländern. Gleichzeitig stagnieren auch viele westliche Industriemärkte. Das heißt: Die Gesamtmarktdynamik ist gedämpft – und das trifft Unternehmen, die fast ausschließlich auf alte Wachstumsmodelle gesetzt haben. In der Praxis beobachtet der Verfasser bei vielen mittelständischen Unternehmen, dass sie stark auf bestehende Kundenbeziehungen setzen – oft mit der Annahme: Wenn es dem Kunden gut geht, geht es auch uns gut. Das war über viele Jahre ein plausibles Modell. Große Kunden, teils über Jahrzehnte gewachsen, boten Stabilität, Planungssicherheit und ein verlässliches Fundament für weiteres Wachstum.

Doch dieses Wachstumsmodell gerät unter Druck. Viele Unternehmen sitzen heute in gewachsenen Geschäftsbeziehungen fest, die in Zeiten von Stagnation ihre Grenzen zeigen. Die Organisation ist auf Kontinuität ausgerichtet, nicht auf Bewegung. Und genau das macht es schwierig, neue Impulse zu setzen – besonders dann, wenn sich die Dynamik im Umfeld verändert, aber intern alles im Modus »Weiter so« läuft.

Unsicherheit – wenn Stabilität zur Ausnahme wird

Zur Wachstumsflaute gesellt sich ein zweites Phänomen, das viele Unternehmen tief verunsichert: ein Klima permanenter Ungewissheit. Die Unsicherheit ist nicht punktuell – sie ist zum Grundrauschen geworden. Begleitet wird sie von zunehmender Volatilität und steigender Komplexität. Beides verlangt Aufmerksamkeit und Ressourcen, ohne unmittelbar Umsatz zu generieren.

Ein Blick auf den World Uncertainty Index des IWF zeigt: Die globale Unsicherheit hat in den letzten 17 Jahren stetig zugenommen – und liegt heute deutlich über dem Niveau während der COVID-Pandemie (vgl. World Uncertainty Index 2025). Auch der Economic Policy Uncertainty Index belegt eine ähnliche Entwicklung: Gerade in den letzten fünf Jahren waren die Schwankungen besonders extrem, mit einem neuen Höhepunkt im Jahr 2025 (vgl. PolicyUncertainty 2025).

Diese Zahlen spiegeln sich in den Gesprächen mit Geschäftsführern wider. Eine Umfrage von IoT Analytics im ersten Quartal 2025 zeigt: Unsicherheit dominiert die Themen, über die Führungskräfte aktuell sprechen – sowohl auf globaler als auch auf nationaler Ebene (vgl. IoT Analytics 2025).

Doch es geht nicht nur um Unsicherheit allein – auch die Komplexität der unternehmerischen Realität nimmt zu. Es ist nicht ein Thema, es ist die Gleichzeitigkeit vieler Themen: neue Regulierungen, Fachkräftemangel, Nachhaltigkeitsanforderungen, geopolitische Entwicklungen, Generationswechsel, Digitalisierungsprojekte, Künstliche Intelligenz, usw.

Hinzu kommt eine weitere Entwicklung, die Unternehmen spürbar trifft: die Rolle der Geldgeber und Investoren. Hohe Zinsen und deutlich verschärfte Anforderungen seitens der Kapitalgeber erschweren es, Investitionen zu tätigen – gerade in Situationen, in denen die wirtschaftliche Lage ohnehin angespannt ist. Der Verfasser beobachtet es aktuell bei mehreren Kunden, die unter Margendruck stehen: Selbst strategisch sinnvolle Investitionen geraten ins Stocken, weil Finanzierung schwieriger, riskanter oder schlicht zu teuer geworden ist. Das schafft nicht nur finanzielle Hürden, sondern verstärkt das Gefühl von Unsicherheit und lähmt wichtige Zukunftsentscheidungen.

All das trifft Unternehmen gleichzeitig – besonders mittelständische Strukturen, die oft nicht die Kapazität haben, parallel auf so viele Veränderungen zu reagieren. In der Praxis hört der Verfasser häufig: »Wir müssen an zehn Fronten gleichzeitig kämpfen.«

Hinzu kommt die Volatilität – etwa bei Energie- und Materialkosten. In der Verpackungsbranche zeigt sich in vielen der strategischen Projekte des Autors sowie in Gesprächen mit Marktteilnehmern immer wieder, wie stark Materialpreisschwankungen Unternehmen unter Druck setzen – besonders bei langfristigen Preisvereinbarungen mit Kunden oder Lieferanten (vgl. EUWID Verpackung 2025). Auch aktuelle Branchenbeobachtungen bestätigen dieses Bild. Oft schrumpfen Margen dadurch spürbar – oder werden vollständig aufgezehrt. Gerade bei produzierenden Betrieben wird die Luft dann schnell dünn.

Diese Unsicherheit trifft auf eine Unternehmenslandschaft, die ohnehin schon durch stagnierende Märkte geschwächt ist. Viele Unternehmen haben ihre Strukturen stark an bestehende Umsatzströme angepasst – und reagieren empfindlich auf jede Störung. Das macht sie besonders verwundbar in einem volatilen Umfeld.

Ein weiterer Unsicherheitsfaktor: der Wettbewerbsdruck aus Märkten, die lange Zeit nicht im Fokus standen. Besonders drängen vermehrt Unternehmen aus China mit großer Geschwindigkeit in Branchen, in denen es früher noch klare technologische Führerschaften gab. Und es geht dabei längst nicht mehr nur um den Preis.

Der Autor erinnert sich an ein Projekt, bei dem für einen Kunden in einer starken Kunststoffverpackungsnische eine Marktstrategie entwickelt werden sollte. Als der Wettbewerb analysiert wurde, war das Ergebnis überraschend: Chinesische Anbieter traten nicht nur preislich aggressiv auf – sie waren auch im Auftritt, in der Produktqualität und im Service-Level überzeugend. In manchen Punkten sogar überlegen. Für den Kunden wurde schnell klar: Seine Nische war plötzlich kein sicherer Hafen mehr. Der internationale Wettbewerb hatte aufgeschlossen – und war dabei, den Markt Schritt für Schritt zu durchdringen.

8.1.3 Die Lösung: Gestalten statt getrieben werden

Gerade im schwierigen Umfeld aus Stagnation und Unsicherheit schlägt die Stunde der Gestaltungskraft. Es geht darum, nicht zu warten, bis der Rückenwind stärker wird – sondern selbst die Segel neu zu setzen. Wer gestalten will, übernimmt Verantwortung. Er greift zum Steuerrad und nutzt den Handlungsspielraum, der meist größer ist, als man denkt.

Doch wie lässt sich diese Gestaltungskraft im Unternehmertum konkret ausüben?

Das alte Fortschrittsmodell vieler Unternehmen ist oft zu stark nach innen oder bloß auf Kunden gerichtet – es bleibt kurzsichtig. Es fehlt die unternehmerische Marktorientierung – also der Blick und die proaktive Anpassung auf das, was sich im Markt tatsächlich verändert: in der Wertschöpfungskette, im Wettbewerb, bei Kunden, Lieferanten, in der Regulierung, im technischen Wandel, im gesamtwirtschaftlichen Umfeld. All diese Faktoren beeinflussen die Entwicklung eines Unternehmens. Wer gestalten will, muss diese Signale ernst nehmen – und seine Ausrichtung daran anpassen.

In der Arbeit des Verfassers – innerhalb und außerhalb der Verpackungswertschöpfungskette – wurden Faktoren beobachtet, die Unternehmen dabei helfen, ihre Gestaltungskraft fokussiert einzusetzen und zu entfalten. Es sind marktorientierte Ansätze, die sich in der Praxis als tragfähig und wirksam erwiesen haben – weil sie an den realen Herausforderungen des Marktes ansetzen, nicht am Reißbrett.

Diese Prinzipien bringen unternehmerisches Denken wieder zum Vorschein – einen Geist, der vor mehreren Jahrzehnten oder Jahrhunderten in vielen Gründungsphasen heutiger etablierter Unternehmen stark präsent war und heute besonders oft in Start-ups zu beobachten ist. Der Blick auf das Marktbild, der Wille zur Problemlösung, das Unkonventionelle, der Mut, Dinge anders zu machen – das ist der Kern dieses Gestaltungswillens. Und oft steckt genau dieser Gründergeist noch im Unternehmen – er ist nur überlagert worden.

Der Autor hofft, dass die folgenden Erfolgsfaktoren Impulse geben, wie sich Gestaltungskraft praktisch umsetzen lässt – nicht abstrakt, sondern im konkreten Handeln. Denn gestalten bedeutet nicht, alles neu zu denken – sondern das Wichtige scharf zu sehen und mutig umzusetzen.

8.1.4 Drei Erfolgsfaktoren für unternehmerische, marktorientierte Gestaltungskraft

Erfolgsfaktor 1: Strategische Positionierung

Der Verfasser erinnert sich an ein Unternehmen, das Komponenten für Verpackungsmaschinen herstellt. Bei einer Kundenumfrage stellte sich heraus: Es war in Bereichen stark, die für die Kunden hochrelevant waren. Doch die interne Vertriebsbefragung zeigte, dass man die Stärken ganz woanders sah – und vor allem Aspekte betonte, die für den Markt kaum differenzierend waren. Die entscheidenden Erfolgsfaktoren lagen direkt vor ihnen – nur erkannte sie niemand als solche.

Als diese Diskrepanz aufgearbeitet worden war, zeigte sich: Das Unternehmen hatte über Jahre hinweg sein eigenes Profil unterschätzt. Erst als es verstand, wie es wirklich im Markt wahrgenommen wurde, konnte es seine Positionierung bewusst schärfen – und fortan mit deutlich mehr Selbstbewusstsein auftreten. Die Wirkung war spürbar: intern wie extern.

Diese Erfahrung ist kein Einzelfall. Sie zeigt, wie entscheidend es ist, die eigene Position im Markt nicht nur zu definieren, sondern auf tatsächlicher Wahrnehmung und Relevanz aufzubauen. Genau darum geht es bei strategischer Positionierung – und hier lohnt ein Blick auf Michael Porter: Wer nicht klar sagt, wofür er steht, wird am Ende über den Preis definiert. Besonders in stagnierenden Märkten mit hohem Wettbewerbs- und Kostendruck ist eine klare Positionierung entscheidend, um sich im Markt zu behaupten – gegenüber Kunden, Wettbewerbern, aber auch intern.

Eine Positionierung muss dabei mehr leisten als nur einen guten Claim. Sie braucht Substanz. Und sie muss fünf zentrale Anforderungen erfüllen:

1. **Relevant für den Kunden.** Es reicht nicht, wofür das Unternehmen stehen möchte. Entscheidend ist, ob das Thema für den Kunden überhaupt wichtig ist.
2. **Vom Kunden als Stärke wahrgenommen.** Die Positionierung muss auf etwas beruhen, das der Kunde beim Unternehmen tatsächlich als Stärke erlebt – nicht nur auf interner Selbstsicht.

3. **Differenzierbar vom Wettbewerb.** Sie darf kein Hygienefaktor sein (z. B. »Qualität«, »Zuverlässigkeit«), sondern muss ein klarer Unterschied zum Wettbewerb sein.
4. **Kommunizierbar.** Sie muss in eine einfache, verständliche Botschaft übersetzt werden können – am besten in eine kurze, glaubwürdige Geschichte.
5. **Angelehnt an Marktentwicklungen.** Die Positionierung muss Entwicklungen und Anforderungen des Marktes berücksichtigen – heute und morgen.

In der Praxis erlebt der Verfasser häufig, dass Unternehmen nicht genau wissen, wie sie im Markt wahrgenommen werden. Oder dass die Positionierung, die intern definiert wurde, weder bei Kunden noch bei Mitarbeitenden wirklich ankommt. Dann entsteht ein Bruch – und der wirkt sich direkt auf Strategie, Vertrieb und Kommunikation aus.

Eine starke Positionierung entsteht dort, wo Marktrelevanz, wahrgenommene Stärke und klare Differenzierung zusammenkommen. Und wenn eine solche Positionierung gelingt, ist der unternehmerische Mehrwert erheblich – nach innen und außen.

Intern stärkt sie die Mitarbeiterbindung, erleichtert die Gewinnung neuer Talente und schafft Orientierung im Unternehmen. Auch andere relevante Stakeholder – etwa Banken und Investoren – profitieren davon.

Nach außen entsteht ein Platz im Markt – eine erkennbare Rolle, die schwer austauschbar ist. Wenn die Positionierung glaubwürdig, relevant und differenzierend ist, entstehen daraus echte Wettbewerbsvorteile: Marketing- und Vertriebsmaßnahmen lassen sich präziser aufbauen, Botschaften werden klarer, das Angebot wird fokussierter, das Selbstbewusstsein des Vertriebs wächst.

Auch preislich entsteht Spielraum: Man ist nicht länger nur im direkten Vergleich über den Preis angreifbar, sondern kann auf den eigenen Mehrwert verweisen. Die Chancen, sich im Markt durchzusetzen, steigen. Umsätze können wachsen – und besonders bei der Gewinnung neuer Kunden wirkt eine starke, fokussierte Positionierung oft als Türöffner.

Erfolgsfaktor 2: Segmentierung und Marktfokus

Der Verfasser erinnert sich an einen Kunden, der sein Vertriebsmodell über viele Jahre solide aufgebaut hatte – mit Key-Account-Management, regionaler Struktur, hoher Kundenbindung. Trotzdem stagnierte sein Geschäft.

Es bestand die Möglichkeit, die Umsatz- und Absatzdaten der letzten Jahre genauer anzuschauen – und was dabei auffiel, war mehr als nur interessant. Während das Gesamtgeschäft keine Dynamik mehr zeigte, offenbarten sich zwischen den Branchen deutliche Unterschiede: Manche Segmente, die vor fünf Jahren noch relevant waren, waren nahezu verschwunden. Andere, damals kaum sichtbar, gehörten mittlerweile zu den wachstumsstärksten und machten erhebliche Teile des Umsatzes aus. Wieder andere stagnierten oder gingen zurück. Auch die Profitabilität variierte erheblich.

Und dennoch: Es gab keine klare Segmentierung. Kein erkennbarer Fokus. Der Kunde arbeitete im Prinzip mit allen, die da waren – unabhängig davon, wie sich deren Märkte entwickelten. Die anschließende Fokussierung auf wachstums- und margenstarke Segmente war für ihn ein echter Wendepunkt. Diese Erfahrung ist kein Einzelfall. Ob bei kleineren Mittelständlern oder größeren internationalen Konzernen – zeigt sich doch häufig: Viele Unternehmen haben keine (funktionierende) Segmentierung. Oder sie haben zwar Daten, aber keine konsequente Ableitung für Fokus und Priorisierung.

Ein einfaches Beispiel macht das greifbar: Ein Bäcker, der sich auf Kindergärten spezialisiert, wird andere Backwaren anbieten, andere Abläufe haben und anders kommunizieren als ein Bäcker für alle. Er passt sein gesamtes Auftreten auf ein konkretes Segment an – und wird dadurch in genau diesem Segment stärker. Genau das gilt auch für industrielle Anbieter.

Was Segmentierung und Marktfokus bewirken können:

1. **Den Markt segmentieren.** Unterschiedliche Kundensegmente haben unterschiedliche Bedürfnisse und Anforderungen. Wer seine Kundenbasis nach Branchen bzw. spezifischen Bedürfnissen gliedert, erkennt Muster und Unterschiede, die sonst verborgen bleiben.
2. **Fokus auf Impact.** Manche Segmente liefern einen überproportionalen Beitrag zum Wachstum, zur Marge oder zur strategischen Relevanz. Genau dort lohnt es sich, Ressourcen und Anstrengungen zu bündeln.
3. **Ausrichtung auf die Bedürfnisse eines Segments.** Wer weiß, welches Segment im Fokus steht, kann sein Produktangebot, die Kommunikation und auch Prozesse daran anpassen – mit oft überraschender Wirkung. Das ist deutlich effektiver als ein allgemeiner »Für alle«-Ansatz.
4. **Weitere Potenziale entdecken.** Es lohnt sich auch langfristig, gezielt nach Segmenten zu suchen, die heute noch nicht oder kaum bedient werden – die aber gut zur eigenen Technologie, Struktur oder den Fähigkeiten passen. Oft braucht es dafür keine große Neuausrichtung, sondern nur eine graduelle Verschiebung.

Der Verfasser hatte einmal einen Kunden, dessen Ursprünge in einem ganz anderen Bereich lagen – weit weg von Verpackung. Doch über Jahrzehnte, fast unbemerkt, hatte sich das Unternehmen immer stärker in einen neuen Markt hineinentwickelt. Ohne harte Brüche, ohne große Sprünge – einfach, weil neue Segmente besser zum bestehenden Können passten. Weil sie Potenzial boten. Heute ist das Unternehmen ein internationaler Marktführer in einem Bereich, mit dem es vor über 100 Jahren noch nichts zu tun hatte. Diese Form von Transformation braucht nicht immer Diversifikation um jeden Preis. Oft reicht es, mit offenen Augen auf den Markt zu schauen – und sich Stück für Stück zu bewegen.

Auch im Beispiel aus dem Einstieg – mit dem Unternehmen, das eine Nischendienstleistung entwickelte, weil der Kernmarkt rückläufig war – spielte Segmentfokus die zentrale Rolle. Es war der gezielte Blick auf ein neues, wachsendes Teilsegment, der letztlich den Ausschlag gab. Und das war kein Zufall, sondern Ergebnis einer bewussten Entscheidung.

Markt- und Segmentfokus ist kein Zusatzkapitel der Strategie – er ist ein zentrales Steuerungsinstrument. Wer erkennt, wo echtes Potenzial liegt, wer sich dort positioniert und sein Handeln darauf ausrichtet, hat die besten Chancen, sich auch in stagnierenden Märkten weiterzuentwickeln.

Erfolgsfaktor 3: Strukturen, Kompetenzen und Market Intelligence

Bereits im Jahr 2021 zeigte eine interne Studie von BP Consultants mit Unternehmen aus der Verpackungswertschöpfungskette: Knapp 90 Prozent setzten auf die Weiterentwicklung des bestehenden Geschäfts als wichtigste Wachstumsstrategie – ein Modell, das lange gut funktionierte (vgl. BP Consultants 2021).

Fast 80 Prozent hielten zwar auch Neugeschäftsentwicklung für strategisch relevant, doch das wahrgenommene Risiko wurde fünfmal höher eingeschätzt als beim Bestandsgeschäft – beim Einstieg in neue Branchen sogar zwanzigmal so hoch. Die Zahlen verdeutlichen: Unternehmen zögern, neue Wege zu gehen. Und das ist gefährlich – denn der Spielraum innerhalb etablierter Modelle wird kleiner.

Dieses Zögern ist kein Zufall. Viele Unternehmen stützen ihre Zukunft auf wenige etablierte Kunden. Doch wenn dort die Entwicklung stockt, fehlt es oft an Alternativen. Denn Strukturen, Denkweisen und Prozesse sind häufig auf Bestandspflege ausgerichtet – nicht auf Marktentwicklung. Aus zahlreichen Gesprächen weiß der Verfasser: Wenn das Bestandsgeschäft kein Wachstum mehr bringt, führt an aktiver Marktorientierung kein Weg vorbei. Doch wer neues Geschäft erschließen will, braucht mehr als eine Strategie – er braucht die Voraussetzungen dafür. Denn Marktorientierung ist ein anderes Spiel: Weg von gewachsenen Beziehungen hin zu neuem Denken, neuen Abläufen und neuen Rollen.

Start-ups machen es vor – so zeigen es viele Beobachtungen aus Gesprächen mit jungen Unternehmen: Ohne Altlasten richten sie sich von Beginn an auf neue Märkte aus, wachsen durch aktives Beobachten, Testen und Ansprechen. In etablierten Unternehmen hingegen verliert sich diese Fähigkeit mit der Zeit – bis das Potenzial im Bestand ausgeschöpft ist.

Der Verfasser denkt dabei an zwei Unternehmen aus der Verpackungswertschöpfungskette, die sich strategisch klug aufgestellt hatten: Zielmärkte waren definiert, das Leistungsversprechen geschärft, Chancen identifiziert. Doch die Geschäftsentwicklung blieb aus. Warum?

Die Antwort war simpel – und bezeichnend: Es fehlten Strukturen, Initiativen, Prozesse, Zuständigkeiten. Es fehlte sogar eine zielgerichtete Kommunikation – von einer Landingpage bis zur Segmentansprache. Und vor allem: Es gab keinerlei Market Intelligence. Die Märkte wurden reaktiv bedient – aber nicht aktiv entwickelt.

Diese Erfahrungen sind symptomatisch. Sie zeigen, wie entscheidend es ist, ob Organisationen nicht nur eine Strategie formulieren, sondern auch umsetzen können. Es braucht Umsetzungskraft – in vier Dimensionen:

1. **Marktorientiertes Denken und Risikobereitschaft**
Marktorientierung – und die damit verbundene strategische Entwicklung – beginnt im Kopf. In vielen Unternehmen dominiert ein »Kundenpflege-Mindset«: Bestehende Beziehungen werden betreut, neue Initiativen hingegen als Risiko gesehen. Doch wer neue Märkte erschließen will, braucht eine andere Haltung: Neugier, Initiative, Veränderungs-, und Risikobereitschaft. Marktorientierung erfordert neue Routinen, andere Fähigkeiten – und den Blick für das Ganze. Denn nicht der einzelne Kunde gibt die Richtung vor, sondern der Markt. Gestaltungskraft heißt: unternehmerisch denken – jenseits gewachsener Strukturen.

2. **Strukturen und Prozesse**
Wer neue Märkte entwickeln will, braucht passende Rollen, klare Zuständigkeiten und operative Prozesse. Vertrieb ist nicht gleich Vertrieb – klassische Kundenbetreuung folgt anderen Prinzipien als Markterschließung. Es reicht nicht, bestehende Strukturen leicht anzupassen. Es braucht gezielte Veränderungen – sonst bleibt die beste Strategie Absicht.

3. **Market Intelligence**
Marktorientierung setzt Marktverständnis voraus: Kunden, Wettbewerb, Trends, Technologien und regulatorischen Entwicklungen. Nur wer erkennt, wo Nachfrage entsteht, kann gezielt handeln. Market Intelligence ist kein Luxus, sondern Fundament – auch im Mittelstand. Entscheidend ist nicht, ob Informationen vorliegen, sondern ob sie aktiv genutzt werden.

4. **Ressourcen und Investitionen**
Jeder Marktzugang braucht Energie: Zeit, Fokus, Budgets. Wer keine Ressourcen freimacht oder gezielt auf neue Schwerpunkte lenkt, handelt nicht strategisch – sondern reaktiv. Wachstum entsteht dort, wo bewusst investiert wird. Das gilt für Personal, Marketing, technologische Infrastruktur oder Marktbearbeitungsinitiativen. Auch das ist ein Ausdruck von Gestaltungskraft: Die Bereitschaft, Ressourcen aktiv zu priorisieren – und nicht nach alter Logik zu verteilen.

Marktorientierte Geschäftsentwicklung ist kein Automatismus – sie ist Ergebnis von Haltung, Struktur, Klarheit und Konsequenz. Wer gestalten will, muss auch befähigen. Nur so wird aus Strategie unternehmerische Realität.

8.1.5 Vom Prinzip zur Praxis: Gestaltung beginnt mit Klarheit

Veränderung beginnt selten mit einem großen Wurf. Sie beginnt mit Klarheit. Klarheit darüber, wo man steht – und wo der größte Handlungsbedarf liegt. Die drei Erfolgsfaktoren, die betrachtet wurden, sind kein theoretisches Konstrukt, sondern ganz praktische Hebel für marktorientiertes, unternehmerisches Handeln.

Doch in der Praxis zeigt sich immer wieder: Die größte Hürde ist oft nicht die Strategie selbst, sondern der fehlende Überblick. Wo stehen wir eigentlich? Welche Annahmen treiben unser Handeln? Und was übersehen wir vielleicht?

8.1 Erfolgsfaktoren – Wege und Trends auf einen Blick

Die folgenden Reflexionstabellen samt Fragen helfen, genau diese Klarheit zu schaffen – und damit den ersten Schritt vom Denken ins Gestalten zu gehen:

Dar. 45: Leitfragen zur strategischen Positionierung

Wofür stehen wir – und ist das für unsere Kunden überhaupt relevant?	Nicht jede interne Stärke ist ein externer Vorteil. Entscheidend ist, was für den Markt zählt.
Was kommunizieren wir als unseren einzigartigen Wert im Markt?	Wird klar, was uns unterscheidet? Oder verschwimmen wir in der Vergleichbarkeit?
Was unterscheidet uns klar vom Wettbewerb – und ist das erkennbar?	Differenzierung zeigt sich nicht im Detail, sondern in der Wahrnehmung.
Ist unsere Positionierung mit den Entwicklungen im Markt verknüpft – oder basiert sie auf alten Annahmen?	Eine gute Positionierung ist nicht statisch. Sie lebt – und entwickelt sich mit dem Umfeld.

Dar. 46: Leitfragen zur Marktsegmentierung und zum Marktfokus

Wie sind unsere Kunden und Märkte heute eigentlich segmentiert – in der Praxis, nicht nur auf dem Papier?	Nur wer Unterschiede sieht, kann gezielt entscheiden.
Welche Segmente haben für uns das größte Potenzial – bezogen auf Wachstum, Ertrag, Differenzierung?	Es geht nicht um Menge, sondern um Wirkung.
Fokussieren wir unsere Ressourcen auf die richtigen Segmente – oder verteilen wir zu breit?	Wirkung entsteht dort, wo man bewusst priorisiert.
Passt unser Produktangebot zu den Anforderungen einzelner Segmente?	Branchenübergreifende Standardlösungen helfen nur begrenzt. Marktgerechte Ausrichtung beginnt beim Portfolio.

Dar. 47: Leitfragen für die Festlegung der Strukturen, Kompetenzen und der Marketing Intelligence

Haben wir die nötigen Strukturen geschaffen, um neue Märkte systematisch zu entwickeln?	Initiative ohne Struktur bleibt Absicht. Es braucht klare Rollen, Prozesse und Verantwortlichkeiten.
Gibt es in unserem Unternehmen klare Zuständigkeiten für Markt- und Geschäftsentwicklung?	Wer niemanden beauftragt, wird selten Ergebnisse bekommen.
Haben wir ein Verständnis dafür, wie sich unser Zielmarkt entwickelt – bezogen auf Trends, Kundenbedürfnisse, Wettbewerb, Regulierung?	Wer Märkte nicht beobachtet, kann sie nicht gestalten.

Dar. 47: Leitfragen für die Festlegung der Strukturen, Kompetenzen und der Marketing Intelligence

Nutzen wir systematisch Market Intelligence – durch Datenanalysen, Kundenfeedback oder Wettbewerbsbeobachtung?	Marktkenntnis ist keine Kür. Sie ist Grundlage für strategische Entscheidungen.
Investieren wir gezielt Ressourcen in das, was wir strategisch als wichtig definiert haben?	Strategie ohne Ressourceneinsatz bleibt folgenlos. Gestaltungskraft zeigt sich im Budget.
Verfügen wir über die richtigen Denkweisen, um neue Geschäftsfelder zu erschließen – oder herrscht intern eher ein »Kundenpflege-Mindset«?	Marktorientierung beginnt im Kopf – mit Neugier, Offenheit und Veränderungsbereitschaft.

Der erste Schritt zur Entfaltung von Gestaltungskraft ist keine Investition – sondern eine Bestandsaufnahme. Diese Leitfragen sind kein Fragebogen, den man einmal ausfüllt. Sie sind eine Einladung zur ehrlichen Reflexion. Und vielleicht auch zum Umdenken. Denn Gestaltung beginnt nicht mit dem perfekten Plan. Sie beginnt mit Klarheit.

8.1.6 Ausblick: Gestaltungskraft wieder freisetzen

Wenn auf die großen Herausforderungen unserer Zeit geblickt wird – Stagnation, Unsicherheit – scheint es manchmal, als wäre das unternehmerische Spielfeld kleiner geworden. Doch wer genau hinschaut, sieht etwas anderes: Der Raum zur Gestaltung ist oft größer, als man denkt.

Die drei Erfolgsfaktoren, die in diesem Beitrag betrachtet wurden – klare Positionierung, gezielte Segmentfokussierung und der Aufbau marktorientierter Fähigkeiten – sind keine kurzfristigen Maßnahmen. Sie sind Ausdruck einer Haltung: der Bereitschaft, Verantwortung zu übernehmen, die Dinge nicht nur zu verwalten, sondern sie aktiv zu gestalten.

In vielen Unternehmen schlummert noch immer ein Potenzial, das oft übersehen wird – der unternehmerische Gründergeist. Die Energie, mit der einst Ideen in den Markt getragen wurden. Die Neugier, Dinge anders zu machen. Der Mut, sich nicht mit dem Status quo abzufinden.

Genau diesen Geist können Unternehmen wieder aktivieren – auch heute. Nicht durch Nostalgie, sondern durch Entschlossenheit. Es gibt das Wissen. Es gibt die Marktkenntnis. Es gibt das Netzwerk. Und vor allem: Es gibt Gestaltungsspielraum.

Der Weg wird nicht einfach. Aber er ist offen. Wachstum ist möglich – auch in schwierigen Märkten. Es liegt in der Hand der Unternehmen, den Kurs neu zu setzen.

Der Verfasser denkt oft an den Moment zurück, als durch das stille Werk gegangen wurde – und dann plötzlich ins Licht getreten wurde. Es war kein Zufall. Es war eine Entscheidung. Die Entscheidung, etwas zu wagen. Genau das ist Gestaltungskraft.

8.1.7 Literatur

BP Consultants 2021. BP Consultants: Marktstudie zur Wachstumsstrategie von Unternehmen in der Verpackungsindustrie, interne Studie, Berlin 2021 (unveröffentlicht)

Destatis 2025. Statistisches Bundesamt (Destatis): Einzelhandelsumsatz im April 2025 rückläufig – Entwicklung seit 2015, Pressemitteilung Nr. 191 vom 31.05.2025, online im Internet, URL: https://www.destatis.de/DE/Presse/Pressemitteilungen/2025/05/PD25_191_45212.html, Abruf am 02.06.2025

DataCommons 2024. DataCommons: Bruttoinlandsprodukt Deutschland 2008–2023, Visualisierung basierend auf World Bank-Daten, online im Internet, URL: https://datacommons.org/place/country/DEU?utm_medium=explore&mprop=amount&popt=EconomicActivity&cpv=activitySource,GrossDomesticProduction&hl=de, Abruf am 28.03.2025

EUWID Verpackung 2025. EUWID Verpackung: Marktberichte zu Rohstoff-, Energie- und Verpackungspreisen 2025, regelmäßig erscheinende Beiträge, online im Internet, URL: https://www.euwid-verpackung.de/maerkte/zeitplan-marktberichte/, Abruf am 02.06.2025

IoT Analytics 2025. IoT Analytics: What CEOs talked about in Q1 2025 – Tariffs, Uncertainty & Agentic AI, Hamburg 2025, online im Internet, URL: https://iot-analytics.com/what-ceos-talked-about-q1-2025-tariffs-uncertainty-agentic-ai/, Abruf am 02.04.2025

Sachverständigenrat 2024. Sachverständigenrat zur Begutachtung der gesamtwirtschaftlichen Entwicklung: Jahresgutachten 2024 – Transformationsdynamik und Bildungspolitik, Wiesbaden 2024, online im Internet, URL: https://www.sachverstaendigenrat-wirtschaft.de/jahresgutachten-2024.html, Abruf am 20.04.2025

PolicyUncertainty 2025. Baker, S. R., Bloom, N., Davis, S. J.: Economic Policy Uncertainty Index, online im Internet, URL: https://www.policyuncertainty.com/, Abruf am 01.06.2025

World Uncertainty Index 2025. Ahir, H., Bloom, N., Furceri, D.: World Uncertainty Index – Global Time Series (2025), International Monetary Fund (IMF), online im Internet, URL: https://worlduncertaintyindex.com/, Abruf am 01.06.2025

8.2 Erfolgreiches Unternehmertum – Anregungen auch für die Politik!?

Dieter Thomaschewski

In einer Welt, die von rasanten Veränderungen geprägt ist, stehen Unternehmen wie auch politische Institutionen vor der gleichen Grundfrage: Wie lassen sich Anpassungsfähigkeit und Handlungsfähigkeit miteinander verbinden? Erfolgreiche Unternehmen entwickeln in einer digitalen Wissensgesellschaft, die im Idealfall auch eine »Learning Society« ist, kontinuierlich Strategien und Strukturen, um auch in einem dynamischen und wettbewerbsintensiven Umfeld zu bestehen. Diese unternehmerischen Ansätze können – in entsprechend angepasster Form – auch für die Politik von großem Nutzen sein.

Natürlich unterscheiden sich die Rahmenbedingungen erheblich: Politische Entscheidungen entstehen im Umfeld vielfältiger öffentlicher Meinungen, komplexer Gesetzgebungsverfahren und unter dem Einfluss internationaler Entwicklungen. Hinzu kommen zahlreiche Anspruchsgruppen und Stakeholder, die in Lobbyorganisationen organisierten Interessen, deren Erwartungen berücksichtigt werden sollten.

Dennoch gibt es Gemeinsamkeiten in den Grundprinzipien, die es erlauben, von erfolgreichen Managementpraktiken zu lernen.

1. Zielklarheit und messbare Ergebnisse
Ein zentrales Element unternehmerischen Erfolgs ist die klare Zielorientierung. In Unternehmen werden Ziele präzise definiert: Sie beschreiben den angestrebten Zustand, legen das Ausmaß fest, bestimmen den Zeitrahmen und benennen die Verantwortlichen. In der Politik hingegen bleibt die Zielformulierung häufig auf der Ebene von allgemeinen Absichtserklärungen – etwa »Wir wollen die Bedingungen verbessern« oder »Wir wollen die Besten sein«. Solche Aussagen entfalten jedoch nur dann Wirkung, wenn sie in überprüfbare Schritte übersetzt werden. Dabei gilt: Ziele müssen realistisch sein. Wunschdenken ist an Weihnachten erlaubt, sollte aber nicht die Grundlage politischen Handelns sein. Ebenso wichtig ist es, langfristige Zielsetzungen in Etappen zu operationalisieren (»herunterzubrechen«) und mit messbaren Indikatoren zu versehen. Denn auch hier gilt: »What gets measured, gets done.«

2. Strategisches Denken mit Weitblick
Ebenso bedeutsam ist die strategische Ausrichtung. Unternehmen arbeiten mit langfristigen Plänen, die weit über den nächsten Jahresabschluss hinausreichen. Sie analysieren Märkte, prüfen Handlungsoptionen, bewerten Wechselwirkungen und passen ihre Strategie flexibel an, wenn sich die Rahmenbedingungen ändern. Ein ähnlicher Ansatz könnte auch der Politik helfen: Langfristige Perspektiven jenseits einer Legislaturperiode, Prioritätensetzung nach Nutzen, Wirkung und Kosten, Lernen von erfolgreichen Politiken anderer Länder. Ein Blick über den eigenen Tellerrand – beispielsweise auf die Migrationspolitik Dänemarks – kann wertvolle Impulse geben. Auch sollte die Politik den Mut haben, große Linien zu formulieren, anstatt sich in einer Fülle kleinteiliger Regelungen zu verlieren oder zum Wahltermin Orgien ineffizient teurer Wahlgeschenke zu veranstalten.

3. Ressourcen realistisch planen
Die optimale Nutzung vorhandener Ressourcen ist ein weiteres verbindendes Element. Unternehmen achten auf ein ausgewogenes Verhältnis von Eigen- und Fremdmitteln, setzen Personal gezielt ein und investieren bevorzugt in wachstumsorientierte Projekte. Für die Politik bedeutet das: Investitionen in Infrastruktur, Bildung und Forschung sollten Vorrang vor kurzfristigen, konsumtiven Ausgaben haben. Überbordende Bürokratie bindet personelle Ressourcen, die dann für Kernaufgaben fehlen. Ein Beispiel dafür sind die neuen EU-Vorgaben für Nachhaltigkeitsberichte, die mit 1.157 Datenpunkten auch für größere mittelständische Unternehmen einen erheblichen administrativen Aufwand bedeuten. Je kleinteiliger die Regulierung, desto größer der Verwaltungsapparat – ein Effekt, der sich in der öffentlichen Hand noch verstärkt und schon heute zeigt.

4. Organisation verschlanken, Prozesse optimieren

Auch in der Organisation lassen sich Parallelen ziehen. Erfolgreiche Unternehmen gestalten ihre Strukturen schlank, reduzieren Hierarchieebenen und setzen klare Zuständigkeiten. In der Politik hingegen ist in den letzten Jahren häufig ein gegenteiliger Trend zu beobachten: Der Apparat wächst, neue Aufgaben schaffen neue Stellen und Abstimmungsprozesse werden komplexer. Methoden wie Lean Management, Six Sigma oder Kaizen, die in der Wirtschaft zur Prozessoptimierung eingesetzt werden, könnten auch in der Verwaltung helfen, Kosten zu senken, Bearbeitungszeiten zu verkürzen und die Produktivität zu steigern.

5. Kompetenzen passgenau einsetzen

Nicht zuletzt spielt die richtige Personalauswahl eine entscheidende Rolle. In der Wirtschaft ist es selbstverständlich, dass Anforderungs- und Leistungsprofil einer Position übereinstimmen. In der Politik jedoch werden Spitzenpositionen noch zu oft nach parteipolitischen Gesichtspunkten besetzt, statt nach fachlicher Eignung. Eine stärkere Ausrichtung an Kompetenzen würde die Qualität politischer Entscheidungen erhöhen.

6. Werte und Glaubwürdigkeit verankern

Schließlich sind Werte und Glaubwürdigkeit zentrale Erfolgsfaktoren. Vertrauen entsteht durch Offenheit, Ehrlichkeit, das Einhalten von Zusagen und eine klare, verständliche Kommunikation. Politische Institutionen könnten von Unternehmen lernen, nicht nur zu erklären, warum etwas nicht möglich ist, sondern aufzuzeigen, welche Schritte unternommen werden müssen, um es möglich zu machen. Kommunikation sollte dabei immer das gesamte Bild vermitteln, konsistent bleiben und Versprechen nur dann geben, wenn sie auch eingehalten werden können.

Fazit

Zusammenfassend lässt sich sagen: Die Politik kann nicht eins zu eins wie ein Unternehmen geführt werden – doch viele Prinzipien erfolgreicher Unternehmensführung lassen sich übertragen. Mehr Unternehmergeist in der Politik bedeutet, strategischer zu denken, Ressourcen effizienter zu nutzen, Organisationen schlanker zu gestalten, Kompetenz in den Vordergrund zu rücken und eine Kultur der Verlässlichkeit zu pflegen. All dies sind Bausteine, um politische Prozesse zukunftsfähiger, bürgernäher und wirksamer zu gestalten.

9 Autorinnen und Autoren

Dar. 48: Ivo Andrade

Ivo Andrade ist Projektmanager im Projekt »Junge Menschen und Wirtschaft« der Bertelsmann Stiftung. Sein inhaltlicher Schwerpunkt liegt auf dem Themenfeld junges Unternehmertum sowie der Frage, welche politischen und gesellschaftlichen Rahmenbedingungen junge Gründer:innen benötigen, um erfolgreich wirtschaften zu können. Zuvor war er als Berater im öffentlichen Sektor sowie als wissenschaftlicher Mitarbeiter in der Politik tätig. Er studierte den Masterstudiengang »Public Economics, Law and Politics« an der Leuphana Universität Lüneburg. Zuvor absolvierte er ein Bachelorstudium der Sozialökonomie an der Universität Hamburg.

Dar. 49: Hanno Beck

Prof. Dr. Hanno Beck. Studium der Volkswirtschaftslehre an der Johannes Gutenberg-Universität Mainz; danach wissenschaftlicher Mitarbeiter an der Johannes Gutenberg-Universität Mainz; Promotion zum Dr. rer. pol. über die Osterweiterung der Europäischen Union; anschließend Mitglied der Wirtschaftsredaktion der Frankfurter Allgemeinen Zeitung; seit 2006 Professor für Volkswirtschaftslehre und Wirtschaftspolitik an der Hochschule Pforzheim; zahlreiche Veröffentlichungen in Fachzeitschriften; Bücher u.a.: Medienökonomie, Behavioral Economics (Springer Verlag), der Alltagsökonom; der Liebesökonom, die Logik des Irrtums (F.A.Z. Verlag); So funktioniert die Börse (Societäts Verlag), Geld denkt nicht (Hanser), Glück, Alles, was im Leben zählt (Eichborn), zuletzt Fake News. Macht der Lügen (zusammen mit Aloys Prinz, Kohlhammer).

9 Autorinnen und Autoren

Dar. 50: Tobias Bürger

Dr. Tobias Bürger ist Senior Project Manager und Co-Projektleiter im Projekt »Junge Menschen und Wirtschaft« der Bertelsmann Stiftung. Zuvor arbeitete er als Projektleiter in der Unternehmenskommunikation und forschte in internationalen Projekten zu politischer Kommunikation und dem Themenbereich Gender und Media. Er studierte in Bonn und Liverpool Medien- und Kommunikationswissenschaften, bevor er sich 2019 an der School of Arts and Cultures der Newcastle University zum Thema Mediatisierung von Bürgerstiftungen in Deutschland und Großbritannien promovierte.

Dar. 51: Silke Eilers

Silke Eilers ist Wissenschaftliche Projektverantwortliche am Institut für Beschäftigung und Employability IBE der Hochschule für Wirtschaft und Gesellschaft Ludwigshafen. Ihre Arbeitsschwerpunkte liegen im Bereich New Work und New Normal, Basic Work sowie Employability und Lebensphasenorientierter Personalpolitik.

Dar. 52: Kerstin Fehre

Dr. Kerstin Fehre ist Professorin für Strategie an der Vlerick Business School (Belgien) und Direktorin für das Masterprogramm in International Management and Strategy. In ihrer Forschung konzentriert sie sich auf das Verständnis strategischer Entscheidungsfindung – mit einem Schwerpunkt auf die Kognition von CEOs und Top-Management-Teams, sowie der strategischen Bedeutung von Nachhaltigkeit und von Fusionen und Übernahmen. Sie habilitierte sich am Karlsruher Institut für Technologie (KIT) und promovierte an der RWTH Aachen. Vor ihrer akademischen Karriere war Kerstin Fehre im Bereich Mergers & Acquisitions in Frankfurt am Main bei Goldman Sachs und beim Bankhaus Metzler sowie bei Edmond de Rothschild in Paris tätig. Sie hat auch Erfahrung in der chemischen Industrie, da sie für die BASF SE in Deutschland und Hongkong tätig war. Sowohl in ihrer Lehre im Bereich Executive Teaching als auch in ihren Forschungsarbeiten, die in renommierten internationalen Fachzeitschriften und Buchbeiträgen publiziert werden, findet diese Symbiose aus Theorie und eigener praktischer Erfahrung großen Anklang.

Dar. 53: Miriam Flach

Miriam Flach ist Kleinunternehmerin und Coach. Als Psychologin (M.Sc.) beschäftigt sie sich insbesondere mit den Themenfeldern der Persönlichkeits- und Entwicklungspsychologie.

Dar. 54: Timm Gieger

Timm Gieger ist derzeit wissenschaftlicher Mitarbeiter des Instituts für Management und Innovation(IMI), sowie Dozent für Data Science an der Hochschule für Wirtschaft und Gesellschaft (HWG) Ludwigshafen a. Rhein. Neben seinen Hochschultätigkeiten ist er ebenfalls Geschäftsführer der Firma GeekIT Data Solutions, welche Seminare und Workshops im Bereich Data Science, Machine Learning und Deep Learning anbietet. Vor seiner Beschäftigung als Wissenschaftlicher Mitarbeiter arbeitete Hr. Gieger mehrere Jahre bei einer IT-Beratungsfirma in Deutschland und der Schweiz. Sein ursprüngliches Studiengebiet ist die Wirtschaftsinformatik.

Dar. 55: Wilhelm Goschy

Wilhelm Goschy ist CEO von Staufen, part of Accenture, der internationalen Beratung für Operational Excellence mit Sitz in Köngen bei Stuttgart. Seine Karriere begann bei der Dr. Ing. h. c. F. Porsche AG. Seit 1999 ist er bei Staufen tätig, zunächst als Senior Partner und Business-Unit-Leiter, ab 2011 als Vorstandsmitglied und seit 2020 als Vorstandsvorsitzender. Seine Beratungsschwerpunkte liegen in der Konzeptionierung und Implementierung globalen OPEX-Programmen, im Aufbau schlanker Wertschöpfungssysteme und im Coaching von Führungskräften. Wilhelm Goschy ist Mitautor mehrerer Fachpublikationen und Redner auf Kongressen und Netzwerk-Events. Unter seiner Führung wurde Staufen elfmal in Folge als »Bester Unternehmensberater« ausgezeichnet, als »Hidden Champion« im Lean Management gewürdigt und von Forbes zu den »World's Best Management Consulting Firms 2024« gezählt.

9 Autorinnen und Autoren

Dar. 56: Gori von Hirschhausen

Gori von Hirschhausen ist Senior Partner bei PwC und verantwortet die deutsche Beratungspraxis für das Industry Sector & Middle Market Geschäft. In seiner Rolle leitet er zudem die Finance Consulting Practice Group in Europa und ist Mitglied des globalen Finance Transformation Leadership Teams.Mit über 20 Jahren Erfahrung in der Beratung unterstützt er ein breites Spektrum an Kunden, darunter globale Konzerne, DAX 40 Unternehmen sowie mittelständische, familiengeführte sowie PE Portfolio Firmen aus unterschiedlichen Branchen. Seine Expertise liegt in der umfassenden Transformation, die von der strategischen Neuausrichtung und Innovation von Geschäftsmodellen bis hin zur organisatorischen Neugestaltung des Finanzbereichs reicht. Zu seinen Schwerpunkten zählen die Optimierung von Planungs- und Simulationsprozessen, das Management des profitablen Wachstums, der Einsatz von Künstlicher Intelligenz zur Automatisierung finanzieller Aufgaben sowie die Entwicklung agiler Finanzstrukturen.

Dar. 57: Georg Kraus

Prof. Dr. Georg Kraus ist Gründer und geschäftsführender Gesellschafter der Unternehmensberatung Kraus & Partner –Transformation Experts. Seit vielen Jahren lehrt er an der TU Clausthal mit dem Schwerpunkt Führung und Zusammenarbeit. Seine Forschung und Beratung konzentrieren sich auf Change Management, Strategieumsetzung sowie Transformation in Unternehmen. Ers promovierte zum Thema Arbeitszufriedenheit und verfügt über Abschlüsse in Wirtschaftsingenieurwesen. Er ist Autor zahlreicher Fachveröffentlichungen und gefragter Referent zu Themen der Unternehmensführung und Organisationsentwicklung.

Dar. 58: Christine Kübler

Christine Kübler M. A. leitet die Marketing- und Unternehmenskommunikation beim Hallenheizungsspezialisten und Hidden Champion KÜBLER in Ludwigshafen am Rhein. Als ehemalige Geschäftsführende Gesellschafterin der Braun & Voigt Werbeagentur Heidelberg sowie als freie Texterin und Konzeptionerin liegen ihre Schwerpunkte im Bereich B2B bzw. »Erklärungsbedürftige Produkte«. Für KÜBLER erzielte sie namhafte Auszeichnungen, darunter den Deutschen Nachhaltigkeitspreis, den Innovationspreis Rheinland-Pfalz sowie den Großen Preis des Mittelstandes. Christine Kübler studierte an der Johannes Gutenberg-Universität Freiburg, an der Università degli Studi di Roma "La Sapienza" sowie an der Wirtschaftsakademie Bad Harzburg.

Dr. Peter Mudra ist Professor für Betriebswirtschaftslehre mit dem Schwerpunkt Personalmanagement und Personalentwicklung an der Hochschule für Wirtschaft und Gesellschaft Ludwigshafen. Von 2010 bis 2022 war er Präsident der Hochschule.

Dar. 59: Peter Mudra

Jens Nagel ist seit 2023 Geschäftsführer des RKW Kompetenzzentrums, eines neutralen Impuls- und Ideengebers für den deutschen Mittelstand. Als Diplom-Volkswirt hat er sich in seiner Berufslaufbahn immer wieder mit den Bedarfen kleiner und mittlerer Unternehmen vor dem Hintergrund der globalen Megatrends auseinandergesetzt. Er verfügt über umfangreiche Erfahrungen an der Schnittstelle von Politik und Wirtschaft und war zuvor in Führungspositionen bei deutschen Außenhandelsverbänden und in der internationalen Wirtschaftsförderung tätig.

Dar. 60: Jens Nagel

Steffen Philipp stieg nach Studium der Betriebswirtschaft an der FH Ludwigshafen und beruflichen Stationen bei KPMG und ProMinent Dosiertechnik, Heidelberg 1994 in das elterliche Unternehmen HIMA ein und verantwortete den Aufbau der ersten ausländischen Vertriebs- und Servicegesellschaft in Kuala Lumpur. Nach dem 2-jährigen Auslandsaufenthalt schlossen sich weiteren Stationen im eigenen Unternehmen an, bevor er 1999 die Verantwortung als geschäftsführender Gesellschafter für die HIMA Paul Hildebrandt GmbH übernahm. Die HIMA Group ist ein familienkontrollierter, globaler

Dar. 61: Steffen Philipp

und unabhängige Anbieter sicherheitsgerichteter Automatisierungslösungen für die Prozess- und Bahnindustrie zum Schutz von Menschen, Anlagen und Umwelt. Das 1908 gegründete Familienunternehmen hat heute den Hauptsitz in Brühl bei Mannheim. 2021 hat Steffen Philipp die operative Geschäftsführung an zwei familienfremde Geschäftsführer abgegeben. Als Mehrheitseigentümer ist er in verschiedenen Funktionen weiterhin für das Unternehmen tätig.

9 Autorinnen und Autoren

Andreas Raggl, CFA, CAIA, FRM ist ein Associate Partner und Senior Client Development Advisor im Zürcher Büro von McKinsey & Company, spezialisiert auf den Bereich Risikomanagement & Resilienz und verfügt über 25 Jahre Erfahrung in diesem Bereich. Er verfügt über einen soliden akademischen Hintergrund mit einem Master-Abschluss in Informatik von der Technischen Universität Wien sowie einem Bachelor-Abschluss in Internationaler Betriebswirtschaft von der Universität Wien. Darüber hinaus besitzt er renommierte Zertifizierungen wie CFA, CAIA und FRM. Er hat bedeutende Projekte

Dar. 62: Andreas Raggl im Risikomanagement und in der Transformation in verschiedenen Branchen und Regionen, darunter Europa, Mittlerer Osten, Asien und Nordamerika, geleitet. Seine Expertise umfasst ganzheitliche GRC-Transformationen, Risikomanagementstrategien, Risikotechnologien und Finanzrisikomanagement. Er ist Mitverfasser von mehreren Publikationen von McKinsey & Company und präsentiert regelmäßig in internationalen Konferenzen zum Thema Risikomanagement.

Dr. Juan Rigall ist geschäftsführender Gesellschafter der Unternehmensberatung Santiago Advisors. Er berät Konzerne sowie große mittelständische Unternehmen, vor allem in den Branchen Chemie, Pharma und Life Sciences. Sein fachlicher Fokus liegt auf der Entwicklung und Umsetzung neuer Strategien und Geschäftsmodelle sowie der Begleitung von Veränderungsprozessen, die durch Digitalisierung und den Einsatz von Künstlicher Intelligenz induziert werden. 2008 gründete er gemeinsam mit Partnerkollegen Santiago Advisors. Im Jahr 2022 wurde das Portfolio der Beratung um adago

Dar. 63: Juan Rigall   erweitert – einen Lösungsanbieter für KI-gestützte Prozessautomatisierung. Vor seinem Einstieg in das Beratungsgeschäft war Juan Rigall in der Wirtschaftsforschung in der Schweiz tätig. Er studierte Wirtschaftsingenieurwesen an der TU Darmstadt und wurde dort im Bereich Finanzwissenschaften promoviert.

Dar. 64: Jutta Rump

Dr. Jutta Rump ist Professorin für Allgemeine Betriebswirtschaftslehre mit Schwerpunkt Internationales Personalmanagement und Organisationsentwicklung an der Hochschule für Wirtschaft und Gesellschaft Ludwigshafen. Darüber hinaus ist sie Direktorin des Instituts für Beschäftigung und Employability in Ludwigshafen (IBE) – eine wissenschaftliche Einrichtung der Hochschule für Wirtschaft und Gesellschaft Ludwigshafen und Forschungsschwerpunkt des Landes Rheinland-Pfalz. Ihre Forschungsschwerpunkte sind Trends in der Arbeitswelt (Digitalisierung, Demografie, Diversität, gesellschaftlicher Wertewandel, technologische Trends, ökonomische Entwicklungen, Disruptionen) und die Konsequenzen für Personalmanagement und Organisationsentwicklung sowie Führung. Neben ihrer Forschungs- und Lehrtätigkeit ist Jutta Rump in zahlreichen Gremien auf Bundes- und Landesebene sowie in der Wirtschaft aktiv.

Dar. 65: Sebastian Schneider

Dr. Sebastian Schneider ist Senior Partner im Münchener Büro von McKinsey & Company und leitet die Risikomanagement-Praxis in Skandinavien und der DACH-Region. Mit über 20 Jahren Erfahrung in der strategischen und operativen Beratung von Finanzdienstleistern weltweit verfügt er über tiefgreifende Expertise in den Bereichen Risikomanagement, Kapital- und Bilanzmanagement, Corporate Finance, Trading Risk und Investment Banking. Er verfügt über einen soliden akademischen Hintergrund mit einer Promotion in Finanzmathematik sowie einen Diplom-Abschluss in Wirtschaftswissenschaften der Universität Augsburg. Sebastian Schneider ist ein Vordenker in der Digitalisierung des Bankensektors und deren Potenzial zur Transformation der Branche. Er hat zahlreiche Projekte mit führenden Finanzinstituten geleitet und innovative Lösungen für komplexe Herausforderungen entwickelt.

9 Autorinnen und Autoren

Oliver Smith ist Leiter für Business Development und Unternehmensberater bei BP Consultants, einer führenden Strategie- und Managementberatung innerhalb der Berndt+Partner Gruppe in Berlin. Seit 2019 ist er im Unternehmen tätig und verantwortet insbesondere Business Development, Strategisches Marketing sowie Markt- und Wettbewerbsanalysen für die Verpackungs- und Konsumgüterindustrie. Vor seiner Beratungstätigkeit war er unter anderem als Key Account Executive bei Awin Global, als Management Associate bei der Confiserie Zehlendorf sowie als International Project Lead in der Alpenländischen Mission tätig. Er verfügt über einen Master of Science in Applied Economics and International Development sowie einen Bachelor of Arts in International Business von der University of Kent und ist als Keynote Speaker sowie Autor mehrerer Fachpublikationen zur globalen Verpackungsindustrie aktiv.

Dar. 66: Oliver Smith

Dr. Alexander Tarlatt ist Mitgründer und Geschäftsführer der Unternehmensberatung Santiago Advisors, die Unternehmen in der Entwicklung leistungsfähiger Strategien, den dafür benötigten Organisations- und Technologiekonzepten sowie passgenauen Transformationspfaden unterstützt. Er berät Konzerne und große mittelständische Unternehmen, insbesondere aus der Chemie-, Life-Sciences- und Hightech-Industrie. Seine thematischen Schwerpunkte liegen in den Bereichen Business Transformation, Digitalisierung, Veränderungsmanagement, Shared Service Operations, Konzernorganisation und Innovation. Nach langjähriger Tätigkeit in einer führenden Top-Management-Beratung gründete er im Jahr 2008 gemeinsam mit Partnerkollegen Santiago Advisors; 2022 wurde das Portfolio um adago, einen Lösungsanbieter für KI-gestützte Prozessautomatisierung, erweitert. Er studierte Betriebswirtschaftslehre an der Universität zu Köln und promovierte dort zum Thema Strategieimplementierung.

Dar. 67: Alexander Tarlatt

9 Autorinnen und Autoren

Dar. 68: Dieter Thomaschewski

Prof. Dr. Dieter Thomaschewski ist wissenschaftlicher Leiter des Instituts für Management und Innovation (IMI) in der Hochschule für Wirtschaft und Gesellschaft (HWG) Ludwigshafen a. Rhein. Seit 2006 ist er an der HWG Professor für allg. Betriebswirtschaftslehre insbesondere Management /Unternehmensführung. Seine Forschungsschwerpunkte liegen im Bereich Corporate Management, Internationales Management, Innovationsmanagement. Aufgrund seiner langjährigen, qualifizierten Lehrveranstaltungen, ernannte ihn die Donau Universität Krems (DUK) 2014 zum Ehrenprofessor, die Private Hochschule für Wirtschaft Bern (PHW) 2016 zum Professor nach Schweizer Recht. Vor seiner Hochschultätigkeit war er in verschiedenen führenden Funktionen der BASF Gruppe als Präsident verantwortlich u.a. für die BASF Venezolana, für die BASF Information Systems in den USA, für die Product Division BASF Düngemittel und für den Regionalbereich Europa. Er ist Verfasser/Herausgeber von zahlreichen Publikationen.

Dar. 69: Kai Thürbach

Dr. Kai Thürbach ist Inhaber der Professur für Unternehmensführung und Entrepreneurship an der TH Köln. Er hat an der Universität Münster und der Harvard University Betriebswirtschaftslehre studiert (Dipl.-Kfm./M.Sc.) sowie an der HHL – Leipzig Graduate School of Management promoviert (Dr. rer. oec.). Er ist u. a. Vorstandsvorsitzender des Gateway Gründungsnetz e. V. und Mitglied des Verbandes Die Familienunternehmer e. V., dort im Strategischen Beirat und Mitglied der Unternehmerkommission Wirtschaftsethik.